3e édition

Attaché territorial

Concours / Catégorie A

Luc Deslandes
Formateur au CNFPT (Centre national de la fonction publique territoriale) et à la Ville de Paris, chargé de cours à l'université de Versailles Saint-Quentin-en-Yvelines

Romain Devaux
Responsable du Pôle Concours et Examens professionnels

Pierre-Brice Lebrun
Enseignant en droit dans le secteur social et médico-social

Pascal Leprêtre
Directeur territorial, juriste en droit public et membre de jurys de concours

ISSN : 2262-3906
ISBN : 978-2-311-20533-6

Conception couverture : Les PAOistes
Conception maquette : Bleu T
Composition : Grafatom

Site Internet : http://www.vuibert.fr

Sommaire

Chapitre 7
Entretien avec le jury 227

Chapitre 8
Langue vivante 255

Présentation du concours

1. Définition des fonctions

Le décret n°87-1099 du 30 décembre 1987, modifié en 2016 (par le décret n°2016-1798 du 20 décembre 2016) fixe le statut du cadre d'emplois des attachés territoriaux.

L'article 2 du décret définit les fonctions des différents grades composant le cadre d'emploi des attachés à savoir les attachés territoriaux, les attachés principaux, les attachés hors classe (nouveau grade créé par le décret du 20 décembre 2016) et les directeurs territoriaux (grade mis en extinction par le décret du 20 décembre 2016).

– les **attachés territoriaux** participent à la conception, à l'élaboration et à la mise en œuvre des politiques décidées dans les domaines administratif, financier, économique, sanitaire, social, culturel, de l'animation et de l'urbanisme. Ils peuvent ainsi se voir confier des missions, des études ou des fonctions comportant des responsabilités particulières, notamment en matière de gestion des ressources humaines, de gestion des achats et des marchés publics, de gestion financière et de contrôle de gestion, de gestion immobilière et foncière et de conseil juridique. Ils peuvent également être chargés des actions de communication interne et externe et de celles liées au développement, à l'aménagement et à l'animation économique, sociale et culturelle de la collectivité. Ils exercent des fonctions d'encadrement et assurent la direction de bureau ou de service.

Ils peuvent, en outre, occuper les emplois administratifs de direction des collectivités territoriales, des mairies d'arrondissement ou de groupe d'arrondissements des communes de Lyon et de Marseille et des conseils de territoire de la métropole d'Aix-Marseille-Provence assimilés à des communes et des établissements publics locaux assimilés dans les conditions prévues par les articles 6 et 7 du décret n° 87-1101 du 30 décembre 1987.

– Les **titulaires du grade d'attaché principal** exercent leurs fonctions dans les communes de plus de 2 000 habitants, les autres collectivités territoriales, les services départementaux d'incendie et de secours, les offices publics de l'habitat de plus de 3 000 logements ainsi que les établissements publics locaux assimilés à une commune de plus de 2 000 habitants dans les conditions fixées par le décret n° 2000-954 du 22 septembre 2000 relatif aux règles d'assimilation des établissements publics locaux aux collectivités territoriales pour la création de certains grades de fonctionnaires territoriaux. Ils peuvent, en outre, occuper l'emploi de directeur général des services de communes de plus de 2 000 habitants, des mairies d'arrondissement ou de groupe d'arrondissements des communes de Lyon et de Marseille assimilés à des communes de plus de 10 000 habitants et des conseils de territoire de la métropole d'Aix-Marseille-Provence assimilés à des communes de plus de 20 000 habitants ou exercer les fonctions de directeur d'office public de l'habitat de plus de 1 500 logements.

– Les **titulaires du grade d'attaché hors classe** exercent leurs fonctions dans les communes de plus de 10 000 habitants, les autres collectivités territoriales, les services départementaux d'incendie et de secours, les offices publics de l'habitat de plus de 5 000 logements ainsi que les établissements publics locaux assimilés à une commune de plus de 10 000 habitants ou à un département dans les conditions fixées par le décret du 22 septembre 2000 précité. Ils peuvent, en outre, occuper l'emploi de directeur général des services de communes de plus de 10 000 habitants, des mairies d'arrondissement ou de groupe d'arrondissements de Lyon et de Marseille assimilés à des communes de plus de

10 000 habitants ou exercer les fonctions de directeur d'office public de l'habitat de plus de 5 000 logements ou d'un établissement public local assimilé à une commune de plus de 10 000 habitants et des conseils de territoire de la métropole d'Aix-Marseille-Provence assimilés à des communes de plus de 20 000 habitants dans les conditions fixées par le décret du 30 décembre 1987 précité.

– Les **titulaires du grade placé en voie d'extinction de directeur territorial** exercent leurs fonctions dans les communes de plus de 10 000 habitants, les autres collectivités territoriales, les services départementaux d'incendie et de secours, les offices publics de l'habitat de plus de 5 000 logements ainsi que les établissements publics locaux assimilés à une commune de plus de 10 000 habitants dans les conditions fixées par le décret n° 2000-954 du 22 septembre 2000 précité. Ils peuvent, en outre, occuper l'emploi de directeur général des services de communes de plus de 10 000 habitants, des mairies d'arrondissement ou de groupe d'arrondissements de Lyon et de Marseille assimilés à des communes de plus de 10 000 habitants ou exercer les fonctions de directeur d'office public de l'habitat de plus de 3 000 logements ou d'un établissement public local assimilé à une commune de plus de 10 000 habitants et des conseils de territoire de la métropole d'Aix-Marseille-Provence assimilés à des communes de plus de 20 000 habitants dans les conditions fixées par le décret n° 87-1101 du 30 décembre 1987 précité.

2. Les conditions d'accès par voie de concours

Les conditions d'accès au grade d'attaché sont celles requises pour avoir la qualité de fonctionnaire dans la fonction publique territoriale. Les candidats doivent remplir les conditions suivantes :

– être de nationalité française ou ressortissant d'un État membre de l'Union européenne ou d'un autre État partie à l'accord sur l'Espace économique européen ;

– jouir des droits civiques dans l'État dont on est ressortissant ;

– ne pas avoir de casier judiciaire (bulletin n° 2) portant des mentions incompatibles avec l'exercice des fonctions ;

– se trouver en position régulière au regard des obligations de service national de l'État dont on est ressortissant ;

– remplir les conditions d'aptitude physique pour l'exercice des fonctions.

3. Les concours d'attaché

Concours externe

Le concours externe est ouvert pour 50 % au moins des postes à pourvoir aux candidats titulaires d'une licence ou d'un autre titre ou diplôme classé au moins au niveau II ou d'une qualification reconnue comme équivalente.

À titre dérogatoire aux conditions de diplômes exigées, le concours externe est ouvert également :

– aux mères ou pères de famille d'au moins trois enfants qu'ils élèvent ou ont élevés effectivement ;

– aux sportifs de haut niveau figurant sur la liste publiée l'année du concours par le ministre chargé des Sports ;

– aux possesseurs d'une équivalence de diplôme.

Peuvent se présenter au concours, sous réserve de remplir les conditions générales de recrutement, les candidats qui justifient de qualifications au moins équivalentes.

Ainsi les candidats aux concours bénéficient-ils d'une équivalence de plein droit dès lors qu'ils satisfont à l'une au moins des conditions suivantes :

– être titulaire d'un diplôme ou d'un autre titre de formation de niveau II délivré en France, dans un autre État membre de l'Union européenne ou dans un autre État partie à l'accord sur l'Espace économique européen ;

– être titulaire de tout autre diplôme ou titre délivré en France ou dans un État différent de ceux visés à l'alinéa précédent sanctionnant une formation, ou toute attestation prouvant que le candidat a accompli avec succès un cycle d'études au moins équivalent à celui sanctionné par le diplôme requis (niveau II) ;

– attester de leur expérience professionnelle acquise en France ou à l'étranger.

Les diplômes, titres ou attestations doivent être délivrés par une autorité compétente compte tenu des dispositions législatives, réglementaires ou administratives applicables dans l'État concerné.

Le candidat est tenu de fournir, à l'appui de sa demande, une copie du diplôme ou titre, le cas échéant, dans une traduction en français établie par un traducteur assermenté.

Par ailleurs, les candidats qui justifient de l'exercice d'une activité professionnelle, salariée ou non salariée, exercée de façon continue ou non, équivalente à une durée totale cumulée d'au moins trois ans à temps plein et relevant de la même catégorie socioprofessionnelle que celle de la profession à laquelle la réussite au concours permet l'accès, peuvent également faire acte de candidature à ce concours.

La durée totale cumulée d'expérience exigée est réduite à deux ans lorsque le candidat justifie d'un titre ou d'un diplôme de niveau immédiatement inférieur à celui requis.

Les périodes de formation initiale ou continue, quel que soit le statut de la personne, ainsi que les stages et les périodes de formation en milieu professionnel accomplis pour la préparation d'un diplôme ou d'un titre ne sont pas pris en compte pour le calcul de la durée d'expérience requise.

Vous pouvez demander une équivalence pour être admis à concourir et votre demande sera examinée par le centre de gestion organisateur.

Cette demande doit être formulée au plus tard à la date de clôture des inscriptions au concours.

■ Concours interne

Il est ouvert, pour 30 % au plus des postes à pourvoir, aux fonctionnaires et agents publics des collectivités territoriales, de l'État, des établissements publics qui en dépendent, y compris ceux mentionnés à l'article 2 de la loi n° 86-33 du 9 janvier 1986 modifiée portant dispositions statutaires relatives à la fonction publique hospitalière, aux militaires ainsi qu'aux agents en fonction dans une organisation internationale intergouvernementale à la date de clôture des inscriptions, comptant au moins quatre ans de services publics au 1er janvier de l'année au titre de laquelle le concours est organisé.

Ce concours interne est également ouvert aux candidats justifiant de quatre ans de services auprès d'une administration, un organisme ou un établissement d'un État membre de l'Union européenne ou d'un État partie à l'accord sur l'Espace économique européen autre que la France, dont les missions sont comparables à celles des administrations et des établissements publics dans lesquels les fonctionnaires civils mentionnés à l'article 2 de la loi n° 83-634 du 13 juillet 1983 modifiée exercent leurs fonctions, et qui ont, le cas échéant, reçu dans l'un de ces États une formation équivalente à celle requise par les statuts particuliers pour l'accès au cadre d'emplois.

■ 3e concours

Il est ouvert, pour 20 % au plus des postes à pourvoir, aux candidats justifiant au 1er janvier de l'année au titre de laquelle il est ouvert, de l'exercice, pendant quatre ans au moins, d'une ou plusieurs activités professionnelles, ou d'un ou plusieurs mandats de membre d'une assemblée élue d'une collectivité territoriale, ou d'une ou plusieurs activités accomplies en qualité de responsable d'une association.

Les activités professionnelles prises en compte au titre de ce concours doivent avoir été exercées dans des domaines correspondant aux missions dévolues aux fonctionnaires du grade d'attaché.

Les périodes au cours desquelles l'exercice d'une ou plusieurs activités, ou d'un ou plusieurs mandats aura été simultané ne sont prises en compte qu'à un seul titre.

La durée de ces activités ou mandats ne peut être prise en compte que si les intéressés n'avaient pas, lorsqu'ils les exerçaient, la qualité de fonctionnaire, de magistrat, de militaire ou d'agent public.

■ Dispositions applicables aux candidats handicapés

Les candidats reconnus handicapés par la commission des droits et de l'autonomie des personnes handicapées peuvent bénéficier d'un aménagement spécial des épreuves prévu par la réglementation (adaptation de la durée, fractionnement des épreuves, aides humaines et techniques).

L'octroi d'aménagements d'épreuves est subordonné à la production d'une demande du candidat accompagnée :
- de la notification de la décision de la commission lui reconnaissant la qualité de travailleur handicapé et l'orientant en milieu ordinaire de travail ;
- d'un certificat médical délivré par un médecin généraliste agréé par le préfet du département de son lieu de résidence (si possible compétent en matière de handicap), confirmant la compatibilité de son handicap avec l'emploi auquel le concours ou l'examen professionnel donne accès et précisant l'aménagement nécessaire pour le déroulement des épreuves.

L'article 1er du décret n° 96-1087 du 10 décembre 1996 prévoit que les travailleurs handicapés peuvent être recrutés directement sans concours. Ils sont engagés en qualité d'agent contractuel, puis titularisés à la fin du contrat lorsque leur handicap a été jugé compatible avec l'emploi postulé.

4. La nature des épreuves des concours d'attaché

Le candidat choisit au moment de son inscription la spécialité dans laquelle il veut concourir :
- spécialité administration générale ;
- spécialité gestion du secteur sanitaire et social ;
- spécialité analyste ;
- spécialité animation ;
- spécialité urbanisme et développement des territoires.

■ Concours externe

Le concours externe comporte deux épreuves d'admissibilité et deux épreuves d'admission.

Les épreuves d'admissibilité comprennent :

1° Une composition sur un sujet d'ordre général relatif à la place et au rôle des collectivités territoriales dans les problématiques locales (démocratie, société, économie, emploi, éducation/formation, santé, culture, urbanisme et aménagement, relations extérieures, etc.). (durée : 4 heures ; coefficient 3) ;

2° La rédaction d'une note portant, au choix du candidat lors de son inscription, sur l'une des spécialités (durée : 4 heures ; coefficient 4).

Les épreuves d'admission comprennent :

1° Un entretien visant à apprécier, le cas échéant sous forme d'une mise en situation professionnelle, les connaissances administratives générales du candidat et sa capacité à les exploiter, sa motivation et son aptitude à exercer les missions dévolues au cadre d'emplois, notamment dans la spécialité choisie (durée : 20 minutes ; coefficient 4).

2° Une épreuve orale de langue vivante comportant la traduction, sans dictionnaire, d'un texte, suivie d'une conversation, dans l'une des langues étrangères suivantes au choix du candidat au moment de l'inscription : allemand, anglais, espagnol, italien, grec, néerlandais, portugais, russe et arabe moderne (durée : 15 minutes, avec préparation de même durée ; coefficient 1).

Concours interne

Le concours interne comporte une épreuve d'admissibilité et une épreuve d'admission.

L'épreuve d'admissibilité consiste en la rédaction d'un rapport, avec solutions opérationnelles, à partir des éléments d'un dossier portant sur l'une des spécialités au choix du candidat lors de son inscription (durée : 4 heures ; coefficient 4).

Les épreuves d'admission comprennent :

1° Un entretien débutant par une présentation par le candidat de son expérience professionnelle et des compétences qu'il a acquises à cette occasion. Cet entretien est suivi d'une conversation visant à apprécier, le cas échéant sous forme d'une mise en situation professionnelle, la capacité du candidat à analyser son environnement professionnel et à résoudre les problèmes techniques ou d'encadrement les plus fréquemment rencontrés par un attaché. Cette épreuve doit permettre au jury d'apprécier l'expérience professionnelle du candidat, sa motivation et son aptitude à exercer les missions dévolues au cadre d'emplois, notamment dans la spécialité choisie (durée : 25 minutes, dont 10 minutes au plus de présentation ; coefficient 5).

2° Une épreuve orale facultative de langue vivante étrangère consistant en la traduction, sans dictionnaire, d'un texte, suivie d'une conversation, dans l'une des langues étrangères suivantes au choix du candidat : allemand, anglais, espagnol, italien, grec, néerlandais, portugais, russe et arabe moderne (durée : 15 minutes, avec préparation de même durée ; coefficient 1).

Seuls sont pris en compte pour l'admission les points au-dessus de la moyenne.

3e concours

Le 3e concours comporte une épreuve d'admissibilité et une épreuve d'admission.

L'épreuve d'admissibilité consiste en la rédaction d'un rapport, avec solutions opérationnelles, à partir des éléments d'un dossier portant sur l'une des spécialités au choix du candidat lors de son inscription (durée : 4 heures ; coefficient 4).

Les épreuves d'admission comprennent :

1° Un entretien ayant pour point de départ un exposé du candidat sur son expérience et les compétences qu'il a acquises à cette occasion, sur la base d'un document retraçant son parcours professionnel, remis par le candidat au moment de l'inscription et établi conformément à un modèle fixé par arrêté du ministre chargé des collectivités territoriales.

L'entretien vise ensuite à évaluer, le cas échéant sous forme d'une mise en situation professionnelle, la capacité du candidat à s'intégrer dans l'environnement professionnel au sein duquel il est appelé à exercer, sa motivation et son aptitude à exercer les missions dévolues au cadre d'emplois, notamment dans la spécialité choisie (durée : 25 minutes, dont 10 minutes au plus d'exposé ; coefficient 5) ;

2° Une épreuve orale facultative de langue vivante étrangère consistant en la traduction, sans dictionnaire, d'un texte, suivie d'une conversation, dans l'une des langues étrangères suivantes au choix du candidat : allemand, anglais, espagnol, italien, grec, néerlandais, portugais, russe et arabe moderne (durée : 15 minutes, avec préparation de même durée ; coefficient 1).

Seuls sont pris en compte pour l'admission les points au-dessus de la moyenne.

À noter : Il est attribué à chaque épreuve une note de 0 à 20. Chaque note est multipliée par le coefficient correspondant.

Toute note inférieure à 5 sur 20 à l'une des épreuves d'admissibilité entraîne l'élimination du candidat.

5. L'inscription sur la liste d'aptitude et la durée de validité

Inscription

À l'issue des épreuves d'admission, le jury arrête, dans la limite des places mises aux concours, une liste d'admission distincte pour chacun des concours.

Le président du centre de gestion de la fonction publique territoriale établit la liste d'aptitude par ordre alphabétique au vu de la liste d'admission. Cette liste d'aptitude a une valeur nationale et mentionne les coordonnées personnelles des lauréats qui en ont autorisé expressément la publication.

Dans l'hypothèse où le candidat déclaré admis est déjà inscrit sur une liste d'aptitude à un concours d'un même grade d'un cadre d'emplois, son inscription sur une nouvelle liste d'aptitude est subordonnée au choix de la liste d'aptitude sur laquelle il souhaite être inscrit.

Ainsi, en cas de réussite simultanée à un même concours dans deux centres de gestion différents, le lauréat adresse à l'autorité organisatrice de chacun des concours, dans un délai de quinze jours, à compter de la notification de son admission par lettre recommandée avec accusé de réception, la décision d'opter pour son inscription sur la liste d'aptitude choisie et de renoncer à l'inscription sur l'autre liste.

Après deux refus d'offre d'emploi transmis par une collectivité ou un établissement à l'autorité organisatrice du concours, le candidat est radié de la liste d'aptitude.

■ Durée de validité

La durée de validité de la liste d'aptitude est de un an. Elle est reconduite d'une année, voire de deux années supplémentaires pour les lauréats non nommés. Toutefois, pour bénéficier d'une réinscription sur la liste d'aptitude pour une deuxième ou une troisième année, le lauréat doit en faire la demande par courrier recommandé avec accusé de réception, un mois avant le terme de la première année ou de la deuxième année.

Le décompte de la période de trois ans est suspendu pendant la durée des congés parental, de maternité, d'adoption, de présence parentale et d'accompagnement d'une personne en fin de vie, ainsi que du congé de longue durée et de celle de l'accomplissement des obligations du service national. Pour bénéficier de cette disposition, le lauréat doit adresser une demande au centre de gestion accompagnée de justificatifs.

6. La recherche d'emploi

L'inscription sur la liste d'aptitude ne vaut pas recrutement. Elle permet au lauréat de postuler auprès des collectivités territoriales (à l'exception de la Ville de Paris qui a un statut particulier).

La recherche d'emploi relève d'une démarche personnelle du lauréat qui pourra adresser des candidatures spontanées aux collectivités (lettre de motivation et curriculum vitae).

Cependant, le centre de gestion de Seine-et-Marne par exemple facilite la recherche d'emplois des lauréats qui le souhaitent, ceux-ci ayant la possibilité, sur son site Internet (www.cdg77.fr) de :

- consulter les offres d'emplois proposées par les collectivités ;
- faire figurer leurs coordonnées personnelles sur la liste d'aptitude, facilitant ainsi la prise de contact par les collectivités ;
- faire connaître aux collectivités leur curriculum vitae et leurs souhaits professionnels et géographiques, en s'inscrivant directement en ligne sur le site www.cap-territorial.fr.

7. La nomination, la titularisation, la formation de professionnalisation

■ Nomination

Les candidats inscrits sur la liste d'aptitude suite à la réussite au concours et recrutés sur un emploi d'une des collectivités ou établissements publics mentionnés à l'article 2 de la loi du 26 janvier 1984 modifiée sont nommés attachés stagiaires, pour une durée d'un an, par l'autorité territoriale investie du pouvoir de nomination.

Au cours de leur stage, ils sont astreints à suivre une formation d'intégration, dans les conditions prévues par le décret n° 2008-512 du 29 mai 2008 relatif à la formation statutaire obligatoire des fonctionnaires territoriaux et pour une durée totale de cinq jours.

Les fonctionnaires inscrits sur une liste d'aptitude au titre de la promotion interne et recrutés sur un emploi d'une des collectivités ou établissements publics sont nommés attachés stagiaires par l'autorité investie du pouvoir de nomination, pour une durée de six mois pendant laquelle ils sont placés en position de détachement auprès de la collectivité ou de l'établissement qui a procédé au recrutement.

■ Titularisation

La titularisation des stagiaires intervient par décision de l'autorité territoriale, à la fin du stage. Pour les stagiaires issus de concours, cette titularisation intervient au vu notamment d'une attestation de suivi de la formation d'intégration établie par le centre national de la fonction publique territoriale (CNFPT).

Lorsque la titularisation n'est pas prononcée, le stagiaire est soit licencié s'il n'avait pas auparavant la qualité de fonctionnaire, soit réintégré dans son cadre d'emplois, corps ou emploi d'origine.

Toutefois, l'autorité territoriale peut, à titre exceptionnel, décider que la période de stage est prolongée d'une durée maximale de neuf mois pour les stagiaires issus du concours et de quatre mois pour les stagiaires issus de la promotion interne.

■ Formation de professionnalisation

Dans un délai de deux ans après leur nomination ou leur détachement, les membres du présent cadre d'emplois sont astreints à suivre une formation de professionnalisation au premier emploi, dans les conditions prévues par le décret n° 2008-512 du 29 mai 2008 et pour une durée totale de cinq jours.

En cas d'accord entre l'agent et l'autorité territoriale dont il relève, la durée mentionnée ci-dessus peut être portée au maximum à dix jours.

À l'issue du délai de deux ans, les membres du présent cadre d'emplois sont astreints à suivre une formation de professionnalisation tout au long de la carrière, dans les conditions prévues par le décret n° 2008-512 du 29 mai 2008, à raison de deux jours par période de cinq ans.

Lorsqu'ils accèdent à un poste à responsabilité, au sens de l'article 15 du décret n° 2008-512 du 29 mai 2008, les membres du présent cadre d'emplois sont astreints à suivre, dans un délai de six mois à compter de leur affectation sur l'emploi considéré, une formation, d'une durée de trois jours, dans les conditions prévues par le même décret.

En cas d'accord entre l'agent et l'autorité territoriale dont il relève, la durée des formations mentionnée ci-dessus peut être portée au maximum à dix jours.

8. La carrière

■ Avancement d'échelon

Le grade d'attaché comprend onze échelons.

Le grade d'attaché principal comprend neuf échelons.

Le grade d'attaché hors classe comprend six échelons et un échelon spécial.

Le grade de directeur territorial, placé en voie d'extinction, comprend sept échelons.

Pour en savoir plus, se reporter au décret n° 87-1099 du 30 décembre 1987 portant statut particulier du cadre d'emplois des attachés territoriaux (modifié par le décret n° 2016-1798 du 20 décembre 2016).

QCM D'AUTO-ÉVALUATION

Avant de débuter votre préparation au concours, évaluez-vous en répondant aux questions ci-dessous organisées par option. Après ces séries de QCM, un corrigé et un bilan vous sont proposés.

50 min — **Plusieurs bonnes réponses sont possibles.**

Administration générale

1. La création d'une nouvelle catégorie de collectivités territoriales relève :

- ❑ **a.** du règlement
- ❑ **b.** de la loi
- ❑ **c.** de la constitution

2. À quelle(s) année(s) correspond l'acte II de la décentralisation ?

- ❑ **a.** 1982-1983
- ❑ **b.** 1986
- ❑ **c.** 2003-2004
- ❑ **d.** 2015-2016

3. En quelle année les régions sont-elles devenues des collectivités territoriales ?

- ❑ **a.** 1982
- ❑ **b.** 1983
- ❑ **c.** 1986
- ❑ **d.** 1992

4. Quelle loi a institué les métropoles ?

- ❑ **a.** La loi n° 99-586 du 12 juillet 1999 relative au renforcement et à la simplification de la coopération intercommunale
- ❑ **b.** La loi n° 2004-809 du 13 août 2004 relative aux libertés et responsabilités locales
- ❑ **c.** La loi n° 2010-1563 du 16 décembre 2010 de réforme des collectivités territoriales
- ❑ **d.** La loi n° 2014-58 du 27 janvier 2014 de modernisation de l'action publique territoriale et d'affirmation des métropoles

5. Les conseillers communautaires sont élus :

- ❑ **a.** par l'ensemble des électeurs des communes membres
- ❑ **b.** par les conseils municipaux des communes membres
- ❑ **c.** par les maires des communes membres
- ❑ **d.** par l'ensemble des maires et des adjoints des communes membres

6. Les conseillers départementaux sont élus :

- ❑ **a.** selon un scrutin mixte
- ❑ **b.** selon un scrutin uninominal majoritaire à 2 tours
- ❑ **c.** selon un scrutin binominal majoritaire à 2 tours
- ❑ **d.** selon un scrutin proportionnel de liste

7. Le conseil municipal des communes de plus de 1 000 habitants est élu :

- ❑ **a.** au scrutin majoritaire
- ❑ **b.** au scrutin proportionnel
- ❑ **c.** selon un mode de scrutin mixte

8. Le maire est :

- ❑ **a.** un représentant de l'État
- ❑ **b.** un officier d'état civil
- ❑ **c.** un officier de police judiciaire

9. Quelles sont les compétences obligatoires des communautés d'agglomération ?

- ❑ **a.** L'aménagement de l'espace, le développement économique, l'équilibre social de l'habitat, la politique de la ville, les aires d'accueil des gens du voyage, la collecte et le traitement des déchets ménagers
- ❑ **b.** L'aménagement de l'espace, le développement économique, la construction, l'aménagement, l'entretien et la gestion d'équipements culturels et sportifs d'intérêt communautaire
- ❑ **c.** L'aménagement de l'espace, le développement économique, la protection et la mise en valeur de l'environnement et du cadre de vie
- ❑ **d.** L'aménagement de l'espace, le développement économique, les transports

→ *Retrouvez les corrigés en p. 22*

10. Quelle(s) collectivité(s) dispose(nt) d'une clause générale de compétence ?

- ❑ **a.** La commune
- ❑ **b.** Le département
- ❑ **c.** La région
- ❑ **d.** Aucune des trois

11. Parmi ces compétences, laquelle ou lesquelles ne relève(nt) pas du département ?

- ❑ **a.** Les lycées
- ❑ **b.** L'action sociale
- ❑ **c.** L'urbanisme
- ❑ **d.** Les transports scolaires
- ❑ **e.** La formation professionnelle

12. Quelle est la date limite d'adoption du budget pour une commune (hors année d'élections municipales) ?

- ❑ **a.** 31 décembre
- ❑ **b.** 31 mars
- ❑ **c.** 15 avril
- ❑ **d.** 30 juin

13. Parmi ces dépenses, quelles sont celles qui sont obligatoires pour une commune ?

- ❑ **a.** L'entretien de l'hôtel de ville
- ❑ **b.** L'entretien des écoles primaires
- ❑ **c.** La construction de crèches
- ❑ **d.** Les intérêts de la dette et les dépenses de remboursement de la dette en capital

14. Le préfet peut-il annuler la délibération d'une collectivité territoriale au titre de son contrôle de légalité ?

- ❑ **a.** Oui
- ❑ **b.** Non

15. Les conseils de quartiers sont-ils obligatoires dans toutes les communes ?

- ❑ **a.** Oui
- ❑ **b.** Non

Gestion du secteur sanitaire et social

16. La collectivité territoriale « fer de lance » de l'aide et de l'action sociale est :

- ❑ **a.** la région
- ❑ **b.** le département
- ❑ **c.** la structure intercommunale
- ❑ **d.** la commune

17. L'aide sociale légale (dite obligatoire) correspond aux aides mises en place :

- ❑ **a.** par les collectivités territoriales
- ❑ **b.** par l'État
- ❑ **c.** par les organismes de Sécurité sociale

18. La MDPH est financée par :

- ❑ **a.** l'agence régionale de santé
- ❑ **b.** l'État
- ❑ **c.** le département
- ❑ **d.** les organismes de Sécurité sociale

19. Les services de la MDPH instruisent les demandes :

- ❑ **a.** d'allocation aux adultes handicapés (AAH)
- ❑ **b.** de revenu de solidarité active pour les travailleurs handicapés
- ❑ **c.** d'allocation personnalisée d'autonomie (APA)
- ❑ **d.** de carte de stationnement pour personnes handicapées

20. Le revenu de solidarité active (RSA) est versé par :

- ❑ **a.** le Trésor public
- ❑ **b.** la Caisse d'allocations familiales
- ❑ **c.** le département

21. L'obligation alimentaire est détaillée :

- ❑ **a.** dans le code civil
- ❑ **b.** dans le code de l'action sociale et des familles
- ❑ **c.** dans le code de la santé publique
- ❑ **d.** dans aucun code : elle est naturelle et évidente

22. Un établissement ou service social ou médico-social (ESSMS) :

- ❑ **a.** est un établissement public ou privé
- ❑ **b.** est un établissement privé
- ❑ **c.** est un établissement forcément public
- ❑ **d.** est un établissement associatif puisqu'il a un but non lucratif

23. La CDES et la COTOREP ont fusionné pour créer :

- ❑ **a.** l'ARS
- ❑ **b.** la CDAPH
- ❑ **c.** la MDPH
- ❑ **d.** la PCH

24. Le non-respect du secret professionnel est :

- ❑ **a.** une faute professionnelle
- ❑ **b.** un délit
- ❑ **c.** une maladresse

25. Un service d'éducation spéciale et de soins à domicile (SESSAD) s'adresse :

- ❑ **a.** aux personnes âgées dépendantes
- ❑ **b.** aux enfants handicapés
- ❑ **c.** aux enfants handicapés de moins de 6 ans
- ❑ **d.** aux adultes handicapés pris en charge par la MDPH

26. L'allocation personnalisée d'autonomie (APA) :

- ❑ **a.** est attribuée sous conditions de ressources
- ❑ **b.** est récupérable sur la succession du bénéficiaire
- ❑ **c.** n'est pas attribuée sous conditions de ressources
- ❑ **d.** est subordonnée à la mise en œuvre de l'obligation alimentaire définie par les articles 205 à 211 du code civil

27. Un enfant « victime de maltraitances avérées » doit être signalé :

- ❑ **a.** à la police
- ❑ **b.** à l'assistante sociale
- ❑ **c.** à l'inspection académique
- ❑ **d.** au procureur de la République

28. Un SAVS est :

- ❑ **a.** un service d'accompagnement à la vie scolaire
- ❑ **b.** un service d'accompagnement médico-social spécialisé pour adultes handicapés
- ❑ **c.** un service d'accompagnement à la vie sociale

29. L'autisme est considéré par l'OMS comme un handicap :

- ❑ **a.** sensoriel
- ❑ **b.** cognitif
- ❑ **c.** mental
- ❑ **d.** psychique

30. Le SNATEM (le GIP qui gère le 119, Allô enfance maltraitée) a été créé par :

- ❑ **a.** la loi n° 86-17 du 6 janvier 1986 adaptant la législation sanitaire et sociale aux transferts de compétences en matière d'aide sociale et de santé
- ❑ **b.** la loi n° 2007-293 du 5 mars 2007 réformant la protection de l'enfance
- ❑ **c.** la loi n° 89-487 du 10 juillet 1989 relative à la prévention des mauvais traitements à l'égard des mineurs et à la protection de l'enfance
- ❑ **d.** la loi n° 2002-2 du 2 janvier 2002 rénovant l'action sociale et médico-sociale

Animation

31. L'obligation alimentaire des parents envers leurs enfants :

- ❑ **a.** cesse de plein droit lorsque l'enfant est majeur
- ❑ **b.** cesse de plein droit lorsque l'enfant est chômeur
- ❑ **c.** ne cesse pas de plein droit lorsque l'enfant est majeur
- ❑ **d.** cesse de plein droit lorsque l'enfant est diplômé

32. Un centre social :

- ❑ **a.** n'accueille que des populations en difficulté sociale
- ❑ **b.** accueille toutes les populations d'un territoire donné pour des activités éducatives, culturelles et/ou de loisirs
- ❑ **c.** est une antenne des services sociaux du département sur le territoire de la commune
- ❑ **d.** n'a pas vocation à accueillir le public « jeunes »

33. La réforme des rythmes scolaires dans l'enseignement primaire (materniel et élémentaire), prévue par un décret du 24 janvier 2013 et voulue par Vincent Peillon, ministre de l'Éducation nationale :

- ❑ **a.** est entrée en vigueur à la rentrée de septembre 2012
- ❑ **b.** est entrée en vigueur à la rentrée de septembre 2013
- ❑ **c.** est entrée en vigueur à la rentrée de janvier 2014
- ❑ **d.** est entrée en vigueur à la rentrée de septembre 2014

→ *Retrouvez les corrigés en p. 22*

34. Une seule de ces affirmations est exacte : laquelle ?

- ❑ **a.** L'enseignement primaire regroupe les classes maternelles et élémentaires
- ❑ **b.** L'enseignement élémentaire regroupe les classes maternelles et primaires
- ❑ **c.** L'enseignement primaire et l'enseignement élémentaire sont des synonymes
- ❑ **d.** On entre en primaire en entrant en cours préparatoire (CP)

35. Un mineur en France peut commencer à travailler à :

- ❑ **a.** 16 ans (fin de l'obligation scolaire)
- ❑ **b.** 15 ans
- ❑ **c.** 14 ans (seulement pendant les vacances scolaires)
- ❑ **d.** 13 ans (seulement les enfants artistes)

36. Les communes ont la charge de la gestion (une seule réponse) :

- ❑ **a.** des écoles maternelles et primaires
- ❑ **b.** des écoles maternelles et élémentaires
- ❑ **c.** des écoles primaires et du personnel technique qui y travaille
- ❑ **d.** des écoles élémentaires et du personnel technique qui y travaille

37. L'organisation dans une commune d'un service de restauration scolaire est :

- ❑ **a.** facultative
- ❑ **b.** obligatoire

38. La dotation de solidarité urbaine et de cohésion sociale (DSUCS) :

- ❑ **a.** bénéficie aux communes considérées « en difficulté » dont les ressources ne couvrent pas l'ampleur des charges auxquelles elles sont confrontées
- ❑ **b.** est une composante de la dotation globale de fonctionnement (DGF) qui n'a pas vocation à financer des politiques particulières
- ❑ **c.** est réservée aux communes de plus de 10 000 habitants
- ❑ **d.** doit financer exclusivement des projets de développement de solidarité urbaine et de cohésion sociale, dans le cadre de la politique de la ville

39. Pendant les heures ou les périodes au cours desquelles ils ne sont pas utilisés pour les besoins de la formation des élèves, les locaux et les équipements scolaires :

- ❑ **a.** ne peuvent être utilisés par les services municipaux pour l'organisation d'activités à caractère culturel, sportif, social ou socio-éducatif en direction des enfants qu'avec l'accord du directeur de l'école
- ❑ **b.** peuvent être utilisés par les services municipaux pour l'organisation d'activités à caractère culturel, sportif, social ou socio-éducatif en direction des enfants
- ❑ **c.** ne peuvent jamais être utilisés par les services municipaux pour l'organisation d'activités à caractère culturel, sportif, social ou socio-éducatif en direction des enfants, pour des questions d'assurance
- ❑ **d.** sont des locaux municipaux que les services municipaux, avec l'accord du maire, peuvent évidemment utiliser sans restrictions

40. Le contrat éducatif local (CEL) permet à des partenaires locaux (communes, groupements de communes, associations, etc.) de s'associer pour définir et mettre en œuvre un projet éducatif local qui contient un programme d'activités diversifiées au bénéfice d'enfants scolarisés :

- ❑ **a.** en écoles primaires, collèges et lycées
- ❑ **b.** en écoles primaires et collèges
- ❑ **c.** en écoles primaires
- ❑ **d.** sur la commune, repérés comme étant en échec scolaire

41. Les objectifs des contrats éducatifs locaux sont de développer l'accès aux pratiques culturelles et sportives, améliorer la réussite scolaire, mettre en œuvre une véritable démarche de projet participatif et concerté, impliquer les jeunes dans les actions entreprises, et organiser la formation des intervenants et veiller à leur qualification. Les financements d'État peuvent être versés :

- ❑ **a.** aux familles pour les inciter à inscrire leur(s) enfant(s)
- ❑ **b.** aux écoles
- ❑ **c.** aux associations partenaires
- ❑ **d.** aux communes ou structures intercommunales

42. Pour créer une association et en devenir président, je dois :

- ❑ **a.** avoir un casier judiciaire vierge
- ❑ **b.** obtenir une autorisation préfectorale ou un agrément ministériel
- ❑ **c.** investir de l'argent pour garantir la solvabilité de l'association
- ❑ **d.** trouver quelqu'un qui veut bien la créer avec moi et m'élire président

43. L'autorité parentale est née :

- ❑ **a.** le 21 mars 1804 (premier code civil des Français)
- ❑ **b.** le 4 juin 1970 (pour remplacer la puissance paternelle)
- ❑ **c.** le 13 juillet 1965 (dans la loi qui réforme les régimes matrimoniaux, favorise l'égalité entre l'homme et la femme au sein du couple, et limite les droits du mari sur son épouse)
- ❑ **d.** le 11 juillet 1975 (dans la loi qui réforme le divorce)

44. Le mariage des mineurs est en France :

- ❑ **a.** possible dès 15 ans
- ❑ **b.** possible dès 16 ans pour les mineurs émancipés
- ❑ **c.** impossible avant 18 ans, sauf dérogation du procureur de la République et accord d'au moins un des deux parents
- ❑ **d.** possible dès 16 ans, il émancipe de fait les époux mineurs

45. L'autorité parentale peut être :

- ❑ **a.** retirée, déléguée ou suspendue
- ❑ **b.** retirée ou suspendue, selon la gravité des faits
- ❑ **c.** déléguée par le juge des enfants
- ❑ **d.** retirée uniquement pour des motifs extrêmement graves

Urbanisme et développement des territoires

46. Quelle loi a créé les directives territoriales d'aménagement (aujourd'hui DTADD) ?

- ❑ **a.** La loi n° 85-729 du 18 juillet 1985 relative à la définition et à la mise en œuvre de principes d'aménagement
- ❑ **b.** La loi n° 95-115 du 4 février 1995 d'orientation pour l'aménagement et le développement du territoire
- ❑ **c.** La loi n° 2000-1208 du 13 décembre 2000 relative à la solidarité et au renouvellement urbains

47. L'élaboration d'une DTADD est de la compétence :

- ❑ **a.** des intercommunalités
- ❑ **b.** de la région
- ❑ **c.** de l'État
- ❑ **d.** de l'Union européenne

48. Le délai de péremption d'un permis de construire est de :

- ❑ **a.** 1 an
- ❑ **b.** 2 ans
- ❑ **c.** 4 ans

49. Que signifie le sigle ZAC ?

- ❑ **a.** Zone artisanale et commerciale
- ❑ **b.** Zone d'aménagement concerté
- ❑ **c.** Zone d'aménagement et de construction

50. La création d'une ZAD relève de la compétence :

- ❑ **a.** de l'État
- ❑ **b.** de la commune
- ❑ **c.** du département

51. La loi littoral :

- ❑ **a.** interdit toute construction et installation nouvelle à moins de 100 mètres du rivage en dehors des zones urbanisées
- ❑ **b.** interdit toute construction et installation nouvelle à moins de 100 mètres du rivage dans les zones urbanisées
- ❑ **c.** interdit toute construction et installation nouvelle à moins de 200 mètres du rivage en dehors des zones urbanisées
- ❑ **d.** interdit toute construction et installation nouvelle à moins de 200 mètres du rivage dans les zones urbanisées

52. Un SCOT doit être compatible avec :

- ❑ **a.** les PLU
- ❑ **b.** les chartes des parcs naturels régionaux
- ❑ **c.** les schémas directeurs d'aménagement et de gestion des eaux

→ *Retrouvez les corrigés en p. 22*

53. **Un PLU peut être intercommunal :**

- ❑ **a.** Vrai
- ❑ **b.** Faux

54. **Un PLU se décompose en :**

- ❑ **a.** 3 parties
- ❑ **b.** 4 parties
- ❑ **c.** 5 parties
- ❑ **d.** 6 parties

55. **Le PLH :**

- ❑ **a.** signifie programme local de l'habitat
- ❑ **b.** est un document intercommunal
- ❑ **c.** a une durée de 5 ans
- ❑ **d.** a été créé par la loi « Libertés et responsabilités locales » du 13 août 2004

56. **Le droit de préemption urbain peut être exercé :**

- ❑ **a.** par une commune dotée d'un PLU
- ❑ **b.** par une commune dotée d'une carte communale
- ❑ **c.** par les communautés d'agglomération
- ❑ **d.** par les métropoles

57. **Qu'est-ce qu'un PDU ?**

- ❑ **a.** un plan de développement urbain
- ❑ **b.** un plan de déplacements urbains
- ❑ **c.** un programme différé d'urbanisation
- ❑ **d.** un plan départemental d'urbanisme

58. **Les territoires des zones urbaines sensibles sont définis :**

- ❑ **a.** par la loi
- ❑ **b.** par décret
- ❑ **c.** par délibération du conseil régional
- ❑ **d.** par arrêté préfectoral

59. **Le PLU doit être compatible avec :**

- ❑ **a.** un SCOT
- ❑ **b.** un schéma de secteur
- ❑ **c.** une charte du parc naturel régional ou du parc national
- ❑ **d.** un plan de déplacements urbains (PDU)
- ❑ **e.** un programme local de l'habitat (PLH)

60. **La taxe d'aménagement :**

- ❑ **a.** s'applique aux opérations de construction, de reconstruction ou d'agrandissement des bâtiments
- ❑ **b.** s'applique aux logements sociaux ou habitations à loyer modéré (HLM)
- ❑ **c.** s'applique aux locaux agricoles
- ❑ **d.** a été mise en œuvre en 2010
- ❑ **e.** se substitue à la taxe locale d'équipement
- ❑ **f.** se substitue à la taxe foncière bâtie

CORRIGÉ

1 b.	2 c.	3 a.	4 c.	5 a.
6 c.	7 c.	8 a, b et c.	9 a.	10 a.
11 a, c, d et e.	12 b.	13 a, b et d.	14 b.	15 b.
16 b.	17 b.	18 c.	19 d.	20 c.
21 a.	22 a.	23 b.	24 b.	25 b.
26 c.	27 d.	28 c.	29 c.	30 c.
31 c.	32 b.	33 b.	34 a.	35 c.
36 c.	37 a.	38 a et b.	39 b.	40 a.
41 d.	42 d.	43 b.	44 c.	45 d.
46 b.	47 c.	48 b.	49 b.	50 a.
51 a.	52 b et c.	53 a.	54 b.	55 a, b et c.
56 a, b, c et d.	57 b.	58 b.	59 a, b, c, d et e.	60 a, d et e.

ATTENTION

Les sujets corrigés

Quels que soient vos résultats et votre niveau, n'oubliez surtout pas de vous mettre en situation de concours grâce aux sujets d'annales et/ou aux sujets inédits corrigés que nous vous proposons dans la seconde partie de l'ouvrage.

Reportez le résultat de vos réponses ci-dessous :

	Réponses correctes	Réponses incorrectes	Vous avez entre 0 et 5 réponses correctes	Vous avez entre 5 et 10 réponses correctes	Vous avez entre 10 et 15 réponses correctes
Administration générale	… /15	… /15	Votre résultat montre que vous devez travailler à fond la spécialité « Administration générale ». Les fiches de cours (à partir de la page 72) et les entraînements (à partir de la page 120) vous aideront à mettre toutes les chances de votre côté pour réussir !	Rendez-vous à la page 71 et prenez connaissance des 13 fiches proposées. Testez ensuite vos acquis grâce aux différents types d'entraînements. Vous y êtes presque !	Bravo ! Consolidez vos connaissances en lisant les fiches de cours (à partir de la page 72) et continuez à vous entraîner avec les entraînements à partir de la page 120.
Gestion du secteur sanitaire et social	… /15	… /15	Votre résultat montre que vous devez travailler à fond la spécialité « Gestion du secteur sanitaire et social ». Les fiches de cours (à partir de la page 126) et les entraînements (à partir de la page 147) vous aideront à mettre toutes les chances de votre côté pour réussir !	Rendez-vous à la page 125 et prenez connaissance des 7 fiches proposées. Testez ensuite vos acquis grâce aux différents types d'entraînements. Vous y êtes presque !	Bravo ! Consolidez vos connaissances en lisant les fiches de cours (à partir de la page 126) et continuez à vous entraîner avec les entraînements à partir de la page 147.
Animation	… /15	… /15	Votre résultat montre que vous devez travailler à fond la spécialité « Animation ». Les fiches de cours (à partir de la page 154) et les entraînements (à partir de la page 173) vous aideront à mettre toutes les chances de votre côté pour réussir !	Rendez-vous à la page 153 et prenez connaissance des 8 fiches proposées. Testez ensuite vos acquis grâce aux différents types d'entraînements. Vous y êtes presque !	Bravo ! Consolidez vos connaissances en lisant les fiches de cours à partir de la page 154) et continuez à vous entraîner avec les entraînements à partir de la page 173.
Urbanisme et développement des territoires	… /15	… /15	Votre résultat montre que vous devez travailler à fond la spécialité « Urbanisme ». Les fiches de cours (à partir de la page 178) et les entraînements (à partir de la page 222) vous aideront à mettre toutes les chances de votre côté pour réussir !	Rendez-vous à la page 177 et prenez connaissance des 12 fiches proposées. Testez ensuite vos acquis grâce aux différents types d'entraînements. Vous y êtes presque !	Bravo ! Consolidez vos connaissances en lisant les fiches de cours (à partir de la page 177) et continuez à vous entraîner avec les entraînements à partir de la page 222.

Partie 1

Préparation aux épreuves

PARTIE 1

Préparation aux épreuves

Chapitre 1
Composition

Fiches de cours

Entraînements

FICHE 1 La nature de l'épreuve

L'épreuve de composition est l'une des deux épreuves d'admissibilité du concours externe.
Elle est commune à l'ensemble des spécialités.

1. La définition de l'épreuve

Le décret n° 2009-756 du 22 juin 2009 fixant les modalités d'organisation des concours pour le recrutement des attachés territoriaux définit cette épreuve de la manière suivante :

« Une composition sur un sujet d'ordre général relatif à la place et au rôle des collectivités territoriales dans les problématiques locales (démocratie, société, économie, emploi, éducation/formation, santé, culture, urbanisme et aménagement, relations extérieures, etc.).

Cette épreuve doit permettre au jury d'apprécier, outre les qualités rédactionnelles des candidats, leur ouverture au monde, leur aptitude au questionnement, à l'analyse et à l'argumentation ainsi que leur capacité à se projeter dans leur futur environnement professionnel (durée : 4 heures ; coefficient 3). »

Cette épreuve vise à sélectionner des candidats ayant certes des connaissances dans le domaine des collectivités territoriales, mais surtout capables de mener une réflexion de manière claire et organisée à partir d'un sujet.

2. Ses objectifs

Elle a trois objectifs :

– tester vos connaissances dans le domaine des collectivités territoriales. Si vous vous présentez à ce concours, vous avez nécessairement des connaissances dans le domaine. Il vous faut toutefois veiller à les actualiser en vue de cette épreuve ;

– tester votre capacité à traiter un sujet de façon organisée ;

– tester votre capacité à vous projeter dans votre futur environnement professionnel en qualité de cadre dans une collectivité territoriale.

Vous serez donc évalué sur vos connaissances théoriques mais pas seulement. Votre capacité d'analyse et de synthèse, votre réflexion, vos qualités rédactionnelles font partie des attentes des correcteurs.

FICHE 2 Le décryptage du libellé

L'analyse du libellé de la composition permet de définir assez précisément les contours de l'épreuve et les thématiques territoriales concernées, mais aussi de comprendre les exigences attendues de la part du candidat, qui sont nombreuses et dépassent très largement les simples connaissances.

1. Les contours de l'épreuve

Il s'agit d'un travail de composition portant sur un sujet d'ordre général mais limité au domaine des collectivités territoriales.

S'agissant d'une épreuve portant sur un **sujet d'ordre général**, il n'est par conséquent pas attendu du candidat des connaissances pointues voire techniques sur un sujet.

Comme le décret l'indique, la dissertation porte sur un sujet d'ordre général « relatif à la place et au rôle des collectivités territoriales dans les problématiques locales ».

Quelques problématiques locales sont ensuite citées (démocratie, société, économie, emploi, éducation/formation, santé, culture, urbanisme et aménagement, relations extérieures, etc.), mais attention, il ne s'agit pas d'une liste exhaustive et d'autres problématiques locales peuvent être abordées.

L'épreuve a pour objet d'apprécier non pas les connaissances techniques du candidat sur tel ou tel sujet, mais davantage la culture territoriale du candidat.

2. Les qualités attendues

S'agissant d'une épreuve de composition, elle est destinée, comme le précise l'intitulé, à évaluer :

- les qualités rédactionnelles ;
- l'ouverture d'esprit ;
- l'aptitude au questionnement et le sens critique ;
- l'analyse ;
- l'argumentation ;
- la capacité à se projeter dans le futur environnement professionnel.

Comme toute épreuve de dissertation, elle exige non pas du candidat qu'il étale uniquement un savoir, mais qu'il fasse preuve de **réflexion**, qu'il problématise le sujet, qu'il le mette en perspective et qu'il argumente.

Bien entendu, les correcteurs apprécieront aussi la **maîtrise rédactionnelle** du candidat, c'est-à-dire sa capacité à rédiger un texte de plusieurs pages dans une orthographe et une syntaxe correctes.

3. Quelques exemples de sujets

1. Les collectivités territoriales face à la mobilité des hommes et des territoires.

2. Les collectivités territoriales face à la crise économique.

3. La rationalisation des politiques publiques locales est-elle nécessaire ?

4. Les collectivités territoriales et l'égalité devant le service public.

5. Peut-on parler de citoyenneté locale ?

6. Le département a-t-il un avenir ?

7. Les collectivités territoriales face aux enjeux environnementaux.

8. L'évaluation des politiques publiques locales a-t-elle un sens ?

9. L'autonomie des collectivités territoriales : mythe ou réalité ?

10. L'échelon intercommunal est-il pertinent pour l'aménagement du territoire ?

11. L'initiative privée est-elle indispensable aux collectivités territoriales dans la conduite de leurs projets ?

12. La démocratie locale est-elle efficace ?

FICHE 3 La préparation à l'épreuve

Réussir l'épreuve de composition ne s'improvise pas : une préparation solide très en amont et un entraînement régulier sont nécessaires pour réussir cette épreuve.

1. La connaissance des collectivités territoriales

L'épreuve de dissertation requiert de la part du candidat une très bonne connaissance de l'environnement territorial. Dans sa copie, le candidat doit avoir une **vue d'ensemble sur les collectivités territoriales** (règles de fonctionnement, compétences, difficultés, réformes en cours ou à venir, perspectives d'évolution du monde des collectivités territoriales) mais aussi pouvoir s'appuyer sur de nombreux exemples.

Il ne faut pas oublier que l'épreuve a pour principal objet d'apprécier la capacité du candidat « à se projeter dans son futur environnement professionnel ».

Or, un attaché territorial a vocation à travailler dans de multiples secteurs des collectivités territoriales en tant que cadre. Les missions de l'attaché territorial sont les suivantes : « Ils participent à la conception, à l'élaboration et à la mise en œuvre des politiques décidées dans les domaines administratif, financier, économique, sanitaire, social, culturel, de l'animation et de l'urbanisme. Ils peuvent ainsi se voir confier des missions, des études ou des fonctions comportant des responsabilités particulières, notamment en matière de gestion des ressources humaines, de gestion des achats et des marchés publics, de gestion financière et de contrôle de gestion, de gestion immobilière et foncière et de conseil juridique. Ils peuvent également être chargés des actions de communication interne et externe et de celles liées au développement, à l'aménagement et à l'animation économique, sociale et culturelle de la collectivité. Ils exercent des fonctions d'encadrement et assurent la direction de bureau ou de service. »

2. Les conseils de préparation

Afin d'être prêt pour l'épreuve, nous vous conseillons de suivre les conseils ci-dessous.

✔ Acquérir ou actualiser vos connaissances théoriques sur les collectivités territoriales

Si vous ne disposez d'aucune culture territoriale, il vous faut vous mettre à niveau et acquérir les connaissances de base en droit des collectivités territoriales et en finances publiques locales (règles de fonctionnement des collectivités territoriales, compétences, ressources, etc.).

Si vous estimez maîtriser ces bases, du fait par exemple de votre cursus universitaire ou de votre expérience professionnelle, il est néanmoins impératif de mettre à jour vos connaissances théoriques compte tenu des nombreuses mutations que subissent les collectivités territoriales.

✔ Suivre régulièrement dans la presse l'actualité des collectivités territoriales

Quel que soit votre niveau de connaissances sur les collectivités territoriales, il convient de s'informer régulièrement sur les thèmes qui les concernent tels qu'énumérés dans le libellé de l'épreuve.

Lire régulièrement la presse sur les sujets territoriaux, qu'elle soit généraliste ou spécialisée, est essentiel.

Les sujets peuvent faire appel à une actualité récente que vous ne devrez pas oublier d'intégrer à votre devoir.

✔ Approfondir les sujets d'actualité

Certains sujets fondamentaux méritent d'être approfondis. En 2018, un candidat doit par exemple avoir une connaissance approfondie des réformes territoriales en cours.

À noter : L'épreuve ne consiste pas à juger uniquement des connaissances, mais à apprécier la manière dont vous allez les utiliser pour étayer une réflexion.

✔ S'entraîner

Entraînez-vous à cette épreuve en rédigeant des plans détaillés sur différents sujets (voir la liste des sujets proposés dans la fiche 2), des introductions et des compositions entières dans les conditions du concours.

FICHE 4 La gestion du temps imparti

La gestion du temps est un élément essentiel pour la réussite de l'épreuve de composition.

1. Une contrainte à maîtriser

Il s'agit sans doute de l'une des difficultés les plus importantes pour les candidats. Beaucoup échouent faute de maîtriser correctement le temps imparti.

Savoir gérer son temps est par conséquent une des clés de la réussite à cette épreuve car celui-ci est limité (4 heures).

2. Le bon découpage

Seuls des entraînements à cette épreuve vous permettront d'acquérir une bonne maîtrise du temps et de connaître avec précision sa répartition selon les différentes phases de votre travail.

Ainsi, il vous est conseillé de définir une répartition type du temps :

- lecture / analyse du sujet : 10 minutes ;
- recherche de la problématique et construction du plan détaillé : 120 minutes ;
- rédaction de l'introduction : 20 minutes ;
- rédaction de la copie : 80 minutes ;
- relecture : 10 minutes.

Cette répartition n'est donnée qu'à titre d'exemple, à vous de l'adapter. Un entraînement préalable vous permettra d'établir la répartition du temps qui vous correspond et que vous pourrez appliquer le jour J.

FICHE 5 L'analyse du sujet

Une des premières étapes pour préparer la composition va consister en l'analyse des termes du sujet posé.

1. Le hors sujet

Si la mauvaise maîtrise du temps est l'une des difficultés majeures des candidats, celle du hors sujet l'est également. Le hors sujet est soit un moyen de détourner le sujet sur des thèmes sur lesquels vous vous estimez plus à l'aise, soit plus simplement une mauvaise compréhension du sujet. La lecture du sujet doit faire l'objet d'une attention particulière avant de vous lancer dans l'élaboration du plan. Il est donc important de prendre le temps nécessaire pour bien l'analyser.

2. La méthode d'analyse

Il vous faut véritablement « disséquer » le sujet.

Voici une méthode d'analyse du sujet en sept étapes :

1. Lire le sujet attentivement plusieurs fois.

2. Bien analyser les termes utilisés dans le sujet.
Retranscrivez sur votre brouillon l'ensemble des termes utilisés en les définissant rapidement.
Essayez de comprendre, pour chacun d'eux, les raisons pour lesquelles il est utilisé et quelles subtilités éventuelles il recouvre.

3. Réfléchir au sens de chaque mot, aux raisons pour lesquelles il a été utilisé plutôt qu'un autre.

4. Définir les rapports entre les termes essentiels du sujet.

5. Bien cerner les limites du sujet, tant sur la période que sur l'espace.
Le sujet pose normalement des limites dans le temps par l'indication de dates ou d'éléments d'informations délimitant la période.

6. Faire attention à la manière dont les mots sont reliés entre eux.
Par exemple, votre attention doit être retenue par la conjonction de coordination « ET » : cela signifie que le correcteur attend une comparaison.

7. Faire attention à l'utilisation du singulier et du pluriel.
Par exemple, il y a une différence lorsqu'on mentionne « la région » et « les régions ». Le singulier appelle une réponse théorique sur la catégorie juridique de collectivité territoriale qu'est la région, tandis que le pluriel fait référence aux différentes régions et appelle une analyse de la réalité de celles-ci.

FICHE 6 La problématique

Après avoir compris les termes du sujet posé et avant de vous lancer dans l'élaboration du plan, il est indispensable de situer la question dans un cadre problématisé.

Ceci peut se faire en cinq étapes :

1. Questionner le sujet : Quoi ? Qui ? Comment ? Où ? Quand ? Pourquoi on vous propose ce sujet ?

2. Recenser les idées.
Écrivez sur une feuille toutes les idées que vous inspire le sujet.

3. Ordonner les idées.
Organisez vos idées par grandes catégories.

4. Distinguer les idées les plus importantes.
Elles vous permettront de faire apparaître des interrogations.

5. Mettre en correspondance ces interrogations avec la ou les problématiques qu'elles suscitent.
Pour vous aider, vous pouvez réaliser un tableau à deux colonnes. Dans la première, mentionnez toutes les interrogations engendrées par le sujet ; dans la seconde, mentionnez les problématiques correspondantes.

De ces problématiques va découler le plan.

FICHE 7

L'élaboration du plan

Savoir élaborer un plan nécessite de l'entraînement. L'exercice consiste à ordonner ses connaissances selon une certaine logique.

1. Les objectifs

Le plan détaillé a plusieurs objectifs :

– matérialiser votre raisonnement ;

– approfondir l'analyse, vous permettre de découvrir de nouvelles idées ;

– faciliter la conception des paragraphes en y associant des idées ;

– détailler les rapports des paragraphes entre eux ;

– rédiger les phrases structurantes de chacune des parties et des sous-parties ;

– rédiger les transitions ;

– prédiger l'introduction ;

– rédiger la conclusion.

2. La structure du plan

Quel que soit le plan utilisé, on va toujours retrouver une même structure. Le **plan en deux parties** est recommandé pour cet exercice.

Il n'y a pas de règle générale pour élaborer un plan. À vous de choisir celui qui semble le plus adapté pour traiter le sujet en exploitant au mieux vos connaissances.

Chaque question de la problématique devient une partie du développement.

Chaque grande partie contient des sous-parties.

Il vous faut ensuite articuler les parties entre elles.

Le plan comportera donc une introduction, des parties, une conclusion.

3. L'introduction

C'est un élément fondamental de la dissertation puisque le correcteur la lira en premier. Vous devrez donc particulièrement la soigner.

L'introduction doit comporter :

– une **entrée en matière**, qui sera destinée à susciter l'intérêt du lecteur ;

– une **contextualisation** du sujet, c'est-à-dire la présentation du sujet d'un point de vue historique ou sociétal, par exemple en donnant les définitions des mots clés du sujet ;

– une **problématique**, à laquelle le candidat devra répondre par le développement de sa composition ;

– l'**annonce de plan**, dans laquelle il s'agira de présenter les différentes parties du développement d'une manière claire et détaillée.

L'introduction ne doit pas dépasser 10 % de la copie.

4. Le développement

Il devra bien entendu correspondre à l'annonce du plan.

Le plan n'est pas matérialisé (pas de numérotation des parties ou sous-parties dans l'annonce de plan, pas de titrage ni de numérotation des parties, sous-parties et paragraphes dans le développement). En revanche, le plan est rendu apparent par l'utilisation des sauts et des retraits de lignes.

Le découpage de la dissertation en parties découle du plan. Il faut que les parties soient à peu près de même longueur ; un trop grand déséquilibre est la marque d'un plan défectueux.

Chaque partie doit être construite : il doit y avoir un **chapeau** introductif et des développements internes, puis une **transition** qui montre que le raisonnement a été mené à terme et que la partie suivante va être traitée.

Cette structuration favorise la lecture de votre copie.

Un développement composé de deux parties, elles-mêmes composées de deux sous-parties, est recommandé.

5. La conclusion

C'est par là que se termine un plan. Ce ne doit pas être un résumé des développements antérieurs.

La conclusion doit être le constat que la **démonstration proposée a été conduite à son terme**. Le sujet est alors élargi vers une ou des **perspectives** d'avenir où peuvent être évoquées des évolutions du sujet posé, voire l'énoncé d'un autre sujet.

Comme la première impression qui a été donnée par l'introduction, la dernière donnée par la conclusion aura toute son importance. En effet, après la lecture de la conclusion, le correcteur procédera à la notation de la copie.

Une conclusion se découpera traditionnellement en deux parties :

– le **verrouillage** : il consistera à « fermer le sujet ». Il ne s'agira pas de résumer le développement mais de mettre fin au raisonnement ;

– l'**ouverture** : elle consistera à élargir le débat.

FICHE 8 La rédaction

Une fois votre plan construit, vous allez passer à la phase de rédaction.

Il faut être rigoureux et respecter les critères suivants :

- Intégrer plusieurs points de vue.
- Maîtriser l'équilibre entre les parties.
- Argumenter ses idées avec des références à des textes, de la jurisprudence, etc.
- Utiliser ses connaissances, donner des exemples.
- Faire des phrases courtes et compréhensibles.
- Attribuer à chaque paragraphe une idée.
- Soigner son orthographe.
- Éviter les abréviations et les anglicismes.
- Adopter une écriture très lisible.

QCM

20 min

Une seule bonne réponse est possible par question.

Démocratie

1. Quel était le pourcentage d'abstention au second tour de l'élection présidentielle de 2017 ?

- ❑ **a.** 19,6 %
- ❑ **b.** 22,4 %
- ❑ **c.** 25,44 %

2. Le vote blanc est-il reconnu en France ?

- ❑ **a.** Oui
- ❑ **b.** Non

Société

3. Quel est le nombre d'allocataires de minima sociaux en France en 2017 ?

- ❑ **a.** 3 millions de personnes
- ❑ **b.** 4 millions de personnes
- ❑ **c.** 5 millions de personnes

4. Quel était le taux de chômage en France début 2017 ?

- ❑ **a.** 9,6 %
- ❑ **b.** 11,8 %
- ❑ **c.** 13 %

5. Le salaire net moyen des Français en 2017 était de :

- ❑ **a.** 1 750 euros
- ❑ **b.** 1 975 euros
- ❑ **c.** 2 225 euros

6. Combien y a-t-il de fonctionnaires en France ?

- ❑ **a.** 5,5 millions
- ❑ **b.** 6,5 millions
- ❑ **c.** 10,5 millions

7. Quels sont les effectifs de la fonction publique territoriale ?

- ❑ **a.** 1,2 million
- ❑ **b.** 1,9 million
- ❑ **c.** 2,7 millions

8. Les dépenses de santé en France représentent :

- ❑ **a.** 11,1 % du PIB
- ❑ **b.** 15 % du PIB
- ❑ **c.** 17,2 % du PIB

9. L'illettrisme en France métropolitaine concerne :

- ❑ **a.** 0,5 million de personnes
- ❑ **b.** 1 million de personnes
- ❑ **c.** 2,5 millions de personnes

10. Le niveau d'éducation en France :

Selon la dernière enquête PISA (Programme international pour le suivi des acquis des élèves) menée en 2016 par l'OCDE, quelle est la place de la France s'agissant du niveau scolaire des élèves ?

- ❑ **a.** 5e rang mondial
- ❑ **b.** 15e rang mondial
- ❑ **c.** 27e rang mondial

Finances publiques

11. Quel est le budget de la Ville de Paris ?

- ❑ **a.** 1 milliard d'euros
- ❑ **b.** 5 milliards d'euros
- ❑ **c.** 7 milliards d'euros

12. Quel est la part des dépenses des administrations publiques locales (collectivités territoriales, EPCI) dans les dépenses publiques ?

- ❑ **a.** 21 %
- ❑ **b.** 34 %
- ❑ **c.** 49 %

→ *Retrouvez les corrigés en p. 41*

13. Quel est le budget de l'État en 2017 ?

- ❑ **a.** 171 milliards d'euros
- ❑ **b.** 270 milliards d'euros
- ❑ **c.** 381 milliards d'euros

14. Quel est le montant de la dette de la France en 2017 ?

- ❑ **a.** 1 992 milliards d'euros
- ❑ **b.** 2 231 milliards d'euros
- ❑ **c.** 4 032 milliards d'euros

15. Pour la période 2014-2020, combien la France va-t-elle percevoir de fonds européens ?

- ❑ **a.** 16 milliards d'euros
- ❑ **b.** 27 milliards d'euros
- ❑ **c.** 42 milliards d'euros

Culture

16. Que représente le budget de la culture en France en 2017 ?

- ❑ **a.** Moins de 1 % du budget de l'État
- ❑ **b.** Plus de 1 % du budget de l'État
- ❑ **c.** Plus de 2 % du budget de l'État

17. En 2010, le Centre Pompidou a implanté un musée décentralisé en province, dans quelle ville ?

- ❑ **a.** Lens
- ❑ **b.** Reims
- ❑ **c.** Metz

Aménagement du territoire

18. La forêt en France représente :

- ❑ **a.** 8 % du territoire
- ❑ **b.** 18 % du territoire
- ❑ **c.** 28 % du territoire

19. Quel est le pourcentage de Français qui vivent en zone urbaine ?

- ❑ **a.** 61 %
- ❑ **b.** 78 %
- ❑ **c.** 89 %

20. Combien de villes françaises ont une population supérieure à 100 000 habitants ?

- ❑ **a.** 41
- ❑ **b.** 81
- ❑ **c.** 101

CORRIGÉS

QCM

CORRIGÉ

1 c.	2 a.	3 b.	4 a.	5 c.
6 a.	7 b.	8 a.	9 c.	10 c.
11 c.	12 a.	13 c.	14 b.	15 b.
16 b.	17 c.	18 c.	19 b.	20 a.

Pour aller plus loin

2 = a. Depuis la loi n° 2014-172 du 21 février 2014, le vote blanc est reconnu en France. Cette reconnaissance est effective depuis les élections européennes de 2014. Le vote blanc n'est toutefois pas comptabilisé dans les suffrages exprimés.

6 = a. 5,5 millions soit environ 20 % de la population active.

7 = b. La fonction publique territoriale compte plus de 1,9 million d'agents relevant de près de 48 000 employeurs.

10 = c. La France chute au 27e rang du dernier classement PISA qui évalue tous les trois ans les élèves de 15 ans dans le monde.

Chapitre 2
Note et rapport

Fiches de cours

Entraînements

FICHE 1

Les objectifs de l'épreuve de synthèse (note et rapport)

De nombreuses méthodologies de la note/rapport à partir d'un dossier existent. Leur finalité est identique mais les outils proposés sont parfois différents. De plus, le lecteur de cet ouvrage a peut-être déjà reçu une formation dans un centre, s'est déjà forgé ses propres outils et a été confronté à la difficulté de l'exercice. Le but ici n'est ni d'ajouter une méthode à celles déjà proposées, ni de vouloir effacer celle qu'éventuellement vous pourriez déjà posséder, mais, plus simplement, d'améliorer votre boîte à outils et, le cas échéant, de fournir à ceux qui n'en ont pas, des instruments fiables, logiques et facilement contrôlables.

À noter : La méthode ici donnée peut être utilisée indifféremment dans les concours de catégories B et A. Seuls pourront diverger dans ces deux cas, les temps d'épreuves, l'épaisseur des dossiers et les thématiques abordées.

1. Trier les informations

Une démarche formative doit identifier les buts à atteindre avant de rechercher les moyens à mettre en œuvre.

Le concours externe (exemple : spécialité administration générale) : l'épreuve d'admissibilité consiste en la rédaction d'une note ayant pour objet de vérifier l'aptitude du candidat à l'analyse d'un dossier soulevant un problème d'organisation ou de gestion rencontré par une collectivité territoriale.

Le concours interne (exemple : spécialité gestion du secteur sanitaire et social) : l'épreuve d'admissibilité consiste en la rédaction, à l'aide des éléments d'un dossier soulevant un problème sanitaire et social rencontré par une collectivité territoriale, d'un rapport faisant appel à l'esprit d'analyse et de synthèse du candidat, à son aptitude à situer le sujet traité dans son contexte général et à ses capacités rédactionnelles, afin de dégager des solutions opérationnelles appropriées.

La différence entre interne et externe se trouve, d'abord, dans l'appellation de l'exercice : une note pour les externes et un rapport pour les internes ; ensuite, dans le fait que les internes doivent produire des solutions opérationnelles en plus de la synthèse des documents fournis, et cela pour un temps identique de 4 heures. Pour ce qui est de la partie note ou rapport, la méthodologie est identique pour les deux candidats. On verra plus après les règles à observer pour la constitution des notes opérationnelles.

L'objectif essentiel de ce type d'exercice est d'apprécier les capacités du candidat, compte tenu du sujet posé et des caractéristiques du ou des éventuels destinataires de la note, à **sélectionner et utiliser les informations** les plus significatives pour la bonne information du ou des destinataires (supérieurs hiérarchiques, collègues, vous-même, etc.) et la réponse à la commande posée. Ce travail de synthèse se fait à partir d'un ensemble de documents écrits, de natures diverses (politique, juridique, sociale, économique ou culturelle), se rapportant ou non à un même thème. Vu la variété des documents et les niveaux de difficulté de chacun, il est demandé à tout candidat d'être familier des textes juridiques aussi bien que de ceux issus de revues professionnelles ou généralistes.

À noter : La note doit toujours **se situer par rapport à son ou ses destinataires** (quand il est expressément nommé) : un décideur, un public, des collègues, des intervenants dans le champ de compétence. Si aucune mise en situation n'est donnée, la note se situera alors dans le cadre d'une note d'information générale qui n'aura à privilégier aucun échelon administratif ni interlocuteur.

2. Informer de façon synthétique

La note est une progression logique offrant un outil de décision ou d'aide à la décision, un ensemble d'informations ordonnées favorisant une réelle maîtrise d'une thématique. Son but est d'**informer** le plus correctement possible le destinataire. Elle se doit donc d'être complète, impartiale, concise et précise.

La note n'est ni un contrôle de connaissances (les savoirs nécessaires à la composition de la note sont contenus dans le dossier fourni), ni une épreuve de résumé de textes. C'est **un outil de communication**. En cela, **elle synthétisera les informations essentielles** en fonction d'une finalité déterminée. Ce n'est pas un commentaire de textes menant à une prise de position, à un avis personnel. Ce n'est pas non plus une paraphrase qui ne présenterait aucun intérêt. Mais comme le rappelle le *Petit Larousse*, la synthèse « est une opération intellectuelle par laquelle on réunit en un tout cohérent et homogène divers éléments de connaissance concernant un domaine particulier ». Elle est un instrument permettant (dans le cas d'un concours ou d'un examen) d'évaluer votre capacité à cerner les éléments majeurs contenus dans des textes politique, juridique, social, économique ou culturel (travail d'analyse) et à les restituer à travers un plan (donc la synthèse) qui les mettra en valeur et pointera la (les) problématique(s) qui les sous-tend(ent). Elle obéira au devoir d'objectivité : toute information proposée dans la note sera issue du dossier fourni. En revanche, pour le concours interne, le candidat devra apporter des informations supplémentaires au titre des « solutions opérationnelles ». Ainsi, la note permet d'évaluer chez un candidat :

– sa capacité à gérer un problème complexe durant un temps limité ;

– sa capacité à distinguer l'accessoire de l'essentiel, à ne pas se « noyer » dans la masse d'informations ;

– sa capacité à structurer sa réflexion dans une note synthétique clairement et objectivement rédigée.

La note est un exercice de communication et, en cela, la clarté, la sobriété et la fluidité du style seront prises en compte.

À noter : Les pages qui suivent proposent une méthodologie. C'est une phase nécessaire. Pour un exercice comme la dissertation, dans lequel la connaissance et le savoir priment sur la méthodologie, toutes les méthodologies ne pourront jamais combler l'absence de savoir. Pour la note, on peut s'autoriser à dire que la méthode prime absolument sur l'information, en ce que cette dernière est contenue dans le dossier proposé (sauf, on l'aura compris, pour les internes). Ainsi, l'acquisition de la méthode est une étape obligée et celle-ci franchie, la seconde est l'entraînement. Ce n'est que par la répétition de l'exercice que l'on maîtrise l'épreuve et qu'elle pourra être cadrée dans le temps imparti.

FICHE 2 La structure formelle de la note

Cette fiche suivante présente les règles formelles à respecter dans la rédaction complète de la copie. Ces règles respectées, c'est ce que le correcteur va d'abord voir avant de lire la copie du candidat. Y a-t-il une présentation, une introduction, un plan marqué par des titres et intertitres, un équilibre dans la gestion de chacune des grandes parties du rédactionnel, voire une conclusion ? Une copie se voit avant d'être lue !

1. La présentation de la note

En tant qu'écrit administratif, la note sera précédée d'une présentation qu'on placera dans le second A5 du recto de la première feuille de concours. Les dossiers de note de synthèse ou de rapport aux concours de la fonction publique territoriale de la Première, de la Grande Couronne et de la région Centre portent généralement la mention « Rappel » ou « Très Important » où il est rappelé « qu'aucun signe distinctif ne doit apparaître sur la copie. Il est interdit d'apposer toute signature ou nom, grade, même fictifs, date ou heure, à la fin de votre copie. De même, ne mentionnez pas le nom d'une collectivité territoriale existante ou fictive en entête de votre copie. Cela signifie qu'il n'est pas permis de remplir le timbre "collectivité" ». Ainsi, la présentation de votre note ou rapport s'en tiendra aux mentions de l'adresse (note ou rapport à l'attention de…), de l'objet et, le cas échéant, des références (ensemble des normes et textes réglementaires venant encadrer l'objet même de la note ou du rapport). L'objet peut être considéré comme le titre de la note. Il est comme une synthèse de la synthèse. Il indique brièvement, en une phrase, la thématique et le plan de la résolution de la problématique.

2. La construction de la note

On fera débuter la note ou rapport au verso de la page de garde de la feuille de concours.

La note sera constituée de trois parties :

- une introduction d'une vingtaine de lignes ;
- un corps de synthèse de trois à quatre pages ;
- une conclusion générale selon les éléments fournis par le dossier (plus des « solutions opérationnelles ») d'une demi-douzaine de lignes.

3. L'introduction

Elle sera constituée par au moins trois parties :

– Une **thématique** est une présentation du thème dont il sera traité. On peut y associer des faits, des chiffres, une définition ou, parfois, un historique illustratif quand le dossier le fournit. La thématique sera précédée d'une phrase d'accroche qui peut être une citation ou une reformulation d'une proposition issue du dossier. Elle doit posséder cette caractéristique d'accrocher l'attention du lecteur et de le placer dans le vif du sujet.

– Une **problématique** indique le ou les problème(s) posé(s) par cette thématique. La problématique doit être axée, si le dossier le permet, dans le sens des préoccupations propres du demandeur de la note. N'oublions jamais qu'une note de synthèse doit être un outil dans les mains de décideurs.

– L'**annonce de plan** indique les étapes par lesquelles la synthèse va passer pour résoudre la problématique appliquée à la thématique.

> **À noter :** Pour les candidats internes, dès l'introduction, il y a possibilité d'intervenir personnellement, c'est-à-dire en tant qu'attaché territorial aide à la décision, particulièrement dans la partie « problématique ».

4. Le corps de synthèse

Il se décomposera en **deux ou trois parties** selon les nécessités du problème à résoudre. Généralement, la synthèse se composera de deux parties : I et II. Chacune pourra être subdivisée en sous-parties : A et B.

On veillera à un équilibre aussi bien entre le I et le II qu'entre les sous-parties A et B, et A' et B' par exemple. Parties et sous-parties seront titrées. Les titres indiquent le contenu de chacune des parties ou sous-parties. Ainsi, l'annonce du plan terminant l'introduction indique le I et le II de la synthèse. Leurs formulations respectives devront être différentes bien qu'ils énoncent les mêmes contenus. De plus, I = A + B. C'est-à-dire que le titre en I est la somme de ce qui se trouvera en A et B. La formulation de I, différente de celle de l'annonce de plan, devra également être différente des intertitres A, B et éventuellement C. On attend du candidat qu'il puisse formuler différemment des propositions similaires.

✔ La présentation des titres

Les titres I et II, comme les sous-titres en A, B et éventuellement C, pourront adopter deux formes :

– soit le titre « presse » : bref, incisif, précis, allant au cœur de l'information, accrocheur, à l'instar des titres de vos quotidiens régionaux ou nationaux ;

– soit le titre « phrase » : sous la forme d'une phrase, titre complet, discursif mais qui évitera de dépasser deux lignes.

L'un ou l'autre distribueront les mêmes informations. Si le I est en titre « presse », l'ensemble du titrage (I comme A et B, II et A' et B') suivra cette règle d'homogénéité. Si le choix du candidat s'est porté, par plus de commodité, sur l'usage du titre « phrase », il a la possibilité de faire débuter une phrase en A et de la terminer en B. Le titre A se terminera par « … » et le titre B débutera par « … » En revanche, ceci n'est pas possible pour les titres I et II. Ici on a des articulations, avant on avait une progression.

✔ Les transitions

Le schéma du corps de la synthèse (résolution de problème) peut être représenté ainsi :

Titre I = A + B
A/ sous-titre
B/ sous-titre

Titre II = A' + B'
A'/ sous-titre
B'/ sous-titre ↓

La flèche indique l'idée de progression.

La synthèse est une résolution de problème, ainsi elle avance, elle progresse. Après le titre I, et avant de rentrer dans le sous-titre A et l'analyse qu'il contient, on inscrit une phrase d'introduction à ce qui va suivre. On peut ici placer une information qui n'a pu trouver sa place ni dans le corps de la synthèse ni en introduction. En quittant le A, et avant d'entrer dans l'analyse du B, on insère une phrase de transition. Ainsi de II A' et B'. Ce travail permet d'accompagner le lecteur, de lui faciliter la lecture de votre note.

Entre l'introduction générale et le I, on marquera un saut de ligne, ainsi qu'entre le I B et le II et, également, entre le II B' et la conclusion générale lorsqu'elle est possible.

5. La conclusion

Elle peut brièvement souligner l'essentiel du travail d'analyse, sans jamais valoriser des informations oubliées dans le développement. Elle doit faire la démonstration que la copie du candidat est bien terminée.

FICHE 3

Une proposition de méthode en cinq étapes

La méthode proposée peut se décliner en plusieurs étapes.

Voici les **cinq étapes** qui peuvent être suivies :

1. La lecture de la commande, le soulignement des concepts majeurs et l'interrogation de ces concepts à l'aide de l'outil formel 3QOCP, la « perspective » de plan (le terme est ici mis entre guillemets afin de bien montrer que ce n'est pas, dès cette étape, l'obtention du plan final de la synthèse, mais plutôt un guide).

2. Le réordonnancement de la liste des documents joints ou du listing.

3. La lecture des documents retenus et dans l'ordre déterminé par l'étape n° 2 à l'aide d'un outil de lecture et de collecte d'informations : la fiche de synthèse.

4. La rédaction de la copie de concours à l'aide des fiches, la composition des titres, de l'objet et, le cas échéant, des références.

5. La relecture complète de la copie.

FICHE 4

L'interrogation du sujet ou de la commande

Cette phase obéit à un principe fondamental : le candidat doit être maître du dossier. Il doit maîtriser le dossier et non pas être maîtrisé par lui.

1. Avant la lecture du dossier

Il n'est pas possible de se lancer dans une lecture linéaire des documents qui sont fournis pour tenter de savoir quels sont les éléments qui seront à retenir et comment les organiser. Trop de temps y serait consacré. Il est préférable de s'attacher d'abord à la commande, de repérer les orientations qu'elle fournit et de lui adresser des questions. Avant de pénétrer dans la lecture des documents, il est donc nécessaire que le candidat se pose certaines questions qui vont commander sa recherche et l'organisation de la note.

2. Les types de sujets

On peut être potentiellement confronté à trois types de sujets :

– **Cas 1 :** le sujet « pauvre » : « À l'aide des documents joints, vous rédigerez une synthèse. »

– **Cas 2 :** le sujet « moyen » : « À l'aide des documents joints, vous rédigerez une synthèse sur X. »

– **Cas 3 :** le sujet « riche » : « À l'aide des documents joints, vous rédigerez une synthèse sur X et vous en préciserez les applications dans le cadre de…, les enjeux ainsi que les difficultés. »

Ces trois types de libellés sont volontairement abstraits et leur formulation sert ici à la commodité de l'exercice. Généralement, la commande met en situation (synthèse à produire en direction d'un supérieur hiérarchique se situant au sein d'une structure ou d'un échelon administratif précis) et relève des deux derniers cas, c'est-à-dire offre une thématique précise et des pistes supplémentaires de recherche. Seuls les intitulés 2 et 3 fourniront le noyau thématique du sujet, c'est-à-dire l'objet même du dossier, ce dont va traiter l'ensemble de la documentation.

Dans le cas 1, le candidat est dépourvu de noyau thématique, il ne sait pas quel est l'objet du dossier. Il aura recours à la liste des documents joints (listing) qui suit la commande afin d'isoler ce noyau thématique (un concept ou un groupe de concepts récurrents). Les titres des documents du listing, par balayage et recoupements, fourniront le thème central du dossier. Le noyau thématique se doit d'être isolé le plus précisément possible. Cette recherche effectuée, le candidat confronté au type de sujet 1 reprendra l'ordre de travail concernant les commandes 2 et 3. Le premier type de sujet fait intervenir, quand il est rencontré, une difficulté supplémentaire dans l'épreuve. Le cas est rare et il est préférable de connaître la méthode afin de ne pas perdre de temps.

3. Les pistes fournies par le sujet et l'interrogation de la commande

Cette phase d'interrogation du sujet doit partir de l'idée que la commande formulée peut être incomplète. Qu'il y aura de la part du candidat, dans sa synthèse, un apport que la commande n'ordonnait pas. Généralement, le sujet est parfaitement indicateur. Parfois des pistes non inscrites dans le sujet peuvent être a priori interrogées et nourries par des informations contenues dans le dossier. On peut, dès le sujet, par-delà les orientations déjà proposées par ce dernier (n'oublions pas que chaque mot compte), le questionner et ainsi découvrir des pistes de recherche futures à l'intérieur du dossier. En plus des demandes formulées par le sujet, le candidat doit, avant même de rentrer dans la lecture des documents, être armé d'un certain nombre d'interrogations, de clés de lecture, qui délimiteront cette maîtrise a priori de la documentation.

4. La méthode du 3QOCP

L'outil proposé et qui sera ensuite complété est le **3QOCP.** C'est un ensemble d'interrogations formalisé dès les années 1930 par un sociologue anglo-saxon H.D. Laswell.

QUOI ? interroge les choses, les processus, les actions, au sens de « Qu'en est-il de… ? », « Quoi de… ? » C'est une caractérisation, un constat argumentatif, qui, parfois, peut être secondé d'une définition.

QUI ? interroge les êtres, les personnes. Dans une logique de « comptoir administratif », on peut généralement entendre « Qui ? » comme ceux qui sont concernés, visés par une politique, éligibles à un dispositif. Quelles sont les personnes concernées par le noyau thématique, leurs caractéristiques sociales, économiques, etc. ?

QUAND ? est un marqueur temporel. Il indique le moment effectif d'une action, d'une procédure à l'égard d'un public visé ou d'un domaine traité.

OÙ ? est un marqueur spatial. Il interroge sur le lieu d'effectuation d'une politique, d'une action, d'un dispositif.

COMMENT ? est la clé qui interroge les moyens, les solutions, les outils de réponse à un problème. Ces outils sont au nombre de quatre, mais ils ne se présentent pas forcément tous ensemble dans les dossiers proposés. On a d'abord les hommes, les acteurs qui amènent les réponses ou ceux qui appliquent des procédures inscrites dans un cadre juridique : **COM. H.** Les éléments juridiques ou le cadre légal qui définissent et encadrent une action : **COM. J.** Le nerf de la guerre, les moyens financiers : **COM. F.** Enfin, le cas échéant, les solutions techniques, les moyens matériels : **COM. T.**

Le pourquoi peut prendre deux formes. **POURQUOI ?** recherche les causes, les raisons d'un phénomène, il peut être noté **PQ.** Il y a également le **POUR QUOI ?** (en deux mots) qui est la recherche des objectifs, des finalités d'une politique ou d'une action entreprise. C'est une recherche en aval qui peut être notée **P/Q.**

Voilà globalement défini le 3QOCP.

On peut également y adjoindre, selon la mesure du questionnement adressé à la commande, d'autres interrogations, d'autres clés de lecture. On pourrait nommer ces questionnements « citoyen » ou « professionnel », c'est-à-dire ce que l'un et/ou l'autre peuvent encore questionner plus avant. Selon les circonstances, des clés opératoires supplémentaires peuvent être : **CONSÉQUENCES, LIMITES, ÉVALUATION-BILAN, FREINS** ou **DIFFICULTÉS, HISTORIQUE, AVANTAGES/INCONVÉNIENTS** viendront s'ajouter.

5. Les clés Introduction/Problème/Conclusion

Enfin, le candidat ouvrira systématiquement trois clés supplémentaires venant encadrer le corps de la synthèse.

D'abord, la clé **INTRODUCTION** qui filtrera des informations ne prenant pas place dans le corps de la synthèse proprement dite, mais qui permettront de débuter l'introduction. Cette clé **INTRO** peut être subdivisée en **INTRO. PA** c'est-à-dire une clé qui va aller à la recherche de la « phrase d'accroche » (**PA**). N'oublions pas que l'introduction est la première impression que la copie va donner de la prestation du candidat. Débuter cette introduction par une phrase d'accroche, une phrase rappelant les articles de une des quotidiens nationaux ou régionaux peut être une bonne entrée en matière. Sera évitée toute accroche tendancieuse. La clé générale **INTRO** peut aussi aller pêcher d'autres informations : **INTRO. THÉMA** servira à collecter les informations pouvant mieux caractériser l'objet de la note, proposer explicitement la thématique. On peut trouver ici le thème précisé, des faits, des chiffres, des statistiques, un historique comme une définition illustratifs.

La deuxième clé ou interrogation obligatoirement ouverte est celle correspondant à la problématique. Cette clé de lecture **PROBLÈME** va chercher tout au long de la documentation la formulation précise du problème contenu dans le dossier. Toute synthèse étant une résolution de problème à l'aide d'informations contenues dans le dossier, cette clé **PROBLÈME** tend à isoler au sein de la documentation ce qui, pour l'objet même de la thématique, pose problème ou le problème auquel notre objet thématique vient répondre. Par cette clé, la résolution de la seconde partie de l'introduction est couverte. Cette problématique générale de la synthèse est rarement donnée complète dans le sujet. C'est donc au candidat d'effectuer plus précisément ce travail.

La troisième et dernière question ou clé de lecture est celle qui permettra la recherche des informations pouvant prendre place dans une conclusion générale de la note ou du rapport. La clé **CONCLUSION** pourra trouver des informations situées généralement dans les derniers paragraphes d'un ou de plusieurs documents proposés dans le dossier. On veillera à ce que les informations collectées par cette clé touchent bien au noyau thématique et ne s'inscrivent pas dans des registres trop étroits et particuliers. Les éléments constitutifs d'une conclusion peuvent se trouver dans l'ensemble de la documentation et non pas seulement dans les documents majeurs (fiche « Le réordonnancement du listing »).

6. Vers une perspective de plan

Le candidat a interrogé le sujet le plus complètement possible. Il possède, dès lors, un certain nombre de questions ouvrant des pistes de recherche à l'intérieur du dossier. Ces questions ou ces clés de lecture, il peut maintenant leur donner un ordre logique répondant à l'objectif précité de progression logique équilibrée (l'épreuve de synthèse est une résolution de problème, elle se doit donc d'être progressive). On aboutit ainsi à une perspective de plan, une perspective et non pas le plan final. Plutôt une orientation a priori que pourra prendre la synthèse. Un fil conducteur que le dossier pourra venir, le cas échéant, réformer à partir de la lecture effective des documents. Mais les transformations que la lecture pourra opérer seront secondaires car le questionnement initial est fondamental. De même, il est possible que le dossier ne réponde pas à toutes les clés initialement ouvertes durant la phase personnelle d'interrogation de la commande. Le travail n'en sera pas modifié pour autant en ce que, généralement, ces clés supplémentaires ne touchent que rarement au noyau même du dossier. De toute manière, « abondance de biens ne nuit pas ».

FICHE 5

Le réordonnancement du listing

NOTE

Grâce à la phase précédente d'interrogation de la commande, le candidat est armé d'un jeu de questions à l'égard du dossier, de pistes de recherche d'informations essentielles pour la confection de la synthèse, et d'une perspective de plan, résolution progressive du problème contenu dans le dossier. Il sait globalement ce qu'il va aller chercher au sein de la documentation fournie.

1. L'ordre de lecture des documents

Maintenant se pose le problème de la lecture des textes. Doit-on commencer par le premier document et linéairement mener la lecture jusqu'au dernier ?

Il faut partir du principe que l'ordre des documents proposé dans la liste des « documents joints » n'est pas l'ordre de lecture. Non que l'on cherche à brouiller le travail du candidat, mais plutôt à constater sa capacité à distinguer l'essentiel de l'accessoire. Il est également possible que l'ordre de lecture proposé par le listing soit bien l'ordre de lecture de la documentation, mais c'est au candidat d'en décider. Là encore, un travail de maîtrise doit être démontré.

Les documents fournis peuvent être nombreux et tous riches d'informations, ou alors, peu épais et de moindre importance. L'épaisseur d'un document ne préjuge ni de sa technicité ni de sa difficulté, ni même de sa richesse. Les documents rassemblés peuvent être proposés dans leur format presse ou dans un format web (format moins facile à appréhender).

2. L'origine des documents

La nature des documents (texte de loi, circulaire, compte rendu, étude statistique, article généraliste, etc.), leurs auteurs (juriste, fonctionnaire, élu, citoyen, journaliste, etc.) et leur provenance sont divers.

En général, ce sont les **textes de doctrine ainsi que les textes juridiques** qui contiennent le plus d'informations pour la confection de la synthèse. Les circulaires et les documents administratifs peuvent présenter également un intérêt.

Viennent ensuite les **textes de commentaire et d'illustration** : articles de revues spécialisées et professionnelles, de journaux. Ces derniers peuvent être d'intérêt variable. Souvent ils sont un point de vue, une approche de la problématique et sa mise en situation dans les préoccupations du moment. Il faut être également attentif à leur caractère parfois polémique, si ce n'est partisan.

Enfin, peuvent aussi être proposés des tableaux, des schémas, des données statistiques et leurs interprétations.

À noter : Il faudra veiller aux écarts de **date** des documents. Une loi s'appliquant à la thématique proposée dans le sujet, sa date crée un démarquage : elle peut être constitutive d'un document faisant charnière au sein de la documentation. De plus, des événements et des changements ont pu intervenir entre-temps. Vous devez être attentif aux dates. L'attention aux **signataires** des articles (le plus souvent inconnus) doit être secondée par une attention portée aux **supports** de ces mêmes articles. Ceci afin d'apprécier leur sérieux et leur objectivité.

3. Les types de documents

Une documentation peut s'ordonner schématiquement (c'est une construction théorique) selon **quatre types de documents**. C'est un ordonnancement général commode mais qui n'a rien d'absolu. C'est un repère. Nous avons théoriquement un **document pivot** accompagné de **documents complémentaires** qui à eux seuls constitueront le 100 % informatif de la synthèse, c'est-à-dire qu'en eux on trouvera les informations nécessaires et suffisantes à sa composition. Ces documents peuvent être accompagnés de **documents redondants voire parasites.**

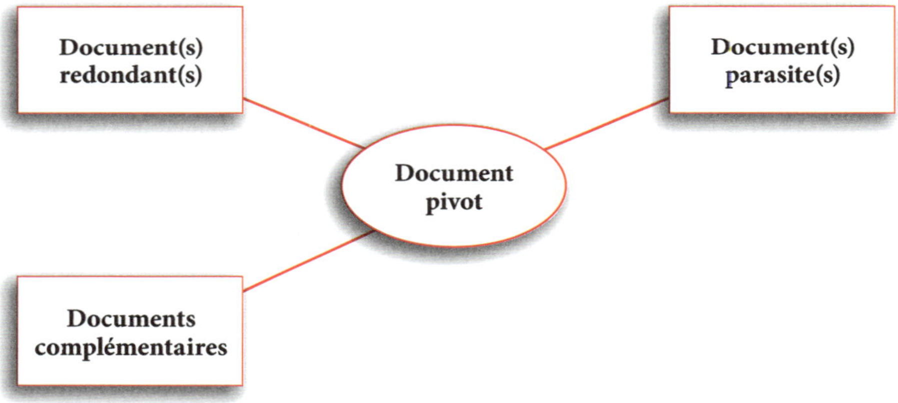

Le **document pivot** est le document qui peut donner un pourcentage conséquent d'informations et par là même couvrir un ensemble important de la future synthèse. Il offre généralement une approche globale de la thématique et se présente sous la forme d'une circulaire, d'un décret, d'un article de presse spécialisée décrivant une procédure.

À côté de lui, on trouve des **documents complémentaires** qui, comme leur nom l'indique, complètent le matériau informatif. Ils approfondissent un aspect de la thématique, du ou des documents faisant pivot et offrent également des exemples, des applications. La note se fait donc essentiellement avec ces deux types de documents.

Le dossier propose aussi des **documents** qui touchent bien au sujet mais **dont les informations sont redondantes**, restituent celles déjà contenues dans les deux types de documents précités. Ils ne sont pas absolument à délaisser. En effet, parfois ils peuvent être un recours explicatif pour certaines informations, et leurs aspérités peuvent être d'une aide intéressante pour le travail de titrage du plan et même pour le plan lui-même.

Enfin, plutôt rare, **le document parasite qui n'a de rapports que très lointains avec le sujet**, si ce n'est pas du tout. Il est à repérer rapidement et à éliminer. Il faut reconnaître que les documents parasites sont rares, en revanche, des parties parasites, comme des parties redondantes peuvent se rencontrer au sein même des documents essentiels.

ATTENTION

Cette classification est un outil commode mais il faut l'utiliser avec prudence. Les dossiers oscillant entre 30 à 35 pages, il faut considérer que quand on se trouve dans la fourchette basse (30 pages), celles-ci peuvent être intégralement lues même si les documents n'ont évidemment pas la même valeur. Il arrive parfois que deux documents fassent ensemble pivot, comme il est possible qu'un dossier ne soit constitué que de complémentaires et de redondants.

4. Le balayage du listing

Dès que la phase de questionnement du sujet est mise en place et que le noyau thématique est correctement isolé, un balayage rapide du listing peut trouver le document pivot dans le cas d'une norme ou d'un texte réglementaire. Un commentaire de loi peut servir également en ce sens. Si les deux sont présents, c'est au candidat, selon ses capacités, de privilégier l'un ou l'autre après avoir vérifié que l'un est bien un commentaire complet de l'autre. Si un texte de loi ou un règlement se trouve dans la documentation fournie et qu'il cadre convenablement le noyau thématique, il délimite par sa date un avant et un après la loi ou le règlement. Règle encore générale avec laquelle il faudra être prudent car, par exemple pour une loi, des documents complémentaires peuvent parfaitement s'installer par leur date entre le projet de loi et la loi promulguée, et la différence entre les deux n'est peut-être que de forme.

Pour parfaire ce classement, on distingue huit aspérités, cinq dans le listing et trois au sein de la documentation même.

Les **aspérités du listing** sont par ordre décroissant : le **titre** même du document, son **nombre de pages** tout en étant attentif qu'une pagination importante n'est pas absolument déterminante, la **date**, le **support** au sens d'une norme ou de textes issus de revues professionnelles ou encore de quotidiens généralistes, les **auteurs**. On vérifiera dès le listing que des documents ne font pas dossier dans le dossier. Parfois, deux voire trois ou plus encore de documents sont extraits d'une même revue, mais proposés de manière éclatée au sein de la documentation. Dans un dossier qui obéit à la règle générale, le premier document est le plus important et cette importance va décroissante tout au long des documents formant dossier au sein de la documentation d'ensemble. Si l'ordre du dossier est respecté au sein du listing, le candidat a là un outil supplémentaire d'ordonnancement.

5. Le balayage du document

À ce balayage du listing doit être associé, pour plus ample information et sécurisation du travail d'ordonnancement, un balayage du document même. On vérifiera que le titre du document est bien identique à celui fourni dans le listing, qu'il n'y est pas complété, par exemple d'un sur-titre qui a généralement pour rôle de rendre la perspective de l'article plus étroite, de recadrer le travail d'analyse. Les trois **aspérités des documents** mêmes sont le **chapeau**, les **intertitres** et les **encarts**.

✔ Le chapeau

C'est un paragraphe d'une police et d'un encrage différents que ceux du corps du texte. Quand il existe, ce qui est la règle générale, il « chapeaute », c'est-à-dire qu'il se trouve généralement au sommet du texte, mais on peut également le rencontrer en colonne latéralement au texte du rédacteur de l'article. Il est rarement le fait du rédacteur de l'article, mais plutôt celui d'un comité de rédaction de la revue. Son but est de fournir une synthèse – plus ou moins bien faite – du contenu de l'article même. Il doit dégager le thème de l'article et ses grandes articulations. C'est un outil essentiel pour déterminer à l'avance les niveaux d'informations proposés.

✔ Les intertitres

Plus ou moins brefs dans leur formulation, ils marquent la progression et les registres d'analyse. Comme le chapeau, ils sont rarement le fait du rédacteur de l'article et peuvent, par là même, être plus ou moins judicieusement choisis et placés.

✔ Les encarts

Ce sont de courts textes encadrés (ou non) traitant spécifiquement d'un aspect de l'article : témoignage, tableau statistique, camembert, graphe, histogramme, etc. Ils sont systématiquement titrés, facilitant ainsi l'approche de leur contenu. S'ils sont un apport du rédacteur de l'article, leur contenu est déjà généralement synthétisé par le rédacteur. Si c'est un apport de la revue, on peut y obtenir des informations qui prendront place dans la synthèse mais qui n'auront qu'un caractère secondaire.

Les clés de lecture obtenues dans la première phase du travail de questionnement du sujet vont être appliquées à ces huit aspérités, et la combinaison des clés de lecture et de ces huit aspérités doit délivrer le véritable ordonnancement du listing.

À noter : Cette phase de réordonnancement des documents joints et celle du questionnement doivent durer, avec entraînement, dans les 30 minutes. Pour une épreuve de 4 heures = 240 min, ces deux phases ne doivent pas dépasser le 1/8.
À la fin de l'ordonnancement des documents et grâce au balayage des aspérités fournies par les documents, le candidat doit aboutir à la constitution de quatre « boîtes » qui vont correspondre aux A, B, A', B' du futur plan.

FICHE 6 La lecture de la documentation et la constitution des fiches de synthèse

Arrivé à cette étape, le candidat possède un nombre (potentiellement encore incomplet) de clés de lecture délimitant les recherches, une perspective de plan et un listing réordonné. Il sait à peu près ce qu'il doit chercher et trouver comme informations, et il a isolé les documents qui lui paraissent répondre à ce besoin.

1. La lecture des documents

Il faut maintenant rentrer dans la lecture des documents sélectionnés. Les **deux règles majeures de la correction** sont : la **constitution d'un plan** qui rend compte de la progression des enjeux formulés par le dossier et, ensuite, les **informations nécessaires et suffisantes** que doit restituer la synthèse. Sans ce quota, elle se trouvera déséquilibrée et insuffisante. Il est remarquable que nombre de synthèses pêchent par manque de reprises d'informations. D'où l'interrogation des correcteurs sur les instruments mis en pratique afin de collecter les informations.

À noter : Les fiches de synthèse proposées ci-après présentent de nombreux avantages qui seront exposés, mais rencontrent également un inconvénient qui est leur « lourdeur », le fait qu'elles enregistrent en les reformulant des informations qui seront à reprendre dans la copie finale. Enfin, il faut considérer que cet outil n'est pas inamovible et que chacun est à même de le modifier à sa convenance dans le sens d'une plus grande commodité et efficacité. Il doit essentiellement servir au travail d'entraînement et de reformulation des informations.

2. La fiche de synthèse : un outil de lecture de la documentation

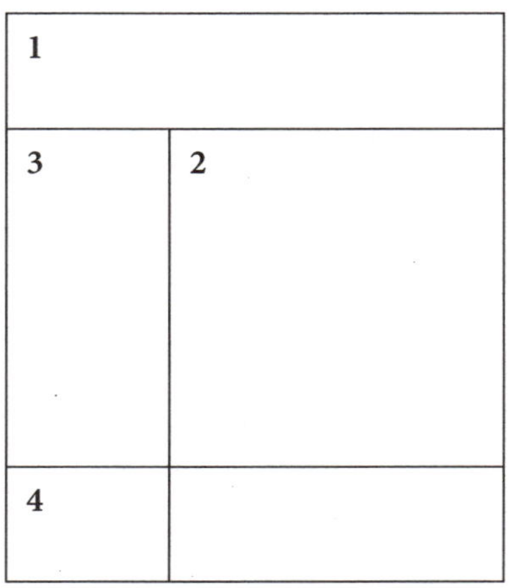

C'est un A4 confectionné pour chaque document retenu dans le listing durant l'étape n° 2 (fiche 5).

La première fiche sera dressée pour le document qui, durant le travail de réordonnancement, est paru comme majeur : le pivot. Cette fiche se divise en quatre parties fortement inégales.

✔ En 1 : la signalétique

On y indique le **titre** du document, l'(les) **auteur(s)**, le **support**. Pour gagner du temps, on peut ajouter un onglet en haut à droite où les lettres P (pivot), C1, C2, Cn (complémentaires 1, 2, n) indiqueront l'ordre des fiches de lecture.

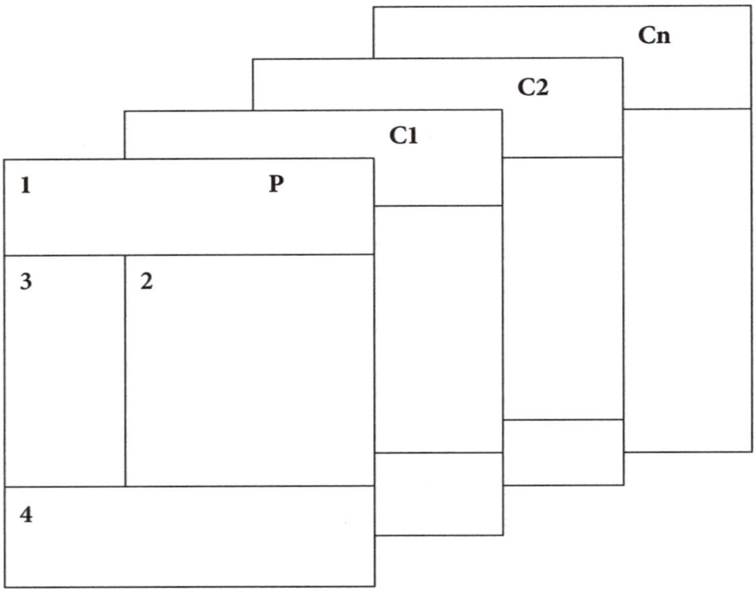

✔ En 2 : les informations recueillies durant la lecture du document

Armé des interrogations initiales, des clés de lecture obtenues durant la phase d'interrogation du sujet, on débute la lecture du document majeur. Dès qu'on obtient une **information qui mérite d'être retenue**, on la note dans la case n° 2 en s'efforçant de la reformuler. Il faut se rappeler qu'une note doit obéir au devoir d'objectivité, n'être constituée que d'informations contenues dans le dossier fourni, et la restitution de ces informations doit être reformulée par le rédacteur de la copie. Une synthèse ne pourra être constituée de centons, c'est-à-dire de phrases ou paragraphes issus du texte et reliés les uns aux autres comme un « copier-coller ». Il y a une obligation de reformulation des informations exposées dans les documents. Cette reformulation synthétique n'a pas le niveau d'exigence d'une autre épreuve à concours qui est le résumé de texte, mais on peut tout de même s'en inspirer.

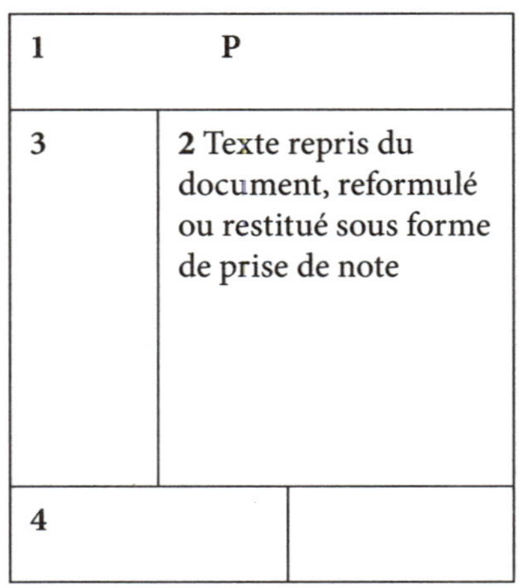

Hormis la reprise textuelle de textes juridiques, ou le cas échéant de citations d'interlocuteurs dont les fonctions peuvent avoir un fort degré de pertinence quant aux enjeux du dossier (par exemple, en phrase d'accroche de l'introduction), toute information est à reformuler. Cette reformulation a pour objectif de vérifier la compréhension par le candidat du contenu du dossier.

L'information est donc notée (complètement ou sous forme de prise de note) dans la case n° 2. Après avoir laissé un peu d'espace on tire horizontalement un trait à la suite de l'information.

✔ En 3 : attribution de la clé de lecture

1	P
3 Clé	2 Texte repris du document, reformulé ou restitué sous forme de prise de note
4	

En vis-à-vis de cette information reformulée, on inscrit dans la case n° 3 la **clé de lecture** à laquelle correspond cette information.

On procède ainsi pour toute nouvelle information et cela jusqu'à la fin du document. L'espace laissé après la notation reformulée de l'information et avant le trait horizontal qui la sépare de la suivante, peut permettre l'adjonction, pour la même clé, d'une information complémentaire trouvée dans la suite de la lecture du document. En maintenant devant soi chaque fiche remplie, on évitera de répéter d'une fiche à l'autre une même information. Ainsi, plus on progresse dans la lecture réordonnée des documents, moins on obtient d'informations. Ne seront donc contenues dans les fiches que les informations qui apparaîtront dans l'étape n° 4, celle de la rédaction finale de la note. L'effort de reformulation des informations au sein des fiches facilitera le travail final de rédaction.

✔ En 4 : titres et références

La case n° 4 est partagée en deux espaces.

L'espace de droite peut recevoir des morceaux de phrases, de titres de documents qui pourront aider à la constitution des **titres du plan** de la synthèse (titres I et II, mais également titres A, B, A' et B'). Cette case fonctionne comme un aide-mémoire : on y pose, sans ordre, des éléments de propositions issues d'un document qui pourront servir au titrage final.

L'espace de gauche recevra, le cas échéant, les **références** complètes (loi, décret, circulaire, etc.) venant cadrer le thème analysé durant la synthèse. Afin de composer les « références » de la partie présentation de la note, il suffira de se reporter à ce deuxième espace de la case n° 4.

Ces deux cases n° 4 peuvent également, pour le concours interne, recevoir des « solutions opérationnelles » qui viennent à l'esprit du candidat lors de la lecture du document.

3. La fiche de synthèse : un outil de contrôle

Les fiches de synthèse ainsi produites sont des outils de contrôle des autres outils.

Ainsi, les informations obtenues et reformulées au sein des fiches de lecture du document pivot et des documents complémentaires viennent vérifier (confirmer ou non) le travail de la première étape. La lecture des documents et la saisie des informations correspondent aux clés de lecture ouvertes au début du travail. D'autres clés, et par là même d'autres informations, ont pu venir s'adjoindre durant ces lectures, mais l'essentiel des clés obtenues dans les fiches répète celles obtenues dans l'étape d'interrogation de la commande. Le travail de mise en fiches de lecture contrôle le travail d'interrogation logique du sujet. **L'étape 3 contrôle l'étape 1.**

La confection complète des fiches vient **vérifier l'ordonnancement des textes produit en étape 2**. De la fiche de lecture du document majeur ou du document pivot jusqu'à celle du dernier complémentaire (Cn), l'information va décroissant. De P en passant par C1, C2, Cn, l'information notée est à chaque fois originale et la quantité est décroissante. Le matériau informatif reproduit le schéma d'une pyramide couchée.

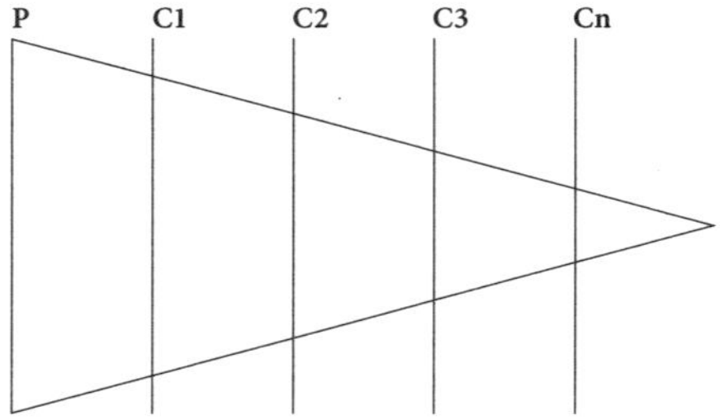

En P le maximum d'informations et de clés de lecture, en Cn le minimum. L'établissement de fiches de lecture vient vérifier la justesse du réordonnancement du listing. Même si ce dernier n'avait pas été fait adroitement, la confection des fiches vient rectifier l'erreur. **L'étape 3 contrôle l'étape 2.**

FICHE 7

L'élaboration du plan

Il n'y a pas de plan « bateau ». Il n'est pas possible de donner une liste de plans types que l'on pourrait ensuite plaquer, peu ou prou, au dossier fourni. C'est le sujet plus le dossier qui va commander le plan final.

1. Un plan original

Il faut organiser un plan original qui n'imite pas la structure du dossier. C'est le questionnement du sujet, aboutissant à la perspective de plan (fin de la première étape), à quoi il faut ajouter les fiches de synthèse (troisième étape de la méthodologie) qui vont permettre l'élaboration du plan de la synthèse. N'oublions jamais que la note est une résolution de problème (posé dans son intégralité dès la deuxième partie de l'introduction) et que le plan, en y répondant, doit ménager une progression dans la résolution.

2. La perspective de plan et les fiches de synthèse

Les fiches de synthèse sont composées à partir des documents retenus comme nécessaires à l'élaboration de la note. L'ensemble des informations qui se retrouvera dans la future note est reformulé dans la fiche de synthèse. L'ensemble des clés de lecture, c'est-à-dire l'ensemble des articulations de la future note, est inscrit dans les fiches de synthèse. La reprise de ces clés et leur ordonnancement logique vont délimiter le plan final.

On pourra aussi s'aider, durant cette phase, de la perspective de plan obtenue dès l'interrogation du sujet.

D'abord **INTRO. PA** (si elle existe), puis **INTRO. THÉMA** suivies de **PROBLÈME.**

Pour le corps de la synthèse, il faudra ordonner l'ensemble des clés obtenues durant l'étape n° 1 (interrogation du sujet à l'aide du 3QOCP), plus celles rencontrées, le cas échéant, durant la troisième étape (mise en fiches ou en tableau synoptique des informations contenues dans les documents). Durant cette mise en ordre logique, il faudra veiller, comme il a été indiqué en présentation, à équilibrer les parties (I et II) de la synthèse. Chacune des clés ne peut que rarement constituer à elle seule une partie (I ou II) ; en revanche elle peut parfois constituer une sous-partie (I-A ou II-A' ou I-B). Plus souvent, plusieurs clés se regroupent logiquement afin de constituer ensemble une sous-partie (I-A ou I-B par exemple). Les fiches de synthèse fournissent la quantité d'informations contenues dans chaque clé. Elles permettent ainsi de juger de l'emplacement de tel registre d'information au sein de la note, compte tenu de la règle d'équilibre des parties.

Enfin, la clé **CONCLUSION** synthétise les informations pouvant y prendre place, tout en se rappelant à qui on adresse la note.

FICHE 8 La rédaction et la relecture

Vient maintenant le moment de la rédaction finale de la note. Hormis l'annonce de plan clôturant l'introduction et les phrases permettant la transition d'une partie à l'autre ou d'une sous-partie à la suivante, toutes les informations nécessaires à la note sont dans les fiches de synthèse. Le dossier lui-même peut être mis de côté.

1. La rédaction de la copie

On peut alors suivre une méthode en quatre étapes :

1. Rédiger l'**adresse** en début de présentation : note à l'attention de… (reprendre à cette fin le sujet et, s'il est nommé, le demandeur de la note).

Construire sous la forme d'une phrase l'« **objet** » de la note. L'objet sera constitué du noyau thématique et de concepts venant synthétiser les grandes étapes du plan final. L'objet = noyau thématique + I + II. L'objet est le titre de la note. Sa lecture doit permettre d'obtenir le thème et la problématique de la note, et les articulations mises en place afin de le traiter.

2. Présenter à la suite de l'objet, le cas échéant, les **références** qui viennent encadrer la thématique et la problématique du dossier. Il suffit pour cela de se reporter aux cases n° 4 des différentes fiches de synthèse. On veillera alors à les ordonner en respectant la hiérarchie des normes dont il a été traité plus haut.

3. On a le plan de la future note. Les quelques éléments de propositions repris dans la case n° 4 des fiches doivent nous aider dans la composition des titres. On peut dès lors construire les **titres I et II et les sous-titres A et B**, en forme de phrases ou de titres de « presse ». C'est une opération qui peut d'abord être menée au brouillon.

4. Rédiger l'**introduction**, en marquant lisiblement ses articulations. Rédiger le **corps de synthèse**, en portant les titres et sous-titres accompagnés avant et après par les analyses des phrases d'introduction et/ou de transition. Enfin rédiger votre **conclusion** (dans la mesure où le dossier a fourni des éléments pouvant la constituer).

2. La relecture de la copie entièrement rédigée

Cette relecture intégrale du travail veillera à corriger les oublis de mots et les fautes d'orthographe, s'attachera au respect des règles de la ponctuation et de l'accentuation. N'oublions pas également que la graphie est prise en compte en ce que, même si l'adage reconnaît que « l'écriture est la science des imbéciles », elle représente une ouverture sur la personnalité du candidat.

3. La gestion du temps

L'épreuve est limitée à 240 minutes ou 4 heures. À titre indicatif, on peut attribuer à chacune des étapes précédemment étudiées un temps respectif :

- 1re étape (interrogation du sujet) : 15 min ;
- 2e étape (ordonnancement du listing) : 15 min ;
- 3e étape (rédaction des fiches de synthèse) : 150 min ;
- 4e étape (présentation, titres, rédaction de la copie) : 50 min ;
- 5e étape (relecture intégrale du travail) : 10 min.

Lors des premiers entraînements, il est évident que le temps de chacune de ces étapes ne sera pas respecté. C'est normal. C'est par la reconduction des entraînements que le temps de chaque étape sera maîtrisé et que l'aisance dans l'application de la méthodologie sera au rendez-vous.

FICHE 9

Les solutions opérationnelles (concours interne et 3e voie)

L'épreuve consiste à rédiger, « à l'aide des éléments d'un dossier, un rapport faisant appel à l'esprit d'analyse et de synthèse du candidat, à son aptitude à situer le sujet traité dans son contexte général et à ses capacités rédactionnelles, afin de dégager des solutions opérationnelles appropriées ».

1. La nature de ces solutions

Le candidat doit exprimer ses qualités professionnelles et/ou d'adaptation à une problématique technique donnée.

« **Solutions** » sous-entend proposer, présenter voire soumettre une solution, c'est-à-dire ne jamais oublier que l'on s'adresse à un supérieur hiérarchique qui est celui qui va décider. Il ne s'agit pas de se substituer à ce supérieur, mais de lui présenter des éléments qui vont permettre de décider et d'acter sur le terrain.

Le terme « **opérationnelles** » veut dire propositions, mesures qui peuvent être mises en service. Donc, selon le positionnement qui est proposé dans le sujet (type de collectivité, de service et selon le supérieur hiérarchique à qui on s'adresse), il faut apporter des solutions, des propositions qui permettent d'agir, qui peuvent être mises en œuvre dans le sens du sujet fourni.

Le candidat devra ainsi fournir des propositions claires, prenant place de manière structurée dans le corps de la synthèse. Étant destinées aux élus ou à des supérieurs hiérarchiques, elles devront :

– être justifiées et argumentées ;

– s'articuler si nécessaire selon plusieurs axes de choix possibles ;

– indiquer pour chaque axe, le cas échéant, les avantages ainsi que les inconvénients, les précautions ou les difficultés de la mise en œuvre.

2. Le positionnement

Fournir des solutions opérationnelles c'est, pour le candidat, se positionner comme conseiller. Il lui faut délibérément se situer, si le sujet le permet, dans une démarche large, plaçant le **sujet dans l'ensemble d'une problématique**. Dans son positionnement, il devra être attentif à faciliter la compréhension des propositions pour un non spécialiste (ce qui est souvent le cas dans certains sujets).

Le candidat adoptera un **ton neutre et impersonnel**, ce qui ne veut pas dire qu'il oubliera de souligner l'intérêt et les enjeux de telle ou telle proposition. La forme administrative devra être strictement respectée.

3. La méthodologie

Quel que soit le sujet, un certain nombre d'éléments devront être envisagés afin de répondre à cette demande de **solutions opérationnelles**.

Méthodologiquement, les solutions opérationnelles peuvent se rencontrer à **n'importe quel moment de la synthèse** produite. Elles sont, en plus des informations fournies par le dossier, des outils supplémentaires que le candidat apporte à son supérieur hiérarchique afin qu'il puisse faire le point et prendre le cas échéant une décision. C'est en cela que l'on peut donc les voir apparaître à tout moment dans le rapport. En revanche, il est vrai que c'est particulièrement à partir du II (comme un type de sujet peut précisément le requérir), étape où généralement la synthèse fait le point sur les outils, les moyens fournis par le dossier, que les solutions opérationnelles prendront avant tout leur place.

Elles peuvent être la reprise accentuée d'une **information déjà fournie par le dossier** (cette reprise agit comme un mode d'insistance quant à la mesure proposée). Mais, essentiellement, les solutions opérationnelles sont un **apport propre du candidat**, appuyé sur sa culture professionnelle, ses expériences en situation et sur ce que l'on appelle la « conduite de projet ».

Si nous sommes dans l'apport supplémentaire par rapport à ce que le dossier nous a déjà fourni, on peut réfléchir à quelques items récurrents :

– les **bases juridiques** de la démarche : apport juridique supplémentaire en possession du candidat et qui ne se trouve pas dans le dossier, réforme juridique qui a peut-être été élaborée postérieurement au sujet de concours ;

– les **expériences** menées par d'autres collectivités (que vous pourrez nommer en vérifiant qu'elles ne viennent pas rompre votre obligation d'anonymat dans votre synthèse). Ces expériences proviennent de votre veille documentaire durant la préparation au concours ;

– les **bases organisationnelles** de la mise en œuvre : collaboration avec d'autres services, partenariats qui pourront voir le jour (société civile, associations, etc.). Donc, la synergie en interne comme en externe ;

– les **moyens financiers, matériels et humains** à mettre en œuvre : demandes d'aides financières, de subventions, formation des personnels, participation possible des usagers, recours à des bénévoles, etc. ;

– les **objectifs** à atteindre par rapport à telle situation, les types de performance et les conséquences en résultant en matière réglementaire, financière, etc. ;

– la **liaison avec la population** : consultation, présentation du projet, concertation, etc. ;

– le **rôle des élus** : décision, validation, volonté politique (au-delà du mandat), recours à l'intercommunalité, etc.

Il est évident que les pistes ci-dessus ne seront pas toutes exploitées car il faut s'adapter à la commande formulée.

Enfin, n'oublions pas que la conclusion du rapport peut être l'occasion pour le candidat d'insister sur une solution voire d'en introduire une qui prendrait pertinemment sa place en fin de synthèse. Votre travail doit se positionner comme **aide à la décision** pour un supérieur hiérarchique.

QCM

20 min

Il peut y avoir plusieurs bonnes réponses par question.

1. Les collectivités territoriales sont dirigées :

- ❑ **a.** par une assemblée délibérante élue au suffrage universel direct
- ❑ **b.** par une assemblée délibérante élue au suffrage universel indirect
- ❑ **c.** par une assemblée consultative élue au suffrage universel direct
- ❑ **d.** par une assemblée consultative élue au suffrage universel indirect

2. Le président d'une collectivité territoriale est :

- ❑ **a.** élu au sein de l'assemblée qu'il préside, dont il fait partie
- ❑ **b.** élu par l'assemblée qu'il préside sur une liste de personnalités qualifiées
- ❑ **c.** nommé par le pouvoir exécutif
- ❑ **d.** désigné par son parti

3. Une assemblée délibérante vote des décisions appelées :

- ❑ **a.** des arrêtés
- ❑ **b.** des décrets
- ❑ **c.** des délibérations
- ❑ **d.** des ordonnances

4. Les collectivités territoriales :

- ❑ **a.** s'administrent librement sous la surveillance du préfet qui exerce un contrôle a posteriori
- ❑ **b.** s'administrent librement sous la surveillance du préfet qui exerce un contrôle a priori
- ❑ **c.** sont en réalité administrées par le préfet, et n'ont qu'une autonomie très limitée
- ❑ **d.** sont hiérarchisées entre elles

5. Les collectivités territoriales sont des autorités :

- ❑ **a.** déconcentrées
- ❑ **b.** déconnectées
- ❑ **c.** délocalisées
- ❑ **d.** décentralisées

6. Le préfet est une autorité :

- ❑ **a.** déconcentrée
- ❑ **b.** déconnectée
- ❑ **c.** délocalisée
- ❑ **d.** décentralisée

7. Le maire est élu :

- ❑ **a.** par les habitants
- ❑ **b.** par les électeurs
- ❑ **c.** par les conseillers municipaux
- ❑ **d.** par les citoyens

8. Le président du conseil départemental :

- ❑ **a.** est choisi parmi les maires du département
- ❑ **b.** est choisi parmi les députés du département
- ❑ **c.** est nommé parmi les sénateurs du département
- ❑ **d.** est élu parmi les conseillers du département

9. Le président du conseil départemental :

- ❑ **a.** est l'adjoint du président du conseil régional
- ❑ **b.** est vice-président du conseil régional
- ❑ **c.** est indépendant du conseil régional
- ❑ **d.** est nommé à son poste par le président du conseil régional

10. Quand il est élu, le maire intègre :

- ❑ **a.** la fonction publique territoriale
- ❑ **b.** la fonction publique locale
- ❑ **c.** la fonction publique municipale
- ❑ **d.** aucune fonction publique

11. La prime majoritaire permet, lors des élections municipales :

- ❑ **a.** au maire sortant d'être réélu plus facilement
- ❑ **b.** au maire élu pour un second mandat d'être mieux rémunéré
- ❑ **c.** à la liste arrivée en tête de posséder la majorité absolue au conseil municipal
- ❑ **d.** au maire élu pour un second mandat de se faire rembourser ses frais de campagne

12. Le fonctionnement des collectivités territoriales est détaillé dans :

- ❑ **a.** le code des communes, des départements et des régions
- ❑ **b.** le code général des collectivités territoriales
- ❑ **c.** le code administratif
- ❑ **d.** le code principal de droit administratif

13. Un arrêté municipal peut être annulé :

- ❑ **a.** par le préfet
- ❑ **b.** par le conseil municipal
- ❑ **c.** par le tribunal administratif
- ❑ **d.** par le président de la République ou le Premier ministre, par délégation

14. Par la loi du 17 mai 2013, le mode de scrutin de liste à deux tours avec prime majoritaire des élections municipales a été :

- ❑ **a.** abaissé aux communes de moins de 1 500 habitants
- ❑ **b.** généralisé à l'ensemble des communes
- ❑ **c.** étendu aux communes de plus de 3 500 habitants
- ❑ **d.** abaissé aux communes de plus de 1 000 habitants

15. Il était prévu que les conseillers territoriaux remplacent, à partir de mars 2014 :

- ❑ **a.** les conseillers municipaux, les conseillers généraux et les conseillers régionaux
- ❑ **b.** les conseillers généraux, les conseillers régionaux et les conseillers communautaires
- ❑ **c.** les conseillers généraux et les conseillers régionaux
- ❑ **d.** les conseillers municipaux, les conseillers généraux et les conseillers communautaires

16. Les conseillers communautaires siègent au sein du conseil communautaire qui administre :

- ❑ **a.** les communautés de commune
- ❑ **b.** les communautés d'agglomération
- ❑ **c.** les communautés urbaines
- ❑ **d.** les communautés municipales

17. Le budget municipal est :

- ❑ **a.** proposé par le maire et adopté ou non par le conseil municipal
- ❑ **b.** proposé par le maire et présenté pour la forme au conseil municipal
- ❑ **c.** imposé par le maire sans que le conseil municipal ne soit consulté
- ❑ **d.** imposé par le maire qui doit tenir compte de l'avis du conseil municipal

18. Un maire qui démissionne de son poste de maire :

- ❑ **a.** reste conseiller municipal et participe au vote qui désignera son successeur
- ❑ **b.** entraîne la démission du Conseil municipal
- ❑ **c.** est remplacé automatiquement par son premier adjoint
- ❑ **d.** nomme son successeur avant de s'en aller

19. Un maire qui démissionne de son poste de maire après avoir été élu député :

- ❑ **a.** retrouve sa place de maire s'il abandonne son mandat législatif
- ❑ **b.** retrouve sa place de maire s'il abandonne son mandat exécutif
- ❑ **c.** retrouve sa place de maire s'il abandonne son mandat administratif
- ❑ **d.** reste conseiller municipal et retrouve sa place de maire si son successeur démissionne à son tour et que le conseil municipal l'élit à nouveau

20. Le conseil régional administre :

- ❑ **a.** la région
- ❑ **b.** la région et les départements qui la composent
- ❑ **c.** la région et les départements et communes qui la composent
- ❑ **d.** la région et les départements, communes et structures intercommunales qui la composent

→ *Retrouvez les corrigés en p. 70*

CORRIGÉS

QCM

CORRIGÉ

1 a.	2 a.	3 c.	4 a.	5 d.
6 a.	7 c.	8 d.	9 c.	10 d.
11 c.	12 b.	13 c.	14 d.	15 c.
16 a, b et c.	17 a.	18 a.	19 d.	20 a.

Pour aller plus loin

2 = a. Le maire, président du conseil municipal, est conseiller municipal avant d'être élu maire par le conseil municipal issu des élections municipales.

3 = c. Les arrêtés relèvent du pouvoir exécutif du maire.

7 = c. Le maire est élu au poste de maire par le conseil municipal, lui-même élu par les électeurs (les citoyens qui se sont inscrits sur les listes électorales).

8 = d. Depuis 2015, le président du conseil départemental a remplacé le président du conseil général. Il est élu à son poste par les conseillers départementaux (élus lors des élections départementales) qui remplacent les conseillers généraux (élus lors des élections cantonales).

10 = d. Un maire élu ne devient pas fonctionnaire.

11 = c. La liste arrivée en tête obtient systématiquement 50 % des sièges, et les 50 % restants sont répartis entre les listes et calculés selon le pourcentage de voix obtenu.

14 = d. Ce mode de scrutin était jusque-là réservé aux communes de plus de 3 500 habitants.

PARTIE 1

Préparation aux épreuves

CHAPITRE 3 Administration générale

Fiches de cours

Entraînements

FICHE 1

Collectivités territoriales, décentralisation et libre administration

Que recouvrent les termes de collectivités territoriales ? Comment peut-on définir la décentralisation ? En quoi consiste le principe constitutionnel de libre administration des collectivités territoriales ?
Il est impératif de savoir répondre à ces trois questions fondamentales pour comprendre l'environnement territorial.

1. Les collectivités territoriales

Les collectivités territoriales sont des **personnes morales de droit public**, distinctes de l'État, disposant de la personnalité juridique et s'administrant librement par un conseil élu au suffrage universel. Sont des collectivités territoriales les **communes**, les **départements**, les **régions** ainsi que les **collectivités à statut particulier** comme les collectivités d'outre-mer (COM).

Les termes de collectivités territoriales et de collectivités locales désignent les mêmes personnes morales. La révision constitutionnelle du 28 mars 2003 a introduit dans la Constitution les termes de collectivité territoriale. Par conséquent, seuls les termes de « collectivité territoriale » sont juridiquement fondés.

2. La décentralisation

La décentralisation est un **mode d'organisation administrative** par lequel l'État transfère à d'autres personnes morales (collectivités territoriales ou établissements publics) un certain nombre de compétences.

✔ Décentralisation territoriale et décentralisation fonctionnelle

On distingue deux types de décentralisation : la décentralisation territoriale et la décentralisation fonctionnelle.

– La **décentralisation territoriale** vise à transférer des compétences à des collectivités territoriales (communes, départements, régions, collectivités à statut particulier et collectivités d'outre-mer) qui disposent de la personnalité morale, de moyens et de compétences propres, et dont les organes sont élus au suffrage universel direct. Les collectivités territoriales disposent d'une autonomie locale leur permettant d'exercer des compétences précises fixées par la loi ou, pour les communes, d'intervenir dans d'autres domaines sur le fondement d'une clause générale de compétences.

– La **décentralisation fonctionnelle** (parfois appelée décentralisation technique) vise à transférer des compétences vers des établissements publics, afin de gérer un service public précis (par exemple un musée, un établissement hospitalier). Si les établissements publics disposent également de la personnalité morale et de moyens propres, ils n'interviennent en revanche que dans le cadre strict des compétences qui leur ont été dévolues pour faire fonctionner les services publics qui leur ont été confiés.

✔ Historique de la décentralisation

La décentralisation est apparue pour la première fois lors de la **Révolution**, avec la création en 1789 d'une municipalité dans chaque commune.

Ce mouvement de décentralisation s'est poursuivi sous la **IIIe République**, avec la loi du 10 août 1871 sur les départements (élection au suffrage universel du conseil général) et la loi du 5 avril 1884 sur les communes (principe de l'élection des maires par le conseil municipal et reconnaissance de l'autonomie communale).

Beaucoup plus tard, sous l'impulsion du président François Mitterrand, la décentralisation connaîtra un véritable essor avec les **lois dites « Defferre »** (loi du 2 mars 1982, loi du 7 janvier 1983 et loi du 22 juillet 1983).

Avec les lois dites « Defferre » connues également sous l'appellation d'« acte I de la décentralisation » :
– la tutelle exercée par le préfet sur les collectivités a été supprimée. Le préfet ne contrôle plus les actes des collectivités territoriales a priori, mais a posteriori, c'est-à-dire après leur adoption ;
– le conseil général élit lui-même son exécutif, à savoir le président du conseil général ; auparavant la présidence du conseil général était exercée par le préfet ;
– la région est devenue une collectivité territoriale ;
– de nouvelles compétences ont été transférées aux communes, départements et régions ;
– des dotations financières de l'État ont été instaurées au profit des collectivités territoriales (dotations globales de fonctionnement, d'équipement, de décentralisation).

La décentralisation continuera à progresser sous la **Ve République**, avec notamment la révision constitutionnelle du 28 mars 2003 et la loi n° 2004-809 du 13 août 2004 relative aux libertés et responsabilités locales, ensemble de textes plus connu sous l'appellation d'« acte II de la décentralisation ».

Avec la réforme de 2003, l'article premier de la Constitution précise désormais : « La France est une République indivisible, laïque, démocratique et sociale [...] Son organisation est décentralisée. »

Ce processus de décentralisation a continué sous la **présidence de François Hollande** élu le 6 mai 2012, avec la « réforme territoriale » constituée de trois lois importantes :
– la loi n° 2014-58 du 27 janvier 2014 de modernisation de l'action publique territoriale et d'affirmation des métropoles (dite loi « MAPTAM ») ;
– la loi n° 2015-29 du 16 janvier 2015 relative à la délimitation des régions, aux élections régionales et départementales, et modifiant le calendrier électoral ;
– la loi n° 2015-991 du 7 août 2015 portant nouvelle organisation territoriale de la République (dite loi « NOTRe »).

Plusieurs pistes de réformes de la décentralisation ont été évoquées par Emmanuel Macron devant le Congrès le 3 juillet 2017 et lors de la conférence nationale des territoires le 17 juillet 2017, ainsi que par Édouard Philippe dans son discours de politique générale devant l'Assemblée nationale le 4 juillet 2017. Le président de la République a indiqué ne pas souhaiter un «grand soir institutionnel», c'est-à-dire une réforme d'envergure des collectivités territoriales, mais s'est prononcé en faveur de corrections législatives (favoriser les fusions de collectivités, réformer l'expérimentation, etc.).

✔ Décentralisation et déconcentration

La **déconcentration** est un système d'organisation administrative de l'État au niveau des territoires.

La déconcentration consiste pour l'État à disposer de **services organisés sur tout le territoire** (exemples : préfets, rectorats, directions régionales des affaires culturelles, directions régionales de l'équipement, etc.) dans le cadre de circonscriptions administratives (départements, régions, académies, etc.). Ces services déconcentrés ne disposent pas de la personnalité morale ; ils ne constituent que des démembrements d'une même personne morale, à savoir l'État.

L'article 1er du décret n° 2015-510 du 7 mai 2015 portant charte de la déconcentration en donne la définition suivante :

« La déconcentration consiste à confier aux échelons territoriaux des administrations civiles de l'État le pouvoir, les moyens et la capacité d'initiative pour animer, coordonner et mettre en œuvre les politiques publiques définies au niveau national et européen, dans un objectif d'efficience, de modernisation, de simplification, d'équité des territoires et de proximité avec les usagers et les acteurs locaux.
Elle constitue la règle générale de répartition des attributions et des moyens entre les échelons centraux et territoriaux des administrations civiles de l'État.
Elle implique l'action coordonnée de l'ensemble des services déconcentrés et des services territoriaux des établissements publics de l'État. »

La célèbre phrase d'Odilon Barrot (président du Conseil des ministres entre 1848 et 1849) résume très bien le concept de déconcentration : « c'est toujours le même marteau qui frappe ; seulement on a raccourci le manche ».

3. Le principe de libre administration

Comme expliqué précédemment, la caractéristique essentielle de la décentralisation territoriale est l'**autonomie**. Cette autonomie se traduit en termes plus juridiques par le principe de la libre administration des collectivités territoriales.

Selon ce principe, les collectivités territoriales :

– s'administrent librement par des conseils élus au suffrage universel. L'État n'exerce aucun pouvoir hiérarchique sur les collectivités territoriales ;

– disposent d'un pouvoir réglementaire pour l'exercice de leurs compétences ;

– ont des moyens propres : les collectivités territoriales disposent d'un budget et de moyens matériels et humains.

Ce principe de libre administration a valeur constitutionnelle. Il est en effet posé à l'article 72 de la Constitution, article ayant été modifié par la révision constitutionnelle du 28 mars 2003 : « Les collectivités territoriales de la République sont les communes, les départements, les régions, les collectivités à statut particulier et les collectivités d'outre-mer [...] Toute autre collectivité territoriale est créée par la loi [...] Dans les conditions prévues par la loi, ces collectivités s'administrent librement par des conseils élus et disposent d'un pouvoir réglementaire pour l'exercice de leurs compétences. »

FICHE 2

La commune

Au 1er janvier 2017, la France comptait 35 416 communes.
30 123 des communes ont moins de 2 000 habitants et 18 783 en ont moins de 500.

1. Les organes de la commune

La commune est administrée par un organe délibérant : le **conseil municipal**, et un organe exécutif : le **maire** aidé de ses **adjoints**.

2. La composition du conseil municipal

Les membres du conseil municipal sont élus au suffrage universel direct pour **six ans**. Le mode de scrutin varie selon la taille de la commune (voir la fiche 6), de même que le nombre de ses membres.

3. Le fonctionnement du conseil municipal

Le conseil municipal est présidé par le maire qui prépare et propose au vote du conseil municipal des **projets de délibérations**.

Le conseil municipal doit obligatoirement se réunir au moins une fois par trimestre et l'ordre du jour, fixé par le maire, doit être communiqué au minimum cinq jours avant le début de la séance.

La convocation des membres du conseil municipal peut être transmise de manière dématérialisée si ceux-ci en font la demande.

Le conseil municipal ne peut délibérer que si la majorité absolue de ses membres en exercice est présente ou représentée.

Les séances de conseils municipaux sont publiques, sauf dans l'hypothèse où le conseil décide de se réunir à huis clos. De même en cas de troubles, le maire peut exercer son pouvoir de police des séances et restreindre l'accès du public aux débats.

Les délibérations du conseil municipal sont prises à la majorité des suffrages exprimés.

4. Le rôle du conseil municipal

En premier lieu, le conseil municipal élit le maire et ses adjoints.

En second lieu, le conseil municipal dispose de pouvoirs très larges définis par l'article L. 2121-29 du code général des collectivités territoriales (CGCT) :

– il règle par ses délibérations les affaires de la commune ;

– il vote le buget ;
– il donne son avis toutes les fois que cet avis est requis par les lois et règlements ou qu'il est demandé par le représentant de l'État dans le département ;
– il peut émettre des vœux sur tous les objets d'intérêt local ;
– il peut donner délégation au maire pour prendre un certain nombre de décisions dans les domaines listés à l'article L. 2122-22 du CGCT (ex. : passation de marchés publics, acceptation des dons et legs, fixation des tarifs des droits de voirie et de stationnement, etc.).

5. Les pouvoirs du maire

Élu par le conseil municipal, c'est l'exécutif de la commune.

Le maire a la particularité d'être à la fois agent de la commune en tant que collectivité territoriale et agent de l'État. À ce titre, on dit couramment qu'il a une « double casquette ».

✔ Le maire, agent de la commune en tant que collectivité territoriale

Ses attributions sont nombreuses :
– il prépare les délibérations et les propose au vote du conseil municipal. Il exécute ensuite les délibérations votées par le conseil municipal ;
– il préside le conseil municipal, organise les débats et a la responsabilité de l'ordre du jour ;
– il élabore et gère le budget ;
– il est l'ordonnateur des dépenses et des recettes de la commune ;
– il est le chef de l'administration communale : il nomme, promeut ou peut sanctionner les agents municipaux ;
– il délivre les permis de construire et autres autorisations d'urbanisme (lorsque la commune est dotée d'un PLU ou d'une carte communale) ;
– il dispose de pouvoirs de police administrative : il peut prendre des arrêtés visant à faire respecter l'ordre public, la sécurité, la tranquillité et la salubrité ;
– il a le pouvoir de police de la circulation et du stationnement ;
– il peut également recevoir de nombreuses délégations de la part du conseil municipal en application de l'article L. 2122-22 du CGCT (cf. ci-dessus).

✔ Le maire, agent de l'État

Sous l'autorité du préfet :
– il procède à la publication des lois et règlements ;
– il organise les élections ;
– il légalise les signatures.

Sous l'autorité du procureur de la République :
– il est officier d'état civil : il célèbre les mariages, reçoit les déclarations de naissance et de décès et tient les registres d'état civil ;
– il est officier de police judiciaire : il peut constater des infractions, recevoir des plaintes et dresser des contraventions.

Le maire, dans un souci d'efficacité, peut déléguer tout ou partie de ses attributions à ses adjoints.

FICHE 3 Le département

Au 1er janvier 2018, la France comptait 99 départements (les départements de Haute-Corse et de Corse du Sud ayant fusionné à cette date au sein d'une collectivité territoriale unique).

1. L'organisation du département

Comme la commune, le département est administré par un organe délibérant : le **conseil départemental** (qui peut déléguer certaines de ses attributions à une commission permanente), et un organe exécutif : le **président** et ses **vice-présidents**.

2. La composition du conseil départemental

Le conseil départemental est l'assemblée délibérante du département. Il est composé des conseillers départementaux élus pour **six ans** lors des élections départementales, selon un nouveau mode de scrutin majoritaire binominal à deux tours issu de la loi du 17 mai 2013. La circonscription électorale est le canton.

Il est à noter que les limites territoriales des cantons ont été redéfinies par la loi du 17 mai 2013, ce qui a abouti à une réduction de presque moitié du nombre total des cantons (de 3 971 à 2 054).

ZOOM SUR

La Guyane, la Martinique et la Corse

La loi du 27 juillet 2011 relative aux collectivités territoriales de Guyane et de Martinique a créé, depuis décembre 2015, deux nouvelles collectivités et leurs institutions : l'Assemblée de Guyane et l'Assemblée de Martinique, en lieu et place des conseils régionaux et départementaux qui ont fusionné.

La loi NOTRe dans son article 30, a créé à compter du 1er janvier 2018 une collectivité territoriale unique en Corse issue de la fusion de la collectivité territoriale de Corse et des départements de Corse du Sud et de Haute-Corse. L'assemblée de cette nouvelle collectivité territoriale a été élue le 10 décembre 2017.

3. Le fonctionnement du conseil départemental

Le conseil départemental est présidé par le président du conseil départemental qui prépare et propose au vote de l'assemblée des **projets de délibérations**.

Le conseil départemental doit obligatoirement se réunir au moins une fois par trimestre et l'ordre du jour, fixé par le président, doit être communiqué au minimum douze jours avant le début de la séance.

Il ne peut délibérer si la majorité absolue de ses membres en exercice n'est présente ou représentée.

Les séances du conseil départemental sont publiques. Néanmoins, sur la demande de cinq membres ou du président, le conseil départemental peut décider, sans débat, à la majorité absolue des membres présents ou représentés, qu'il se réunit à huis clos. De même, en cas de troubles, le président de l'assemblée peut exercer son pouvoir de police des séances et restreindre l'accès du public aux débats.

Dans un souci d'efficacité, le conseil départemental peut déléguer une partie de ses attributions (définies limitativement à l'article L. 3211-2 du CGCT) à une assemblée restreinte dénommée « **commission permanente** ». Ne peuvent lui être délégués ni le vote du budget, ni l'approbation du compte administratif. La commission permanente remplace de fait le conseil départemental entre ses réunions. Les rapports sur chacune des affaires qui doivent être soumises à la commission permanente sont transmis aux conseillers départementaux huit jours au moins avant la réunion de la commission.

Les délibérations du conseil départemental ou de sa commission permanente sont prises à la majorité des suffrages exprimés.

4. Le rôle du conseil départemental

En application de l'article L. 3122-1 du CGCT, le conseil départemental élit son président et ses vice-présidents.

Le conseil départemental est présidé par le président du conseil départemental qui prépare et propose au vote de l'assemblée des projets de délibérations dans le cadre des compétences qui lui sont reconnues par la loi (la clause générale de compétence, qui était définie à l'article L. 3211-1 du CGCT, a été abrogée par la loi NOTRe).

La loi présente désormais les compétences du conseil départemental dans les termes suivants : « Le conseil départemental règle par ses délibérations les affaires du département dans les domaines de compétences que la loi lui attribue.

Il est compétent pour mettre en œuvre toute aide ou action relative à la prévention ou à la prise en charge des situations de fragilité, au développement social, à l'accueil des jeunes enfants et à l'autonomie des personnes. Il est également compétent pour faciliter l'accès aux droits et aux services des publics dont il a la charge.

Il a compétence pour promouvoir les solidarités et la cohésion territoriale sur le territoire départemental, dans le respect de l'intégrité, de l'autonomie et des attributions des régions et des communes. »

5. Les pouvoirs du président du conseil départemental

Élu pour six ans par les conseillers départementaux après chaque renouvellement du conseil départemental, il est l'organe exécutif du département.

À la tête de l'assemblée départementale, le président du conseil départemental dispose de nombreux pouvoirs propres définis à l'article L. 3221-1 du CGCT, dont voici les principaux :

- il préside les séances du conseil départemental ;
- il prépare et exécute les délibérations de l'assemblée ;
- il élabore et gère le budget ;
- il dirige les services départementaux ;
- il est l'ordonnateur des dépenses et des recettes du département ;
- il peut exercer des pouvoirs de police dans le cadre de la gestion du domaine public départemental, notamment en matière de circulation sur ce domaine ;
- il gère le domaine du département ;
- il exerce, en matière d'action sociale, les compétences qui lui sont dévolues par le code de l'action sociale et des familles ;
- il procède à la désignation des membres du conseil départemental pour siéger au sein d'organismes extérieurs.

Par ailleurs, le président du conseil départemental peut recevoir, dans certains domaines, une délégation d'attributions de la part du conseil départemental, notamment en matière de marchés publics, d'exercice du droit de préemption ou pour intenter des actions en justice au nom du département. Dans le cas de ces attributions déléguées, le président doit rendre compte régulièrement au conseil départemental des décisions prises sur la base de celles-ci.

Le président du conseil départemental, dans un souci d'efficacité, peut déléguer tout ou partie de ses attributions à ses vice-présidents.

FICHE 4 La région

Jusqu'en 2016, la France était composée de 27 régions, dont 5 régions en outre-mer (Guadeloupe, Martinique, Guyane, Réunion et Mayotte).
La loi n° 2015-29 du 16 janvier 2015 relative à la délimitation des régions, aux élections régionales et départementales et modifiant le calendrier électoral, substitue aux 22 régions métropolitaines 13 nouvelles régions constituées par l'addition de régions existantes, à compter du 1er janvier 2016.

1. La répartition des nouvelles régions

Six régions n'ont connu aucune modification territoriale : **Bretagne, Centre-Val de Loire, Corse, Île-de-France, Pays de la Loire, Provence-Alpes-Côte d'Azur**.

À noter : En application de la loi NOTRe, la Corse est devenu le 1er janvier 2018, une collectivité à statut particulier au sens de l'article 72 de la Constitution.

Les sept nouvelles régions sont constituées par des fusions de régions sans modification des départements qui les composent : **Grand-Est** (fusion de l'Alsace, de la Champagne-Ardenne et de la Lorraine) ; **Nouvelle-Aquitaine** (fusion du Limousin, de l'Aquitaine et de Poitou-Charentes) ; **Auvergne-Rhône-Alpes** (fusion de l'Auvergne et de Rhône-Alpes) ; **Normandie** (fusion de la Basse-Normandie et de la Haute-Normandie) ; **Bourgogne-Franche-Comté** (fusion de la Bourgogne et de la Franche-Comté) ; **Occitanie** (fusion du Languedoc-Roussillon et de Midi-Pyrénées) ; **Hauts-de-France** (fusion du Nord-Pas-de-Calais et de la Picardie).

Ce nouveau découpage a pour objectif de constituer des régions plus fortes afin de réaliser des gains d'efficience.

2. L'organisation de la région

Comme la commune et le département, la région dispose d'un organe délibérant : le **conseil régional** (qui peut déléguer certaines de ses attributions à une commission permanente), et d'un exécutif : le **président** du conseil régional assisté de ses **vice-présidents**.

3. La composition du conseil régional

Le conseil régional est l'assemblée délibérante de la région. Il est composé des conseillers régionaux élus pour **six ans**, selon un mode de scrutin de liste dit « mixte » (scrutin proportionnel avec une prime majoritaire).

4. Le fonctionnement du conseil régional

Le conseil régional fonctionne de manière quasi similaire au conseil départemental :

– il doit se réunir obligatoirement au moins une fois par trimestre à l'initiative du président, ou à la demande de la commission permanente ou du tiers des membres, sur un ordre du jour déterminé ;

– les conseillers régionaux doivent être informés par un rapport sur chacune des affaires à débattre, adressé au moins douze jours avant la séance ;

– il ne peut délibérer si la majorité absolue de ses membres en exercice n'est présente ou représentée ;

– les séances sont ouvertes au public, sauf en cas de huis clos décidé par le conseil ou en cas d'agitation, le président pouvant exercer son pouvoir de « police des séances » et restreindre l'accès du public aux débats ;

– il peut déléguer certaines de ses attributions à une commission permanente ;

– ses délibérations ou celles de sa commission permanente sont prises à la majorité des suffrages exprimés.

5. Le rôle du conseil régional

En application de l'article L. 4131-2 du CGCT, le conseil régional élit son président et ses vice-présidents.

Le conseil régional est présidé par le président du conseil régional qui prépare et propose au vote de l'assemblée des projets de délibérations dans le cadre des compétences qui lui sont reconnues par la loi (la clause générale de compétence dont disposait le conseil régional a été abrogée par la loi NOTRe).

Désormais , conformément à l'article L. 4221-1 du CGCT modifié par la loi NOTRe :

« Le conseil régional règle par ses délibérations les affaires de la région dans les domaines de compétences que la loi lui attribue.

Il a compétence pour promouvoir le **développement économique, social, sanitaire, culturel et scientifique** de la région, **le soutien à l'accès au logement et à l'amélioration de l'habitat**, le **soutien à la politique de la ville et à la rénovation urbaine** et le **soutien aux politiques d'éducation et l'aménagement et l'égalité de ses territoires,** ainsi que pour assurer la préservation de son identité et la promotion des langues régionales, dans le respect de l'intégrité, de l'autonomie et des attributions des départements et des communes.

Il peut engager des actions complémentaires de celles de l'État, des autres collectivités territoriales et des établissements publics situés dans la région, dans les domaines et les conditions fixés par les lois déterminant la répartition des compétences entre l'État, les communes, les départements et les régions.

Un conseil régional ou, par délibérations concordantes, plusieurs conseils régionaux peuvent présenter des **propositions tendant à modifier ou à adapter des dispositions législatives ou réglementaires**, en vigueur ou en cours d'élaboration, concernant les compétences, l'organisation et le fonctionnement d'une, de plusieurs ou de l'ensemble des régions. »

6. Les pouvoirs du président du conseil régional

À la tête de l'assemblée régionale, le président du conseil régional dispose de pouvoirs propres. À ce titre :

– il préside les séances du conseil régional ;

– il prépare et exécute les délibérations de l'assemblée, élabore et gère le budget, dirige les services régionaux ;

– il est chargé de l'administration ;

– il élabore et gère le budget ;

– il est l'ordonnateur des dépenses et des recettes de la région ;

– il gère le domaine de la région ;

– il procède à la désignation des membres du conseil régional pour siéger au sein d'organismes extérieurs.

Le conseil régional peut par ailleurs lui déléguer certaines attributions. Il peut ainsi se voir déléguer les attributions suivantes :

– intenter les actions en justice au nom de la région ;

– prendre toute décision concernant la préparation, la passation, l'exécution et le règlement des marchés et des accords-cadres ;

– exercer les droits de préemption prévus au code de l'urbanisme.

Le président, dans un souci d'efficacité, peut déléguer tout ou partie de ses attributions à des vice-présidents.

FICHE 5

Les élections locales (notions générales)

Les termes et notions d'électeurs, éligibilité, parité, cumul des mandats et modes de scrutin doivent absolument être maîtrisés.

1. L'électeur

Pour avoir la qualité d'électeur, il faut être de nationalité française, être âgé de 18 ans révolus, jouir de ses droits civils et politiques, et être inscrit sur les listes électorales.

À noter : Une dérogation au principe de nationalité a été apportée par le traité de Maastricht (1992). Les ressortissants de l'Union européenne disposent du droit de vote aux élections européennes et municipales.

2. L'éligibilité

L'éligibilité est la possibilité de se présenter à une élection.

Pour être éligible à une élection, il faut avant tout être électeur et de nationalité française ou ressortissant de l'Union européenne pour les élections municipales ou européennes. De plus, il faut être résident ou avoir une attache fiscale dans le territoire où l'on se présente.

Quant à la condition d'âge, il faut avoir au moins 18 ans pour les élections locales que sont les élections municipales, départementales et régionales.

3. La parité aux élections locales

La France est le premier pays à avoir adopté une loi pour favoriser la parité entre les hommes et les femmes dans la vie politique. Il s'agit de la **loi n° 2000-493 du 6 juin 2000** tendant à favoriser l'égal accès des hommes et des femmes aux mandats électoraux et fonctions électives. Elle a été appliquée pour la première fois aux élections municipales de mars 2001.

En application de cette loi, pour les scrutins de listes (élections municipales des communes de plus de 1 000 habitants et élections régionales), un nombre égal de candidats de chaque sexe devait figurer au sein de chaque groupe entier de six candidats (exemple : trois hommes puis trois femmes ou une femme puis un homme, puis deux femmes puis deux hommes) dans l'ordre de présentation de la liste. Cette mesure a permis de faire passer le pourcentage de femmes dans les conseils municipaux de 21,7 % en 1995 à 40,3 % en 2014 (source : ministère de l'Intérieur).

Ce système a été remplacé par celui instauré par la **loi n° 2007-128 du 31 janvier 2007** tendant à promouvoir l'égal accès des femmes et des hommes aux mandats électoraux et fonctions électives. Cette loi impose une stricte alternance sur les listes entre les hommes et les femmes, ainsi qu'une parité pour les adjoints au maire. Cette loi a permis d'augmenter le pourcentage des femmes au sein des conseils municipaux de 33 % en 2001 à 34,8 % en 2008. Dans les communes de plus de 3 500 habitants (où le scrutin de liste s'appliquait en 2008) cette part était de plus de 48 %.

Par ailleurs, le nouveau mode de scrutin aux élections départementales, issu de la **loi n° 2013-403 du 17 mai 2013** relative à l'élection des conseillers départementaux, conseillers municipaux et conseillers communautaires, a pour principal objectif d'assurer la parité dans les assemblées départementales. Ce mode de scrutin oblige l'élection au sein de chaque canton de deux conseillers départementaux à parité homme/femme.

Part des femmes parmi les maires et les conseillers municipaux

	Part des femmes conseillères municipales (en %)	Part des femmes maires (en %)
1947	3,1	0,7
1953	2,9	0,8
1959	2,4	1,0
1965	2,4	1,1
1971	4,4	1,8
1977	8,3	2,8
1983	14,0	4,0
1989	17,2	5,5
1995	21,7	7,5
2001	33,0	10,9
2008	34,8	13,8
2014	40,3	16,0

Champ : France métropolitaine.
Source : ministère de l'Intérieur, Haut Conseil à l'égalité entre les femmes et les hommes.

Part des femmes parmi les élus locaux selon le type de mandat en % (en France métropolitaine + DOM)

	Élections 2010	Élections 2015
Conseillères régionales et territoriales Dont présidentes	48,3 7,7	47,8 18,8
	Élections de 2011	**Élections de 2015**
Conseillères départementales Dont présidentes	14,9 6,1	50 8,2
	Élections de 2008	**Élections de 2014**
Conseillères municipales Dont maires	34,8 13,9	40,3 16,1

Source : ministère de l'Intérieur.

4. Le cumul des mandats

Les principales règles sur la limitation du cumul des mandats électoraux et des fonctions électives ont été posées par les **quatre lois** suivantes :

– loi n° 2000-294 du 5 avril 2000 relative aux incompatibilités entre mandats électoraux ;

– loi n° 2000-295 du 5 avril 2000 relative à la limitation du cumul des mandats électoraux et des fonctions électives et à leurs conditions d'exercice ;

– loi n° 2003-327 du 11 avril 2003 relative à l'élection des conseillers régionaux et des représentants au Parlement européen ;

– loi n° 2014-125 et 2014-126 du 14 février 2014 interdisant le cumul de fonctions exécutives locales avec les mandats de député ou de sénateur et de représentant au Parlement européen.

✔ Les incompatibilités entre mandats locaux et parlementaires

En application des lois du 14 février 2014, il n'est plus possible d'être à la fois député, sénateur, député européen et en même temps maire, adjoint au maire, maire délégué, maire d'arrondissement ou encore président ou vice-président d'une intercommunalité, d'un conseil départemental ou régional, ou même membre du conseil d'administration d'une société d'économie mixte.

Cette interdiction vaut pour toutes les élections depuis le 31 mars 2017. Elle est entrée en vigueur en 2017 pour les députés et les sénateurs élus. Elle concernera les députés européens en 2019.

Concrètement, tout parlementaire peut continuer à être conseiller municipal, départemental ou régional. Toutefois, un parlementaire national ou européen ne peut détenir plus d'un mandat local parmi ceux de conseiller régional, conseiller à l'assemblée de Corse, conseiller départemental, conseiller de Paris, conseiller municipal d'une commune (sauf pour les communes de moins de 3 500 habitants pour les parlementaires nationaux) et de conseiller d'arrondissement (uniquement pour les parlementaires européens).

Avant l'entrée en application de la loi, 60 % des parlementaires cumulaient ce mandat avec une fonction exécutive locale.

✔ Les incompatibilités entre fonctions exécutives locales

Les dispositions concernant le cumul de plusieurs fonctions électives sont définies par la loi organique n° 2000-294 du 5 avril 2000 relative aux incompatibilités entre mandats électoraux et par la loi n° 2000-295 du 5 avril 2000 relative à la limitation du cumul des mandats électoraux et des fonctions électives et à leurs conditions d'exercice.

Les fonctions de président de conseil régional, président du conseil exécutif de Corse, président de conseil départemental, maire (quelle que soit la taille de la commune) ou maire d'arrondissement sont strictement incompatibles entre elles.

FICHE 6 Les modes de scrutin

Dans les élections locales (municipales, départementales ou régionales), on distingue traditionnellement trois types de modes de scrutin : majoritaire, proportionnel et proportionnel avec une prime majoritaire (système mixte).

1. Le scrutin majoritaire

Le principe du scrutin majoritaire est simple. Le ou les candidats qui obtiennent la majorité des suffrages exprimés sont élus.

Le scrutin peut être **uninominal** s'il y a un siège à pourvoir par circonscription. Les électeurs votent alors pour un seul candidat. Le territoire de la collectivité est divisé en autant de circonscriptions qu'il y a de sièges à pourvoir.

Le scrutin est **plurinominal** lorsqu'il y a plusieurs sièges à pourvoir dans la circonscription (exemple : le nouveau mode de scrutin pour les élections départementales).

Dans le **scrutin majoritaire à deux tours**, la majorité absolue des suffrages exprimés est nécessaire pour être élu au premier tour. Dans le cas inverse, un second tour est organisé à l'issue duquel le candidat arrivé en tête (majorité relative) est élu quel que soit le pourcentage des suffrages obtenus. Le maintien des candidats au second tour peut être soumis à certaines conditions (exemple : avoir obtenu au premier tour un certain pourcentage des inscrits ou des suffrages exprimés).

2. Le scrutin proportionnel

Les sièges à pourvoir dans une circonscription sont répartis entre les différentes listes, proportionnellement au nombre de suffrages qu'elles ont recueillis.

Pour pouvoir participer à la répartition des sièges, les listes doivent généralement atteindre un certain pourcentage des suffrages exprimés. Le calcul s'effectue ensuite en deux temps :

– La première attribution est faite à partir d'un quotient électoral qui peut être déterminé à l'avance ou être calculé en divisant le total des suffrages exprimés dans la circonscription par le nombre de sièges à pourvoir. Le quotient ainsi obtenu est égal au nombre de voix nécessaire pour avoir un siège. Chaque liste obtient autant de sièges qu'elle a atteint de fois le quotient électoral. Mais cette première répartition laisse des restes, c'est-à-dire des sièges non pourvus.

– La répartition des restes peut se faire soit au plus fort reste, soit à la plus forte moyenne.

3. Le scrutin mixte

Les systèmes mixtes combinent les règles des **scrutins majoritaire et proportionnel**.

Depuis 1982, les élections municipales des communes de plus de 3 500 habitants (ainsi que celles de plus de 1 000 habitants depuis la loi n° 2013-402 du 17 mai 2013) se caractérisent par un mode de scrutin mixte introduisant un mécanisme proportionnel dans un scrutin à dominante majoritaire.

Depuis 2004, un système similaire est appliqué aux élections régionales.

4. Les élections municipales

Il existe différents modes de scrutin pour les élections municipales.

Les membres des conseils municipaux sont élus au **suffrage universel direct** pour un mandat de **6 ans** renouvelable. Le mode de scrutin utilisé pour cette consultation n'est pas uniforme sur l'ensemble du territoire. Il diffère selon la population des communes.

Il y a lieu, à cet égard, de distinguer les communes de moins de 1 000 habitants et les communes de 1 000 habitants et plus (avant la loi n° 2013-402 du 17 mai 2013, ce seuil démographique était de 3 500 habitants). Les villes de Paris, Lyon et Marseille sont quant à elles soumises à des dispositions spécifiques.

✔ Les communes de moins de 1 000 habitants

Les membres des conseils municipaux sont élus au **scrutin majoritaire**.

Au premier tour, pour être élu, deux conditions doivent être réunies : obtenir la majorité absolue et réunir le quart des électeurs inscrits.

Pour être élu au second tour, la majorité relative suffit.

✔ Les communes de 1 000 habitants et plus

Le mode de scrutin applicable est le **scrutin de liste à deux tours**, avec dépôt de listes complètes, sans aucune modification possible de la liste par l'électeur.

Si une liste obtient la majorité absolue au premier tour, il lui est attribué un nombre de sièges égal à la moitié des sièges à pourvoir. Les autres sièges sont répartis entre toutes les listes à la représentation proportionnelle à la plus forte moyenne. Dans le cas contraire, il est procédé à un second tour.

Au second tour, seules peuvent se présenter les listes ayant obtenu 10 % des suffrages exprimés.

✔ Les régimes particuliers de Paris, Lyon et Marseille

Les règles sont les mêmes que pour les communes de 1 000 habitants et plus, mais l'élection se fait par secteur. À Paris et à Lyon, chaque arrondissement forme un secteur. À Marseille, il existe 8 secteurs de 2 arrondissements chacun.

Les sièges de membres du Conseil de Paris ou du conseil municipal de Marseille ou de Lyon sont donc attribués au regard des résultats obtenus par secteur et selon les mêmes règles que pour les communes de 1 000 habitants et plus.

Des conseillers d'arrondissement sont, en outre, élus en même temps que les membres du Conseil de Paris et des conseils municipaux de Marseille et de Lyon. Les sièges sont répartis dans les mêmes conditions entre les listes.

✔ L'élection du maire et des adjoints

L'élection du maire est faite par le conseil municipal qui se réunit au plus tôt le vendredi, et au plus tard le dimanche, qui suit l'élection du conseil au complet.

Après l'élection du maire, le conseil municipal fixe par délibération le nombre des adjoints (au maximum 30 % de l'effectif légal du conseil municipal), puis procède à leur élection.

5. Les élections départementales

✔ Un nouveau mode de scrutin pour les élections départementales (anciennement dénommées élections cantonales)

Le mode de scrutin des élections départementales a été totalement refondé dans le cadre de la **loi n° 2013-403 du 17 mai 2013** relative à l'élection des conseillers départementaux, des conseillers municipaux et des conseillers communautaires.

Historiquement, l'élection se déroulait dans le cadre du canton qui a été créé par la loi du 22 décembre 1789. Il constitue une circonscription électorale dans laquelle était élu un conseiller général. Avec la loi du 17 mai 2013, le nombre de cantons a été divisé par deux. Afin de permettre l'existence d'une majorité au sein du conseil départemental, le nombre de cantons est forcément impair.

Les élections départementales se déroulent tous les **six ans**. Antérieurement à la loi du 17 mai 2013, le conseil général était renouvelé par moitié tous les trois ans.

Depuis la loi du 17 mai 2013, le scrutin uninominal majoritaire à deux tours a été remplacé par un scrutin inédit en France : le **scrutin binominal majoritaire à deux tours**. Un tandem homme/femme a ainsi été élu dans chaque canton lors des élections départementales de 2014.

Pour être élu au premier tour, il est nécessaire de recueillir la majorité absolue des suffrages exprimés et le quart des électeurs inscrits.

À défaut, il est procédé à un second tour et la majorité relative est alors suffisante pour être élu. Toutefois, il faut avoir obtenu un nombre de suffrage au moins égal à 12,5 % des électeurs inscrits pour être candidat au second tour.

✔ L'élection du président du conseil départemental

En application de l'article L. 3122-1 du CGCT, le conseil départemental élit son président lors de la réunion de droit qui suit chaque élection.

6. Les élections régionales

✔ Le mode de scrutin pour les élections régionales

Avant 1982, les conseillers régionaux étaient élus au suffrage universel indirect parmi un collège électoral composé des parlementaires de la région, des maires des grandes villes, des représentants désignés par les autres maires et des représentants des conseils généraux. La loi du 2 mars 1982 a institué l'élection des conseillers régionaux au suffrage universel direct pour un mandat de **six ans** renouvelable. La première élection des conseillers régionaux au suffrage universel direct a eu lieu en 1986.

Les conseillers régionaux sont élus dans chaque région au **scrutin de liste à deux tours**, chaque liste étant constituée d'autant de sections qu'il y a de départements dans la région (par exemple dans la région Bretagne, les listes pour les élections régionales doivent comprendre 83 candidats et doivent être répartis de la manière suivante entre les départements : Côtes-d'Armor : 17 sièges à pourvoir, Finistère : 24 sièges, Morbihan : 19 sièges, Ille-et-Vilaine : 23 sièges).

Une fois le nombre de sièges affectés par liste, une répartition par département est effectuée. Cette répartition s'effectue de manière proportionnelle au nombre de voix obtenues par la liste dans chaque département de la région.

Ce mode de scrutin est inspiré de celui en vigueur pour l'élection des conseillers municipaux dans les communes de 1 000 habitants et plus, combinant les règles du scrutin majoritaire et de la représentation proportionnelle. Toutefois, la prime majoritaire attribuée à la liste ayant obtenu la majorité absolue des suffrages au premier tour ou qui est arrivée en tête au second est égale non pas à la moitié des sièges à pourvoir comme pour le scrutin municipal, mais au quart du nombre de sièges à pourvoir.

Seules les listes ayant obtenu au moins 10 % des suffrages exprimés peuvent se maintenir au second tour.

Ces dispositions ont été mises en œuvre pour la première fois à l'occasion des élections régionales de 2004.

✔ L'élection du président du conseil régional

En application de l'article L. 4133-1 du CGCT, le conseil régional élit son président lors de la réunion de droit qui suit chaque renouvellement.

FICHE 7 L'information et la participation des citoyens

Plusieurs dispositifs existent pour informer les citoyens et les faire participer à la vie publique.

1. Le droit à l'information

✔ La consultation des documents administratifs

Le citoyen dispose d'un droit à la communication des **documents administratifs**.

La loi n° 78-753 du 17 juillet 1978 portant diverses mesures d'amélioration des relations entre l'administration et le public crée la Commission d'accès aux documents administratifs (CADA) et pose le principe du libre accès aux documents administratifs. La non-communication demeure l'exception (documents de nature confidentielle, documents préparatoires par exemple).

Selon ce principe, toute personne physique ou morale a le droit de demander communication des documents administratifs produits par une administration et donc par une collectivité territoriale. Pour exercer ce droit, les citoyens demandeurs doivent connaître l'existence du document demandé et l'identifier dans leur demande.

En cas de refus, le demandeur peut s'adresser à la CADA afin qu'elle se prononce par un avis sur le caractère communicable du document demandé. L'ensemble de ces dispositions législatives régissant le droit à la communication des documents administratifs est, depuis le 1er janvier 2016, réuni au sein du code des relations entre le public et l'administration.

À noter : La loi NOTRe a introduit, par l'intermédiaire de l'article L. 1112-23 du code général des collectivités territoriales, l'obligation pour les collectivités territoriales de plus de 3 500 habitants, ainsi que les établissements publics de coopération intercommunale à fiscalité propre auxquels elles appartiennent, de rendre accessibles en ligne les informations publiques mentionnées à l'article 10 de la loi n° 78-753 du 17 juillet 1978 portant diverses mesures d'amélioration des relations entre l'administration et le public et diverses dispositions d'ordre administratif, social et fiscal, lorsque ces informations se rapportent à leur territoire et sont disponibles sous forme électronique.

Par ailleurs, la loi du 7 octobre 2016 pour une République numérique comporte plusieurs articles intéressant les collectivités territoriales. En matière de documents administratifs, la loi définit notamment les modalités concernant :

– l'échange de documents et d'informations publiques entre les différentes administrations (État, collectivités territoriales, établissements publics, etc.) ;

– la mise à disposition de leurs documents et informations publiques sous format électronique ;

– la publication en ligne de leurs documents administratifs en fonction du nombre d'agents de la collectivité ;

– la mise en ligne des documents administratifs relatifs à la gestion du domaine privé de l'État et des collectivités territoriales ;

– la mise à disposition de leurs données de référence.

✔ L'ouverture des séances au public

Tout citoyen peut **assister aux séances des organes délibérants** des collectivités territoriales et des établissements publics.

Sauf exception, un citoyen peut librement assister à la séance d'un conseil municipal, d'un conseil départemental ou régional ou de l'assemblée d'un établissement public de coopération intercommunale.

Toutefois l'assemblée délibérante peut décider, sans débat, à la majorité absolue de ses membres, de se réunir à **huis clos**. De même en cas de troubles, le président de l'assemblée peut exercer son pouvoir de police des séances et restreindre l'accès du public aux débats.

✔ La concertation avec les citoyens dans le domaine de l'urbanisme et de l'environnement

L'élaboration de la plupart des documents d'urbanisme ou de planification (PLU, SCOT…) et des schémas dans le domaine de l'environnement (schéma régional climat air énergie, plan régional de prévention et de gestion des déchets…) ou encore la réalisation des aménagements, ouvrages ou travaux qui, en raison de leur nature, sont susceptibles de porter atteinte à l'environnement nécessitent, avant leur adoption définitive ou réalisation, une phase de concertation préalable avec les citoyens par le biais d'enquêtes publiques (articles L. 123-1 à L. 123-19 et R. 123-1 à R. 123-46 du Code de l'environnement). Son non-respect est susceptible d'entacher d'irrégularité l'ensemble de la procédure.

À noter également que la directive INSPIRE de 2007 transposée par l'ordonnance du 21 octobre 2010 impose aux autorités publiques, à l'échelle de l'Union européenne, d'une part de rendre les données dans le domaine de l'environnement accessibles à tous en les publiant sur Internet et d'autre part de les partager.

ZOOM SUR

La loi n° 2013-1005 du 12 novembre 2013 habilitant le gouvernement à simplifier les relations entre l'administration et les citoyens, a autorisé le gouvernement à adopter par ordonnance différentes mesures destinées à simplifier les relations entre les citoyens et l'administration. L'ordonnance n° 2015-1341 du 23 octobre 2015, complétée par le décret n° 2015-1342 du 23 octobre 2015, procèdent à l'adoption du Code des relations entre le public et l'administration.

Ce code rassemble les principales dispositions des grandes lois relatives aux droits des administrés, portant notamment sur le droit à communication des documents administratifs (loi n° 78-753 du 17 juillet 1978 portant diverses mesures d'amélioration des relations entre l'administration et le public et diverses dispositions d'ordre administratif, social et fiscal), sur la motivation des décisions individuelles (loi n° 79-587 du 11 juillet 1979 relative à la motivation des actes administratifs et à l'amélioration des relations entre l'administration et le public), sur les grands principes régissant les relations entre le public et l'administration (loi n° 2000-321 du 12 avril 2000 relative aux droits des citoyens dans leurs relations avec les administrations).

2. Le référendum local

Une collectivité territoriale peut organiser un référendum local.

Le référendum local, auparavant consultatif, est devenu décisionnel suite à la loi constitutionnelle n° 2003-276 du 28 mars 2003, à la loi organique n° 2003-705 du 1er août 2003 relative au référendum local et à la loi n° 2004-809 du 13 août 2004 relative aux libertés et responsabilités locales.

✔ L'initiative du référendum

L'**organe délibérant** de la collectivité peut décider de soumettre à référendum local tout projet de délibération relatif à une affaire relevant de la compétence de la collectivité. L'organe délibérant adopte alors une délibération déterminant les modalités du référendum, la date du scrutin et précisant le projet de délibération ou d'acte qui sera soumis à référendum local.

L'**exécutif** (le maire ou le président) peut également proposer à l'assemblée délibérante de soumettre à référendum local tout projet d'acte relevant des attributions qu'il exerce au nom de la collectivité, à l'exception des projets d'acte individuel (articles L.O. 1112-1 et L.O. 1112-2 du CGCT).

Enfin, la **population** de la collectivité peut aussi proposer l'organisation d'un référendum par l'exercice du droit de pétition.

Le **droit de pétition**, selon l'article 72-1 de la Constitution, vise à demander l'inscription d'une affaire à l'ordre du jour de l'assemblée délibérante d'une collectivité territoriale. Il a été reconnu par la loi constitutionnelle n° 2003-276 du 28 mars 2003. Cette procédure est codifiée aux articles L. 1112-15 à L. 1112-22 du CGCT.

Un cinquième des électeurs inscrits sur les listes électorales d'une commune ou un dixième des électeurs d'un département ou d'une région peut demander qu'une consultation, sur toute affaire relevant de la compétence de la collectivité, soit inscrite à l'ordre du jour d'une réunion de l'assemblée délibérante.

L'exécutif apprécie ensuite l'opportunité d'inscrire la demande des électeurs à l'ordre du jour. Si la demande est inscrite à l'ordre du jour, il revient ensuite à l'organe délibérant de se prononcer par un vote sur l'organisation ou non de la consultation sollicitée par les citoyens.

✔ Les restrictions à l'organisation d'un référendum

Un référendum local ne peut être organisé durant certaines périodes :

– il ne peut avoir lieu moins de deux mois après la transmission au préfet de la délibération qui décide son organisation ;

– il ne peut pas non plus être organisé en période pré-électorale ou électorale ;

– de même, une collectivité territoriale ne peut organiser plusieurs référendums locaux portant sur un même objet dans un délai inférieur à un an.

✔ Les conditions d'adoption d'un projet par référendum

Le projet soumis à référendum local est adopté si la moitié au moins des électeurs inscrits a pris part au scrutin et s'il réunit la majorité des suffrages exprimés.

✔ Le régime juridique de la décision adoptée par référendum

Le texte adopté par voie de référendum est soumis aux mêmes règles de publicité et de contrôle que celles applicables à une délibération de l'assemblée délibérante de la collectivité ou à un arrêté de son exécutif.

3. Les organismes consultatifs

✔ Les conseils de quartier

Les conseils de quartier sont des structures associant des habitants d'une commune à la gestion municipale.

Les conseils de quartier sont prévus par la **loi n° 2002-276 du 27 février 2002** relative à la démocratie de proximité, dont les dispositions sont codifiées à l'article L. 2143-1 du CGCT.

Les conseils de quartier sont **obligatoires dans les communes de plus de 80 000 habitants.**

Ils sont facultatifs dans les communes de 20 000 à 80 000 habitants.

La composition, les modalités de fonctionnement et les compétences de ces instances ne sont pas précisées par la loi, mais fixées par le conseil municipal.

Le conseil municipal peut affecter aux conseils de quartier un local et leur allouer chaque année des crédits pour leur fonctionnement.

✔ Les autres structures de concertation locales

Le CGCT prévoit d'autres outils de concertation.

– Un conseil municipal peut créer des **comités consultatifs** sur tout problème d'intérêt communal concernant tout ou partie du territoire de la commune. Ces comités comprennent des personnes qui peuvent ne pas appartenir au conseil, notamment des représentants des associations locales (article L. 2143-2 du CGCT).

– En matière de services publics, dans les communes de 50 000 habitants et plus, mais aussi dans les départements et les régions, il peut être instauré à l'initiative de la collectivité des **missions d'information et d'évaluation**, chargées de recueillir des éléments d'information sur une question d'intérêt local ou de procéder à l'évaluation d'un service public.

– Dans les communes de 5 000 habitants et plus, il est obligatoirement créé une **commission communale pour l'accessibilité aux personnes handicapées** composée notamment des représentants de la commune, d'associations d'usagers et d'associations représentant les personnes handicapées.

– D'autres instances de participation citoyenne peuvent être créées à l'initiative d'une collectivité territoriale, telles que les **conseils municipaux d'enfants, de jeunes, de seniors**, etc. Ces structures, totalement facultatives, ne sont régies par aucun texte législatif ou réglementaire et ne disposent, bien entendu, que d'un pouvoir consultatif.

FICHE 8 Les compétences de la région

La répartition des compétences entre les différents niveaux de collectivités territoriales a été profondément réformée en 2014 par la loi MAPTAM et en 2015 par la loi NOTRe. Il en résulte un renforcement des prérogatives de la région.

1. La redistribution des compétences opérée par la loi NOTRe

Jusqu'en 2014, les différentes catégories de collectivités territoriales exerçaient des compétences obligatoires, prévues expressément par la loi, et des compétences facultatives, au travers de la clause générale de compétence, qui leur conférait une capacité à agir dans tout autre domaine dès lors que l'action présentait un intérêt local. Il en résultait un enchevêtrement de compétences auquel le législateur a souhaité mettre fin.

Si la loi MAPTAM avait instauré des collectivités chefs de file pour l'exercice de compétences partagées, la loi NOTRe est venue rationaliser et clarifier plus fortement encore les compétences des collectivités territoriales.

La loi NOTRe modifie profondément les compétences des collectivités territoriales **en supprimant la clause générale de compétence pour les départements et les régions, et en confiant des compétences exclusives aux différentes catégories de collectivités territoriales, réduisant ainsi les domaines d'exercice de chaque catégorie de collectivité territoriale** en qualité de chef de file, réduisant ainsi les domaines de compétences partagées.

L'article L. 1111-4 du CGCT modifié par la loi NOTRe prévoit toutefois le maintien de quelques compétences partagées entre les différents niveaux de collectivités territoriales : la culture, le sport, le tourisme, la promotion des langues régionales, l'éducation populaire et les politiques en faveur de la jeunesse.

2. Les compétences de la région

La région est la grande bénéficiaire de la loi NOTRe. Ce texte accroît sensiblement les prérogatives de la région tout en supprimant la clause de compétence générale dont elle disposait jusqu'alors.

Antérieurement à la loi NOTRe, l'article L. 4221-1 du CGCT donnait une compétence générale à la région. Le conseil régional réglait par ses délibérations « les affaires de la région ».

Désormais cet article dispose que : « Le conseil régional règle par ses délibérations les affaires de la région dans les domaines de compétences que la loi lui attribue. »

Il précise par ailleurs que le conseil régional « a compétence pour promouvoir le développement économique, social, sanitaire, culturel et scientifique de la région, le soutien à l'accès au logement et à l'amélioration de l'habitat, le soutien à la politique de la ville et à la rénovation urbaine et le soutien aux politiques d'éducation et l'aménagement et l'égalité de ses territoires, ainsi que pour assurer la préservation de son identité et la promotion des langues régionales, dans le respect de l'intégrité, de l'autonomie et des attributions des départements et des communes. »

Il prévoit, en outre, que le conseil régional « peut engager des actions complémentaires de celles de l'État, des autres collectivités territoriales et des établissements publics situés dans la région, dans les domaines et les conditions fixés par les lois déterminant la répartition des compétences entre l'État, les communes, les départements et les régions ».

Cet article attribue également un pouvoir réglementaire aux régions : « un conseil régional ou, par délibérations concordantes, plusieurs conseils régionaux peuvent présenter des propositions tendant à modifier ou à adapter des dispositions législatives ou réglementaires, en vigueur ou en cours d'élaboration, concernant les compétences, l'organisation et le fonctionnement d'une, de plusieurs ou de l'ensemble des régions. »

« Ces propositions, adoptées par les conseils régionaux, sont transmises au Premier ministre et au représentant de l'État dans les régions concernées. »

L'article L. 4221-1 du CGCT prévoit aussi que la région peut :

– participer volontairement au financement d'équipements collectifs présentant un intérêt régional direct ;

– réaliser des équipements collectifs présentant un intérêt régional direct, avec l'accord et pour le compte de collectivités locales, de groupements de collectivités locales, d'autres établissements publics ou de l'État ;

– participer à des dépenses de fonctionnement liées à des opérations d'intérêt régional direct.

Enfin, en application de l'article L. 1111-9 du CGCT, la région est chargée d'organiser, en qualité de chef de file, les modalités de l'action commune des collectivités territoriales et de leurs établissements publics pour l'exercice des compétences relatives :

– à l'aménagement et au développement durable du territoire ;

– à la protection de la biodiversité ;

– au climat, à la qualité de l'air et à l'énergie ;

– à l'intermodalité et à la complémentarité entre les modes de transport, notamment l'aménagement des gares ;

– au soutien à l'enseignement supérieur et à la recherche.

✔ Le développement économique

La loi NOTRe prévoit que la région dispose désormais d'une compétence exclusive en matière de développement économique et n'est plus seulement la collectivité chef de file pour l'exercice de cette compétence.

À ce titre, elle élabore un schéma régional de développement économique, d'innovation et d'internationalisation. Ce schéma définit les orientations en matière d'aides aux entreprises, de soutien à l'internationalisation et d'aides à l'investissement immobilier et à l'innovation des entreprises, ainsi que les orientations relatives à l'attractivité du territoire régional. Les actes des autres collectivités territoriales et de leurs groupements en matière d'aides aux entreprises doivent être compatibles avec le schéma.

La région dispose également d'une compétence exclusive pour définir et décider de l'octroi des aides aux entreprises, sauf en matière d'immobilier d'entreprise (compétence des communes et EPCI).

Elle peut ainsi participer au capital de sociétés commerciales, soutenir et participer au pilotage des pôles de compétitivité et attribuer des aides aux actions collectives au bénéfice de plusieurs entreprises.

Elle participe également à la Banque publique d'investissement (BPI), établissement créé en 2012.

✔ L'emploi et la formation professionnelle

La région a été confortée dans l'exercice de cette compétence par la loi NOTRe : en matière de formation professionnelle la région « définit et met en œuvre la politique régionale d'apprentissage et de formation professionnelle des jeunes et des adultes à la recherche d'un emploi ou d'une nouvelle orientation professionnelle ».

Elle élabore un plan régional de développement des formations professionnelles.

La région participe à la coordination des acteurs du service public de l'emploi sur son territoire (article L. 5311-3 du code du travail).

La loi NOTRe a également transféré à la région des actions d'accompagnement à la création et à la reprise d'entreprises à compter du 1er janvier 2017.

✔ L'environnement

Les compétences environnementales de la région concernent principalement les déchets et l'eau.

En matière de déchets, elle s'est vu confier par la loi NOTRe l'élaboration d'un plan de prévention des déchets, prévu à l'article L. 541-13 du code de l'environnement.

Par ailleurs, la région collecte auprès des éco-organismes les informations sur les quantités de déchets soumis à responsabilité élargie du producteur.

S'agissant de l'eau, la région a désormais des missions d'animation et de concertation dans le domaine de la protection de la ressource en eau lorsque l'état des eaux de surface ou des eaux souterraines présente des enjeux sanitaires et environnementaux le justifiant (article L. 211-7 du code de l'environnement).

✔ L'aménagement du territoire

L'article L. 4251-1 du code général des collectivités territoriales, issu de la loi NOTRe, prévoit qu'un schéma régional d'aménagement, de développement durable et d'égalité des territoires (SRADDET) est élaboré par la région, à l'exception de la région d'Île-de-France (schéma directeur de la région Île-de-France – SDRIF), des régions d'outre-mer et des collectivités territoriales à statut particulier.

Ce schéma fixe les objectifs de moyen et long termes sur le territoire de la région en matière d'équilibre et d'égalité des territoires, d'implantation des différentes infrastructures d'intérêt régional, de désenclavement des territoires ruraux, d'habitat, de gestion économe de l'espace, d'intermodalité et de développement des transports, de maîtrise et de valorisation de l'énergie, de lutte contre le changement climatique, de pollution de l'air, de protection et de restauration de la biodiversité, de prévention et de gestion des déchets.

Le schéma identifie les voies et les axes routiers qui, par leurs caractéristiques, constituent des itinéraires d'intérêt régional. Ces itinéraires sont pris en compte par le département, dans le cadre de ses interventions, pour garantir la cohérence et l'efficacité du réseau routier ainsi que la sécurité des usagers.

La région coordonne l'information géographique numérique.

Elle intervient également en matière de soutien au logement, d'amélioration de l'habitat ainsi qu'en matière de politique de la ville et de rénovation urbaine.

✔ Les transports

La région est en charge, depuis la loi NOTRe, d'un schéma régional des infrastructures et des transports, ainsi que d'un schéma régional de l'intermodalité (article L. 1213-3-1 du code des transports), sauf en Île-de-France.

– **En matière de transport routier :** depuis le 1er janvier 2017, les régions sont compétentes en lieu et place des départements pour l'organisation des services de transport routier non urbain de personnes (article L. 3111-1 du Code des transports), le financement des voies et axes routiers constituant des itinéraires d'intérêt régional identifiés dans le SRADDET (L. 4211-1 du CGCT). Elles sont également en charge du service public des transports scolaires depuis le 1er septembre 2017 (à l'exception toutefois des services de transport spécial des élèves handicapés vers les établissements scolaires qui demeureront à la charge du département).

– **En matière de transport ferroviaire :** la région assure la construction, l'aménagement et l'exploitation de gares publiques de voyageurs. (Ce dernier transfert ne s'applique toutefois pas aux régions Île-de-France et Rhône-Alpes-Auvergne sur le territoire de la métropole du Grand Lyon.) Elle organise des transports ferroviaires régionaux (compétence du STIF en Île-de-France). Elle gère les infrastructures de transports ferrés non urbains de personnes et de marchandises. La loi a également transféré à la région les lignes ferroviaires d'intérêt local gérées par les départements à des fins de transport, que ce soit à des fins de transport de personnes ou de marchandises.

– **En matière de transport maritime et fluvial :** la région dispose d'une compétence pour organiser et gérer les transports maritimes réguliers publics (article L. 5431-1 du code des transports). Elle gère également les ports qui dépendaient jusque-là des départements.

– **En matière de transport aérien :** elle assure l'entretien et la gestion de certains aérodromes civils.

✔ L'éducation

La région assure la construction, la reconstruction, l'extension, les grosses réparations, l'équipement et le fonctionnement des lycées, des établissements d'éducation spéciale et des lycées professionnels maritimes.

Depuis 2004, elle est également responsable du recrutement, de la gestion et de la rémunération des personnels non enseignants de ces établissements (personnels techniciens, ouvriers et de service, dits TOS).

La loi n° 2013-595 du 8 juillet 2013 d'orientation et de programmation pour la refondation de l'école de la République confie aux régions la maintenance des équipements informatiques dans les lycées.

La loi NOTRe prévoit la possibilité pour la région de conclure des conventions avec les départements fixant des modalités d'actions communes et de mutualisation de services publics.

Elle donne une compétence conjointe du recteur et de la région pour définir les districts de recrutement des élèves pour les lycées et confie une compétence de soutien aux politiques d'éducation.

Enfin, l'article L. 214-2 du code de l'éducation prévoit l'élaboration par la région d'un schéma régional de l'enseignement supérieur, de la recherche et de l'innovation.

L'article L. 216-11 du même code permet à la région de contribuer au financement des établissements d'enseignement supérieur et de recherche, ainsi qu'aux œuvres universitaires et scolaires.

Depuis le 1er janvier 2016, la région a la charge de la gestion des centres de ressources, d'expertise et de performance sportive (CREPS).

✔ La culture

La région gère les fonds régionaux d'art contemporain (FRAC).

Elle consacre 1 % du coût de l'investissement de certaines constructions à l'insertion d'œuvres d'art (exemple : dans le cadre de la construction des lycées).

Elle gère et conduit l'inventaire général du patrimoine culturel depuis la loi du 13 août 2004.

✔ Le tourisme

La région dispose d'une compétence en matière de promotion touristique du territoire par l'intermédiaire d'un comité régional du tourisme.

✔ La gestion des fonds européens et structurels d'investissement

La loi MAPTAM, et plus particulièrement son article 78, a transféré à la région la compétence pour gérer les fonds européens (FEDER, FSE…) en lieu et place de l'État.

FICHE 9 Les compétences du département et de la commune

Si le rôle de la région a été renforcé par la réforme territoriale, une redéfinition des compétences du département et de la commune a également été opérée. Tandis que le département se recentre sur quelques compétences traditionnelles (social, collèges), la commune se voit confirmée en tant qu'échelon territorial de proximité.

1. Les compétences du département

Comme la région, le département bénéficiait jusqu'à la loi NOTRe d'une clause générale de compétence.

Désormais, « le conseil départemental règle par ses délibérations les affaires du département dans les domaines de compétences que la loi lui attribue.

Il est compétent pour mettre en œuvre toute aide ou action relative à la prévention ou à la prise en charge des situations de fragilité, au développement social, à l'accueil des jeunes enfants et à l'autonomie des personnes. Il est également compétent pour faciliter l'accès aux droits et aux services des publics dont il a la charge.

Il a compétence pour promouvoir les solidarités et la cohésion territoriale sur le territoire départemental, dans le respect de l'intégrité, de l'autonomie et des attributions des régions et des communes. »

En conséquence, le département ne peut plus intervenir en matière de développement économique depuis le 1er janvier 2016.

De nombreux textes législatifs confient au département des compétences obligatoires, dont nous présentons les principales ci-dessous.

✔ L'action sociale

Il s'agit de la compétence principale des départements.

Elle représente environ 50 % du budget départemental. Le conseil départemental agit notamment en faveur :

– de la protection maternelle et infantile ;

– de la protection de l'enfance ;

– de l'insertion sociale et professionnelle, dont la gestion du revenu de solidarité active (RSA) ;

– des personnes âgées et dépendantes, notamment l'allocation personnalisée d'autonomie (APA) ;

– des personnes handicapées.

✔ La voirie

Le département a en charge l'investissement, l'entretien, la gestion et l'exploitation du réseau routier départemental.

La voirie départementale demeure de la compétence des départements, contrairement à ce que prévoyait le projet de loi NOTRe initial.

Il a par ailleurs été accordé aux présidents de conseils départementaux le même pouvoir d'exécution d'office des travaux aux abords de la voirie départementale située hors agglomération que celui dont disposent les maires pour la voirie communale (article L. 131-7 du code de la voirie routière).

✔ L'éducation

Le département a en charge la construction, la rénovation, l'équipement des collèges.

Il gère depuis la loi du 13 août 2004 les agents techniciens, ouvriers et de service (TOS) qui travaillent dans les collèges.
La loi 2013-595 du 8 juillet 2013 d'orientation et de programmation pour la refondation de l'école de la République confie aux régions la maintenance des équipements informatiques dans les collèges.
Enfin, la loi NOTRe ouvre la possibilité de conclure des conventions avec les régions fixant des modalités d'actions communes et de mutualisation de services publics.

✔ Le logement

Le département élabore notamment le plan départemental d'action pour le logement des plus défavorisés (PDALPD) et gère le fonds de solidarité pour le logement (FSL).

✔ L'environnement

L'article L. 1111-2 du Code général des collectivités territoriales prévoit que les départements concourent avec l'État à la protection de l'environnement. Le département est compétent en matière d'espaces naturels sensibles (articles L. 142-2 et suivants du Code de l'urbanisme), d'espaces agricoles et naturels périurbains (articles L. 143-1 et suivants du Code de l'urbanisme), ainsi que dans les domaines de l'eau et des milieux aquatiques et marins (au titre de l'article L. 211-7 du Code de l'environnement), à l'exclusion du champ de la compétence relevant de la gestion des milieux aquatiques et de la prévention des inondations (GEMAPI). De plus, l'article L. 1111-10 du Code général des collectivités territoriales permet au département de contribuer, même en dehors de son champ de compétence, au financement des projets dont la maîtrise d'ouvrage est assurée par les communes ou leurs groupements, à leur demande.

✔ La sécurité civile

Le département gère les SDIS (services départementaux d'incendie et de secours). La loi d'août 2004 a définitivement confié le pilotage ainsi que la gestion administrative et financière des SDIS aux départements.

✔ La culture

Le département gère les archives départementales.

ZOOM SUR

le schéma départemental d'amélioration de l'accessibilité des services au public.

Outre ces compétences obligatoires, le département conserve la possibilité, dans les conditions définies à l'article L. 1111-10 du CGCT, de contribuer au financement de certains projets dont la maîtrise d'ouvrage est assurée par les communes ou leurs groupements (notamment les opérations d'investissement en milieu rural).

Sur le territoire de chaque département, l'État et le département élaborent conjointement un schéma départemental d'amélioration de l'accessibilité des services au public, en associant les établissements publics de coopération intercommunale à fiscalité propre.

2. Les compétences de la commune

Comme évoqué dans la partie consacrée à l'organisation des collectivités territoriales, le maire exerce des compétences en tant que représentant de l'État.

Au-delà de ces compétences exercées au nom de l'État, la commune dispose de compétences en tant que collectivité territoriale, dont certaines ont un caractère obligatoire.

Comme pour la région et le département, la loi MAPTAM est venue renforcer les compétences de la commune en en faisant une collectivité chef de file pour l'exercice de certaines compétences. L'article L. 1111-9 du CGCT dispose que : « La commune ou l'établissement public de coopération intercommunale à fiscalité propre auquel elle a transféré ses compétences est chargé d'organiser, en qualité de chef de file, les modalités de l'action commune des collectivités territoriales et de leurs établissements publics pour l'exercice des compétences relatives

« 1° À la mobilité durable ;

« 2° À l'organisation des services publics de proximité ;

« 3° À l'aménagement de l'espace ;

« 4° Au développement local. »

De nombreux autres textes législatifs attribuent à la commune des compétences obligatoires dans les domaines suivants :

– **urbanisme :** la loi NOTRe confie aux intercommunalités la compétence d'élaborer un PLU intercommunal ; la compétence communale en matière de PLU peut subsister mais demeure l'exception (voir le chapitre consacré à l'urbanisme) ;

– **action sociale :** le centre communal d'action sociale ou CCAS (établissement public local rattaché à la commune) établit les dossiers de demandes d'aides, émet des avis sur les dossiers destinés aux services départementaux. Désormais, dans les communes de moins de 1 500 habitants, les CCAS deviennent facultatifs et leur dissolution devient possible par délibération du conseil municipal. Le cas échéant, les missions du CCAS sont assurées soit directement par la commune, soit transférées au centre intercommunal d'action sociale (CIAS) ;

– **enseignement :** la commune a la charge des écoles élémentaires et maternelles, qu'il s'agisse de leur construction, de leur entretien ou de leur équipement ;

– **voirie :** la commune a en charge l'entretien de la voirie communale ;

– **environnement :** la commune peut être en charge de l'élimination des déchets ménagers si cette compétence n'a pas été dévolue à l'intercommunalité ;

– **distribution de l'eau potable** ;

– **assainissement** individuel et collectif.

La commune peut également exercer des compétences à titre facultatif. Depuis la loi NOTRe, la commune est la seule collectivité territoriale à avoir conservé la clause générale de compétences (l'article L. 2121-29 du CGCT dispose que « le conseil municipal règle par ses délibérations les affaires de la commune »).

À ce titre, la commune peut décider de créer et gérer des transports urbains, construire des logements sociaux, intervenir dans le domaine sportif et culturel par la construction et l'entretien d'infrastructures dédiées telles que des gymnases, piscines, bibliothèques ou cinémas, ou par des soutiens financiers aux associations, décider de la création de crèches et en assurer la construction et l'entretien, etc.

FICHE 10 Les ressources des collectivités

Les ressources des collectivités territoriales sont principalement assises sur de la fiscalité locale et des dotations de l'État. Les collectivités peuvent également avoir recours à l'emprunt.

1. Les ressources fiscales

✔ La part des impôts et taxes dans les ressources des collectivités

Les recettes de fiscalité directe et indirecte de l'ensemble des collectivités s'élevaient en 2013 à 125 milliards d'euros.
Les impôts et taxes sont la catégorie de ressources la plus importante des collectivités : ils représentent la moitié des recettes totales.

✔ La notion de fiscalité directe

La fiscalité directe est principalement constituée de taxes (principalement les taxe d'habitation, taxe foncière sur les propriétés bâties et taxe foncière sur les propriétés non bâties), qui représentent environ les trois quarts des recettes fiscales des collectivités territoriales. Ces impôts sont perçus au profit de toutes les collectivités territoriales, qu'il s'agisse des communes, des départements et des régions. Elle représentait 81 milliards d'euros en 2015.

✔ Les principaux impôts directs perçus par les collectivités

– La **taxe d'habitation** : cet impôt local est dû par tout occupant disposant d'un local à usage d'habitation. La valeur locative cadastrale du bien sert de base d'imposition et son taux est fixé par un vote de l'organe délibérant de la collectivité territoriale. Comme annoncé par l'actuel président de la République, Emmanuel Macron, la taxe d'habitation est amenée à progressivement disparaître pour 80 % des ménages, durant le quinquennat.

– La **taxe foncière sur les propriétés bâties** : cet impôt est dû par les propriétaires d'immeubles. Son montant est calculé sur la base de la valeur locative cadastrale auquel il est appliqué un taux qui est voté par l'organe délibérant de la collectivité territoriale.

– La **taxe foncière sur les propriétés non bâties** : cet impôt est dû par les propriétaires de terrains nus et est calculé sur la base d'un taux voté par l'organe délibérant de la collectivité territoriale appliqué à la valeur locative cadastrale du terrain.

– La taxe professionnelle a été remplacée en 2010 par la **contribution économique territoriale (CET)**, composée de :
  - la cotisation foncière des entreprises (CFE) ;
  - la cotisation sur la valeur ajoutée des entreprises (CVAE).

– L'**impôt forfaitaire sur les entreprises de réseau** (IFER) est payé par les entreprises de réseaux (énergie, télécoms, transports) et vient également compenser la suppression de la taxe professionnelle.

✔ La notion de fiscalité indirecte

La fiscalité indirecte se compose de très nombreuses taxes, très ciblées, telles que des taxes d'urbanisme, des droits de mutation, la taxe sur les certificats d'immatriculation, la taxe de séjour, la taxe sur les remontées mécaniques, etc.
La fiscalité indirecte représente une part limitée des ressources fiscales des collectivités.

2. Les autres ressources propres des collectivités

✔ Les redevances liées à l'utilisation d'un service public

Ces redevances sont liées à l'utilisation de services publics comme l'eau, les transports, le ramassage des ordures ménagères, etc. Le montant des redevances est fixé par l'organe délibérant de la collectivité territoriale.

✔ Les produits issus de la gestion du domaine

L'utilisation du domaine peut générer des recettes (par exemple : parkings payants).

3. Les ressources extérieures des collectivités

Si les collectivités ont une part importante de ressources propres, elles perçoivent également des ressources extérieures.

✔ Les concours financiers de l'État

Ils constituent la seconde catégorie de ressources des collectivités territoriales : en 2015, les concours de l'État aux collectivités territoriales ont atteint 45 Md€.

Les dotations de l'État ont nettement diminué depuis 2015. Cette diminution s'inscrit dans une démarche de réduction des dépenses de l'État pour réduire le déficit public.

On distingue plusieurs catégories de dotations.

✔ Les dotations de fonctionnement

Le montant des concours financiers de l'État inscrits en recettes de fonctionnement a atteint 37 milliards d'euros en 2015.

La **dotation globale de fonctionnement** (DGF) constitue la deuxième ressource la plus importante des collectivités territoriales (36 milliards d'euros en 2015). Elle bénéficie aux communes et aux groupements de communes à fiscalité propre (pour 57 %, soit 21 milliards d'euros), aux départements (pour 29 %, soit 10,5 milliards d'euros) et aux régions (pour 13 %, soit 4,8 milliards d'euros) et se décompose en une part forfaitaire et une part de péréquation.

La DGF est calculée en fonction de différents critères : importance de la population, superficie de la collectivité et potentiel fiscal de la collectivité.

Mise à part la DGF, il existe d'autres dotations de fonctionnement comme le fonds de mobilisation départemental pour l'insertion, la dotation spéciale instituteurs, la dotation « élus locaux » pour les communes de moins de 1 000 habitants les plus défavorisées, la dotation générale de décentralisation de formation professionnelle.

✔ Les dotations et subventions d'équipement

Elles représentaient 8 Md€ en 2015 dont 5 Md€ issus du fonds de compensation pour la taxe sur la valeur ajoutée (FCTVA).

Ces dotations et subventions sont très nombreuses. Parmi celles-ci figurent :

– la dotation d'équipement des territoires ruraux (DETR). Cette dotation a été créée par la loi de finances 2011. Elle regroupe les anciennes dotations globales d'équipement (DGE) et la dotation de développement rural (DDR) ;

– la dotation générale de décentralisation destinée à compenser des transferts de compétences de l'État aux collectivités ;

– des dotations d'équipement spécifiques comme celles destinées aux régions et départements pour les investissements dans les collèges et les lycées ;

– le FCTVA qui permet à l'État de compenser la TVA acquittée par les collectivités territoriales sur leurs dépenses d'équipement (acquisitions de bien, travaux) ;

– les subventions. Celles-ci peuvent provenir de l'État (le Fonds d'intervention pour les services, l'artisanat et le commerce – FISAC, les programmes d'investissements d'avenir – PIA), mais aussi d'autres collectivités territoriales ou de l'Union européenne (le Fonds social européen – FSE ou le Fonds européen de développement régional – FEDER). Pour la période 2007-2013, les collectivités françaises ont bénéficié d'un montant total de 14 milliards d'euros de fonds européens.

Le FEDER intervient dans le cadre de la politique de cohésion économique, sociale et territoriale. Il a pour vocation de renforcer la cohésion économique et sociale dans l'Union européenne en corrigeant les déséquilibres entre ses régions. En France, le FEDER intervient sur les thématiques suivantes : la recherche, le développement technologique et l'innovation, la compétitivité des PME, le développement des technologies de l'information et de la communication, la transition vers une économie à faibles émissions de carbone.

Le FSE intervient dans le cadre de la politique de cohésion économique, sociale et territoriale. Il a pour vocation d'aider les personnes à trouver des emplois de meilleure qualité et d'offrir des perspectives professionnelles plus équitables à tous les citoyens de l'Union européenne. En France, le FSE intervient sur les thématiques suivantes : l'emploi, l'inclusion sociale et la lutte contre la pauvreté, l'éducation, l'acquisition de compétences et l'apprentissage tout au long de la vie, le renforcement des capacités administratives.

4. L'emprunt

Les collectivités territoriales disposent d'une autonomie d'emprunt. L'emprunt est uniquement destiné à financer des investissements.

✔ La part de l'emprunt dans les ressources des collectivités

L'emprunt est la troisième ressource des collectivités territoriales. Il représentait en 2013 près de 16,8 milliards d'euros de recettes pour les collectivités.

✔ L'autorisation de recourir à l'emprunt

L'emprunt ne peut être autorisé que par l'assemblée délibérante qui doit également approuver son affectation et la définition des conditions financières.

Cette compétence peut être déléguée à l'exécutif (exemple : le conseil municipal peut déléguer cette attribution au maire – article L. 2122-22 du code général des collectivités territoriales).

✔ Les limites à l'emprunt

Deux limites sont posées à l'emprunt des collectivités territoriales :

– comme indiqué ci-dessus, l'emprunt ne peut servir qu'à financer des dépenses d'investissement ;

– il ne peut pas être utilisé pour rembourser d'autres emprunts.

Les comptes des collectivités territoriales et de leurs groupements à fiscalité propre (en milliards d'euros)	2013	2014 / 2013	2014	2015 / 2014	2015
RECETTES DE FONCTIONNEMENT	191,61	+ 1,0 %	193,52	+ 1,3 %	196,05
IMPÔTS ET TAXES	115,79	+ 2,9 %	119,16	+ 5,0 %	125,12
– Impôts locaux	75,18	+ 2,2 %	76,84	+ 4,3 %	80,15
– Autres impôts et taxes	40,60	+ 4,2 %	42,32	+ 6,3 %	44,97
CONCOURS DE L'ÉTAT	52,02	– 5,3 %	49,25	– 9,0 %	44,82
– Dotations globales de fonctionnement (DGF)	41,35	– 3,3 %	39,99	– 8,6 %	36,55
– Autres dotations	3,71	– 32,3%	2,51	– 35,8 %	1,61
– Péréquations et compensations fiscales	6,95	– 3,0 %	6,74	– 1,3 %	6,66
SUBVENTIONS REÇUES ET PARTICIPATIONS	9,02	+ 6,5 %	9,61	+ 9,0 %	10,47
VENTES DE BIENS ET SERVICES	7,90	+ 3,3 %	8,16	+ 4,7 %	8,54
AUTRES RECETTES DE FONCTIONNEMENT	6,89	+ 6,4 %	7,34	– 3,2 %	7,10
RECETTES D'INVESTISSEMENT hors emprunts	20,29	– 1,2 %	20,05	+ 2,7%	20,59
FCTVA	4,99	+ 6,8 %	5,33	– 5,0 %	5,06
DOTATIONS ET SUBVENTIONS D'ÉQUIPEMENT	10,20	+ 0,3 %	10,23	– 2,4 %	9,99
AUTRES RECETTES D'INVESTISSEMENT	5,10	– 11,9 %	4,49	+ 23,3 %	5,54
RECETTES TOTALES hors emprunts	211,91	+ 0,8 %	213,57	+ 1,4 %	216

FICHE 11 La coopération intercommunale

La coopération intercommunale s'organise sous la forme d'établissements publics de coopération intercommunale (EPCI) : syndicats de communes, syndicats mixtes, communautés urbaines, communautés de communes, communautés d'agglomération, métropoles.

1. Définition

Le terme intercommunalité désigne les différentes formes de coopération entre les communes.

La coopération intercommunale est apparue dès le XIXe siècle (loi du 22 mars 1890 sur les syndicats de communes) avec la création des syndicats intercommunaux à vocation unique (SIVU). Les lois du 6 février 1992 (ATR), du 12 juillet 1999 (Chevènement), du 16 décembre 2010 (réforme territoriale) et du 27 janvier 2014 (MAPTAM) l'ont renforcée.

2. Le rôle de l'intercommunalité

L'intercommunalité permet aux communes de se regrouper au sein d'un **établissement public de coopération intercommunale** (EPCI), soit pour assurer certaines prestations (ramassage des ordures ménagères, assainissement, transports urbains, etc.), soit pour élaborer de véritables projets de développement économique, d'aménagement ou d'urbanisme.

L'intercommunalité permet de **rationaliser l'émiettement communal**.

3. La création d'un EPCI

Excepté pour les métropoles, dont la création relève d'un décret, l'initiative de création d'un EPCI appartient aux conseils municipaux ou au préfet.

Le préfet fixe ensuite le périmètre de l'EPCI (il doit être d'un seul tenant et ne doit pas comporter d'enclave).

Les conseils municipaux approuvent par vote la création de l'EPCI.

Le préfet établit par arrêté la création de l'EPCI.

4. Le fonctionnement des EPCI

Le fonctionnement de ces structures est assuré par :

– un président, organe exécutif, qui est élu par l'organe délibérant ;

– des vice-présidents ;

– un organe délibérant composé de délégués désignés par les conseils municipaux des communes membres (comité syndical pour les SIVU, SIVOM et syndicats mixtes), ou de conseillers communautaires ou métropolitains élus au suffrage universel direct pour les EPCI à fiscalité propre.

À noter : Les métropoles du Grand Paris, du Grand Lyon et d'Aix-Marseille-Provence ont un statut particulier avec des organes complémentaires (établissements publics territoriaux, conseils de territoires, commissions permanentes, etc.).

ZOOM SUR

L'élection au suffrage universel des conseillers communautaires

La loi n° 2013-403 du 17 mai 2013 prévoit que les conseillers communautaires sont désormais élus au suffrage universel direct. Cette élection se fait en même temps que les élections municipales, selon un système de fléchage dans les communes de plus de 1 000 habitants. En pratique, figureront sur le même bulletin de vote :
– la liste des candidats au conseil municipal ;
– de manière distincte, la liste de ceux également candidats au conseil communautaire.

Cette réforme a un double objectif :
– étendre le plus possible le système de l'élection par fléchage des conseillers communautaires pour démocratiser et légitimer les intercommunalités ;
– accroître la représentation de l'opposition et renforcer la parité dans les conseils municipaux des petites communes.

À noter : La loi NOTRe instaure un conseil de développement dans les établissements publics à fiscalité propre de plus de 20 000 habitants.
Ce conseil est composé de représentants des milieux économiques, sociaux, culturels, éducatifs, scientifiques, environnementaux et associatifs du périmètre de l'établissement public.

5. Les différents types d'intercommunalité

Il en existe deux formes :

– la **forme souple** (dite **sans fiscalité propre**, c'est-à-dire que la structure ne perçoit pas l'impôt), financée par les contributions des communes qui en sont membres. Elle leur permet de gérer ensemble des activités ou des services publics ;

– la **forme approfondie** (dite **à fiscalité propre**, c'est-à-dire que la structure perçoit l'impôt), caractérisée par l'existence de compétences obligatoires et par une fiscalité propre.

L'article 33 de la loi NOTRe relève le seuil minimal de constitution d'un EPCI à fiscalité propre à 15 000 habitants.

Les différentes structures intercommunales

EPCI sans fiscalité propre	EPCI avec fiscalité propre
Syndicats de communes (SIVU et SIVOM)	Communautés urbaines
Syndicats mixtes	Communautés de communes
	Communautés d'agglomération
	Métropoles

✔ Les syndicats de communes

Ils sont de plusieurs types :

– les **syndicats intercommunaux à vocation unique** (SIVU), créés en 1890, sont une association de communes se regroupant afin de gérer une seule activité d'intérêt intercommunal ;

– les **syndicats intercommunaux à vocation multiple** (SIVOM), créés en 1959, permettent aux communes de s'associer pour gérer, à la différence des SIVU, plusieurs activités.

✔ Les syndicats mixtes

Créés en 1955, ils permettent l'association de communes avec des départements, des régions ou des établissements publics, à la différence des SIVU ou SIVOM n'associant que des communes entre elles.

✔ Les communautés de communes

Créées en 1992, elles étaient destinées, à l'origine, uniquement au milieu rural. Mais elles séduisent de plus en plus le milieu urbain.

Elles exercent, à la place des communes membres, obligatoirement des compétences en matière :

– d'aménagement de l'espace : schéma de cohérence territoriale et schéma de secteur ; plan local d'urbanisme, document d'urbanisme en tenant lieu et carte communale ;

– d'actions de développement économique :
  - création, aménagement, entretien et gestion de zones d'activité industrielle, commerciale, tertiaire, artisanale, touristique, portuaire ou aéroportuaire ;
  - politique locale du commerce, soutien aux activités commerciales d'intérêt communautaire et promotion du tourisme ;

– d'aménagement, entretien et gestion des aires d'accueil des gens du voyage ;

– de collecte et traitement des déchets des ménages et déchets assimilés.

La communauté de communes doit par ailleurs exercer, au lieu et place des communes, pour la conduite d'actions d'intérêt communautaire, les compétences relevant d'au moins trois des neuf groupes suivants :

– protection et mise en valeur de l'environnement ;

– politique du logement et du cadre de vie ;

– politique de la ville :
  - élaboration du diagnostic du territoire et définition des orientations du contrat de ville ;
  - animation et coordination des dispositifs contractuels de développement urbain, de développement local et d'insertion économique et sociale, ainsi que des dispositifs locaux de prévention de la délinquance ;
  - programmes d'actions définis dans le contrat de ville ;

– création, aménagement et entretien de la voirie ;

– construction, entretien et fonctionnement d'équipements culturels et sportifs d'intérêt communautaire, et d'équipements de l'enseignement préélémentaire et élémentaire d'intérêt communautaire ;

– action sociale d'intérêt communautaire ;

– assainissement ;

– eau ;

– création et gestion de maisons de services au public et définition des obligations de service public afférentes.

✔ Les communautés d'agglomération

Créées par la loi du 12 juillet 1999 (dite « loi Chevènement »), elles associent plusieurs communes regroupant plus de 50 000 habitants autour d'une commune de plus de 15 000 habitants.

Elles exercent des compétences obligatoires en matière :

– de développement économique :
  - actions de développement économique, création, aménagement, entretien et gestion de zones d'activité industrielle, commerciale, tertiaire, artisanale, touristique, portuaire ou aéroportuaire ;
  - politique locale du commerce et soutien aux activités commerciales d'intérêt communautaire ;
  - promotion du tourisme, dont la création d'offices de tourisme ;

– d'aménagement de l'espace communautaire ;
  - schéma de cohérence territoriale et schéma de secteur, plan local d'urbanisme, document d'urbanisme en tenant lieu et carte communale ;
  - création et réalisation de zones d'aménagement concerté d'intérêt communautaire ;
  - organisation de la mobilité ;

– d'équilibre social de l'habitat ;
  - programme local de l'habitat ;
  - politique du logement d'intérêt communautaire ;
  - actions et aides financières en faveur du logement social d'intérêt communautaire ;
  - réserves foncières pour la mise en œuvre de la politique communautaire d'équilibre social de l'habitat ;
  - action, par des opérations d'intérêt communautaire, en faveur du logement des personnes défavorisées ;
  - amélioration du parc immobilier bâti d'intérêt communautaire ;

– de politique de la ville :

- élaboration du diagnostic du territoire et définition des orientations du contrat de ville ;

- animation et coordination des dispositifs contractuels de développement urbain, de développement local et d'insertion économique et sociale, ainsi que des dispositifs locaux de prévention de la délinquance ;

- programmes d'actions définis dans le contrat de ville ;

– d'aménagement, entretien et gestion des aires d'accueil des gens du voyage ;

– de collecte et traitement des déchets des ménages et déchets assimilés.

La communauté d'agglomération doit en outre exercer, au lieu et place des communes, au moins trois compétences parmi les sept suivantes :

– création ou aménagement et entretien de voirie et de parcs de stationnement d'intérêt communautaire ;

– assainissement ;

– eau ;

– protection et mise en valeur de l'environnement et du cadre de vie : lutte contre la pollution de l'air, lutte contre les nuisances sonores, soutien aux actions de maîtrise de la demande d'énergie ;

– construction, aménagement, entretien et gestion d'équipements culturels et sportifs d'intérêt communautaire ;

– action sociale d'intérêt communautaire ;

– création et gestion de maisons de services au public et définition des obligations de service public afférentes.

À noter : En Île-de-France, dans les départements des Yvelines, du Val-d'Oise, de l'Essonne et de la Seine-et-Marne, les communautés de communes ou d'agglomération situées dans la zone dense de l'Île-de-France, constituent obligatoirement des territoires d'au moins 200 000 habitants.

✔ Les communautés urbaines

Créées en 1966, elles regroupent plusieurs communes formant un **ensemble de plus de 250 000 habitants** sur un espace d'un seul tenant et sans enclave (avant la loi MAPTAM, ce seuil était de 450 000 habitants). Au 1er janvier 2018, il existait 11 communautés urbaines en France.

Elles sont **obligatoirement chargées, dans l'espace communautaire** :

– du développement et de l'aménagement économique, social et culturel ;

– de l'équilibre social de l'habitat ;

– de la politique de la ville ;

– de la gestion des services d'intérêt collectif ;

– de la protection et mise en valeur de l'environnement et de la politique du cadre de vie ;

– de l'aménagement, entretien et gestion des aires d'accueil des gens du voyage.

FICHE 12 La coopération intercommunale : les métropoles

Il s'agit d'une nouvelle catégorie d'EPCI à fiscalité propre créée par la loi de réforme territoriale de 2010 et modifiée par la loi MAPTAM de 2014.

1. Définition

Il s'agit d'une catégorie d'EPCI à fiscalité propre créée par la loi de réforme territoriale de 2010 et modifiée par la loi MAPTAM de 2014.

Comme le prévoit l'article L. 5217-1 du CGCT, la métropole est un établissement public de coopération intercommunale à fiscalité propre regroupant plusieurs communes, d'un seul tenant et sans enclave, au sein d'un espace de solidarité. Il s'agit d'élaborer et conduire ensemble un projet d'aménagement et de développement économique, écologique, éducatif, culturel et social de leur territoire, afin d'en améliorer la cohésion et la compétitivité et de concourir à un développement durable et solidaire du territoire régional.

Elle valorise les fonctions économiques métropolitaines, ses réseaux de transport et ses ressources universitaires, de recherche et d'innovation, dans un esprit de coopération régionale et interrégionale, et avec le souci d'un développement territorial équilibré.

En application de la loi MAPTAM ont été transformés, par décret, en une métropole au 1er janvier 2015, les établissements publics de coopération intercommunale à fiscalité propre **de plus de 400 000 habitants se situant au centre d'une aire urbaine de plus de 650 000 habitants** au sens de l'Institut national de la statistique et des études économiques (INSEE). Les métropoles de Toulouse, Lille, Bordeaux, Nantes, Strasbourg, Rennes, Rouen, Grenoble, Brest, Montpellier et Nice ont été ainsi créées.

Le statut de métropole peut également être reconnu à certains territoires de plus de 400 000 habitants, à la demande d'une majorité qualifiée de conseils municipaux et sous certaines conditions restrictives (si le territoire comporte la ville chef-lieu de région, certains EPCI qui exercent des compétences spécifiques visées à l'article L. 5217-1-2 du CGCT).

La création d'une métropole est **prononcée par décret**.

Au 1er janvier 2018, il existait dix-neuf métropoles de droit commun, à savoir : Bordeaux, Brest, Clermont-Ferrand, Dijon, Grenoble, Lille, Metz, Montpellier, Nancy, Nantes, Nice, Orléans, Rennes, Rouen, Saint-Etienne, Strasbourg, Toulon, Toulouse, Tours.

2. Les compétences d'une métropole

La métropole exerce de plein droit, en lieu et place des communes membres, des compétences en matière de :

– développement et aménagement économique, social et culturel : création, aménagement et gestion des zones d'activité industrielle, commerciale, tertiaire, artisanale, touristique, portuaire ou aéroportuaire ;

– aménagement de l'espace métropolitain : schéma de cohérence territoriale et schéma de secteur, plan local d'urbanisme et documents d'urbanisme, réalisation d'opérations d'aménagement d'intérêt métropolitain ;

– politique locale de l'habitat : programme local de l'habitat, aides financières au logement social, etc. ;

– politique de la ville, services d'intérêt collectif : assainissement et eau par exemple ;

– protection et mise en valeur de l'environnement, et politique du cadre de vie : gestion des déchets ménagers et assimilés, lutte contre la pollution de l'air, etc.

Par ailleurs, l'État peut déléguer, par convention, à la métropole qui en fait la demande des compétences supplémentaires en matière de logement ou d'aménagement, et de gestion de grands équipements et d'infrastructures.

De même, par convention passée avec le département ou la région, la métropole peut exercer certaines compétences de ces collectivités limitativement énumérées par la loi (article L. 5217-2 du CGCT) :

– attribution des aides au titre du fonds de solidarité pour le logement ;

– missions confiées au service public départemental d'action sociale ;

– adoption, adaptation et mise en œuvre du programme départemental d'insertion ;

– aide aux jeunes en difficulté ;

– actions de prévention spécialisée auprès des jeunes et des familles en difficulté ou en rupture avec leur milieu ;

– personnes âgées et action sociale ;

– tourisme, culture et construction, exploitation et entretien des équipements et infrastructures destinés à la pratique du sport, ou une partie de ces compétences ;

– construction, reconstruction, aménagement, entretien et fonctionnement des collèges ;

– gestion des routes classées dans le domaine public routier départemental.

À défaut de convention entre le département et la métropole signée au 1er janvier 2017 sur au moins trois des groupes de compétences mentionnés ci-dessus, la totalité de ceux-ci, à l'exception de ceux relatifs aux collèges, sont transférés de plein droit à la métropole.

3. Le fonctionnement d'une métropole

Le **conseil de la métropole** est présidé par le président du conseil de la métropole. Il est composé de conseillers métropolitains. Les conseillers métropolitains sont élus lors des élections municipales selon les mêmes règles que celles applicables aux conseillers communautaires.

La **conférence métropolitaine** est une instance de coordination entre la métropole et les communes membres, au sein de laquelle il peut être débattu de tous sujets d'intérêt métropolitain ou relatifs à l'harmonisation de l'action de ces collectivités.

4. Trois métropoles à statut particulier

Elles ont été **créées directement par la loi de 2014** de modernisation de l'action publique territoriale et de renforcement des métropoles du fait de la particularité de leurs territoires.

✔ La métropole du Grand Paris (article L. 5219-1 du CGCT)

La métropole du Grand Paris (MGP) est prévue aux articles L. 5219-1 et suivants du CGCT.

Cette métropole est **un EPCI à fiscalité propre à statut particulier.** Elle englobe Paris, les 123 communes des Hauts-de-Seine, de Seine-Saint-Denis et du Val-de-Marne, et sept communes de l'Essonne et du Val-d'Oise. La métropole a pris effet au 1er janvier 2016.

Elle dispose de quatre grandes compétences : aménagement de l'espace métropolitain, politique locale de l'habitat, développement économique, et protection de l'air et de l'environnement.

Les deux premières compétences ne lui ont été transférées que le 1er janvier 2017.

Elle est administrée par un **conseil de la métropole du Grand Paris** qui élit son président. La métropole est divisée en **douze territoires d'au moins 300 000 habitants,** dont les périmètres ont été fixés par décret en Conseil d'État le 11 décembre 2015.

Pour ces différents territoires, des **établissements publics territoriaux (EPT)**, sans enclave et d'au moins 300 000 habitants, sont créés. Ces nouvelles entités sont des EPCI sans fiscalité propre (sauf de 2016 à 2020, où ils percevront la cotisation foncière des entreprises), soumis aux dispositions applicables aux syndicats de communes. Chaque territoire dispose d'un **conseil de territoire** composé de délégués des communes membres. Les territoires disposent de la personnalité morale et de compétences propres. Parmi ces compétences, on peut distinguer :

– celles qui leur sont attribuées de plein droit par la loi, dont l'eau, l'assainissement et les déchets ;

– celles que la métropole n'a pas reconnu comme étant d'intérêt métropolitain ;

– celles qui étaient exercées par les anciens EPCI à fiscalité propre situés sur le périmètre métropolitain.

À noter : Le président de la République Emmanuel Macron a annoncé une réforme de la Métropole du Grand Paris au cours de l'année 2018.

✔ La métropole d'Aix-Marseille-Provence (articles L. 5218-1 et suivants du CGCT)

Cette métropole regroupe l'ensemble des communes membres de la communauté urbaine Marseille Provence Métropole, de la communauté d'agglomération du Pays d'Aix-en-Provence, de la communauté d'agglomération Salon-Étang de Berre-Durance, de la communauté d'agglomération du pays d'Aubagne et de l'Étoile, du syndicat d'agglomération nouvelle Ouest Provence et de la communauté d'agglomération du Pays de Martigues.

Cette métropole exerce les compétences énumérées à l'article L. 5217-2 du CGCT ainsi que les compétences exercées précédemment par les EPCI qu'elle fusionne.

Elle est divisée en territoires dotés d'un **conseil de territoire**.

✔ La métropole de Lyon (articles L. 3611-1 et suivants du CGCT)

Contrairement aux deux précédentes, cette métropole n'est **pas un EPCI** mais constitue à elle seule une **catégorie de collectivité territoriale** au sens de l'article 72 de la Constitution.

Cette collectivité a été créée en lieu et place de la communauté urbaine de Lyon.

Des conférences territoriales des maires ont été instituées sur le territoire de la métropole de Lyon. De même une **conférence métropolitaine**, instance de coordination entre la métropole et les communes situées sur son territoire, a été créée. Les communes et la métropole définissent ensemble dans le cadre de cette conférence un projet de pacte de cohérence métropolitain.

Ses compétences sont très larges. D'une part, elle exerce les **compétences classiques** des métropoles (développement et aménagement économique, social et culturel, aménagement de l'espace, habitat, politique de la ville, environnement), auxquelles s'ajoutent les compétences exercées antérieurement par le conseil général du Rhône. D'autre part, en tant que collectivité territoriale, elle dispose d'une clause générale de compétence énoncée à l'article L. 3642-1 du CGCT : « Le conseil de la métropole règle par ses délibérations les affaires de la métropole de Lyon. »

5. Les pôles métropolitains

Ce sont des **regroupements d'EPCI à fiscalité propre** créés par la loi du 16 décembre 2010 de réforme des collectivités territoriales.

Le pôle métropolitain forme un **ensemble de plus de 300 000 habitants dont l'un des EPCI doit compter plus de 150 000 habitants**, ce dernier seuil étant abaissé à 50 000 habitants en zone transfrontalière.

La vocation des pôles métropolitains est de promouvoir un modèle d'aménagement, de développement durable et de solidarité territoriale (voir l'article L. 5731-1 du code général des collectivités territoriales).

FICHE 13 Le contrôle des collectivités territoriales et des EPCI

Un contrôle des actes des collectivités territoriales et des EPCI est nécessaire afin de garantir la bonne application des lois et décrets sur le territoire de la République. Ce contrôle s'exerce a posteriori pour garantir la libre administration des collectivités territoriales. Il porte sur la légalité des actes administratifs. Le contrôle sur les finances des collectivités est exercé par les juridictions financières.

1. Un contrôle de légalité motivé par l'indivisibilité de la République

L'article 1er de la Constitution, bien que reconnaissant le caractère décentralisé de la République, affirme son indivisibilité : « La France est une République indivisible, laïque, démocratique et sociale. Elle assure l'égalité devant la loi de tous les citoyens sans distinction d'origine, de race ou de religion. Elle respecte toutes les croyances. Son organisation est décentralisée ».

Les collectivités territoriales s'inscrivent dans la République et à ce titre doivent respecter les lois et décrets qui la régissent.

Afin de s'assurer du respect des règles républicaines par les collectivités territoriales, un contrôle de leurs actes a été instauré.

Ainsi, l'article 72 de la Constitution, bien que reconnaissant dans son alinéa 3 le principe de libre administration des collectivités territoriales, prévoit aussi en son alinéa 6 que « dans les collectivités territoriales de la République, le représentant de l'État, représentant de chacun des membres du gouvernement, a la charge des intérêts nationaux, du contrôle administratif et du respect des lois ».

2. Un contrôle de légalité des actes administratifs a posteriori

Jusqu'en 1982, le contrôle exercé sur les actes des collectivités territoriales était un contrôle a priori. Les actes des collectivités territoriales n'entraient juridiquement en vigueur qu'après avoir été contrôlés par l'État. C'est ce qu'on appelait la tutelle administrative.

Depuis les lois de 1982, ce contrôle des actes décentralisés est devenu un contrôle a posteriori.

✔ Le contrôle de légalité

Il s'exerce sur les actes les plus importants des collectivités territoriales et EPCI. Le CGCT fixe la liste des actes soumis au contrôle préfectoral. Parmi eux figurent les délibérations des conseils municipaux, départementaux et régionaux, certains arrêtés et certains contrats (marchés publics).

✔ Le déféré préfectoral

Dans le cadre du contrôle de légalité, le préfet ne peut annuler un acte. Il dispose en revanche du pouvoir de saisir le juge administratif dès lors qu'il détecte une illégalité.

Le préfet dispose d'un délai de deux mois à compter de leur transmission à ses services pour déférer au tribunal administratif les actes qu'il estime illégaux.

✔ Le recours pour excès de pouvoir

Il s'agit d'un recours par lequel il est demandé au juge administratif l'annulation d'un acte. Toute personne physique ou morale qui a un intérêt à agir peut saisir le tribunal administratif pour faire annuler une décision, prise par une collectivité ou un établissement public, qui lui paraît illégale.

3. Les contrôles sur les finances

✔ Le contrôle par les citoyens

Le droit des citoyens et de la société de contrôler les finances publiques est un droit constitutionnel fixé par la Déclaration des droits de l'homme et du citoyen.

Ainsi, l'article 14 de la Déclaration des droits de l'homme et du citoyen dispose que : « Tous les citoyens ont le droit de constater, par eux-mêmes ou par leurs représentants, la nécessité de la contribution publique, de la consentir librement, d'en suivre l'emploi et d'en déterminer la quotité, l'assiette, le recouvrement et la durée. »

L'article 15 de la Déclaration des droits de l'homme et du citoyen précise également que : « La société a le droit de demander compte à tout agent public de son administration. »

Concrètement le contrôle des citoyens revêt plusieurs formes :

– un contrôle politique : les citoyens peuvent sanctionner la gestion financière des collectivités lors des élections locales ;

– un droit à l'information et à la communication des documents budgétaires.

La loi NOTRe oblige les communes de plus de 10 000 habitants à produire une présentation brève et synthétique des informations financières essentielles, jointe au budget primitif et au compte administratif, afin de permettre aux citoyens d'en saisir les enjeux.

Ces dispositions sont également applicables aux départements, aux régions et aux établissements publics de coopération intercommunale comptant plus de 10 000 habitants et comprenant au moins une commune de 3 500 habitants et plus.

✔ Le contrôle par les élus

Les élus disposent également de moyens de contrôle qui ont été renforcés par la loi du 6 février 1992. Ils peuvent contrôler les finances locales de plusieurs manières :

– par la participation au débat d'orientation budgétaire, qui doit avoir lieu obligatoirement dans les deux mois précédant le vote du budget ;

– par des questions orales, posées à l'exécutif lors des séances ;

– par la connaissance des documents budgétaires et de leurs annexes, qui leur sont communiqués au moins cinq jours avant le vote du budget ;

– lors de l'adoption du compte administratif, qui permet de vérifier la bonne exécution budgétaire ;

– par la communication obligatoire de la part de l'exécutif des observations des chambres régionales des comptes.

À noter : La loi NOTRe est venue modifier les règles relatives au débat d'orientation budgétaire, applicables aux collectivités territoriales et à leurs établissements publics, en prévoyant des obligations différentes selon le type de collectivités.
Dans les communes de 3 500 habitants et plus, le maire présente au conseil municipal, dans un délai de deux mois précédant l'examen du budget, un rapport sur les orientations budgétaires, les engagements pluriannuels envisagés ainsi que sur la structure et la gestion de la dette. Ce rapport donne lieu à un débat au conseil municipal, dans les conditions fixées par le règlement intérieur. Il est pris acte de ce débat par une délibération spécifique.
Dans les communes de plus de 10 000 habitants, le rapport comporte, en outre, une présentation de la structure et de l'évolution des dépenses et des effectifs. Ce rapport précise notamment l'évolution prévisionnelle et l'exécution des dépenses de personnel, des rémunérations, des avantages en nature et du temps de travail.

✔ Le contrôle par les chambres régionales et territoriales des comptes (CRTC)

La loi du 2 mars 1982 a créé les chambres régionales et territoriales des comptes (CRTC), composées de magistrats inamovibles. Il existe 20 CRTC : 15 en métropole dénommées **chambres régionales des comptes (CRC)** et 5 en outre-mer dénommées **chambres territoriales des comptes (CTC)**.

Les compétences de ces juridictions sont définies dans le code des juridictions financières, aux articles L. 211-1 et suivants.

La compétence d'une CRTC s'étend à toutes les collectivités territoriales de son ressort géographique, qu'il s'agisse des communes, des départements ou des régions, ainsi qu'à leurs établissements publics.

Les CRTC exercent trois types de contrôles :

1. Le jugement des comptes des comptables publics

La CRTC juge, dans son ressort, l'ensemble des comptes des comptables publics des collectivités et de leurs établissements publics. Ce contrôle juridictionnel est la **mission première des CRTC**. La CRTC vérifie la régularité des opérations de recettes et de dépenses effectuées par les comptables publics, ainsi que le respect du principe de séparation de l'ordonnateur et du comptable. Dans le cadre de ce contrôle, la CRTC rend des jugements sur les comptes ainsi contrôlés.

2. Le contrôle budgétaire

Ce contrôle intervient à la demande du préfet dans quatre cas :

– Lorsque le **budget primitif** est **adopté hors délai** (après le 31 mars). Dans ce cas, le préfet doit saisir la CRTC qui formule des propositions pour le règlement du budget sous un mois.

– En cas d'absence d'équilibre réel du budget voté (absence d'équilibre entre les recettes et les dépenses). Le préfet dispose alors de 30 jours pour saisir la CRTC.

La CRTC a ensuite 30 jours pour former des propositions. Enfin, un délai de 30 jours est donné à la collectivité territoriale pour régulariser la situation de déséquilibre. À défaut de régularisation, le préfet procède lui-même au règlement du budget.

– En cas de **défaut d'inscription d'une dépense obligatoire**. La CRCT adresse alors une mise en demeure à la collectivité ou à l'établissement public d'inscrire à son budget la dépense obligatoire. Ainsi, la CRTC peut être saisie par le comptable public, le représentant de l'État ou toute personne y ayant un intérêt. Elle doit constater ce défaut dans un délai d'un mois à compter de la saisine, puis adresser une mise en demeure à la collectivité territoriale ou l'établissement public concerné.

– Lorsque l'**exécution du budget est en déficit de 10 % ou plus** des recettes de la section de fonctionnement pour les communes de moins de 20 000 habitants, ou de 5 % dans les autres cas. Dans ce cas, la CRTC propose des mesures dans un délai d'un mois à compter de sa saisine par le représentant de l'État.

Cette mission n'est pas de nature juridictionnelle mais administrative. La CRTC formule des avis à la collectivité territoriale ou à l'établissement public.

3. Le contrôle de gestion

Ce contrôle a pour objet de **vérifier la régularité et la qualité de la gestion** des collectivités territoriales et des organismes relevant de leur compétence (associations, établissements publics, etc.). Cette mission est fixée par l'article L. 211-8 du code des juridictions financières. L'examen de la gestion porte sur la régularité des actes de gestion, sur l'économie des moyens mis en œuvre et sur l'évaluation des résultats atteints par rapport aux objectifs fixés par l'assemblée délibérante ou par l'organe délibérant. L'opportunité de ces objectifs ne peut faire l'objet que d'observations.

Dans le cadre de ces contrôles exercés à l'initiative du préfet ou de la CRTC sont examinées :

– la régularité des opérations et la mise en œuvre des moyens employés (respect du code des marchés publics par exemple) ;

– l'efficacité : est-ce que l'investissement de la collectivité a permis d'atteindre l'objectif fixé ?

– l'économie dans l'utilisation des fonds publics : les moyens pour atteindre un objectif fixé ont-ils été mis en œuvre au meilleur coût ?

À noter : L'article 107 de la loi NOTRe contient plusieurs mesures qui visent à renforcer la transparence financière des collectivités territoriales et de leurs établissements publics.

Cet article prévoit que, dans un délai d'un an à compter de la présentation du rapport d'observations définitives à l'assemblée délibérante, l'exécutif de la collectivité territoriale ou de l'EPCI à fiscalité propre présente, dans un rapport devant cette même assemblée, les actions qu'il a entreprises à la suite des observations de la chambre régionale des comptes. Ce rapport est communiqué à la chambre régionale des comptes, qui fait une synthèse annuelle des rapports communiqués. Cette synthèse est présentée par le président de la chambre régionale des comptes devant la conférence territoriale de l'action publique. Chaque chambre régionale des comptes transmet cette synthèse à la Cour des comptes.

« Le rapport d'observations définitives que la chambre régionale des comptes adresse au président d'un établissement public de coopération intercommunale est également transmis aux maires des communes membres de cet établissement public, immédiatement après la présentation qui en est faite à l'organe délibérant de ce dernier. Ce rapport est présenté par le maire de chaque commune au plus proche conseil municipal et donne lieu à un débat. »

QCM

15 min

Il peut y avoir plusieurs bonnes réponses par question.

1. La suppression de la tutelle de l'État sur les collectivités territoriales date de :

❑ **a.** 1982
❑ **b.** 2004
❑ **c.** 2013

2. La métropole est un EPCI.

❑ **a.** Vrai ❑ **b.** Faux

3. Au sein d'une commune, c'est le maire qui crée les postes de fonctionnaires territoriaux.

❑ **a.** Vrai ❑ **b.** Faux

4. Le mode de scrutin aux élections municipales est différent selon que la population de la commune est inférieure ou supérieure à 1 000 habitants.

❑ **a.** Vrai ❑ **b.** Faux

5. Le conseil départemental est présidé par le préfet.

❑ **a.** Vrai ❑ **b.** Faux

6. La commission permanente du conseil régional est élue au suffrage universel direct.

❑ **a.** Vrai ❑ **b.** Faux

7. Les conseillers régionaux sont élus pour :

❑ **a.** quatre ans
❑ **b.** cinq ans
❑ **c.** six ans

8. Un ressortissant de l'Union européenne peut voter :

❑ **a.** aux élections municipales
❑ **b.** aux élections départementales
❑ **c.** aux élections régionales
❑ **d.** aux élections législatives
❑ **e.** aux élections européennes

9. Le nombre d'habitants nécessaire à la constitution d'une communauté d'agglomération est de :

❑ **a.** 15 000 habitants
❑ **b.** 50 000 habitants
❑ **c.** 250 000 habitants

10. L'élaboration d'un PLU est une compétence :

❑ **a.** communale
❑ **b.** intercommunale
❑ **c.** départementale

11. Quelle structure est compétente pour définir les régimes d'aides aux entreprises ?

❑ **a.** Les intercommunalités
❑ **b.** Les départements
❑ **c.** Les régions

12. Le seuil démographique de constitution des EPCI à fiscalité propre a été fixé à au moins :

❑ **a.** 15 000 habitants
❑ **b.** 20 000 habitants
❑ **c.** 25 000 habitants

13. Parmi les domaines suivants, dans lequel (lesquels) le législateur reconnaît-il des compétences partagées ?

❑ **a.** La culture
❑ **b.** Le sport
❑ **c.** Le tourisme

14. Le transfert de la compétence « transport scolaire » des départements aux régions est devenu effectif au :

❑ **a.** 1er septembre 2016
❑ **b.** 1er janvier 2017
❑ **c.** 1er septembre 2017

15. La métropole du Grand Paris est une collectivité territoriale :

❑ **a.** Vrai ❑ **b.** Faux

EXERCICES

EXERCICE 1 ★☆☆ 3 min

Donnez une définition de la décentralisation.

EXERCICE 2 ★★☆ 3 min

Pouvez-vous citer trois textes importants relatifs aux collectivités territoriales datant de moins de 15 ans ?

EXERCICE 3 ★☆☆ 1 min

Pouvez-vous citer trois attributions du maire en tant que représentant de la collectivité territoriale ?

EXERCICE 4 ★★★ 5 min

Expliquez succinctement le mode de scrutin aux élections régionales.

EXERCICE 5 ★☆☆ 5 min

Citez quatre domaines de compétences obligatoires du département.

EXERCICE 6 ★★☆ 3 min

Citez une ressource propre non fiscale des collectivités.

EXERCICE 7 ★★☆ 4 min

Quels sont les EPCI à fiscalité propre ?

EXERCICE 8 ★★★ 5 min

Pouvez-vous expliquer le mode d'élection des conseillers communautaires issu de la loi n° 2013-403 du 17 mai 2013 ?

EXERCICE 9 ★★★ 5 min

Quels sont les différents contrôles exercés par les CRTC ?

EXERCICE 10 ★★☆ 2 min

Combien y a-t-il de régions en France métropolitaine (Corse incluse) ?

→ *Retrouvez les corrigés en p. 122*

CORRIGÉS

QCM

CORRIGÉ

1 a.	2 a.	3 b.	4 a.	5 b.
6 b.	7 c.	8 a et e.	9 b.	10 a et b.
11 c.	12 a.	13 a, b et c.	14 c.	15 b.

Pour aller plus loin

1 = a. La suppression de la tutelle de l'État sur les collectivités territoriales date des lois de décentralisation de 1982 dites lois « Defferre ». Désormais l'État, par l'intermédiaire du préfet, assure un contrôle a posteriori sur les actes des collectivités territoriales, le contrôle de légalité.

2 = a. La métropole est effectivement une forme d'établissement public de coopération intercommunale. Une exception toutefois : la métropole de Lyon est une collectivité territoriale à statut particulier.

3 = b. Au sein d'une commune, ce n'est pas le maire qui crée les postes de fonctionnaires territoriaux mais le conseil municipal. Le maire nomme les fonctionnaires.

4 = a. Le mode de scrutin aux élections municipales est différent selon que la population de la commune est inférieure ou supérieure à 1 000 habitants. Antérieurement à la loi n° 2013-403 du 17 mai 2013 relative à l'élection des conseillers départementaux, des conseillers municipaux et des conseillers communautaires, ce seuil était de 3 500 habitants.

5 = b. Depuis 1982, la collectivité départementale est dirigée par un président élu par l'assemblée délibérante. Le préfet de département, s'il existe toujours, est le représentant de l'État au sein du département en tant que circonscription administrative de l'État.

6 = b. Non, la commission permanente du conseil régional est une émanation du conseil régional. Si le conseil régional est élu au suffrage universel direct, les membres de la commission permanente sont élus par les conseillers régionaux.

7 = c. Les conseillers régionaux sont élus pour six ans tout comme les conseillers départementaux et municipaux.

8 = a et e. Un ressortissant de l'Union européenne peut voter aux élections municipales et européennes.

9 = b. Le nombre d'habitants nécessaire à la constitution d'une communauté d'agglomération est de 50 000 habitants. L'autre condition est d'avoir dans le périmètre une commune d'au moins 15 000 habitants.

10 = a et b. L'élaboration d'un PLU est une compétence communale ou intercommunale.

11 = c. Les régions sont compétentes pour définir les régimes d'aides aux entreprises.

12 = a. Le seuil démographique de constitution des EPCI à fiscalité propre a été fixé à 15 000 habitants par la loi NOTRe.

13 = a, b et c. Le législateur reconnaît des compétences partagées dans les trois domaines que sont la culture, le sport et le tourisme.

14 = c. La compétence « transport scolaire » des départements aux régions est effective depuis le 1er septembre 2017.

15 = b. La métropole du Grand Paris est un EPCI. Seule la métropole du Grand Lyon dispose du statut de collectivité territoriale.

EXERCICES

EXERCICE 1

La décentralisation est un mode d'organisation administrative par lequel l'État transfère à d'autres personnes morales (collectivités territoriales ou établissements publics) un certain nombre de compétences.

EXERCICE 2

On peut citer les trois textes suivants :
– la loi n° 2004-809 du 13 août 2004 relative aux libertés et responsabilités locales ;
– la loi n° 2013-403 du 17 mai 2013 relative à l'élection des conseillers départementaux, des conseillers municipaux et des conseillers communautaires ;

– la loi n° 2014-58 du 27 janvier 2014 de modernisation de l'action publique territoriale et d'affirmation des métropoles.

EXERCICE 3

Le maire prépare les délibérations, les propose au vote du conseil municipal. Il exécute ensuite les délibérations votées par le conseil municipal.

Vous pouvez citer trois attributions parmi celles-ci :

– Le maire préside le conseil municipal ; il organise les débats et a la responsabilité de l'ordre du jour.

– Il élabore et gère le budget.

– Il est l'ordonnateur des dépenses et des recettes de la commune.

– Le maire est le chef de l'administration communale.

– Il délivre les permis de construire et autres autorisations d'urbanisme.

– Le maire dispose de pouvoirs de police administrative.

EXERCICE 4

Les conseillers régionaux sont élus dans chaque région au scrutin de liste à deux tours, chaque liste étant constituée d'autant de sections qu'il y a de départements dans la région. Le mode de scrutin est mixte, c'est-à-dire qu'il combine les règles du scrutin majoritaire et de la représentation proportionnelle.

EXERCICE 5

Vous pouvez citer par exemple l'action sociale, la voirie, l'éducation et l'environnement.

EXERCICE 6

Vous pouvez citer les redevances liées à l'utilisation d'un service public ou encore les produits issus de la gestion du domaine.

EXERCICE 7

Les EPCI à fiscalité propre sont :

– les communautés urbaines ;

– les communautés de communes ;

– les communautés d'agglomération ;

– les métropoles.

EXERCICE 8

Les conseillers communautaires sont désormais élus au suffrage universel direct. Cette élection se fait en même temps que les élections municipales, selon un système de fléchage dans les communes de plus de 1 000 habitants. En pratique figurent sur le même bulletin de vote :

– la liste des candidats au conseil municipal ;

– la liste des candidats au conseil communautaire.

EXERCICE 9

Les différents contrôles exercés par les CRTC sont :

– le jugement des comptes des comptables publics ;

– le contrôle budgétaire ;

– le contrôle de gestion.

EXERCICE 10

Il y a 13 régions depuis la réforme de 2015.

Chapitre 4
Gestion du secteur sanitaire et social

Fiches de cours

Entraînements

FICHE 1 Les aides sociales légales et extralégales

L'aide sociale est un système de solidarité nationale qui soutient les personnes confrontées à des difficultés d'ordre social.

1. Définitions

L'aide sociale **légale**, dite obligatoire, correspond aux aides mises en place par l'État.

L'aide sociale **extralégale**, dite facultative, est propre à chaque département, à chaque commune qui, dans le cadre de l'action sociale développée sur son territoire, peut créer ou compléter une prestation sociale légale, pécuniaire ou en nature.

L'aide sociale légale repose sur la **participation de l'État, des collectivités territoriales, des organismes de Sécurité sociale** (CPAM, CAF, etc.) et **de mutualité sociale agricole** (MSA). Elle met en place des actions d'insertion, de réinsertion, de prévention et de secours. La décentralisation a transféré aux collectivités territoriales l'essentiel de l'aide sociale, ce qui en fait les acteurs principaux de l'action sociale sur leur territoire.

2. Le rôle du département

Le département est le **chef de file de l'aide sociale**. Dans le cadre de l'action sociale sur son territoire, il intervient auprès des populations sujettes à des difficultés sociales, économiques (RSA, MAJ, MASP, etc.), de dépendance (APA), de handicap (MDPH, CDAPH). Il est chargé de la protection de l'enfance (ASE, PMI), qui a été réformée en profondeur par la loi du 5 mars 2007, complétée par la loi du 14 mars 2016 relative à la protection de l'enfant.

À noter : La MASP (mesure d'accompagnement social personnalisé), la MAJ (mesure d'accompagnement judiciaire) et la MJAGBF (mesure judiciaire d'aide à la gestion du budget familial) sont des mesures d'accompagnement plus ou moins coercitives qui complètent l'accompagnement en économie sociale et familiale (AESF) réalisé, à la demande des bénéficiaires, par les travailleurs sociaux des services départementaux (souvent des conseillères en économie sociale et familiale).

Chaque département est chargé de mettre en place, sur son territoire, l'aide sociale légale, en conformité avec les textes législatifs et réglementaires en vigueur. Il établit un **règlement départemental de l'aide sociale** (RDAS) qui traite de l'ensemble des aides sociales légales et extralégales, ainsi que des modalités d'attribution correspondantes.

La **commune**, par convention passée avec le département, est l'autre acteur de l'aide sociale, souvent chargée de l'instruction des dossiers de demande d'aide sociale, transmis ensuite par ses soins aux services du conseil départemental.

À noter : Consultez le RDAS de votre département et des départements limitrophes ; ils se trouvent et se téléchargent facilement sur Internet.

3. Les différentes aides

L'aide sociale peut être attribuée **en nature** (sous forme de services, d'action sociale ou éducative, d'aide à la gestion budgétaire) ou **en espèces** (aide pécuniaire versée en une seule fois ou périodiquement).

Elle se déploie en quatre grands pôles :

– **l'aide sociale à l'enfance** (ASE), qui est une aide aux familles et aux enfants confrontés à des difficultés sociales, éducatives, matérielles, etc. Elle peut prendre la forme d'une aide financière, d'une aide à domicile avec intervention de travailleuses familiales (TISF), mais aussi d'actions éducatives en milieu ouvert (AED, placements séquentiels) ou encore de placements en famille d'accueil, ou en foyer ;

À noter : Au 31 décembre 2014, 290 036 mineurs bénéficiaient d'au moins une mesure relevant du dispositif de protection de l'enfance (ils étaient 244 000 en 2003). Ce chiffre a augmenté par rapport à 2012 (+ 1,5 %) et représente un taux de 1,98 % des moins de 18 ans. Le nombre de jeunes majeurs (18-21 ans) concernés par une prestation est estimé à près de 21 500, ce qui représente 0,93 % des 18-21 ans (source : ONPE, 2017).

– **l'insertion sociale**, par la participation du département au financement de l'allocation et à l'accompagnement des bénéficiaires du revenu de solidarité active (RSA) ;

– **l'aide sociale aux personnes en situation de handicap**, qui compense la perte d'autonomie des personnes handicapées par des actions destinées à apporter une aide matérielle et financière (PCH, MDPH, CDAPH) ;

– **l'aide sociale aux personnes âgées**, par la prise en charge des dépenses liées à l'aide à domicile (aide ménagère, allocation représentative des services ménagers), des dépenses liées au séjour en établissement pour personnes âgées dépendantes (EHPAD) ou autonomes (EHPA), de l'allocation personnalisée d'autonomie (APA) destinée à accompagner la perte d'autonomie des personnes âgées et le libre choix du lieu de vie (qui a remplacé la prestation spécifique dépendance).

À noter : Les textes législatifs et réglementaires qui régissent l'action sociale et médico-sociale sont compilés dans le code de l'action sociale et des familles (CASF) et dans le code de la santé publique (CSP). Certaines dispositions se retrouvent dans le code de la sécurité sociale (CSS) et dans le code civil (comme la protection des majeurs, des mineurs).

Les départements et les communes ont la possibilité de **développer des aides sociales extralégales, dites facultatives**, pour compléter les aides existantes, ou en créer de nouvelles (portage des repas, aide à l'acquisition d'une complémentaire santé, etc.). Les prestations d'aide sociale extralégale ou facultative sont propres à chaque département, à chaque commune (bénéficiaires, plafonds, conditions d'attribution, etc.).

4. Les conditions générales d'obtention

L'une des premières conditions pour obtenir une aide sociale départementale, légale ou extralégale, est d'avoir son domicile, ou son domicile de secours, dans le département où la demande est déposée.

En plus des conditions particulières à telle ou telle aide, les conditions générales d'obtention de l'aide sociale sont :

– être de nationalité française ou de nationalité étrangère en situation régulière sur le territoire français (titulaire d'une carte de résident ou d'un titre de séjour) ;

– bénéficier de ressources qui ne dépassent pas un certain seuil déterminé par la loi ou le règlement départemental d'aide sociale (revenus professionnels, retraite, valeur en capital des biens non productifs) ;

– une éventuelle reconnaissance médicale de la perte d'autonomie (prise en charge de la dépendance, du handicap) pour l'allocation personnalisée d'autonomie (APA) ou la prestation de compensation du handicap (PCH) ;

– une participation des obligés alimentaires (enfants, gendres, belles-filles, petits-enfants) est demandée pour certaines prestations, comme l'aide sociale aux personnes âgées au titre de l'hébergement. (Peuvent être dispensées de cette obligation toutes les personnes ayant été placées à l'aide sociale à l'enfance pendant 36 mois aux cours des 12 premières années de leur vie, selon l'article L. 132-6 du code de l'action sociale et des familles.)

Les personnes sans ressources résidant en France de manière irrégulière peuvent bénéficier de l'**aide médicale d'État** (CASF, art. L. 251-1 à L. 251-3), qui se décline en :

– AME de droit commun (pour tout étranger résidant en France de manière ininterrompue depuis plus de trois mois) ;

– AME humanitaire (toute personne présente sur le territoire français, et dont l'état de santé le justifie) ;

– AME de garde à vue (toute personne gardée à vue sur le territoire français, qu'elle réside ou non en France, si son état de santé le justifie).

ZOOM SUR

Les références juridiques

– Loi n° 82-213 du 2 mars 1982 relative aux droits et libertés des communes, des départements et des régions.

– Loi n° 83-663 du 22 juillet 1983 relative à la répartition de compétences entre les communes, les départements, les régions et l'État.

– Loi n° 86-17 du 6 janvier 1986 adaptant la législation sanitaire et sociale aux transferts de compétences en matière d'aide sociale et de santé.

– Loi n° 89-487 du 10 juillet 1989 relative à la prévention des mauvais traitements à l'égard des mineurs et à la protection de l'enfance (réformée par la loi 2007-293 du 5 mars 2007 réformant la protection de l'enfance).

– Loi n° 2004-809 du 13 août 2004 relative aux libertés et responsabilités locales.

FICHE 2 Les établissements sociaux et médico-sociaux

Un établissement social ou médico-social est un établissement public ou privé qui, en France, met en place les politiques sociales, c'est-à-dire les politiques publiques d'action et de prévention liées à la protection sociale.

1. Leur fonctionnement

L'ouverture et l'exploitation d'un établissement ou service social ou médico-social (ESSMS) sont soumises à un régime de police administrative strict et à un régime d'autorisation (CASF, art. L. 313-1 et suivants). Son **autorité de tutelle** dépend de la (ou des) catégorie(s) de population en direction desquelles il travaille (mineurs en danger ou en risque de l'être, personnes porteuses de handicap, personnes âgées, adultes atteints d'une maladie chronique, personnes en situation d'exclusion, etc.) et de l'origine de son financement (assurance maladie, aide sociale départementale, aide sociale de l'État) : il relève de l'autorité du directeur général de l'agence régionale de santé (ARS), du président du conseil départemental ou du préfet de région (de plusieurs d'entre eux en cas d'habilitations conjointes).

SANITAIRE

Les établissements sanitaires et sociaux sont répertoriés dans le **fichier national des établissements sanitaires et sociaux** (FINESS), qui liste les établissements et services relevant de l'action sanitaire et sociale (secteurs privé et public), légitimes à mener des actions sociales auprès des citoyens, et les classe en trois domaines :

– les établissements sanitaires : établissements hospitaliers, établissements de soins et de prévention, établissements à caractère sanitaire (laboratoires d'analyse, pharmacies, établissements de transfusion sanguine, etc.) ;

– les établissements sociaux : établissements pour personnes âgées, adultes et jeunes handicapés, protection de l'enfance, établissements pour adultes et familles en difficulté ;

– les établissements de formation des personnels sanitaires et sociaux.

Le FINESS a été mis au point et est géré par les ministères du Travail, des Solidarités et de la Santé.

À noter : Consultez le FINESS (la base, les définitions et les nomenclatures) pour en comprendre le fonctionnement, et pour appréhender les différentes structures qui s'y trouvent référencées : http://finess.sante.gouv.fr/

Depuis la **loi du 9 août 2004** relative à la politique de santé publique, les établissements sanitaires publics et privés (hôpitaux et cliniques) et les ESSMS sont considérés comme des acteurs de la politique de santé publique (code de la santé publique, art. L. 1114-1) : la prévention et la compensation du handicap et de la perte d'autonomie font pleinement partie, aux côté des soins, des missions assignées à la politique de santé publique.

L'article 18 de la loi HPST (hôpital, patient, santé, territoires) a confié la gouvernance publique des établissements de santé et des ESSMS aux agences régionales de santé.

2. Les missions de l'action sociale et médico-sociale

L'action sociale désigne l'**ensemble des moyens qu'une société développe pour préserver sa cohésion**, par des dispositifs et par des actions qui permettent aux personnes ou aux groupes les plus fragiles à mieux vivre, à acquérir ou à préserver leur autonomie et à s'adapter au milieu social environnant.

La **loi n° 2002-2 du 2 janvier 2002 rénovant l'action sociale et médico-sociale** précise (en plus de rappeler les droits fondamentaux de l'usager) les missions d'intérêt général et d'utilité sociale des établissements sociaux et médico-sociaux :

– évaluation et prévention des risques sociaux et médico-sociaux, information, investigation, conseil, orientation, formation, médiation et réparation ;

– protection administrative ou judiciaire de l'enfance et de la famille, de la jeunesse, des personnes handicapées, des personnes âgées ou en difficulté ;

– actions éducatives, médico-éducatives, médicales, thérapeutiques, pédagogiques et de formation adaptées aux besoins de la personne, à son niveau de développement, à ses potentialités, à l'évolution de son état ainsi qu'à son âge ;

– actions d'intégration scolaire, d'adaptation, de réadaptation, d'insertion, de réinsertion sociales et professionnelles, d'aide à la vie active, d'information et de conseil sur les aides techniques ainsi que d'aide au travail ;

– actions d'assistance dans les divers actes de la vie, de soutien, de soins et d'accompagnement, y compris à titre palliatif ;

– actions contribuant au développement social et culturel, et à l'insertion par l'activité économique.

3. Les différents établissements

Un établissement ou service social ou médico-social est une personne morale publique ou privée qui bénéficie de fonds publics et remplit une mission de service public.

L'article L. 312-1 du CASF énumère de manière exhaustive les établissements et services sociaux et médico-sociaux dotés ou non d'une personnalité morale propre :

– **Aide sociale à l'enfance** (financée par le département[1]) : maisons d'enfants à caractère social (MECS), clubs de prévention spécialisée, foyers départementaux de l'enfance.

– **Enfance handicapée et inadaptée** (financée par l'assurance maladie) : centres médico-psycho-pédagogiques (CMPP), instituts médico-éducatifs (IME), instituts médico-pédagogiques (IMP) ou médico-professionnels (IMPRO), instituts thérapeutiques, éducatifs et pédagogiques de rééducation (ITEP), services d'éducation spéciale et de soins à domicile (SESSAD).

– **Enfance handicapée de moins de 6 ans** (financée à 80 % assurance maladie, à 20 % aide sociale) : centres d'action médico-sociale précoce (CAMSP).

1. L'origine des financements est indiquée entre parenthèses.

– **Protection judiciaire de la jeunesse** (financée par le ministère de la Justice et le département) : centres et foyers d'action éducative (CAE, FAE), services éducatifs auprès du tribunal pour enfants (SEAT).

– **Handicap mental ou physique d'adultes** (financé par l'assurance maladie et les ressources propres) : établissements et services d'aide par le travail (ESAT, anciennement CAT), centres d'orientation ou de rééducation professionnelle.

– **Personnes âgées** (financées par l'assurance maladie et le département) : établissements d'hébergement pour personnes âgées dépendantes (EHPAD), foyers logements, maisons de retraite, services de soins infirmiers à domicile (SSID), services de soins, d'aide et d'accompagnement, services d'aide au maintien à domicile.

– **Handicap mental et polyhandicap d'adultes** (financés par l'assurance maladie et le département) : foyers d'accueil ou occupationnels, maisons d'accueil spécialisées (MAS), foyers d'accueil spécialisés (FAM), services d'accompagnement à la vie sociale (SAVS), services d'accompagnement médico-social pour adultes handicapés (SAMSAH), etc.

– **Personnes sans domicile, en errance** (financées par l'État, la commune et le département) : centres d'hébergement et de réinsertion sociale (CHRS), centres d'aide par la vie active, accueils de jour (boutiques de solidarité), veille sociale (Samu social, équipes mobiles, téléphonie sociale « 115 », services d'accueil et d'orientation, etc.).

– **Traitement des addictions** (financé par l'État et l'assurance maladie) : centres d'accueil pour toxicomanes et centres d'accueil et d'accompagnement à la réduction des risques pour usagers de drogues (CAARUD), centres d'accueil pour alcooliques, appartements de coordination thérapeutique (VIH, maladies chroniques).

À noter : Les missions, organisation et fonctionnement des centres communaux et intercommunaux d'action sociale sont détaillés dans le code de l'action sociale et des familles (art. L. 123-4 et suivants, art. R. 123-1 et suivants).

ZOOM SUR

L'agence régionale de santé (ARS)

C'est un établissement public administratif créé le 1er avril 2010 (loi n° 2009-879 du 21 juillet 2009 dite HPST, pour hôpital, patients, santé, territoire). Il est chargé de la mise en œuvre de la politique de santé dans la région et son fonctionnement est détaillé dans le titre III du livre IV de la première partie du code de la santé publique. L'ARS a pour but « d'assurer un pilotage unifié de la santé en région, de mieux répondre aux besoins de la population et d'accroître l'efficacité du système », afin de rationaliser l'offre de soins. L'ARS a remplacé les DDASS et DRASS (qui ne géraient plus la protection de l'enfance depuis le 6 janvier 1986).

FICHE 3 Le handicap et sa compensation

Toute limitation d'activité ou restriction de participation à la vie en société subie dans son environnement par une personne en raison d'une altération substantielle, durable ou définitive d'une ou plusieurs fonctions physiques, sensorielles, mentales, cognitives ou psychiques, d'un polyhandicap ou d'un trouble de santé invalidant, constitue un handicap (article 2 de la loi du 11 février 2005 portant sur l'égalité des droits et des chances, la participation et la citoyenneté des personnes handicapées).

1. Quelques chiffres

12 millions de Français (sur 66 millions) sont touchés par un handicap : 80 % d'entre eux ont un handicap invisible, 1,5 million sont atteints d'une déficience visuelle et 850 000 ont une mobilité réduite (2 à 3 % de la population utilise un fauteuil roulant).

300 815 enfants en situation de handicap étaient scolarisés en France durant l'année scolaire 2016-2017 : 45 % en école ordinaire, 29 % en école ordinaire de second degré et 26 % en établissements spécialisés. 1 080 900 personnes handicapées étaient bénéficiaires (au 31 décembre 2016) de l'allocation aux adultes handicapés (AAH), versée sous conditions de ressources aux adultes déclarés en situation de handicap, afin de leur assurer un revenu minimum. Le montant mensuel est de 810,89 € depuis le 1er avril 2017.

À noter : On trouve de nombreuses informations statistiques sur le nombre d'allocataires des minima sociaux sur le site de la Direction de la recherche, des études, de l'évaluation et des statistiques (DREES) du ministère des Solidarités et de la Santé : http://drees.solidarites-sante.gouv.fr

2. La classification de l'OMS

✔ Définition

La classification internationale du fonctionnement, du handicap et de la santé proposée par l'OMS en 2001 est utilisée par la quasi-totalité des pays du monde pour définir et classer les handicaps. Elle définit comme handicapée « toute personne souffrant d'une déficience (aspect lésionnel) ou d'une incapacité (aspect fonctionnel) qui limite ou interdit toutes activités considérées comme normales pour un être humain. »

Le handicap relève autant d'une **notion sociale** que d'une **notion médicale**. Il renvoie aux difficultés de la personne handicapée face à son environnement, en termes d'accessibilité, d'expression, de compréhension ou d'appréhension.

✔ Les formes de handicap

Différents types de handicaps ont été reconnus par la **loi du 11 février 2005** : ils s'appuient sur la définition de l'OMS.

Le handicap moteur désigne l'altération de la capacité du corps ou d'une partie du corps à se mouvoir. Il recouvre l'ensemble des troubles pouvant entraîner une atteinte partielle ou totale de la motricité, notamment des membres supérieurs et/ou inférieurs (difficultés pour se déplacer, conserver ou changer une position, prendre et manipuler, effectuer certains gestes).

Le handicap sensoriel désigne les déficiences affectant un sens. La déficience auditive (d'une altération légère de la capacité auditive d'une ou des deux oreilles à la surdité) et la déficience visuelle (d'une légère altération du champ de vision ou de l'acuité visuelle à la cécité) sont les plus connues, mais la déficience peut aussi affecter l'odorat (anosmie) et le goût.

Le handicap cognitif désigne les déficiences affectant les capacités à recevoir et traiter une information (lire, parler, mémoriser, comprendre, etc.). Il regroupe les troubles du langage, les troubles spécifiques d'apprentissage (dyslexie, dyscalculie, dyspraxie...), les troubles de la mémoire, etc.

Le handicap mental est une déficience qui altère le développement intellectuel et limite la rapidité des fonctions mentales sur le plan de la compréhension, des connaissances et de la cognition.

À noter : L'autisme, le polyhandicap (déficiences cognitives et motrices associées très sévères), les syndromes de Prader-Willi ou de Smith-Magenis (maladies génétiques sporadiques), la trisomie 21 (accident génétique qui cause une anomalie chromosomique) et le syndrome X fragile (maladie génétique héréditaire) provoquent des handicaps mentaux.

Le handicap psychique est la conséquence d'une maladie mentale sur une personne dont les capacités sont par ailleurs normales, contrairement au handicap mental (névrose, psychose, schizophrénie, troubles obsessionnels compulsifs, etc.).

Le handicap dû au vieillissement, même en l'absence de maladies invalidantes ou de pertes de facultés mentales, apparaît quand la personne ne peut plus assumer seule son quotidien (citons la maladie d'Alzheimer, à l'origine de 70 % des dépendances constatées chez les personnes âgées).

Le handicap dû aux troubles de santé (ou maladies) invalidants désigne les déficiences causées par la maladie faisant passer la personne atteinte dans le champ du handicap en raison des restrictions d'activité qu'elle occasionne (maladies respiratoires, digestives, parasitaires, infectieuse, diabète, hémophilie, sida, cancer, hyperthyroïdie, etc.).

3. La loi du 11 février 2005

Elle a réformé la loi du 30 juin 1975, considérée comme fondatrice en matière de prise en charge du handicap. Elle pose le principe d'un droit des personnes handicapées à la solidarité de l'ensemble de la collectivité nationale : elle leur garantit l'accès aux droits fondamentaux et le plein exercice de leur citoyenneté.

Cette loi simplifie les procédures en imposant la création dans chaque département d'une MDPH. Elle fusionne la CDES et la COTOREP pour créer une CDAPH au sein de chaque MDPH. Elle remplace les anciennes allocation compensatrice pour tierce personne (ACTP) et allocation compensatrice frais professionnels (ACFP) par la prestation de compensation du handicap (PCH).

4. La MDPH

La **maison départementale des personnes handicapées** (MDPH) est constituée sous la forme d'un « groupement d'intérêt public (GIP) dont le département assure la tutelle administrative et financière ». Elle offre un accès unique aux droits et prestations. Elle exerce une mission d'accueil, d'information, d'accompagnement et de conseil des personnes handicapées et de leur famille, ainsi que de sensibilisation de tous les citoyens au handicap.

La MDPH est administrée par une **commission exécutive** présidée par le président du conseil départemental, qui en nomme le directeur.

La MDPH met en place et organise le fonctionnement de son **équipe pluridisciplinaire**, chargée d'évaluer les déficiences et incapacités des personnes handicapées (elle réunit des professionnels ayant des compétences médicales ou paramédicales, dans les domaines de la psychologie, du travail social, de la formation scolaire et universitaire, de l'emploi et de la formation professionnelle), et de la **commission des droits et de l'autonomie des personnes handicapées** (CDAPH).

L'évaluation des demandes, et l'attribution des droits et prestations relèvent de la compétence de la MDPH du département où le demandeur réside ; à défaut, de celle où il a son domicile de secours.

✔ Le domicile de secours

Le « domicile de tout Français [...] est au lieu où il a son principal établissement » (code civil, art. 102), le lieu « où les personnes habitent normalement », leur lieu de résidence habituelle depuis plus de trois mois, « à condition que cette résidence ait un caractère permanent » (code de la Sécurité sociale, art. R. 115-6). Les personnes sans domicile fixe, en habitat mobile ou très précaire, peuvent **élire domicile** auprès d'un centre communal d'action sociale (CCAS) ou d'une association agréée (circulaire DGAS/MAS/2008/70 du 25 février 2008 relative à la domiciliation des personnes sans domicile stable). Il existe un imprimé d'attestation d'élection de domicile (Cerfa 13482*02).

Le **domicile de secours** « s'acquiert par une résidence habituelle de trois mois dans un département postérieurement à la majorité ou à l'émancipation » (CASF, art. L. 122-2). Il se perd par une absence ininterrompue de trois mois postérieurement à la majorité ou à l'émancipation, sauf si celle-ci est motivée par un séjour en établissement ou en famille d'accueil, ou par l'acquisition d'un autre domicile de secours (CASF, art. L. 122-3).

Les litiges entre départements quant au domicile de secours sont de la compétence de la Commission centrale d'aide sociale (CASF, art. L. 134-2) mais, si la situation du demandeur exige une décision immédiate, le président du conseil départemental où la demande est déposée prend ou fait prendre la décision ; charge à lui de notifier par la suite la décision au service de l'aide sociale de la collectivité compétente dans un délai de deux mois.

✔ La compensation

La loi du 11 février 2005 pose le principe selon lequel la personne handicapée a droit à la compensation des conséquences de son handicap « quels que soient l'origine et la nature de sa déficience, son âge ou son mode de vie » (CASF, art. L. 114-1-1).

La MDPH gère donc un **fonds départemental de compensation du handicap** constitué de financements du département, de l'État, des collectivités territoriales, des organismes d'assurance maladie et des caisses d'allocations familiales, des organismes régis par le code de la mutualité (MSA, etc.), et abondé par le fonds de développement pour l'insertion professionnelle des handicapés.

L'équipe pluridisciplinaire élabore le **plan personnalisé de compensation du handicap** (PCH), qui permet d'accorder des aides financières aux personnes handicapées pour faire face aux frais de compensation (achat et adaptation d'un véhicule, aménagement du domicile, achat d'un fauteuil roulant, etc.).

5. La CDAPH

La **commission des droits et de l'autonomie des personnes handicapées** (CDAPH) résulte de la fusion des commissions techniques d'orientation et de reclassement professionnel (COTOREP), compétentes pour les plus de 20 ans, et des commissions départementales d'éducation spécialisée (CDES), compétentes pour les moins de 20 ans. Elle prend, au sein de chaque MDPH, « les décisions relatives à l'ensemble des droits de cette personne, notamment en matière d'attribution de prestations et d'orientation » : elle se base principalement pour cela sur l'évaluation réalisée par l'équipe pluridisciplinaire et sur les souhaits exprimés par la personne handicapée ou son représentant légal dans son projet de vie.

La CDAPH est composée de représentants du département, de l'État et de l'ARS, de représentants des organismes d'assurance maladie (CPAM) et de prestations familiales (CAF), des organisations syndicales, des associations de parents d'élèves, de personnes handicapées et leurs familles, du conseil départemental consultatif des personnes handicapées, et de représentants des organismes gestionnaires d'établissements ou de services pour personnes handicapées.

FICHE 4 Le revenu de solidarité active (RSA)

Le revenu de solidarité active (RSA) est entré en vigueur le 1er juin 2009 (en France métropolitaine). Il remplace le revenu minimum d'insertion (RMI) et l'allocation parent isolé (API).

1. Un dispositif d'insertion

Le RSA a pour objet d'assurer à ses bénéficiaires des moyens convenables d'existence, d'inciter à l'exercice d'une activité professionnelle et de lutter contre la pauvreté de certains travailleurs, qu'ils soient salariés ou non-salariés. Il est géré par les conseils départementaux et versé par la CAF ou la MSA.

ZOOM SUR

Le RMI a été mis en place par le gouvernement de Michel Rocard. Il a existé du 1er décembre 1988 au 31 mai 2009 : l'allocation (454,63 euros au 1er janvier 2009, pour une personne seule sans aide au logement) était financée par l'État et les actions d'insertion, contractualisées, par les conseils généraux. Le RMI était versé par les caisses d'allocations familiales (CAF) ou la mutualité sociale agricole (MSA). Le RMI était une prestation incessible et insaisissable (sauf en cas de trop-perçu : le recouvrement de l'indu s'opérait alors par une retenue de 20 % sur les prestations à venir).

Le RSA est financé par le fonds national des solidarités actives et par les départements.

Il est géré par la caisse des dépôts et consignations (et non par les conseils généraux comme l'était le RMI). Il a bénéficié en 2009 d'une dotation budgétaire de 550 millions d'euros, et perçoit chaque année 1,5 milliard d'euros (environ) provenant de la contribution additionnelle de 1,1 % sur les revenus du capital et des revenus de l'épargne (à l'exception du Livret A, du Livret de développement durable, du Livret jeune et du Livret d'épargne populaire).

ZOOM SUR

Le RSA a été imaginé en 2007 par l'Agence nouvelle des solidarités actives (ANSA) dirigée par Martin Hirsch, Haut-commissaire aux solidarités actives contre la pauvreté du gouvernement Fillon. La loi du 21 août 2007 en faveur du travail, de l'emploi et du pouvoir d'achat (loi TEPA, surnommée « paquet fiscal ») a lancé une expérimentation dans 34 départements, limitée aux bénéficiaires du RMI. Le dispositif a été étendu à tout le territoire national par la loi n° 2008-1249 du 1er décembre 2008 généralisant le revenu de solidarité active et réformant les politiques d'insertion, qui le fait entrer dans le Code de l'action sociale et des familles (CASF).

2. Le RSA « socle »

Le RSA est ouvert aux personnes d'au moins 25 ans et aux jeunes actifs de 18 à 24 ans, s'ils sont parents isolés ou justifient d'une certaine durée d'activité professionnelle, à condition qu'ils résident en France « de manière stable et effective » (CASF, art. L. 262-2).

Son montant varie selon la composition du foyer, du nombre d'enfant(s) à charge et d'une fraction des revenus professionnels des membres du foyer : 545,48 euros au 1er septembre 2017 (pour une personne seule), 818,22 euros (pour une personne seule avec un enfant), 1 145,50 euros (pour un couple avec deux enfants).

À noter : Environ 2,5 millions de foyers bénéficient du RSA (chiffres de décembre 2016), soit une diminution de 4,3 % en un an ; pour un coût global de 10,59 milliards d'euros, supporté en grande partie par les départements.

3. La prime d'activité

Le RSA « activité » avait pour objectif de favoriser la reprise d'une activité professionnelle sans perte totale du revenu de solidarité, mais un tiers seulement des bénéficiaires potentiels faisaient valoir leurs droits. Il a disparu **le 1er janvier 2016 pour laisser la place à la prime d'activité**, dont le but est d'aider les travailleurs aux revenus modestes (la prime pour l'emploi a également été absorbée par la prime d'activité).

La prime d'activité peut être versée mensuellement à partir de 18 ans révolus. Elle se cumule aux revenus les plus bas pour inciter à reprendre ou poursuivre une activité, même peu rémunératrice. Elle est dégressive (de 185 euros pour qui gagne un quart du SMIC à 15 euros pour qui gagne 1,3 SMIC, soit 1 470 euros net).

4. Les conditions d'accès

Pour bénéficier du **RSA**, il faut :

– être âgé de plus de 25 ans ou justifier d'une certaine durée d'activité professionnelle (pour bénéficier du RSA entre 18 et 24 ans) ou être parent isolé âgé de 18 à 24 ans ;

– être français ou titulaire, depuis au moins cinq ans, d'un titre de séjour autorisant à travailler (condition non-applicable aux réfugiés, apatrides, étrangers titulaires de la carte de résident ou d'un titre de séjour prévu par les traités et accords internationaux et conférant des droits équivalents) ;

– être domicilié en France (les sans-abris peuvent élire domicile auprès d'un CCAS ou d'un organisme agréé) ;

– ne pas être élève, étudiant ou stagiaire (sauf cas particuliers) ;

– ne pas être en congé parental, sabbatique, sans solde ou en disponibilité (sauf cas particuliers).

Le travailleur indépendant ne doit pas employer de salarié (sauf stagiaire ou apprenti) et réaliser un chiffre d'affaires n'excédant pas un niveau fixé par décret.

Le travailleur agricole non-salarié doit mettre en valeur une exploitation pour laquelle le dernier bénéfice agricole connu n'excède pas un montant fixé par décret.

Pour bénéficier de la **prime d'activité**, il faut :

– être français ou titulaire, depuis au moins 5 ans, d'un titre de séjour autorisant à travailler (condition non-applicable aux réfugiés, apatrides, étrangers titulaires de la carte de résident ou d'un titre de séjour prévu par les traités et accords internationaux et conférant des droits équivalents), ou ressortissant de l'Espace économique européen (les Européens doivent fournir un formulaire attestant qu'ils ne touchent pas d'aides sociales dans leur pays d'origine) ;

– être domicilié en France (les sans-abris peuvent élire domicile auprès d'un CCAS ou d'un organisme agréé).

5. Les conditions de ressources

L'ensemble des ressources du foyer est pris en compte pour le **calcul du revenu de solidarité active** : les ressources qui ont le caractère de revenus professionnels ou qui en tiennent lieu, les avantages en nature (disposition d'un logement à titre gratuit par exemple, déterminé de manière forfaitaire), les prestations et aides sociales (y compris l'allocation logement et l'aide personnalisée au logement), les prestations et aides sociales qui ne sont généralement pas incluses dans le calcul des ressources à raison de leur finalité sociale particulière, etc.

Le patrimoine, c'est-à-dire « la valeur en capital des biens non productifs de revenu, qui est évaluée », est également pris en compte. De même, l'admission au RSA est subordonnée à la condition que le foyer fasse valoir ses droits aux créances d'aliments qui lui sont dues au titre des obligations alimentaires entre ascendants et descendants, et de la prestation compensatoire due après un divorce.

Pour prétendre à la **prime d'activité**, les salariés doivent percevoir entre 898,83 et 1 500 euros nets par mois, les artisans et les professions libérales doivent percevoir entre 898,83 et 2 742 euros nets par mois, les commerçants doivent percevoir moins de 6 850 euros par mois de chiffre d'affaires, les étudiants et les apprentis doivent percevoir au moins 893,25 euros nets par mois (soit 78 % du SMIC). Les personnes qui perçoivent moins de 898,83 euros nets par mois doivent prouver qu'elles sont actives sans autre activité, c'est-à-dire ni étudiant, ni apprenti.

6. Les droits, devoirs et obligations du bénéficiaire

L'organisme qui verse le RSA informe, dès l'ouverture des droits, le conseil départemental chargé d'orienter dans les deux mois le bénéficiaire vers un **parcours professionnel ou social** :

– le bénéficiaire, qui est en capacité de reprendre immédiatement un emploi, est orienté (dans les quinze jours qui suivent son inscription) vers Pôle emploi (ou un autre organisme de placement, comme la maison de l'emploi) pour conclure un projet personnalisé d'accès à l'emploi (PPAE) ;

– le bénéficiaire, qui n'est pas en capacité de reprendre immédiatement un emploi en raison de difficultés sociales, est orienté vers les services sociaux du conseil départemental (ou un organisme d'insertion) avec lequel il élabore un contrat d'engagements réciproques.

À noter : Le bénéficiaire du revenu de solidarité active a droit à un accompagnement social et professionnel adapté à ses besoins, organisé par un référent unique.

✔ Une offre raisonnable d'emploi

Le projet et le contrat précisent, en tenant compte de la formation du demandeur d'emploi, de ses qualifications, de ses connaissances et compétences acquises au cours de ses expériences professionnelles, de sa situation personnelle et familiale ainsi que de la situation du marché du travail local, la nature et les caractéristiques de l'emploi ou des emplois recherchés, la zone géographique privilégiée et le niveau de salaire attendu. Le bénéficiaire ne pourra alors refuser plus de deux « offres raisonnables d'emploi » ainsi définies. Est considérée comme offre raisonnable d'emploi, une offre d'emploi compatible avec les qualifications et compétences professionnelles du demandeur d'emploi et rémunérée selon un barème dégressif.

✔ L'aide personnalisée de retour à l'emploi (APRE)

Une aide personnalisée de retour à l'emploi peut être attribuée au bénéficiaire du RSA, pour prendre en charge tout ou partie des coûts auxquels il doit faire face lorsqu'il débute ou reprend une activité professionnelle (prise en charge de titres de transport en commun, de frais de carburant, aide à l'achat de vêtements/chaussures adaptés à l'emploi, aide au déménagement, prise en charge de frais de garde de jeunes enfants, obtention d'un diplôme, licence, certification ou autorisation professionnelle, etc.).

✔ La suspension et la suppression du RSA

Le RSA peut être suspendu, en tout ou partie, lorsque :

– du fait du bénéficiaire et sans motif légitime, le PPAE ou le contrat d'engagement ne sont pas établis dans les délais prévus ou ne sont pas renouvelés ;

– lorsque le bénéficiaire ne respecte pas, sans motif légitime, les dispositions prévues dans le PPAE ou le contrat d'engagement ;

– lorsque le bénéficiaire est radié par Pôle emploi de la liste des demandeurs d'emploi ;

– lorsque le bénéficiaire refuse de se soumettre aux contrôles prévus.

FICHE 5 La protection universelle maladie (PUMA)

La couverture maladie universelle (CMU) était une prestation sociale qui facilitait l'accès au soin et le remboursement des soins, prestations et médicaments à toute personne résidant en France, avec ou sans domicile fixe, qui n'était pas déjà couverte par un autre régime obligatoire d'assurance maladie. Elle a été remplacée au 1er janvier 2016 par la protection universelle maladie (PUMA).

La loi n° 99-641 du 27 juillet 1999 (entrée en vigueur le 1er janvier 2000) a créé « pour les résidents de la France métropolitaine et des départements d'outre-mer, une couverture maladie universelle qui garantissait à tous une prise en charge des soins par un régime d'assurance maladie », ainsi qu'une protection complémentaire et la dispense d'avance de frais pour les personnes dont les revenus étaient les plus faibles. La couverture maladie universelle (CMU) a remplacé la « carte santé » jadis mise en place par le conseil départemental.

La CMU était accordée sous conditions de ressources et se composait d'une couverture maladie universelle (CMU), assortie éventuellement d'une couverture maladie universelle complémentaire (CMU-C). Elle permettait, dans le cadre du « parcours de soins coordonnés » (loi du 13 août 2004 imposant le choix d'un médecin traitant), de bénéficier d'une prise en charge totale des dépenses de santé (sans avance de frais, même pour la part non remboursée par la Sécurité sociale, et pour le forfait journalier hospitalier, sans la participation forfaitaire d'un euro) avec obligation, pour les médecins conventionnés, de respecter les tarifs de base de la Sécurité sociale, soit 23 euros chez le médecin généraliste du 1er janvier 2011 à mai 2017, et 25 euros depuis.

À noter : Une enquête de Médecins du Monde a révélé en 2006 que 14 % des médecins refusaient de recevoir des patients CMU, et la loi HPST (hôpital, patient, santé, territoires) du 21 juillet 2009 a interdit la discrimination contre les patients bénéficiant de la CMU ou de la PUMA (Code de la santé publique, art. L. 1110-3).

1. Définition

Depuis le 1er janvier 2016, la protection universelle maladie (PUMA) permet aux personnes qui exercent une activité professionnelle en France ou qui résident en France de façon stable et régulière d'être remboursées de leurs frais de santé dans les mêmes conditions que les autres assurés : elle ne prend en charge que la part obligatoire, aussi appelée « part Sécurité sociale » ; la part complémentaire, le forfait journalier en cas d'hospitalisation, la participation forfaitaire et les franchises médicales restent à la charge de l'assuré.

2. Les conditions d'accès

Pour bénéficier de la **PUMA**, il faut :

– résider en France de manière régulière, c'est-à-dire avoir la nationalité française ou être titulaire d'un titre de séjour ou avoir entamé des démarches pour l'obtenir ;

– résider en France de manière stable, c'est-à-dire ininterrompue depuis plus de trois mois.

3. Deux dispositifs complémentaires

– La **couverture maladie universelle-complémentaire** (CMU-C) prend en charge la part complémentaire des dépenses de santé, ainsi que des forfaits de soins dentaires, lunettes, prothèses auditives. Elle est accordée sous conditions de revenus.

– L'**aide au paiement d'une complémentaire santé** (ACS) permet à ceux dont les ressources sont légèrement supérieures au plafond d'attribution de la CMU-C d'obtenir une aide financière pour payer leur contrat de complémentaire santé.

FICHE 6

L'allocation personnalisée d'autonomie (APA)

L'allocation personnalisée d'autonomie (APA) a été créée par la loi n° 2001-647 du 20 juillet 2001 relative à la prise en charge de la perte d'autonomie des personnes âgées et à l'allocation personnalisée d'autonomie, modifiée par la loi n° 2003-289 du 31 mars 2003. Elle est détaillée dans les articles L. 232-1 à L. 232-28 et les articles R. 232-1 à R. 232-61 du code de l'action sociale et des familles.

1. Les conditions d'attribution

L'APA est destinée à couvrir en partie les dépenses qui renforcent l'autonomie des personnes âgées ayant besoin d'aide pour accomplir des actes essentiels de la vie ou dont l'état nécessite une surveillance régulière. Elle est attribuée par le département et concourt au maintien à domicile des personnes de plus de 60 ans.

Le demandeur constitue son dossier auprès du CCAS (centre communal d'action sociale) de la commune de résidence, qui le transmet au conseil départemental. Il doit :

- habiter en France de manière stable et régulière ;
- résider à son propre domicile, chez un accueillant familial, dans un établissement dont la capacité d'accueil est inférieure à 25 places, ou dans un foyer logement pour personnes valides ;
- être âgé d'au moins 60 ans ;
- avoir besoin d'une « aide pour l'accomplissement des actes essentiels de la vie ou être dans un état nécessitant une surveillance régulière ».

À noter : L'APA n'est pas attribuée sous conditions de ressources, mais le montant des revenus du demandeur a des conséquences sur la part des dépenses qui restent à sa charge.

2. La grille AGGIR

Une équipe médico-sociale évalue la perte d'autonomie en relation avec le médecin traitant de la personne âgée, en se basant sur la grille AGGIR.

La grille nationale AGGIR (autonomie, gérontologique, groupes iso-ressources) permet d'**évaluer le degré de dépendance** du demandeur et de **déterminer le niveau d'aide** dont il a besoin. Elle évalue les capacités de la personne âgée à accomplir dix activités corporelles et mentales (dites discriminantes) et sept activités domestiques et sociales (dites illustratives).

Les capacités de la personne âgée sont évaluées selon trois modalités pour chaque activité : fait seule, fait partiellement seule, ne fait pas.

Le niveau de dépendance est classé dans un des six groupes iso-ressources (GIR). À chaque GIR correspond un niveau de besoin d'aide : les GIR 1 à 4 ouvrent droit à l'APA, les GIR 5 ou 6 permettent d'obtenir une aide ménagère à domicile.

3. Les dix activités discriminantes (corporelles et mentales)

– Communiquer verbalement et/ou non verbalement, agir et se comporter de façon logique et sensée par rapport aux normes admises par la société.

– Se repérer dans l'espace et le temps.

– Faire sa toilette.

– S'habiller, se déshabiller.

– Se servir et manger.

– Assurer l'hygiène de l'élimination urinaire et fécale.

– Se lever, se coucher, s'asseoir, passer de l'une de ces trois positions à une autre.

– Se déplacer à l'intérieur du lieu de vie.

– Se déplacer en dehors du lieu de vie.

– Utiliser un moyen de communication à distance (téléphone, alarme, sonnette, etc.) dans le but d'alerter en cas de besoin.

4. Les sept activités illustratives (domestiques et sociales)

– Gérer ses affaires, son budget et ses biens, reconnaître la valeur monétaire des pièces et des billets, se servir de l'argent et connaître la valeur des choses, effectuer les démarches administratives, remplir les formulaires.

– Préparer les repas et les conditionner pour qu'ils puissent être servis.

– Effectuer l'ensemble des travaux ménagers courants.

– Utiliser volontairement un moyen de transport collectif ou individuel.

– Acheter volontairement des biens.

– Respecter l'ordonnance du médecin et gérer soi-même son traitement.

– Pratiquer volontairement, seul ou en groupe, diverses activités de loisirs.

5. Les six niveaux de dépendance (GIR)

– **GIR 1** : Personne confinée au lit ou au fauteuil, dont les fonctions mentales sont gravement altérées et qui nécessite une présence indispensable et continue d'intervenants, ou personne en fin de vie.

– **GIR 2** : Personne confinée au lit ou au fauteuil, dont les fonctions mentales ne sont pas totalement altérées et dont l'état exige une prise en charge pour la plupart des activités de la vie courante ; ou personne dont les fonctions mentales sont altérées, mais qui est capable de se déplacer et qui nécessite une surveillance permanente.

– **GIR 3** : Personne ayant conservé son autonomie mentale, partiellement son autonomie locomotrice, mais qui a besoin quotidiennement et plusieurs fois par jour d'une aide pour les soins corporels.

– **GIR 4** : Personne n'assumant pas seule ses transferts mais qui, une fois levée, peut se déplacer à l'intérieur de son logement, et qui a besoin d'aide pour la toilette et l'habillage ; ou personne n'ayant pas de problèmes locomoteurs, mais qui doit être aidée pour les soins corporels et les repas.

– **GIR 5** : Personne ayant seulement besoin d'une aide ponctuelle pour la toilette, la préparation des repas et le ménage.

– **GIR 6** : Personne encore autonome pour les actes essentiels de la vie courante.

À noter : Contrairement à la prestation spécifique dépendance (PSD), l'APA « ne fait pas l'objet d'un recouvrement sur la succession du bénéficiaire, sur le légataire ou sur le donataire » (CASF, art. L. 232-19). Elle n'est pas subordonnée à la mise en œuvre de l'obligation alimentaire définie par les articles 205 à 211 du code civil (CASF, art. L. 232-24).

FICHE 7

Les droits des usagers

La loi n° 2002-2 du 2 janvier 2002 rénovant l'action sociale et médico-sociale a pour objectif affiché d'accompagner les 32 000 établissements et services médico-sociaux recensés dans une recherche permanente de qualité : elle rend obligatoire la mise en œuvre de différents outils censés placer l'usager « au cœur du dispositif ».

1. La loi n° 2002-2 du 2 janvier 2002

Elle se construit autour de cinq orientations principales :

– promouvoir et affirmer sept droits fondamentaux des bénéficiaires (appelés « usagers ») et de leur entourage par la création de sept outils ;

– élargir les missions des établissements et les modes d'accueil pour diversifier leurs interventions et mieux les adapter à la diversité des besoins ;

– améliorer le pilotage du dispositif (par la planification, la programmation, la mise en place de schémas d'organisation sociale et médico-sociale pluriannuels de cinq ans au niveau départemental, régional et national) et mettre en œuvre un système unique de coordination entre les différents acteurs ;

– rénover le statut des établissements concourant à l'action sociale et médico-sociale ;

– soumettre tous les établissements à une procédure d'évaluation (auto-évaluation interne tous les cinq ans, évaluation externe tous les sept ans).

2. Sept droits fondamentaux reconnus à l'usager (CASF, art. L. 311-3)

– Droit au respect de sa dignité, de son intégrité, de sa vie privée, de son intimité, de sa sécurité.

– Libre choix entre les prestations adaptées qui lui sont offertes, dans le cadre d'un service à domicile ou d'une admission au sein d'un établissement spécialisé.

– Droit à une prise en charge et à un accompagnement individualisé et de qualité adapté à son âge et à ses besoins, favorisant son développement, son autonomie et son insertion, et respectant son consentement éclairé qui doit systématiquement être recherché.

– Droit à la confidentialité des informations le concernant.

– Droit d'accès à toute information le concernant ou concernant sa prise en charge.

– Droit à une information adaptée sur ses droits fondamentaux et sur les voies de recours.

– Droit de participer directement à l'élaboration et à la modification de son projet d'accueil et d'accompagnement.

3. Sept outils obligatoires pour faciliter et encourager l'exercice de ces droits

– Le livret d'accueil (CASF, art. L. 311-4, circulaire 138 DGAS du 24 mars 2004).

– La Charte des droits et libertés de la personne accueillie (arrêté du 8 septembre 2003, inspirée de la Charte du patient hospitalisé).

– Le contrat de séjour ou le document individuel de prise en charge (décret n° 2004-1274 du 26 novembre 2004).

– Le règlement de fonctionnement de l'établissement ou du service (CASF, art. L. 311-7, décret n° 2003-1095 du 14 novembre 2003).

– Le conseil de vie sociale ou une autre forme de participation (CASF, art. L. 311-6, décret n° 2004-287 du 25 mars 2004).

– Le projet d'établissement ou de service (CASF, art. L. 311-8).

– Le recours possible à une « personne qualifiée » pour intervenir dans tout contentieux entre le bénéficiaire et l'établissement (CASF, art. L. 311-5, décret n° 2003-1094 du 21 novembre 2003).

À noter : Pour répondre au mieux aux demandes des usagers et de leur famille, les modes de prise en charge ont été diversifiés en développant l'accueil temporaire, l'accueil de jour, l'accueil familial, l'accompagnement à domicile et en établissement, etc.

4. Une double obligation d'évaluation

La loi n° 2002-2 du 2 janvier 2002 impose à l'établissement ou au service, tous les cinq ans, une évaluation interne (dont doit découler une démarche d'amélioration continue de la qualité) et, à ses frais tous les sept ans, une évaluation externe (décret n° 2007-975 du 15 mai 2007) qui doit vérifier que les prestations proposées, l'organisation mise en place et les moyens déployés par l'établissement ou le service sont adaptés aux besoins et attentes spécifiques des personnes accompagnées.

L'**Agence nationale de l'évaluation et de la qualité des établissements et services sociaux et médico-sociaux (ANESM)** met à la disposition des établissements des outils de méthodologie et de bonnes pratiques.

QCM

15 min

Il peut y avoir plusieurs bonnes réponses par question.

1. Le CCAS est :

- ❑ **a.** une personne morale
- ❑ **b.** un établissement public
- ❑ **c.** une association para-municipale
- ❑ **d.** un service de la mairie

2. Le département peut :

- ❑ **a.** minorer le montant du RSA selon ses propres critères
- ❑ **b.** majorer le montant du RSA selon ses propres critères
- ❑ **c.** compléter le montant du RSA par des aides locales accordées selon ses propres critères
- ❑ **d.** augmenter le RSA des mères isolées selon ses propres critères sans dépasser un coefficient déterminé par décret

3. La protection de l'enfance :

- ❑ **a.** est de la compétence de la DDASS
- ❑ **b.** était de la compétence de la DDASS jusqu'à la réforme du 5 mars 2007
- ❑ **c.** est de la compétence du conseil départemental depuis le 6 janvier 1986
- ❑ **d.** est assurée par les services déconcentrés de l'État

4. La surveillance et le contrôle des établissements et services d'accueil des enfants de moins de 6 ans, et des assistantes maternelles sont de la compétence :

- ❑ **a.** des services de la préfecture
- ❑ **b.** des services de l'ARS
- ❑ **c.** des services de protection maternelle et infantile du département
- ❑ **d.** du CCAS des communes sur lesquelles ils sont implantés

5. La CMU-C est une prestation sociale qui :

- ❑ **a.** facilite l'accès aux soins
- ❑ **b.** apporte une protection complémentaire aux personnes dont les revenus sont les plus faibles
- ❑ **c.** prend en charge les soins, prestations et médicaments

6. La MJAGBF (mesure judiciaire d'aide à la gestion du budget familial) est décidée par :

- ❑ **a.** le juge des enfants
- ❑ **b.** le juge des tutelles
- ❑ **c.** les services sociaux du département
- ❑ **d.** la caisse d'allocations familiales à la demande de l'inspection académique en cas d'absentéisme scolaire

7. Les mesures de protection des majeurs (sauvegarde, curatelle, tutelle) sont mises en place et contrôlées :

- ❑ **a.** par le juge des tutelles (depuis la réforme de 1968)
- ❑ **b.** par les services sociaux du département (depuis la réforme de 2007)
- ❑ **c.** par la caisse d'allocations familiales (depuis la réforme de 2007)
- ❑ **d.** par l'UDAF, l'union départementale des associations familiales (depuis sa création en 1945)

8. Si mon père, âgé et dépendant, perçoit le RSA :

- ❑ **a.** les montants perçus seront déduits de sa succession ou je devrai les rembourser
- ❑ **b.** je dois, au titre de l'obligation alimentaire, lui verser un complément qui peut atteindre 50 % du montant perçu
- ❑ **c.** c'est parce que je n'ai pas les moyens de lui verser d'argent au titre de l'obligation alimentaire qu'il perçoit le RSA
- ❑ **d.** le RSA n'est pas récupérable au titre de l'obligation alimentaire

→ *Retrouvez les corrigés en p. 150*

9. La gouvernance publique des établissements de santé et des ESSMS a été confiée :

- ❑ **a.** aux services du département
- ❑ **b.** aux agences régionales de santé (ARS)
- ❑ **c.** aux services de la région

10. La grille AGGIR permet :

- ❑ **a.** d'évaluer l'autonomie des personnes handicapées
- ❑ **b.** d'évaluer la dépendance des personnes âgées
- ❑ **c.** d'évaluer les progrès des personnes handicapées en rééducation
- ❑ **d.** de déterminer le droit des personnes âgées à percevoir l'APA

11. Le RSA peut être suspendu lorsque :

- ❑ **a.** le PPAE ou le contrat d'engagement ne sont pas respectés par le bénéficiaire, sans motif légitime (hospitalisation, etc.)
- ❑ **b.** le bénéficiaire est radié de la liste des demandeurs d'emploi parce qu'il a refusé deux « offres raisonnables d'emploi »
- ❑ **c.** le bénéficiaire obtient un diplôme ou une certification à l'issue d'une formation
- ❑ **d.** le bénéficiaire rate un diplôme ou une certification à l'issue d'une formation

12. Le RSA a pour objet d'assurer à ses bénéficiaires des moyens convenables d'existence, d'inciter à l'exercice d'une activité professionnelle et de lutter contre la pauvreté de certains travailleurs, qu'ils soient salariés ou non salariés.
Il est ouvert :

- ❑ **a.** aux personnes âgées d'au moins 25 ans
- ❑ **b.** aux personnes âgées d'au moins 21 ans
- ❑ **c.** aux personnes âgées de 18 ans sous certaines conditions

13. Le plan personnalisé de compensation du handicap :

- ❑ **a.** permet que soit versée l'AAH
- ❑ **b.** permet d'attribuer des aides ponctuelles et des secours aux personnes handicapées dans le besoin
- ❑ **c.** permet d'accorder des aides financières aux personnes handicapées pour faire face aux frais de compensation de leur handicap
- ❑ **d.** est utilisé principalement pour des événements festifs à caractère caritatif (Téléthon, Pièces jaunes, etc.)

14. Le RSA est ouvert, sous conditions de ressources :

- ❑ **a.** aux travailleurs salariés
- ❑ **b.** aux travailleurs indépendants
- ❑ **c.** aux exploitants agricoles
- ❑ **d.** aux étudiants

15. Une personne ayant seulement besoin d'une aide ponctuelle pour la toilette, la préparation des repas et le ménage :

- ❑ **a.** est pour l'APA en GIR 5 : elle n'a pas le droit à l'APA
- ❑ **b.** est pour l'APA en GIR 4 : elle a droit à l'APA
- ❑ **c.** est pour l'APA en GIR 5 : elle n'a droit qu'à une APA minorée

EXERCICES

EXERCICE 1 ★☆☆ 5 min

Une mineure de 15 ans et un majeur de 19 ans fréquentant une structure municipale socio-éducative ont eu ensemble des relations sexuelles, dans le cadre d'un séjour organisé par la collectivité. On vous demande un bref exposé sur le cadre légal de la majorité sexuelle en France, qui mettra en avant les éventuelles responsabilités de chacun.

EXERCICE 2 ★★☆ 10 min

L'accessibilité est une condition primordiale pour permettre aux personnes porteuses d'un handicap de réaliser tous les actes de la vie quotidienne et de participer sans limites à la vie sociale. La loi institue le principe de l'accessibilité absolue quel que soit le handicap, à toute la chaîne du déplacement. La personne handicapée doit pouvoir accéder à tous les bâtiments qui reçoivent du public (et principalement aux ERP), elle doit pouvoir évoluer de manière continue et sans rupture (ce qui implique l'aménagement de voiries, de l'accès aux gares et aux transports en commun, etc.). L'accessibilité devait être effective au 1er janvier 2015, mais elle a été reportée. Il vous est demandé de faire le point sur ce report.

EXERCICE 3 ★☆☆ 5 min

Une mineure enceinte interroge un membre de votre équipe sur son droit de recourir à l'interruption volontaire de grossesse sans en avertir ses parents. Ce membre vous informe qu'il a décidé de leur téléphoner, contre l'avis de la jeune fille, pour organiser une sorte de médiation. Vous lui rappelez le cadre légal de l'interruption volontaire de grossesse chez les mineures.

→ *Retrouvez les corrigés en p. 150*

CORRIGÉS

QCM

CORRIGÉ

1 a et b.	2 c.	3 c.	4 c.	5 b et c.
6 a.	7 a.	8 d.	9 b.	10 b et d.
11 a et b.	12 a et c.	13 c.	14 a, b et c.	15 a.

Pour aller plus loin

4 = c. L'enfant « en danger ou en risque de l'être », qui n'est pas victime de maltraitances avérées, est signalé à la cellule départementale de recueil des informations préoccupantes.

6 = a. La MJAGBF remplace la TPSE, tutelle aux prestations sociales enfants.

9 = b. On pourra se reporter à l'article 18 de la loi HPST du 21 juillet 2009.

EXERCICES

EXERCICE 1

La majorité sexuelle est fixée en France à 15 ans pour les garçons et pour les filles depuis l'ordonnance n° 45-1456 du 2 juillet 1945 (relations hétérosexuelles) et depuis la loi n° 82-683 du 4 août 1982 (relations homosexuelles). Le mineur ne peut pas avoir de rapports sexuels consentis avec un majeur avant d'avoir 15 ans : la loi estime que son éventuel consentement est vicié (frappé d'un vice) et la relation sexuelle pourra donc être qualifiée d'agression sexuelle ou de viol. Mais il n'existe aucune disposition pénale qui permette de sanctionner les relations sexuelles consenties entre un adulte et un mineur de plus de 15 ans, sauf si cet adulte est un « ascendant légitime, naturel ou adoptif du mineur » ou une « personne ayant autorité sur lui ou […] qui abuse de l'autorité que lui confèrent ses fonctions ». La loi estime que le mineur n'est pas suffisamment mûr pour que son consentement soit recevable si l'adulte a sur lui cette autorité familiale, professionnelle ou ponctuelle.

La majorité sexuelle n'est pas le droit pour le mineur d'avoir des relations sexuelles consenties, mais bien d'avoir des relations sexuelles consenties avec un majeur qui n'a pas autorité sur lui. Le détournement de mineur, qui a disparu du code pénal le 1er mars 1994, n'a jamais rien eu de sexuel : il punissait « le fait de soustraire un mineur aux adultes ayant autorité sur lui », et se référait donc à la majorité civile, pas à la majorité sexuelle.

La responsabilité de la collectivité et des encadrants n'est donc en aucun cas engagée, mais il pourrait être utile de réfléchir à la mise en place d'actions éducatives de sensibilisation et d'information des mineurs fréquentant les structures (sur la contraception, la protection, etc.).

EXERCICE 2

La proportion d'établissements recevant du public accessibles aux handicapés est estimée à environ 40 %. L'Association des paralysés de France estime, par exemple, qu'à peine plus de la moitié des écoles et seulement 42 % des réseaux de bus sont accessibles aux personnes à mobilité réduite. Le 21 juillet 2015, le Parlement a voté de nouveaux délais pour rendre accessibles les bâtiments publics aux personnes handicapées. Les travaux de mise aux normes devront être réalisés dans une période « de trois à neuf ans » (selon le type de bâtiments), ce qui reporte la mise aux normes entre 2018 et 2024.

Les acteurs publics et privés qui ne s'étaient pas mis en conformité avec l'obligation d'accessibilité devaient déposer en mairie ou en préfecture, avant le 25 octobre 2015, un « agenda d'accessibilité programmé » (Ad'ap), dans lequel ils s'engageaient à réaliser les travaux dans un certain délai, qu'ils fixaient librement.

Les établissements qui ont une capacité d'accueil de 200 personnes maximum (80 % des établissements) avaient « maximum trois ans » pour réaliser les travaux. Dans les transports, les délais maximum étaient de trois ans (transports urbains), six ans (interurbains) et neuf ans (ferroviaire). En déposant ces agendas, les acteurs concernés ont évité les sanctions pénales prévues par la loi de 2005 en cas de non-respect des obligations d'accessibilité (45 000 euros d'amende), mais ceux qui n'ont pas déposé un Ad'ap sont passibles d'une sanction de 2 500 euros et s'exposent à des poursuites pénales.

EXERCICE 3

Les mineures enceintes n'ont pas besoin de l'accord de leur(s) parent(s) pour avoir recours à l'interruption volontaire de grossesse : l'accord des deux était jadis exigé, mais le juge des enfants avait la possibilité d'autoriser l'IVG sans en informer les parents. Le consentement d'au moins un des deux parents reste néanmoins la règle, et le secret, l'exception : « si la femme mineure non émancipée désire garder le secret, le médecin doit s'efforcer, dans l'intérêt de celle-ci, d'obtenir son consentement pour que le ou les titulaires de l'autorité parentale ou,
le cas échéant, le représentant légal soient consultés ou doit vérifier que cette démarche a été faite lors de l'entretien [...], si la mineure ne veut pas effectuer cette démarche ou si le consentement n'est pas obtenu, l'interruption volontaire de grossesse ainsi que les actes médicaux et les soins qui lui sont liés peuvent être pratiqués à la demande de l'intéressée » (article L. 2212-7 du code de la santé publique). La mineure doit être accompagnée d'un adulte, et l'interruption volontaire de grossesse, pour elle, sera gratuite.

CHAPITRE 5
Animation

Fiches de cours

Entraînements

FICHE 1 La réforme des rythmes scolaires

Prévue par un décret du 24 janvier 2013 (décret n° 2013-77 relatif à l'organisation du temps scolaire dans les écoles maternelles et élémentaires) et voulue par Vincent Peillon, ancien ministre de l'Éducation nationale, la réforme des rythmes scolaires est entrée en vigueur pour l'enseignement primaire (maternel et élémentaire) à la rentrée de septembre 2013.

1. Des journées allégées

La réforme de 2008 a institué, sous le ministère de Luc Chatel, la **semaine de quatre jours** dans l'enseignement du premier degré et réduit la semaine scolaire de deux heures sans compensation.

Le gouvernement issu des élections présidentielles de 2012 a décidé de mettre en place une semaine scolaire pour tous les élèves de **24 heures d'enseignement réparties sur neuf demi-journées** (la classe du mercredi matin peut avoir lieu le samedi matin, si le projet éducatif territorial – qui n'est pas obligatoire, mais fortement conseillé – le justifie). La journée est allégée. Les communes, en charge de la gestion des écoles maternelles et primaires, doivent appliquer la réforme qui a un **fort impact sur le temps périscolaire**.

Les heures d'enseignement sont organisées les lundi, mardi, jeudi et vendredi, et le mercredi matin, à raison de 5 h 30 maximum par jour et de 3 h 30 maximum par demi-journée. La durée de la pause méridienne ne peut être inférieure à 1 h 30. Les élèves peuvent en outre bénéficier chaque semaine d'**activités pédagogiques complémentaires** (code de l'éducation, art. D. 21-10, modifié par le décret n° 2013-77 du 24 janvier 2013).

2. L'organisation et le financement

L'organisation de la semaine de chaque école est décidée au niveau départemental par le **directeur académique des services de l'Éducation nationale** (DASEN), sur proposition des maires ou des présidents d'EPCI. Ces derniers présentent leur projet éducatif territorial (PEDT) et organisent les activités périscolaires.

L'**État** verse un forfait de 50 euros par élève aux communes qui appliquent la réforme en 2013 dans l'ensemble de leurs écoles publiques. L'aide est majorée de 40 euros par élève pour les communes en difficulté, éligibles au titre de la dotation de solidarité urbaine et de cohésion sociale (DSUCS) ou de la dotation de solidarité rurale (DSR), soit 250 millions d'euros, mais dont la pérennisation n'est pas assurée. Les **caisses d'allocations familiales (CAF)** contribuent également au financement de ces activités par le versement d'une prestation spécifique (jusque 53 euros par an et par enfant).

À noter : La mise en œuvre de la réforme s'étale sur deux ans, mais 4 000 communes l'ont appliquée dès la rentrée 2013 (soit 22 % des écoliers). Seules 28 communes ont opté pour le samedi matin travaillé.

3. Les taux d'encadrement

Un décret du ministère des Sports, de la Jeunesse, de l'Éducation populaire et de la Vie associative assouplit les taux d'encadrement pour les activités périscolaires en lien avec un PEDT : par dérogation à l'article R. 227-16 du code de l'action sociale et des familles (CASF), un animateur sera suffisant pour 14 mineurs de moins de 6 ans, pour 18 mineurs âgés de 6 ans ou plus. Ceci est valable pour une durée transitoire de cinq ans, avant de revenir aux normes en vigueur : un animateur pour 10 mineurs de moins de 6 ans, pour 14 mineurs de 6 ans et plus.

À noter : Les règles relatives à la qualification des intervenants sont fixées par l'article R. 227-12 du code de l'action sociale et des familles.

4. Les locaux scolaires

Les conditions d'utilisation des locaux scolaires n'ont pas été modifiées par la réforme : le maire peut utiliser les locaux et les équipements scolaires après avis du conseil d'école pour l'organisation d'activités à caractère culturel, sportif, social ou socio-éducatif pendant les heures ou les périodes au cours desquelles ils ne sont pas utilisés pour les besoins de la formation des élèves (article L. 212-15 du code de l'éducation).

À noter : Le décret du 27 juin 2017 relatif à l'organisation de la semaine scolaire dans les écoles maternelles et élémentaires publiques rend possible l'organisation du temps scolaire sur quatre jours dans les écoles maternelles et élémentaires publiques à compter de la rentrée 2017, par dérogation au cadre général de quatre jours et demi. Un tiers des écoles aurait choisi de revenir à la semaine scolaire sur quatre jours dès la rentrée 2017.

FICHE 2 Le projet éducatif territorial (PEDT)

Le projet éducatif territorial est élaboré par les collectivités territoriales volontaires. Il leur permet de proposer à chaque enfant un parcours éducatif cohérent de qualité sur les temps péri, para, extra et postscolaires, d'organiser la complémentarité des temps éducatifs dans le respect des compétences de chacun. Il n'est pas obligatoire.

1. Ses nombreux acteurs

Ce projet est un outil de **collaboration locale** mis en place à l'occasion de la nouvelle organisation du temps scolaire.

Il rassemble, à l'initiative de la collectivité, l'ensemble des acteurs qui interviennent dans le **domaine de l'éducation** : le ministère de l'Éducation nationale, le ministère des Sports, de la Jeunesse, de l'Éducation populaire et de la Vie associative, les administrations déconcentrées de l'État, les caisses d'allocations familiales ou la Mutualité sociale agricole, les autres collectivités territoriales éventuellement impliquées, les associations de jeunesse et d'éducation populaire ou d'autres associations et institutions à vocation sportive, culturelle, artistique ou scientifique, et des représentants de parents d'élèves.

2. Ses objectifs

Le premier objectif est de mobiliser les ressources d'un territoire pour garantir la **continuité éducative** entre les projets des écoles et les activités proposées aux enfants en dehors du temps scolaire. Il permet ainsi d'organiser des activités périscolaires pour prolonger, en complémentarité, le **service public d'éducation**.

Il peut être centré sur les activités périscolaires des écoles primaires ou aller jusqu'à s'ouvrir, selon le choix de la ou des collectivités intéressées, à l'ensemble des temps scolaire, périscolaire et extrascolaire.

Il favorise les échanges entre les acteurs, en respectant le domaine de compétences de chacun d'eux, et contribue à une politique de réussite éducative et de lutte contre les inégalités scolaires ou d'accès aux pratiques de loisirs éducatifs.

Il n'est pas obligatoire.

3. Son fonctionnement

Un **comité de pilotage** réunit l'ensemble des acteurs pour élaborer et suivre la mise en œuvre du projet éducatif territorial.

Le projet éducatif territorial est **élaboré à l'initiative des communes ou de l'EPCI**. Il formalise l'engagement des différents partenaires à se coordonner pour organiser des activités éducatives et assurer l'articulation de leurs interventions sur l'ensemble des temps de vie des enfants, dans un souci de cohérence, de qualité et de continuité éducatives.

Il propose des activités éducatives qui peuvent s'articuler avec les projets d'éducation artistique et culturelle mis en œuvre sur le temps scolaire, de même qu'avec les projets conçus sur le temps extrascolaire, notamment en matière d'offre d'activités physiques et sportives (APS).

À noter : Pour en savoir plus, reportez-vous à la circulaire n° 2013-036 du 20 mars 2013 relative au PEDT dans les écoles maternelles et élémentaires, mais aussi à la circulaire n° 2016-165 du 8 novembre 2016 relative à l'organisation du temps scolaire dans le premier degré, encadrement des activités périscolaires et nouvelles actions des groupes d'appui départementaux.

4. D'autres dispositifs

Le projet éducatif territorial peut s'appuyer sur les projets éducatifs locaux (PEL) et les contrats éducatifs locaux (CEL) existants. Il peut s'intégrer dans les actions éducatives du contrat de ville qui peuvent lui servir de base. Il peut prendre en compte les dispositions du contrat local d'éducation artistique (CLEA), du projet territorial d'éducation artistique (PTEA) et du contrat territoire lecture (CTL). Il peut s'articuler avec le contrat local d'accompagnement à la scolarité (CLAS) et doit se construire en cohérence avec le contrat enfance-jeunesse (CEJ), éventuellement conclu avec les caisses d'allocations familiales.

À noter : Il est fortement conseillé au candidat de se familiariser avec l'ensemble de ces sigles et d'avoir une connaissance au moins superficielle de ces différents dispositifs.

ZOOM SUR

Les temps extrascolaire, péri-et postscolaire

Le **temps extrascolaire** se situe en soirée, le mercredi lorsqu'il n'y a pas classe, en fin de semaine et pendant les vacances.

Le **temps péri- et postscolaire** est constitué des heures qui précèdent et suivent la classe durant lesquelles un encadrement est proposé aux enfants scolarisés (le matin avant la classe, de la fin de la matinée au retour de l'après-midi, avec un temps de restauration), de la période d'accueil du soir immédiatement après la classe (étude surveillée, accompagnement à la scolarité, accueil de loisirs, activités culturelles ou sportives, garderie).

FICHE 3 Les associations et le droit associatif

L'association est la convention par laquelle deux ou plusieurs personnes mettent en commun, d'une façon permanente, leurs connaissances ou leur activité dans un but autre que de partager des bénéfices (loi du 1er juillet 1901, article 1er).

1. L'association loi 1901

Les associations sont en France régies par la **loi du 1er juillet 1901** (d'où le pléonasme « association loi 1901 ») et par le décret du 16 août 1901. Elles respectent les principes généraux du droit applicable aux contrats et obligations : l'association est un **contrat de droit privé**. Les litiges sont portés devant les juridictions civiles (tribunal d'instance).

La **liberté d'association** – instaurée en 1848, mais abrogée un an plus tard – a été mise en place en 1901 par Pierre Waldeck-Rousseau, président du Conseil (Premier ministre).

Il existe en France environ un 1,3 million d'associations déclarées, dans lesquelles travaillent près de 2 millions de salariés et 11 millions de bénévoles. Au moins 16 millions de personnes (soit un tiers des 16 ans et plus) sont membres d'une association déclarée.

À noter : La loi du 1er juillet 1901 ne s'applique pas en Alsace (Bas-Rhin, Haut-Rhin) et en Moselle, où les associations sont régies par le code civil local, selon l'ancienne loi d'Empire allemand de 1908.

2. Les conditions à respecter

Une association doit remplir deux conditions :

– elle doit être **composée d'au moins deux personnes** ;

– elle doit **avoir un autre but que le partage des bénéfices ou l'enrichissement**, direct ou indirect, de l'un de ses membres (gestion intéressée, désintéressée – les services fiscaux différencient la gestion intéressée, qui entraîne la même fiscalisation qu'une entreprise, de la gestion désintéressée). L'association peut vendre, produire, facturer, gagner de l'argent et faire des bénéfices (on parle alors d'excédent), mais ils sont susceptibles d'être assujettis aux mêmes impôts qu'une entreprise et restent la propriété de l'association (contrairement aux bénéfices d'une entreprise qui appartiennent à ses propriétaires, à ses actionnaires), qui ne pourra parfois plus percevoir de subventions.

Une association n'a pas besoin d'être déclarée, mais une association non déclarée (appelée association de fait) ne peut pas embaucher, facturer, ouvrir un compte en banque, percevoir une subvention, etc.

3. Ses membres

Une association est traditionnellement administrée par un **bureau** (qui est souvent composé de quatre ou cinq personnes : président, trésorier, secrétaire, mais dont le rôle n'est pas défini par la loi) et par un **conseil d'administration** (CA) élargi (de douze à quinze personnes, en général), mais ce n'est pas obligatoire (la loi de 1901 et le décret qui l'a suivie définissent en fait très peu de choses).

L'ensemble des membres de l'association constitue l'**assemblée générale**. C'est elle qui élit les membres du CA et, parmi eux, les membres du bureau. C'est elle aussi qui adopte par le vote les décisions importantes.

À noter : Un mineur peut adhérer à une association et être élu au conseil d'administration. Mais il ne peut en être président ou trésorier avant sa majorité ou son émancipation.

4. Les statuts

Le but de l'association (tous les domaines d'activité sont possibles s'ils sont licites, mais l'association sera imposée comme une entreprise s'ils s'inscrivent dans un secteur concurrentiel) et son fonctionnement sont détaillés dans ses statuts (il n'existe pas de statuts types), qui doivent être déposés en préfecture. L'association est alors déclarée et devient une **personne morale de droit privé** (il n'existe pas d'associations de droit public) dotée de la capacité juridique.

Les statuts constituent le contrat qui lie les membres de l'association : il a la même force que les autres contrats et doit être exécuté de bonne foi (code civil, art. 1134). Le consentement est formalisé par l'**adhésion**, qui est aussi une assurance de responsabilité civile : elle couvre l'association si l'un de ses adhérents subit un dommage pendant une activité qu'elle organise.

Les statuts ne sont **obligatoires que pour les associations déclarées** et doivent comporter :

- le titre de l'association (son nom, son sigle) ;
- le siège social de l'association (qui dépend de la préfecture ou sous-préfecture compétente pour les démarches) ;
- le but ou objet, de l'association.

Ils contiennent généralement :

- les moyens mis en œuvre (collecte de fonds, vente de produits ou de services, etc.) pour atteindre le but de l'association ;
- les règles de fonctionnement de l'association (prise de décisions).

Les statuts d'une association qui veut être reconnue d'utilité publique ou d'intérêt général (les donateurs peuvent déduire une partie de leurs dons de leur déclaration de revenus grâce à la loi Coluche), et ceux d'une association sportive ou organisant des activités de jeunesse, doivent comporter des **informations spécifiques**.

5. Les différentes catégories d'associations

Il existe plusieurs catégories d'associations :

– l'**association d'intérêt général** est en droit fiscal un organisme autorisé à émettre des reçus fiscaux au bénéfice de ses donateurs, particuliers ou entreprises. Elle doit répondre à certains critères liés à son organisation démocratique, avoir un but non lucratif et une activité conforme à son objet et à ses statuts de l'organisation ;

– l'**association reconnue d'utilité publique** est reconnue par l'État comme présentant une utilité publique, ce qui lui permet de bénéficier d'avantages spécifiques, et lui confère une légitimité particulière. Elle peut également émettre des reçus fiscaux au bénéfice de ses donateurs ;

– l'association **sportive** affiliée à une fédération sportive agréée par l'État ;

– l'**association de défense de l'environnement ou de consommateurs** ;

– l'**association cultuelle**, régie par la loi du 9 décembre 1905, doit être exclusivement consacrée à l'exercice d'un culte et son activité ne doit pas porter atteinte à l'ordre public ;

– la **fédération**, généralement composée de plusieurs associations et de personnes physiques. Elle est souvent appelée « union ».

FICHE 4 Le droit pénal des mineurs

Les mineurs sont pénalement responsables dès leur naissance quand ils commettent une infraction avec discernement (code pénal, art. 122-8). Ils sont jugés selon les principes de l'ordonnance du 2 février 1945, qui adapte le droit pénal et la procédure pénale à la minorité, considérée comme une circonstance atténuante.

1. Rappels historiques

Le **code criminel de 1791** fixe à 16 ans l'âge de la majorité pénale. Il suggère que soient prononcées à l'encontre des mineurs des mesures éducatives ou des peines atténuées, mais il n'existe pas encore de mesure éducative. Il faut attendre l'ordonnance du 23 décembre 1958 pour que soit créée en France l'assistance éducative, confiée au juge des enfants.

Le **code pénal français de 1810** conserve à 16 ans la majorité pénale, ainsi que la notion de discernement qu'esquisse le code criminel (définie comme « la faculté que possède une personne de savoir si un acte accompli par elle est bon ou mauvais, susceptible ou non de punition »). Les mineurs sont alors incarcérés avec les majeurs jusqu'à la **loi du 5 août 1850** qui crée des établissements spécialisés.

Les premiers pas de la justice des mineurs datent du 22 juillet 1912 : un juge des enfants et un tribunal pour enfants sont mis en place à Paris.

2. L'ordonnance du 2 février 1945

✔ Quatre grands principes

– Le **privilège de juridiction** : les mineurs au moment des faits sont jugés par une juridiction spécialisée.

– L'**excuse de minorité** : c'est une circonstance atténuante, donc le mineur reconnu coupable risque la moitié de la peine encourue par un majeur.

– La **primauté de l'éducatif sur le répressif**.

– La **personnalité du mineur** doit être prise en compte.

✔ Trois catégories de peines

– Les **mesures d'avertissement** : admonestation et remise à parents, accessibles sans limite d'âge et mentionnées au casier judiciaire, peuvent être prononcées en cabinet.

– Les **sanctions éducatives**, créées par la loi du 9 septembre 2002 : séjour en centre éducatif fermé et stage de citoyenneté d'une durée qui ne peut excéder un mois pour les mineurs de plus de 13 ans.

– Les **sanctions pénales**, accessibles dès 13 ans : prison et amende, ou de 20 à 120 heures de travail d'intérêt général pour les mineurs de plus de 16 ans.

✔ Quatre juridictions

– Le **juge des enfants** : il peut juger les infractions les moins graves dans son bureau (en audience « de cabinet »). Il exerce aussi les fonctions de juge d'instruction et préside le tribunal pour enfants.

– Le **tribunal de police** : il juge les contraventions des quatre premières classes commises par des mineurs. Les contraventions sont les infractions les moins graves, commises par des contrevenants qui ont contrevenu à un texte réglementaire, c'est-à-dire créé par décret ou arrêté. Il existe cinq classes de contraventions.

– Le **tribunal pour enfants** : il juge les contraventions de 5e classe et les délits commis par des mineurs, ainsi que les crimes commis par les mineurs de moins de 16 ans.

– La **cour d'assises des mineurs** : elle juge les crimes commis par des mineurs de plus de 16 ans. Comme la cour d'assises, elle est composée de trois juges et de six jurés.

ZOOM SUR

La **majorité pénale** est fixée à 18 ans (depuis le 12 avril 1906) ; un mineur bénéficie d'une circonstance atténuante liée à son âge.

La **responsabilité pénale** est fixée à la naissance (depuis 1945) ; un mineur doit répondre des infractions qu'il commet avec discernement (la responsabilité civile appartient aux parents, qui n'ont jamais à payer les amendes de leur enfant, mais qui doivent dédommager les victimes des dommages qu'il cause, volontairement ou involontairement).

L'**incarcération des mineurs** n'est possible qu'à partir de 13 ans (depuis 1945). Plus de 4 759 mineurs ont été incarcérés en 2014 (et 1 498 ont été placés en détention provisoire avant leur jugement).

FICHE 5 La médiation sociale

La médiation sociale est un mode efficace de résolution des tensions entre les populations des quartiers et les institutions . Par le dialogue et la mise en relation, elle crée des « soupapes d'expression » et favorise le « mieux vivre ensemble ».

1. Les actions de médiation

Les premières actions de médiation, inspirées de ce qui se faisait au Québec, sont nées dans les quartiers sensibles à la fin des années 1980 : des « femmes-relais » servaient à la fois d'interprètes, d'assistantes sociales et de représentantes des habitants.

L'**Agence nationale pour la cohésion sociale et l'égalité des chances** (ACSE) est chargée, dans le cadre de la politique de la ville, de la conduite et du financement d'actions menées en faveur de la cohésion sociale et de l'égalité des chances, de la prévention de la délinquance et des discriminations. Elle finance à ce titre 3 800 postes adultes-relais (en 2012), mais on estime à 12 000 le nombre d'emplois existants (médiateurs socio-culturels, correspondants de nuit, agents d'ambiance, etc.) dans l'habitat social, les transports, la santé, l'éducation, la tranquillité publique, les services à la population, etc.

La médiation sociale ne doit pas être confondue avec la médiation pénale (une alternative aux poursuites engagée par le procureur de la République) ou avec la médiation familiale (cas de divorces, de conflits familiaux). Dans le cadre d'un litige susceptible d'être porté devant une juridiction civile, on parle plutôt de conciliation (art. 830 et suivants du code de procédure civile).

2. Le métier de médiateur

Une définition du métier de médiateur a été adoptée, en 2000, lors du séminaire européen organisé par la DIV (Délégation interministérielle à la ville). La médiation sociale est un **processus de création et de réparation du lien social**, et de **règlement des conflits de la vie quotidienne**, dans lequel un tiers impartial et indépendant tente, à travers l'organisation d'échanges entre les personnes ou les institutions, de les aider à améliorer une relation ou à régler un conflit qui les oppose.

Le médiateur est un facilitateur qui redonne aux acteurs concernés le pouvoir d'agir sans se substituer à eux. Il crée du lien et aide à trouver des solutions concrètes.

Il n'existe que peu de formations spécifiques et pas encore de diplôme de médiateur social. La médiation sociale constitue un secteur économiquement viable, au-delà des seuls emplois aidés par l'État.

À noter : Pour aller plus loin, téléchargez sur le site de la DIV le « Guide méthodologique d'évaluation de l'utilité sociale de la médiation sociale », *Les Cahiers pratiques*, octobre 2009 (http://www.ville.gouv.fr).

FICHE 6 La politique de la ville

La politique de la ville regroupe ce qui est mis en place par les pouvoirs publics pour valoriser les zones urbaines en difficulté et pour réduire les inégalités sociales, culturelles, économiques, scolaires entre les territoires.

1. De nombreuses mesures aux résultats mitigés

La politique de la ville est **née en France en 1981**, après les premières émeutes urbaines (quartier des Minguettes à Vénissieux).

En 1982, le rapport Bonnemaison pose les bases des actions futures et préconise la mise en place de conseils communaux de prévention de la délinquance. Les premières « opérations prévention été » sont organisées, succèdant aux opérations anti-été chaud créées dans l'urgence en 1980, et les premières missions locales ouvrent leurs portes.

À noter : La mission locale est un espace d'intervention au service des jeunes. Ils y bénéficient d'un suivi personnalisé dans le cadre de leurs démarches liées à l'emploi, à la formation, au logement et à la santé.

L'architecte Roland Castro prend, en 1984, la direction de la mission « Banlieues 89 » qui doit « améliorer l'urbanisme de la banlieue en France ».

De nombreux dispositifs se succèdent par la suite, sans rencontrer le succès escompté, puisqu'on évoque toujours aujourd'hui la **« crise des banlieues »**. Elle concerne plus de 5 millions d'habitants, qui vivent dans ces « cités hors de la ville » (des territoires infra-urbains). Près de 2 500 quartiers prioritaires sont concernés et concentrent des difficultés sociales, économiques et environnementales. Ils font souvent l'objet de contrats urbains de cohésion sociale, qui ont succédé aux contrats de ville. On compte parmi eux 751 zones urbaines sensibles (ZUS), cibles prioritaires de la politique de la ville depuis 1996.

2. Les zones urbaines sensibles (ZUS)

La loi n° 96-987 du 14 novembre 1996 définit deux types de ZUS : les **zones de redynamisation urbaine** (ZRU) et les **zones franches urbaines** (ZFU), qui bénéficient d'aides spécifiques sous forme d'exonérations fiscales et sociales.

La loi d'orientation et de programmation pour la ville et la rénovation urbaine du 1er août 2003, dite loi « Borloo », prévoit un **programme national de rénovation urbaine** (PNRU) pour restructurer, dans un objectif de mixité sociale et de développement durable, les quartiers classés en ZUS.

3. Le Comité interministériel des villes

La politique de la ville, mise en œuvre par les collectivités territoriales, est coordonnée depuis 1988 par le **Comité interministériel des villes** (CIV) présidé par le Premier ministre. Ce comité recouvre une grande diversité d'interventions qui complètent les autres politiques publiques (éducation, logement, action sociale, etc.) : il agit sur le développement social et culturel, la revitalisation économique, l'emploi, la rénovation urbaine, les transports (pour désenclaver les quartiers concernés), l'amélioration du cadre de vie, la sécurité, la citoyenneté et la prévention de la délinquance, etc.

4. Les contrats de ville et contrats de cohésion sociale

Le **contrat urbain de cohésion sociale** (CUCS) était un dispositif de la politique de la ville (2007-2014) créé pour remplacer les contrats de ville (2001-2006). Les préfets devaient conclure, avec les maires ou les présidents d'EPCI, des contrats de trois ans renouvelables, pour programmer des actions précises dans cinq champs prioritaires : habitat et cadre de vie ; emploi et développement économique ; éducation ; citoyenneté et prévention de la délinquance ; santé. Les quartiers en CUCS et les zones urbaines sensibles (ZUS) ont été supprimés au 1er janvier 2015 et remplacés par 1 500 quartiers prioritaires de la politique de la ville (QPV), dont 200 en outre-mer.

5. Les quartiers prioritaires de la politique de la ville

Le dispositif des **quartiers prioritaires de la politique de la ville** (2015-2020) prévoit que des mesures de cohésion sociale (éducation, emploi, insertion, sécurité) soient prises dans ces quartiers pour améliorer le cadre de vie et pour accélérer la rénovation urbaine et le développement économique. Dans chaque quartier, des « conseils citoyens » sont composés de volontaires, d'associations et d'habitants tirés au sort. Ils respectent le principe de parité femmes-hommes et doivent être associés aux projets menés par la ville.

FICHE 7 L'autorité parentale et la protection de l'enfance

L'autorité parentale est le pivot du droit de la famille, qui fait partie du droit civil, compilé dans le code civil. L'autorité parentale est l'ensemble des droits, devoirs et obligations qui permettent aux parents d'élever, d'éduquer et de protéger leurs enfants mineurs. Elle a remplacé le 4 juin 1970 la puissance paternelle héritée du droit romain.

1. Définition

L'autorité parentale **n'appartient qu'aux parents**. Personne d'autre ne peut en être titulaire, même provisoirement, même si les parents sont décédés ou privés de leur autorité parentale, **hors le cas d'une adoption**. L'autorité parentale établit la parentalité : tous les parents sont titulaires de l'autorité parentale.

L'autorité parentale est relative à la personne de l'enfant mais aussi à ses biens.

La majorité et l'émancipation mettent un terme à l'autorité parentale et à son exercice, mais elles ne mettent pas un terme à l'**obligation alimentaire**.

2. L'exercice de l'autorité parentale

L'autorité parentale est virtuelle : signer, autoriser, inscrire son enfant sont des prérogatives réservées aux titulaires de l'exercice de l'autorité parentale.

La loi du 8 janvier 1993 a dissocié l'autorité parentale de son exercice : on peut disposer de l'autorité parentale sans pour autant l'exercer.

3. L'autorité parentale et la filiation

L'autorité parentale et son exercice s'acquièrent lorsque la filiation est établie, par la déclaration de naissance (pour la mère), la **présomption de paternité** (pour le mari de la mère) ou la reconnaissance volontaire (pour le père non marié).

Un géniteur qui ne reconnaît pas son enfant n'est pas considéré comme son père. Mais il existe des solutions pour le forcer à assumer ses responsabilités, paternelles et/ou financières : c'est la **recherche en paternité** ou l'**action à fins de subsides**.

4. Le retrait, la suspension et la délégation

L'autorité parentale peut être retirée par le **tribunal de grande instance (TGI)** et par la cour d'assises pour des motifs extrêmement graves. Ce retrait de l'autorité parentale est dans les faits définitif (on ne parle plus de déchéance depuis la loi du 5 juillet 1996).

L'exercice de l'autorité parentale peut être suspendu de manière provisoire par le **juge aux affaires familiales (JAF)**.

L'exercice de l'autorité parentale peut être délégué de manière provisoire. Cette délégation est décidée par le juge aux affaires familiales, qui est le seul à pouvoir se prononcer sur l'exercice de l'autorité parentale. Il en a la compétence exclusive.

5. Les mineurs en danger et maltraités

Un **mineur « en danger ou en risque de l'être »** doit être signalé à la cellule départementale de recueil des informations préoccupantes, depuis la réforme de la protection de l'enfance du 5 mars 2007.

Un **mineur « victime de maltraitances avérées »** doit être signalé au procureur de la République.

6. Les mesures de protection

Les parents ont des droits et des devoirs (subjectifs), mais aussi des obligations et des interdictions (objectives) : l'obligation d'instruction, l'obligation vaccinale, l'obligation alimentaire, etc.

Lorsque l'autorité parentale n'est pas exercée dans l'intérêt de l'enfant, lorsqu'elle est défaillante et que l'enfant subit des carences éducatives, une **mesure de protection** peut être mise en place :

– par l'**aide sociale à l'enfance** (ASE), qui dépend du conseil départemental (pour les enfants « en danger ou en risque de l'être ») ;

– par le **juge des enfants**, saisi par le procureur de la République (pour les enfants victimes de maltraitances avérées).

Le **conseil départemental** propose des **mesures de protection administrative** (placement provisoire, actions éducatives à domicile, accompagnement en économie sociale et familiale, etc.), qui doivent être acceptées par les parents et contractualisées.

Le **juge des enfants** ordonne par ordonnance des **mesures de protection judiciaire** (placement provisoire, actions éducatives en milieu ouvert, mesure judiciaire d'aide à la gestion du budget familial, etc.), qui sont imposées aux parents.

FICHE 8 Les centres sociaux

Un centre social est un équipement polyvalent à vocation territoriale. Il exerce une mission d'animation globale, sociale et locale, en proposant une offre de services et d'activités coordonnés, visant à encourager la concertation et la mixité locales, et à faciliter le développement social.

1. L'obtention de l'agrément et le financement

L'agrément « centre social » est donné par le conseil d'administration de la **caisse d'allocations familiales** pour une durée de un à quatre ans, sur la base d'un contrat pluriannuel de projet qui fixe les objectifs et actions du centre social pour la période d'agrément.

Une convention de prestation de service est ensuite signée entre le gestionnaire du centre social (association, collectivité) et la CAF, qui est le principal financeur des centres sociaux. Certaines CAF, à travers la France, en sont même gestionnaires, mais 70 % des centres sociaux sont associatifs.

Les collectivités territoriales, le fonds d'action et de soutien pour l'intégration et la lutte contre les discriminations (FASILD), les services déconcentrés de l'État, le fonds de coopération de la jeunesse et de l'éducation populaire (FONJEP) sont également appelés à financer l'action des centres sociaux.

2. Un lieu d'accueil de proximité

Le centre social est un lieu d'accueil de proximité, de rencontre et d'information, accessible à l'ensemble de la population, qui doit être impliquée dans le fonctionnement de la structure pour que celle-ci obtienne l'agrément. Le centre social suscite la **participation des usagers, des habitants**. Il encourage la **vie associative** : accueil, siège, activités et permanences des associations.

Il a une **vocation familiale, interethnique et pluri-générationnelle** : il entretient et renforce les liens entre les générations, les habitants et dynamise le tissu social (structure d'accueil petite enfance, centre de loisirs, club de prévention, accueil du troisième âge, etc.). Il offre aux habitants des activités et des services utiles, à caractère social, dans tous les domaines (culturel, économique, périscolaire, éducatif, de loisirs, etc.).

Il est souvent un lieu de permanences administratives, sociales ou médico-sociales (PMI, espace territorial, CAF, CPAM, etc.).

À noter : Une lettre circulaire de la Caisse nationale des allocations familiales (CNAF) du 31 octobre 1995 définit les quatre missions caractéristiques des centres sociaux :
- un équipement de quartier à vocation sociale globale ;
- un lieu d'animation de la vie sociale ;
- un lieu d'interventions sociales concertées et novatrices ;
- un équipement à vocation familiale et plurigénérationnelle.

3. Un lieu de médiation

Le centre social est un lieu de **médiation entre populations et pouvoirs publics**.

Il assume un rôle d'interface entre les représentants politiques et la population, un rôle d'expertise, de diagnostic, d'observation du terrain.

Le réseau est constitué de près de 1 200 centres sociaux. Ils sont regroupés en 44 fédérations ou regroupements, départementaux ou régionaux, adhérant à la Fédération des centres sociaux et socio-culturels de France (FCSF). Cette dernière anime une charte fédérale (www.centres-sociaux.fr).

QCM

15 min

Il peut y avoir plusieurs bonnes réponses par question.

1. Le juge aux affaires familiales (JAF) peut :

- ❑ **a.** déchoir un parent de ses droits
- ❑ **b.** retirer l'autorité parentale
- ❑ **c.** suspendre l'exercice de l'autorité parentale
- ❑ **d.** rien de tout cela : c'est de la compétence exclusive du juge des enfants

2. Le numéro national « allô, enfance maltraitée » est le :

- ❑ **a.** 112
- ❑ **b.** 3117
- ❑ **c.** 119
- ❑ **d.** 3919

3. Le contrat enfance jeunesse (CEJ) est un engagement réciproque de cofinancement signé :

- ❑ **a.** entre la CAF et une commune ou un groupement de communes
- ❑ **b.** entre l'État et une commune ou un groupement de communes
- ❑ **c.** entre le ministère de l'Éducation nationale et une commune ou un groupement de communes
- ❑ **d.** entre la direction départementale de la jeunesse, des sports et de la cohésion sociale et une commune ou un groupement de communes

4. Une association non déclarée :

- ❑ **a.** peut employer du personnel en contrat à durée déterminée
- ❑ **b.** peut signer des conventions de stage
- ❑ **c.** peut émettre des chèques
- ❑ **d.** ne peut pas émettre de factures

5. Une association déclarée :

- ❑ **a.** peut ouvrir un livret A pour placer de l'argent
- ❑ **b.** peut acheter un appartement pour abriter son siège social
- ❑ **c.** est financée essentiellement par des subventions
- ❑ **d.** ne paye pas de cotisations patronales sur les salaires qu'elle verse

6. Une association déclarée peut être considérée comme :

- ❑ **a.** une personne morale de droit public
- ❑ **b.** une personne morale de droit public si elle est financée par des fonds publics
- ❑ **c.** une personne morale de droit public si elle est présidée par le maire ou un de ses adjoints
- ❑ **d.** une personne morale de droit privé

7. Les mineurs sont pénalement responsables de leurs actes :

- ❑ **a.** à partir de leur naissance
- ❑ **b.** à partir de 16 ans
- ❑ **c.** à partir de 13 ans
- ❑ **d.** à partir de 10 ans

8. Les mineurs peuvent être incarcérés :

- ❑ **a.** à partir de leur naissance
- ❑ **b.** à partir de 16 ans
- ❑ **c.** à partir de 13 ans
- ❑ **d.** à partir de 10 ans

9. L'excuse de minorité est une circonstance atténuante prévue par l'ordonnance du 2 février 1945. Cela signifie :

- ❑ **a.** que le mineur reconnu coupable voit sa peine divisée par deux
- ❑ **b.** que le mineur ne peut pas être reconnu coupable d'une infraction
- ❑ **c.** que le mineur reconnu coupable risque la moitié de la peine encourue par un majeur
- ❑ **d.** que le mineur reconnu coupable voit ses parents condamnés à sa place du fait de sa minorité

10. Les parents sont :

- ❑ **a.** pénalement responsables de leurs enfants mineurs
- ❑ **b.** civilement responsables de leurs enfants mineurs
- ❑ **c.** pénalement et civilement responsables de leurs enfants mineurs
- ❑ **d.** symboliquement responsables de leurs enfants mineurs

11. La scolarité des enfants de 6 à 16 ans est :

- ❑ **a.** un droit pour les enfants
- ❑ **b.** un devoir pour les parents
- ❑ **c.** une obligation pour les parents

12. L'autorité parentale :

- ❑ **a.** appartient aux grands-parents en cas de décès des parents
- ❑ **b.** n'appartient qu'aux parents
- ❑ **c.** appartient aux parents adoptifs (dans le cas d'une adoption)
- ❑ **d.** est exercée par le juge des enfants en cas de décès des parents

13. La protection de l'enfance est en France de la compétence :

- ❑ **a.** de la DDASS (direction départementale de l'action sanitaire et sociale)
- ❑ **b.** de l'ASE (aide sociale à l'enfance)
- ❑ **c.** de l'Assistance publique
- ❑ **d.** de l'ARS (agence régionale de santé)

14. L'admonestation prévue par l'ordonnance du 2 février 1945 est :

- ❑ **a.** une mesure d'avertissement, accessible sans limite d'âge, qui est mentionnée au casier judiciaire
- ❑ **b.** une mesure d'avertissement, accessible sans limite d'âge, qui n'est pas mentionnée au casier judiciaire
- ❑ **c.** une sanction éducative
- ❑ **d.** une sanction pénale

15. La médiation pénale est :

- ❑ **a.** une médiation dans le cadre d'un litige susceptible d'être porté devant le tribunal d'instance ou de grande instance
- ❑ **b.** une médiation entreprise dans le cadre de divorces et de conflits familiaux
- ❑ **c.** une alternative aux poursuites engagées par le procureur de la République, prévue par le code de procédure pénale
- ❑ **d.** un mode de résolution des tensions entre les populations des quartiers et les institutions

→ *Retrouvez les corrigés en p. 173*

EXERCICES

EXERCICE 1 ★★☆ 15 min

Face à l'augmentation des situations de décrochage scolaire, le maire, alerté par l'ensemble des acteurs éducatifs intervenant dans la commune, vous demande de lui faire un exposé sur le décrochage scolaire et les dispositifs existants pour l'enrayer.

EXERCICE 2 ★★☆ 15 min

Les élus de la commune dans laquelle vous travaillez envisagent de mettre en place un conseil municipal des jeunes ou un conseil municipal d'enfants. Il vous est demandé de réfléchir à la question…

EXERCICE 3 ★★☆ 15 min

Dans le cadre de la mise en place d'actions en direction des personnes retraitées et/ou âgées sur la commune, il vous est demandé de présenter le dispositif des universités du troisième âge et d'en expliquer le fonctionnement.

CORRIGÉS

QCM

CORRIGÉ

1 c.	2 c.	3 a.	4 d.	5 a et b.
6 d.	7 a.	8 c.	9 c.	10 b.
11 a et c.	12 b et c.	13 b.	14 a.	15 c.

Pour aller plus loin

4 = d. C'est la déclaration en préfecture qui donne à l'association la personnalité juridique d'une personne morale.

7 = a. À condition d'avoir commis l'infraction avec discernement, selon l'article 122-8 du code pénal.

10 = b. Les parents sont civilement responsables de leurs enfants mineurs habitant avec eux, jusqu'à leur majorité ou leur émancipation, possible à partir de 16 ans.

EXERCICES

EXERCICE 1

Le décrochage est un processus qui conduit un jeune en formation initiale à se détacher du système scolaire ou de formation, et à le quitter avant d'avoir obtenu un diplôme. Un décrocheur est un jeune qui quitte le système de formation initiale avant d'avoir obtenu un diplôme de niveau V (BEP ou CAP) ou de niveau supérieur (baccalauréat).

La lutte contre le décrochage scolaire est une priorité pour le ministère de l'Éducation nationale, qui s'est fixé deux objectifs clairs :

– prévenir le décrochage scolaire pour diviser par deux le nombre de jeunes sortant sans qualification du système éducatif d'ici 2017 ;

– faciliter le retour vers l'école des jeunes ayant déjà décroché.

Garantir l'égalité des chances, faire en sorte que chaque jeune puisse construire son avenir professionnel et réussir sa vie en société sont, en effet, des missions prioritaires de l'école.

Le ministère a mis en place un plan, qui se développe en plusieurs actions ayant pour but de prévenir et de repérer le décrochage scolaire : lutter contre l'absentéisme pour les élèves de moins de 16 ans, comprendre la situation de l'élève et expérimenter le « dernier mot aux familles » concernant l'orientation de l'élève en fin de troisième.

1. Lutter contre l'absentéisme pour les élèves de moins de 16 ans (âge de fin de l'obligation scolaire) : tous les jeunes de moins de 16 ans ont droit à l'éducation et le devoir d'être assidus. Scolariser leur enfant est une obligation pour les parents, qui peuvent opter pour le mode d'éducation de leur choix (par correspondance, à la maison, etc.). L'absentéisme est une des premières étapes du processus qui conduit au décrochage scolaire : la lutte contre l'absentéisme contribue donc à prévenir le décrochage.

Les parents (depuis les lois Ferry de 1882) peuvent être sanctionnés pour le défaut d'assiduité de leur enfant. La loi du 31 janvier 2013 a modifié le dispositif de lutte contre l'absentéisme scolaire en abrogeant la loi du 28 septembre 2010 (dite loi « Ciotti ») : elle supprime la procédure de suspension des allocations familiales et le contrat de responsabilité parentale.

Le nouveau dispositif met l'accent sur le dialogue avec les parents : il s'agit d'aider les parents dès les premiers signes d'absentéisme (avertissement systématique des parents, parfois par SMS, puis convocation et possibilité de sanction via un signalement au parquet).

Un nouveau plan de prévention et de lutte contre l'absentéisme a été présenté au cours de l'année scolaire 2013-2014. Il s'articulait autour de deux principes : la pluralité (prise en compte de la multiplicité des causes de l'absentéisme et intervention de l'ensemble des acteurs, familles, personnels de l'Éducation nationale, associations, mouvements d'éducation populaire, dispositifs de la politique de la ville, etc.) et la réactivité (les mesures ne sont efficaces que si elles sont immédiates : l'accompagnement à la parentalité ou l'accompagnement social du conseil départemental doivent intervenir dès les premiers signes). Le dispositif met en place, en cas de persistance de l'absentéisme, une procédure d'accompagnement des parents d'élèves centrée sur l'établissement d'enseignement, avec la désignation d'un personnel d'éducation référent pour chaque élève concerné.

2. Comprendre la situation d'un élève avant d'essayer de le faire renouer avec les apprentissages est indispensable pour que l'action éducative soit efficace.

3. Expérimenter le « dernier mot aux familles » concernant l'orientation de l'élève en fin de troisième, pour éviter que l'élève se sente « enfermé » (des choix d'orientation contraints ou mal préparés sont des causes importantes d'absentéisme) : l'expérimentation lancée depuis la rentrée 2013 laisse aux familles le dernier mot concernant l'orientation de l'enfant en fin de troisième.

Le suivi de l'orientation est également important pour prévenir le décrochage scolaire, afin qu'aucun élève ne se retrouve sans solution à l'issue des procédures d'affectation. Il existe de nombreux dispositifs au service des équipes éducatives : aide personnalisée et stages de remise à niveau pour les élèves de CM1 et de CM2, accompagnement éducatif personnalisé en sixième (aide aux devoirs et aux leçons, pratique des langues vivantes, activités culturelles et artistiques pratique sportive, etc.), programme personnalisé de réussite éducative (PPRE) proposé à l'école élémentaire et au collège pour répondre aux besoins d'un élève en risque de ne pas maîtriser les connaissances et les compétences du socle commun, accompagnement personnalisé en baccalauréat professionnel (deux heures hebdomadaires, de la seconde à la terminale), dispositifs relais en collège et lycée destinés aux élèves qui en ont besoin (manquements graves et répétés au règlement intérieur, absentéisme chronique non justifié, démotivation profonde dans les apprentissages, déscolarisation), etc.

EXERCICE 2

Un conseil municipal des enfants (CME) ou conseil municipal des jeunes (CMJ) est une instance municipale (parfois départementale) composée d'enfants et des jeunes élus ou désignés (dont les âges varient de 7 à 25 ans selon les communes, les départements). Les modes de fonctionnement sont très diversifiés. Ils nécessitent de la part de tous les acteurs potentiels qu'une réflexion soit amorcée en amont, car les contraintes peuvent être importantes : les enfants ou les jeunes doivent se porter candidats et pouvoir faire campagne (journal municipal, affiches, tournée des établissements scolaires et des structures d'accueil, réunions publiques, etc.). Le scrutin est ensuite organisé en mairie, dans les écoles ou dans les structures municipales enfance-jeunesse. Dans certaines communes, les enfants ou les jeunes sont désignés au sein d'associations représentatives. Ils peuvent aussi tout simplement être volontaires ou tirés au sort, ce qui constitue un fonctionnement moins démocratique.

L'obligation d'être scolarisé ou domicilié dans la ville est récurrente.

Une fois constitué, le CME/CMJ a un rôle consultatif : ses délibérations n'ont pas de valeur légale. Mais il arrive, à l'instar de celles du Parlement des enfants qui réunit chaque année en novembre 577 enfants à l'Assemblée nationale, que certaines d'entre elles soient approuvées par délibération du conseil municipal ou départemental élu.

Le conseil bénéficie des moyens municipaux (animateur-coordinateur, secrétariat, etc.). Il se réunit périodiquement en séance plénière (publique ou non, présidée ou non par le maire ou par un élu) de 3 à 4 fois par an en moyenne. Des travaux préparatoires sont réalisés dans des commissions ou groupes de travail, qui se réunissent généralement 1 à 2 fois par mois.

Le but est d'initier les enfants à la vie politique réelle, de collecter des idées, de faire participer les jeunes aux décisions locales, de traduire les idées en projets (d'aménagement, de manifestation, de dispositif, etc.) qui sont ensuite présentés au maire de la commune afin d'être éventuellement inscrits au programme de la ville.

L'idée d'associer des enfants ou des jeunes à la gestion de la commune est née dans les années 1960, mais le premier de ces conseils a été créé en 1979 à Schiltigheim (Bas-Rhin).

L'Association nationale des conseils d'enfants et de jeunes (ANACEJ) fédère les communes qui ont instauré et animent un de ces conseils. Il en existe actuellement 2 000 sur le territoire. L'ANACEJ, qui encourage une démarche de démocratie participative, se réfère principalement aux dispositions de la Charte européenne de la participation des jeunes à la vie locale et régionale.

EXERCICE 3

Il existe plusieurs statuts pour ces universités du troisième âge/universités tous âges (UTA)/ universités inter-âges (UIA) /universités du temps libre (UTL)/universités pour tous (UPT). Elles fonctionnent principalement avec un statut associatif et sont pour la plupart adhérentes d'une fédération régionale ou nationale (l'Association des universités populaires de France, l'Union française des universités de tous âges, etc.). Certaines sont municipales, d'autres dépendent directement d'une université, dont elles utilisent alors souvent les ressources (locaux, enseignants, etc.).

Elles ne s'adressent pas seulement aux personnes âgées, mais à toutes celles qui disposent de temps libre (seniors, jeunes retraités, demandeurs d'emploi, parents au foyer, actifs, etc.). Elles ne délivrent pas de diplôme, mais remplissent un rôle social et culturel important : leur mission est de rendre la culture et les connaissances nouvelles accessibles et compréhensibles à tous, dans un cadre ouvert et convivial.

Elles s'inscrivent à ce titre dans le cadre de l'éducation populaire.

Les programmations des différentes universités sont variées : conférences, stages, cours ou ateliers, cercles de lecture, activités physiques, visites et sorties culturelles, voyages, etc.

Leur fonctionnement repose principalement sur le bénévolat, mais certaines arrivent à salarier du personnel, essentiellement pour la comptabilité ou le secrétariat. Il est évidemment rare (avec ou sans personnel à rémunérer) qu'elles s'autofinancent (par les adhésions et les inscriptions). Elles doivent donc être subventionnées (d'autant plus que le coût des activités doit rester modique, voire symbolique, pour permettre au plus grand nombre d'y participer).

Elles doivent avoir accès à des locaux adaptés à leurs différentes activités et peuvent nouer des partenariats (avec le cinéma ou le théâtre pour disposer d'une salle de conférences, avec des établissements scolaires dont certains équipements peuvent être utilisés le soir, le mercredi après-midi, le samedi, etc.).

Il existe de nouvelles variantes qui se développent actuellement : les universités populaires des parents (des parents réfléchissent, avec le soutien d'universitaires, sur des thèmes liés à la parentalité : décrochage scolaire, transmission des valeurs aux enfants, cohérence éducative, etc.), les universités du goût (des producteurs, penseurs et « mangeurs » travaillent ensemble à développer le goût du bon dans l'alimentation), etc.

Ces différentes variantes ne sont bien sûr pas incompatibles. Elles permettent même en se conjuguant de rentabiliser une structure, une communication et une logistique (personnel technique, de secrétariat, d'accueil et de comptabilité), et d'attirer des publics différents (des « cafés-philo » ou des « cafés des aidants », pour les familles qui encadrent des proches très âgés ou handicapés, peuvent également être envisagés).

Le mouvement des universités du troisième âge est né en 1973 à Toulouse : l'idée était de proposer aux personnes âgées, retraitées, un programme d'activités qui respectait leurs besoins et leurs aspirations. À l'automne 1978, elles étaient déjà une centaine en France. En 1981, le gouvernement de Pierre Mauroy (qui a instauré la semaine de 39 heures pour libérer du temps) crée un ministère du Temps libre (qui disparaîtra en 1983), en s'inspirant des travaux de Léo Lagrange et du Front populaire (qui avait abaissé la durée hebdomadaire du travail à 40 heures). Elles ont commencé à s'ouvrir à un public plus large au début des années 1990, sans condition d'âge ni de diplôme. En 2013, plus de 70 000 étudiants sont regroupés au sein de l'UFUTA, dans 45 établissements et 250 antennes réparties dans toute la France.

Chapitre 6

Urbanisme et développement des territoires

Fiches de cours

Entraînements

FICHE 1 Les règles générales d'urbanisme

Les règles générales d'urbanisme (RGU) ou règlement national d'urbanisme (RNU) sont des dispositions applicables sur l'ensemble du territoire national figurant au code de l'urbanisme et plus particulièrement aux articles L. 111-1 à L. 111-25 et R. 111.1 à R. 111.24.
Certaines de ces dispositions dites « d'ordre public » trouvent toutefois à s'appliquer dans des communes pourtant dotées d'un document d'urbanisme (article R. 111-1 du code de l'urbanisme).
L'article R. 111-1 du code de l'urbanisme distingue en effet les règles applicables uniquement en l'absence d'un plan local d'urbanisme ou d'un document d'urbanisme en tenant lieu, et les règles dites « d'ordre public » applicables sur l'ensemble du territoire, que les communes soient couvertes ou non par un plan local d'urbanisme.

1. Le contenu des règles générales

Comme précisé par l'article R. 111-1 du Code de l'urbanisme, le règlement national d'urbanisme (RNU) s'applique aux constructions et aménagements faisant l'objet d'un permis de construire, d'un permis d'aménager ou d'une déclaration préalable, ainsi qu'aux autres utilisations du sol régies par le Code de l'urbanisme.

Une des règles essentielles est celle dite de la constructibilité limitée, qui a pour objet d'éviter la réalisation d'un habitat dispersé (articles L. 111-3 à L. 111-5 du Code de l'urbanisme) : « En l'absence de plan local d'urbanisme, de tout document d'urbanisme en tenant lieu ou de carte communale, les constructions ne peuvent être autorisées que dans les parties urbanisées de la commune. » Cette règle peut servir de base au refus de construire sur les parcelles situées à l'extérieur de zones déjà urbanisées.

Par ailleurs, le RNU offre la possibilité à l'autorité compétente **d'édicter des prescriptions particulières** ou de **refuser un projet de construction**, au regard de la localisation, de l'implantation et la desserte des constructions et aménagements, de la densité des constructions, des performances environnementales et énergétiques, de la réalisation d'aires de stationnement, de la préservation des éléments présentant un intérêt architectural, patrimonial, paysager ou écologique, et de la mixité sociale et fonctionnelle.

✔ La localisation, l'implantation et la desserte des constructions et aménagements

Ces règles permettent en premier lieu de **refuser des autorisations de construire** ou de **soumettre des projets de construction à des prescriptions particulières**.

Ainsi, un projet peut être refusé le long des grands axes routiers (s'il se trouve situé dans une bande de 100 m de part et d'autre de l'axe d'une autoroute ou d'une route express – art. L. 111-6) ou n'être accepté que sous réserve de l'observation de prescriptions spéciales (s'il est de nature à porter atteinte à la salubrité ou à la sécurité publique du fait de sa situation, ses caractéristiques, son importance ou son implantation à proximité d'autres installations (art. R. 111-2) ; s'il compromet la conservation ou la mise en valeur d'un site ou de vestiges archéologiques (art. R111-4) ; si les accès présentent un risque pour la sécurité des usagers des voies publiques ou celle des personnes utilisant ces accès (art. R. 111-5)).

Ces règles permettent en second lieu d'**imposer certaines réalisations** dans le cadre de projets de construction.

L'autorité compétente peut, par exemple, sur la base de ces règles imposer la réalisation ou le maintien d'espaces verts, ou bien encore d'aires de jeux et de loisirs à proximité de logements (art. R.111-7).

✔ L'implantation et le volume des constructions

Ces règles fixent notamment des **distances minimales** entre bâtiments, des règles de distance entre les constructions (art. R. 111-15) et les voies publiques (art. R. 111-16), des règles de distance vis-à-vis des limites parcellaires (art. R. 111-17), etc.

✔ La densité des constructions

Parmi les règles relatives à la densité figurent celles relatives aux reconstructions à l'identique. Ainsi, lorsqu'un bâtiment régulièrement édifié vient à être détruit ou démoli, sa reconstruction à l'identique est autorisée dans un délai de dix ans nonobstant toute disposition d'urbanisme contraire, sauf si la carte communale, le plan local d'urbanisme ou le plan de prévention des risques naturels prévisibles en dispose autrement (article L. 111-15).

✔ Les performances environnementales et énergétiques

Le permis de construire ou d'aménager, ou la décision prise sur une déclaration préalable, ne peut s'opposer ni à l'utilisation de matériaux renouvelables ou de matériaux ou procédés de construction permettant d'éviter l'émission de gaz à effet de serre, ni à l'installation de dispositifs favorisant la retenue des eaux pluviales ou la production d'énergie renouvelable (article L. 111-16).

✔ La réalisation d'aires de stationnement

Le permis ou la décision prise sur la déclaration préalable peut imposer la réalisation d'installations propres à assurer le stationnement hors des voies publiques des véhicules correspondant aux caractéristiques du projet (article R. 111-25).

✔ La préservation des éléments présentant un intérêt architectural, patrimonial, paysager ou écologique

Le permis ou la décision prise sur la déclaration préalable doit respecter les préoccupations d'environnement définies aux articles L. 110-1 et L. 110-2 du Code de l'environnement. Le projet peut n'être accepté que sous réserve de l'observation de prescriptions spéciales si, par son importance, sa situation ou sa destination, il est de nature à avoir des conséquences dommageables pour l'environnement (article R. 111-26).

Par ailleurs, sur un territoire non couvert par un plan local d'urbanisme ou un document d'urbanisme en tenant lieu, le conseil municipal peut, par délibération prise après une enquête publique, identifier et localiser un ou plusieurs éléments présentant un intérêt patrimonial, paysager ou écologique et définir, si nécessaire, les prescriptions de nature à assurer leur protection (article L. 111-22).

De même, un projet peut être refusé ou n'être accepté que sous réserve de l'observation de prescriptions spéciales, par exemple si les constructions, **par leur situation, leur architecture, leurs dimensions ou l'aspect extérieur** des bâtiments ou ouvrages à édifier ou à modifier, sont de nature à **porter atteinte au caractère ou à l'intérêt des lieux avoisinants**, aux sites, aux paysages naturels ou urbains ainsi qu'à la conservation des perspectives monumentales (article R. 111-27). De même, dans les secteurs déjà partiellement bâtis, présentant une unité d'aspect et non compris dans des programmes de rénovation, l'autorisation de construire à une hauteur supérieure à la hauteur moyenne des constructions avoisinantes peut être refusée ou subordonnée à des prescriptions particulières (article R. 111-28).

2. Les règles d'ordre public

Les règles énumérées ci-dessus sont d'ordre public (en application de l'article R. 111-1 du code de l'urbanisme), c'est-à-dire applicables sur l'ensemble du territoire, que les communes soient couvertes ou non par un plan local d'urbanisme, à l'exception de certaines d'entre elles :

– les règles relatives au bruit (article R. 111-3) ;

– certaines règles relatives à la localisation, l'implantation et la desserte des constructions et aménagements (articles R. 111-5 à R. 111-19) ;

– certaines règles relatives à la préservation des éléments présentant un intérêt architectural, patrimonial, paysager ou écologique (articles R. 111-28 à R. 111-30).

FICHE 2

La planification urbaine : la DTADD

La loi du 12 juillet 2010 portant engagement national pour l'environnement a remplacé la directive territoriale d'aménagement (DTA) par la directive territoriale d'aménagement et de développement durables (DTADD). Cependant, les DTA approuvées avant cette loi conservent leurs effets.

1. Définition

La DTADD détermine les **objectifs et orientations de l'État** en matière d'urbanisme, de logement, de transports et de déplacements, de développement des communications électroniques, de développement économique et culturel, d'espaces publics, de commerce, de préservation des espaces naturels, agricoles, forestiers, des sites et des paysages, de cohérence des continuités écologiques, d'amélioration des performances énergétiques et de réduction des émissions de gaz à effet de serre dans des territoires présentant des enjeux nationaux dans un ou plusieurs de ces domaines (article L. 102-4 du code de l'urbanisme).

Le **territoire d'une DTADD peut concerner plusieurs départements ou régions**, sans recouper obligatoirement les limites administratives départementales ou régionales.

2. L'élaboration

Selon l'article L. 102-6 du code de l'urbanisme, le **projet de directive territoriale d'aménagement et de développement durables est élaboré par l'État**, en association avec la région, le département, les métropoles, les communautés urbaines, les communautés d'agglomération, les communautés de communes compétentes en matière de schéma de cohérence territoriale, et les communes non membres d'une de ces communautés qui sont situées dans le périmètre du projet, ainsi que les établissements publics (syndicats mixtes mentionnés à l'article L. 143-16 du Code de l'urbanisme) et les comités de massifs concernés par le périmètre du projet.

Le projet est soumis pour avis à ces collectivités territoriales et établissements publics (article L. 102-7 du Code de l'urbanisme). Ces avis sont réputés favorables en l'absence de réponse dans un délai de trois mois à compter de leur saisine (article R. 102-2 du Code de l'urbanisme).

Le projet de directive territoriale d'aménagement et de développement durables, et les avis émis par les personnes associées mentionnées à l'article L. 102-6 sont mis à disposition du public pendant un mois, dans des conditions lui permettant de formuler ses observations. Celles-ci sont enregistrées et conservées.

Les modalités de la mise à disposition sont précisées par l'autorité administrative et portées à la connaissance du public au moins huit jours avant le début de cette mise à disposition.

À l'issue de la mise à disposition, l'autorité administrative en établit le bilan.

Ce dernier est rendu public au plus tard à la date de publication du décret approuvant la directive territoriale d'aménagement et de développement durables (article L. 102-8).

La directive territoriale d'aménagement et de développement durables est approuvée par décret en Conseil d'État (article L. 102-9).

3. Les effets d'une DTADD

Contrairement aux DTA, la DTADD n'est pas directement opposable aux documents d'urbanisme que sont les SCOT et les PLU.

Son opposabilité à d'autres documents d'urbanisme ne peut se faire que lorsque la DTADD est qualifiée de projet d'intérêt général (PIG – zoom page 183).

Pendant un délai de douze ans suivant la publication de la directive territoriale d'aménagement et de développement durables, l'autorité administrative peut qualifier de projet d'intérêt général, après avis des collectivités territoriales concernées et de leurs groupements (et le cas échéant des comités de massif), les projets de protection des espaces naturels, agricoles et forestiers ou espaces soumis à des risques, les constructions, les travaux, et les installations et aménagements nécessaires à la mise en œuvre de cette directive territoriale d'aménagement et de développement durables (article L. 102-5 du Code de l'urbanisme).

4. La modification et la révision d'une DTADD

La directive territoriale d'aménagement et de développement durables peut être modifiée par décret en Conseil d'État, à condition que la modification ne porte pas atteinte à son économie générale. Le projet de modification est soumis pour avis aux personnes mentionnées à l'article L. 102-6 du Code de l'urbanisme (région, département, métropoles, communautés urbaines, communautés d'agglomération, communautés de communes et syndicats mixtes compétentes en matière de SCOT, comités de massif) (L. 102-11 du Code de l'urbanisme). Leur avis est réputé favorable s'il n'est pas intervenu dans un délai de trois mois à compter de leur saisine (R. 102-2 du Code de l'urbanisme).

La directive territoriale d'aménagement et de développement durables peut être révisée dans les mêmes conditions que celles définies pour son élaboration (article L. 102-10 du Code de l'urbanisme).

À ce jour, six DTA ont été approuvées par décret :
- la DTA des Alpes-Maritimes (décret n° 2003-1169 du 2 décembre 2003) ;
- la DTA des bassins miniers nord-lorrains (décret n° 2005-918 du 2 août 2005) ;
- la DTA de l'estuaire de la Seine (décret n° 2006-834 du 10 juillet 2006) ;
- la DTA de l'estuaire de la Loire (décret n° 2006-884 du 17 juillet 2006) ;
- la DTA de l'aire métropolitaine lyonnaise (décret n° 2007-45 du 9 janvier 2007) ;
- la DTA des Bouches-du-Rhône (décret n° 2007-779 du 10 mai 2007).

Un projet de DTADD des Alpes du nord est actuellement en cours d'élaboration.

ZOOM SUR

Qu'est-ce qu'un PIG ?

Le projet d'intérêt général (PIG) est l'un des outils dont dispose l'État pour garantir la réalisation de projets présentant un caractère d'utilité publique, et relevant d'intérêts dépassant le cadre communal ou intercommunal.

La qualification, par le préfet, d'un projet ayant un caractère d'utilité publique en PIG induit une obligation d'adaptation des documents d'urbanisme nécessaires à sa mise en œuvre.

Selon l'article L. 102-1 du Code de l'urbanisme, peut être qualifié de projet d'intérêt général tout projet d'ouvrage, de travaux ou de protection présentant un caractère d'utilité publique destiné à la réalisation d'une opération d'aménagement ou d'équipement, au fonctionnement d'un service public, à l'accueil et au logement des personnes défavorisées ou de ressources modestes, à la protection du patrimoine naturel ou culturel, à la prévention des risques, à la mise en valeur des ressources naturelles, à l'aménagement agricole et rural, ou à la préservation ou remise en bon état des continuités écologiques.

FICHE 3

Le schéma régional d'aménagement, de développement durable et d'égalité des territoires (SRADDET)

1. Définition (article L. 4251-1 du CGCT)

Créé par la loi NOTRe, le SRADDET est un document prescriptif élaboré par la région, réunissant plusieurs outils de planification sectoriels préexistants, dont le schéma régional des infrastructures et des transports (SRIT), le schéma régional de l'intermodalité (SRI), le schéma régional du climat, de l'air et de l'énergie (SRCAE) ou encore le plan régional de prévention et de gestion des déchets (PRPGD). Il ne s'agit pas d'un document d'urbanisme mais d'un document de planification stratégique, d'où le fait qu'il ne soit pas régi par le code de l'urbanisme mais par le code général des collectivités territoriales.

Ce schéma fixe les objectifs de moyen et long termes sur le territoire de la région en matière d'équilibre et d'égalité des territoires, d'implantation des différentes infrastructures d'intérêt régional, de désenclavement des territoires ruraux, d'habitat, de gestion économe de l'espace, d'intermodalité et de développement des transports, de maîtrise et de valorisation de l'énergie, de lutte contre le changement climatique, de pollution de l'air, de protection et de restauration de la biodiversité, et de prévention et de gestion des déchets. Le schéma identifie les voies et les axes routiers qui, par leurs caractéristiques, constituent des itinéraires d'intérêt régional.

Ne sont pas concernés par le SRADDET, la région Île-de-France qui dispose de son propre schéma (schéma directeur de la Région Île-de-France – SDRIF), les régions d'outre-mer (couvertes par des schémas d'aménagement régionaux – SAR) et les collectivités à statut particulier comme la Corse (couverte par un plan d'aménagement et de développement durable de la Corse – PADDUC).

La première génération de SRADDET devra être adoptée le 7 août 2019 au plus tard, le législateur ayant laissé aux régions trois années après la promulgation de la loi pour élaborer, en lien étroit avec les territoires, ce document de planification stratégique.

2. Contenu (articles R. 4251-1 à R. 4251-13 du CGCT)

Le code général des collectivités territoriales distingue quatre grandes parties devant composer le SRADDET :

– le **rapport** : le rapport du schéma fait la synthèse de l'état des lieux de l'aménagement, du développement durable et de l'égalité des territoires dans la région. Il identifie les enjeux dans les domaines de compétence du schéma. Il expose la stratégie régionale et fixe les objectifs qui en découlent ;

– le **fascicule** : ce fascicule regroupe les règles générales et est organisé en chapitres thématiques. Il comporte les règles définies par les articles R. 4251-9 à R. 4251-12 (règles relatives aux infrastructures de transport, d'intermodalité et de développement des transports ; règles en matière de climat, d'air et d'énergie ; règles relatives à la protection et la restauration de la biodiversité ; règles en matière de prévention et de gestion des déchets), ainsi que toute autre règle générale contribuant à la réalisation des objectifs du schéma ;

– une **carte synthétique** : elle illustre les objectifs fixés par le rapport ;

– les **annexes** : elles sont composées du rapport sur les incidences environnementales, de l'état des lieux de la prévention et gestion des déchets, du diagnostic du territoire régional, de la présentation des continuités écologiques, du plan d'action stratégique et de l'atlas cartographique prévus par les articles R. 371-26 à R. 371-29 du code de l'environnement. Peuvent en outre figurer dans les annexes tous documents, analyses, évaluations et autres éléments utilisés pour élaborer le schéma que la région estime nécessaires de présenter à titre indicatif, ainsi que ceux qui portent sur la mise en œuvre de celui-ci, notamment la contribution attendue du contrat de plan État-région.

3. Effets juridiques (articles L. 4251-2 et suivants du CGCT)

Le CGCT fixe la liste des documents ou prescriptions que le SRADDET doit prendre en compte.

Les objectifs et les règles générales du SRADDET doivent respecter les règles générales d'aménagement et d'urbanisme à caractère obligatoire prévues au livre Ier du code de l'urbanisme, ainsi que les servitudes d'utilité publique affectant l'utilisation des sols.

Les objectifs et les règles générales doivent également être compatibles avec les objectifs de qualité et de quantité des eaux définis par les schémas directeurs d'aménagement et de gestion des eaux, et les objectifs et orientations fondamentales des plans de gestion des risques d'inondation.

Enfin, ils doivent prendre en compte les projets d'intérêt général et les opérations d'intérêt national (articles L. 102-1 et L. 102-12 du code de l'urbanisme), les orientations fondamentales d'une gestion équilibrée et durable de la ressource en eau (article L. 211-1 du code de l'environnement), les projets de localisation des grands équipements, des infrastructures et des activités économiques importantes en termes d'investissement et d'emploi, les orientations de protection, de mise en valeur et de développement durable de la charte d'un parc national, le schéma interrégional d'aménagement et de développement de massif dans chacune des régions comprenant des zones de montagne, la stratégie nationale de développement à faible intensité de carbone, et les orientations nationales pour la préservation et la remise en bon état des continuités écologiques.

L'article L. 4251-3 du CGCT fixe la liste des documents d'urbanisme et de planification qui doivent, d'une part prendre en compte les objectifs du schéma régional d'aménagement, de développement durable et d'égalité des territoires et, d'autre part être compatibles avec les règles générales du fascicule de ce schéma : les schémas de cohérence territoriale et, à défaut, les plans locaux d'urbanisme, les cartes communales ou les documents en tenant lieu, les plans de déplacements urbains, les plans climat-air-énergie territoriaux et les chartes des parcs naturels régionaux.

4. Procédure d'élaboration (articles L. 4251-4 et suivants et R. 4251-14 et suivants du CGCT)

✔ La définition des modalités d'élaboration

Les modalités d'élaboration du SRADDET sont prévues par délibération du conseil régional, à l'issue d'un débat au sein de la conférence territoriale de l'action publique. Cette délibération détermine notamment les domaines contribuant à l'aménagement du territoire, fixe le calendrier prévisionnel d'élaboration et les modalités d'association des acteurs, ainsi que la liste des personnes morales associées sur les différents volets du schéma.

✔ Les objectifs du schéma

Préalablement à son élaboration, le conseil régional débat sur les objectifs du schéma.

✔ Les personnes associées à l'élaboration

De multiples personnes publiques doivent être associées à l'élaboration du SRADDET dont les règles ont été déterminées par le conseil régional.

Sont associés à l'élaboration du projet de schéma, le représentant de l'État dans la région, les conseils départementaux, les métropoles, les établissements publics mentionnés à l'article L. 143-16 du code de l'urbanisme (EPCI, syndicats mixtes), les collectivités territoriales à statut particulier situées sur le territoire de la région, les établissements publics de coopération intercommunale à fiscalité propre compétents en matière de plan local d'urbanisme, la population par le biais d'une concertation publique, les autorités compétentes pour l'organisation de la mobilité qui ont élaboré un plan de déplacements urbains, un comité composé de représentants des collectivités territoriales et de leurs groupements compétents en matière de collecte et de traitement des déchets, d'organismes publics et d'organisations professionnelles concernés, d'éco-organismes et d'associations agréées de protection de l'environnement, le comité régional de la biodiversité et, le cas échéant, les comités de massif.

Peuvent également être associés à l'élaboration les établissements publics de coopération intercommunale à fiscalité propre qui ne sont pas situés dans le périmètre d'un établissement public mentionné à l'article L. 143-16 du code de l'urbanisme, le conseil économique, social et environnemental régional, ainsi que les chambres d'agriculture, les chambres de commerce et d'industrie, et les chambres de métiers et de l'artisanat.

Le conseil régional peut enfin consulter le conseil régional des régions limitrophes et tout autre organisme ou personne sur tout ou partie du projet de schéma.

✔ L'arrêt du projet et l'enquête publique

Le projet de schéma est arrêté par le conseil régional et est soumis pour avis aux personnes et organismes associés à son élaboration, ainsi qu'au conseil économique, social et environnemental régional, à l'autorité environnementale et à la conférence territoriale de l'action publique.

L'avis est réputé favorable s'il n'a pas été rendu dans un délai de trois mois à compter de la transmission du projet de schéma.

Le projet de schéma est soumis à enquête publique par le président du conseil régional.

Après l'enquête publique, le schéma est éventuellement modifié pour tenir compte des avis recueillis, des observations du public et des conclusions de la commission d'enquête.

✔ L'adoption du schéma et son approbation

Le SRADDET est adopté par délibération du conseil régional dans les trois années qui suivent le renouvellement général des conseils régionaux.

Il est approuvé par arrêté du représentant de l'État dans la région. Ce dernier s'assure du respect, par le conseil régional, de la procédure d'élaboration prévue au CGCT, de la prise en compte des règles générales d'aménagement et d'urbanisme, et de sa conformité aux lois et règlements en vigueur et aux intérêts nationaux.

✔ Modification et révision (article L. 4251-9 du CGCT)

Lorsque les modifications n'ont pas pour effet de porter atteinte à son économie générale, le SRADDET peut être modifié sur proposition du président du conseil régional.

Le schéma peut également être révisé selon les mêmes modalités que celles prévues pour son élaboration.

✔ Mise en œuvre (articles L. 4251-8 à L. 4251-9 du CGCT)

Pour la mise en œuvre du SRADDET, la région peut conclure une convention avec un ou plusieurs établissements publics de coopération intercommunale à fiscalité propre, un pôle d'équilibre territorial et rural ou une collectivité à statut particulier. Cette convention précise les conditions d'application du schéma au territoire concerné.

La région communique au représentant de l'État, à sa demande, toutes les informations relatives à la mise en œuvre du schéma qui lui sont nécessaires pour réaliser les analyses, bilans, évaluations, notifications, rapports et autres documents prévus par des dispositions nationales ou communautaires, ainsi que par des conventions internationales.

✔ Évaluation (article L. 4251-10 du CGCT)

Dans les six mois suivant le renouvellement général des conseils régionaux, le président du conseil régional présente au conseil régional un bilan de la mise en œuvre du SRADDET. Celui-ci délibère et peut décider le maintien en vigueur du schéma, sa modification, sa révision partielle ou totale, ou son abrogation. La décision d'abrogation prend effet à la date de publication de l'arrêté approuvant le nouveau schéma élaboré.

FICHE 4 La planification urbaine : le SCOT

La loi pour l'accès au logement et un urbanisme rénové, dite loi ALUR, modifie sensiblement le régime juridique des documents d'urbanisme dont celui du schéma de cohérence territoriale (SCOT). Le SCOT est un document d'urbanisme qui a été instauré par la loi n° 2000-1208 du 13 décembre 2000 relative à la solidarité et au renouvellement urbains. Il remplace l'ancien schéma directeur.

1. Définition

Le SCOT est un **document de planification supracommunal** élaboré au niveau intercommunal. Il a pour objet de mettre en cohérence au niveau intercommunal les politiques locales menées en matière d'urbanisme, d'habitat, de développement économique, de déplacements, d'équipements et d'environnement. Il assure la cohérence des documents sectoriels intercommunaux : plans locaux d'urbanisme intercommunaux (PLUI), programmes locaux de l'habitat (PLH – zoom page 189), plans de déplacements urbains (PDU), et des PLU ou des cartes communales établis au niveau communal. La loi du 12 juillet 2010 dite « Grenelle 2 » a renforcé le rôle du SCOT en matière de développement durable, mais aussi ses effets juridiques, ainsi que le rôle de l'État dans la procédure d'élaboration.

Le SCOT doit respecter les **principes généraux** fixés aux articles L. 101-1 à L. 101-3 du Code de l'urbanisme, à savoir :

– l'équilibre entre les populations résidant dans les zones urbaines et rurales ;

– l'équilibre entre le renouvellement urbain, le développement urbain maîtrisé, la restructuration des espaces urbanisés, la revitalisation des centres urbains et ruraux ;

– l'équilibre entre une utilisation économe des espaces naturels, la préservation des espaces affectés aux activités agricoles et forestières, et la protection des sites, milieux et paysages naturels ;

– l'équilibre entre la sauvegarde des ensembles urbains et la protection, conservation et restauration du patrimoine culturel ;

– l'équilibre entre les besoins en matière de mobilité ;

– la qualité urbaine, architecturale et paysagère, notamment des entrées de ville ;

– la diversité des fonctions urbaines et rurales, et la mixité sociale dans l'habitat, en prévoyant des capacités de construction et de réhabilitation suffisantes pour la satisfaction, sans discrimination, des besoins présents et futurs de l'ensemble des modes d'habitat, d'activités économiques, touristiques, sportives, culturelles et d'intérêt général ainsi que d'équipements publics et d'équipements commerciaux, en tenant compte en particulier des objectifs de répartition géographiquement équilibrée entre emploi, habitat, commerces et services, d'amélioration des performances énergétiques, de développement des communications électroniques, de diminution des obligations de déplacements motorisés et de développement des transports alternatifs à l'usage individuel de l'automobile ;

– la sécurité et la salubrité publiques ;

– la prévention des risques naturels prévisibles, des risques miniers, des risques technologiques, des pollutions et des nuisances de toute nature ;

– la protection des milieux naturels et des paysages, la préservation de la qualité de l'air, de l'eau, du sol et du sous-sol, des ressources naturelles, de la biodiversité, des écosystèmes, des espaces verts ainsi que la création, la préservation et la remise en bon état des continuités écologiques ;

– la lutte contre le changement climatique et l'adaptation à ce changement, la réduction des émissions de gaz à effet de serre, l'économie des ressources fossiles, la maîtrise de l'énergie et la production énergétique à partir de sources renouvelables.

ZOOM SUR

Le PLH et le PDU

Le programme local de l'habitat (PLH) est un document stratégique de programmation, élaboré à l'échelon intercommunal, qui inclut l'ensemble de la politique locale de l'habitat : parc public et privé, gestion du parc existant et des constructions nouvelles, populations spécifiques.

Outil global de planification de la mobilité à l'échelle intercommunale, le plan de déplacements urbains (PDU) détermine les principes régissant l'organisation du transport de personnes et de marchandises, la circulation et le stationnement, et vise l'amélioration du cadre de vie.

2. Le contenu

Le SCOT se compose de quatre volets.

✔ Un rapport de présentation (article L. 141-3 du code de l'urbanisme)

Le rapport de présentation explique les choix retenus pour **établir le projet d'aménagement et de développement durables, et le document d'orientation et d'objectifs,** en s'appuyant sur un diagnostic établi au regard des prévisions économiques et démographiques et des besoins répertoriés en matière de développement économique, d'aménagement de l'espace, d'environnement (notamment en matière de biodiversité), d'agriculture, de préservation du potentiel agronomique, d'équilibre social de l'habitat, de transports, d'équipements et de services.

Dans la continuité de la loi « Grenelle 2 », la loi ALUR modifie le contenu des PLU et des SCOT afin de leur donner encore davantage les moyens de lutter contre l'étalement urbain et la consommation d'espaces.

En particulier, selon l'article L. 141-3 du code de l'urbanisme, le rapport de présentation des SCOT doit désormais :

– identifier, en prenant en compte la qualité des paysages et du patrimoine architectural, les espaces dans lesquels les plans locaux d'urbanisme doivent analyser les capacités de densification et de mutation en application de l'article L. 151-4 ;
– présenter, depuis la loi dite « Grenelle 2 » de 2010, une analyse de la consommation d'espaces naturels, agricoles et forestiers au cours des dix dernières années et justifier les objectifs chiffrés de limitation de cette consommation compris dans le document d'orientation et d'objectifs ;
– décrire l'articulation du schéma avec les autres documents d'urbanisme, avec lesquels il est compatible ou qu'il prend en compte.

Il contient également un diagnostic, un état initial de l'environnement, le projet d'aménagement et de développement durables, un phasage éventuel ainsi que les incidences prévisibles sur l'environnement.

✔ Un projet d'aménagement et de développement durables (PADD) (article L. 141-4 du code de l'urbanisme)

Le projet d'aménagement et de développement durables fixe les objectifs des politiques publiques d'urbanisme, du logement, des transports et des déplacements, d'implantation commerciale, d'équipements structurants, de développement économique, touristique et culturel, de développement des communications électroniques, de qualité paysagère, de protection et de mise en valeur des espaces naturels, agricoles et forestiers et des paysages, et de préservation et de mise en valeur des ressources naturelles, de lutte contre l'étalement urbain, et de préservation et de remise en bon état des continuités écologiques. En matière de déplacements, ces objectifs intègrent une approche qualitative prenant en compte les temps de déplacement.

✔ Un document d'orientation et d'objectifs (DOO) (article L. 141-5 du code de l'urbanisme)

Le document d'orientation et d'objectifs détermine :
– les orientations générales de l'organisation de l'espace et les grands équilibres entre les espaces urbains et à urbaniser, et les espaces ruraux, naturels, agricoles et forestiers ;
– les conditions d'un développement urbain maîtrisé et les principes de restructuration des espaces urbanisés, de revitalisation des centres urbains et ruraux, de mise en valeur des entrées de ville, de valorisation des paysages et de prévention des risques ;
– les conditions d'un développement équilibré dans l'espace rural entre l'habitat, l'activité économique et artisanale, et la préservation des sites naturels, agricoles et forestiers.

Il assure la **cohérence d'ensemble des orientations** arrêtées dans ces différents domaines.

✔ Des documents graphiques (article L. 141-2 du code de l'urbanisme)

Ces documents graphiques délimitent par exemple les espaces ou sites à protéger, les densités maximales de construction, les zones d'aménagement commercial, etc.

3. Les effets juridiques

L'article L. 142-1 du code de l'urbanisme fixe la liste des différents documents d'urbanisme, plans et autorisations devant être compatibles avec le SCOT, à savoir les plans locaux d'urbanisme, les plans de sauvegarde et de mise en valeur, les cartes communales, les programmes locaux de l'habitat, les plans de déplacements urbains, la délimitation des périmètres d'intervention, les opérations foncières et les opérations d'aménagement définies par décret en Conseil d'État, les autorisations commerciales prévues à l'article L. 752-1 du Code de commerce, les autorisations pour les cinémas prévues à l'article L. 212-7 du Code du cinéma et de l'image animée, et les permis de construire tenant lieu d'autorisation d'exploitation commerciale.

Par ailleurs, le schéma de cohérence territoriale doit lui-même être compatible avec de nombreux autres schémas, dont le schéma régional d'aménagement, de développement durable et d'égalité des territoires (SRADDET), les chartes des parcs naturels régionaux, les schémas directeurs d'aménagement et de gestion des eaux, les plans de gestion des risques d'inondation, et les directives de protection et de mise en valeur des paysages (article L. 131-1 du code de l'urbanisme).

Enfin, il doit prendre en compte les schémas régionaux de cohérence écologique, les schémas régionaux de développement de l'aquaculture marine, les programmes d'équipement de l'État, des collectivités territoriales et des établissements et services publics, les schémas régionaux des carrières et les schémas départementaux d'accès à la ressource forestière (article L. 131-2 du code de l'urbanisme).

ZOOM SUR

Le principe d'urbanisation limitée en l'absence de SCOT

Depuis la loi solidarité et renouvellement urbains (SRU) de 2000, le code de l'urbanisme institue une « règle des quinze kilomètres », dont l'objectif est d'encourager les collectivités territoriales à élaborer un SCOT, en réduisant leur possibilité d'urbanisation nouvelle pour celles qui ne sont pas couvertes par ce document.
La loi ALUR a renforcé ce principe, afin de limiter plus fortement l'urbanisation des zones non couvertes par un SCOT et d'encourager ainsi la couverture intégrale du territoire national par des SCOT (article L. 142-4 du code de l'urbanisme).

4. La procédure d'élaboration

La procédure d'élaboration se décompose en quatre phases : la délimitation du périmètre, la prescription du SCOT, l'élaboration du projet de SCOT et l'approbation du SCOT. La loi du 12 juillet 2010 est venue renforcer les pouvoirs du préfet en la matière.

✔ La délimitation du périmètre

Le **périmètre du SCOT** est défini par l'EPCI ou le syndicat mixte chargé de l'élaboration du SCOT. Ce périmètre doit correspondre à un territoire d'un seul tenant et sans enclave.

Lorsque le périmètre concerne des établissements publics de coopération intercommunale compétents en matière de schémas de cohérence territoriale, il recouvre la totalité du périmètre de ces établissements.

Toutefois, lorsque le périmètre d'un de ces établissements n'est pas d'un seul tenant, le périmètre du schéma peut ne pas comprendre la totalité des communes membres de cet établissement à condition de comprendre la totalité de la partie ou des parties d'un seul tenant qui le concerne (article L. 143-2 du code de l'urbanisme).

La loi ALUR a enrichi les critères qui doivent prévaloir pour définir tout nouveau périmètre de SCOT : « ce périmètre permet de prendre en compte de façon cohérente les besoins de protection des espaces naturels et agricoles, et les besoins et usages des habitants en matière d'équipements, de logements, d'espaces verts, de services et d'emplois » (article L. 143-3 du code de l'urbanisme).

Le périmètre des schémas de secteurs est délimité par délibération de l'établissement, puis transmis au préfet qui, après avoir recueilli l'avis du ou des départements concernés, l'arrête définitivement.

✔ La prescription de l'élaboration du SCOT

Il revient à l'EPCI ou au syndicat mixte compétent de prescrire l'élaboration du schéma, et de préciser les objectifs poursuivis et les modalités de concertation (article L. 143-17).

L'EPCI ou le syndicat mixte organise un débat au sein de son organe délibérant sur les orientations du projet d'aménagement et de développement durable au plus tard quatre mois avant l'examen du projet de schéma (article L. 143-18 du code de l'urbanisme).

✔ L'élaboration du projet de SCOT

La procédure d'élaboration est ensuite **conduite par le président de l'EPCI** (article R. 143-2 du code de l'urbanisme).

Sont associés à l'élaboration différentes personnes publiques ou organismes : l'État, les régions, les départements, les établissements publics de coopération intercommunale compétents en matière de programme local de l'habitat, les chambres consulaires, les autorités compétentes en matière d'organisation des transports urbains, les organismes de gestion des parcs naturels régionaux, etc. (article L. 132-7 du code de l'urbanisme).

✔ L'arrêt du projet et son approbation

L'article L. 143-20 du code de l'urbanisme prévoit que le projet de schéma est arrêté par délibération de l'établissement public chargé de son élaboration.

Une fois le projet arrêté, celui-ci est transmis pour avis aux personnes publiques associées, aux communes et aux groupements de communes membres de l'établissement public et, à leur demande, aux établissements publics de coopération intercommunale directement intéressés ainsi qu'aux communes limitrophes. Au cas échéant, il est aussi transmis à la commission départementale de la préservation des espaces naturels, agricoles et forestiers, au comité de massif et au représentant de l'ensemble des organismes d'habitations à loyer modéré.

À ce stade, les communes et les EPCI situés dans le périmètre peuvent demander des modifications au projet.

Le SCOT est ensuite **soumis à enquête publique** (article L. 143-22).

Le SCOT est enfin **approuvé par délibération de l'organe délibérant** de l'EPCI ou du syndicat mixte (article L. 143-23 du code de l'urbanisme).

Il devient exécutoire deux mois après sa transmission au préfet (article L. 143-24 du code de l'urbanisme).

5. La révision et la modification d'un SCOT

La **procédure de révision**, prévue à l'article L. 143-29 du code de l'urbanisme, constitue le mode normal d'adaptation d'un SCOT.

Une révision est engagée lorsque sont envisagés des changements portant sur :

– les orientations définies par le projet d'aménagement et de développement durables ;

– les dispositions du document d'orientation et d'objectifs prises en application des articles L. 141-6 et L. 141-10 ;

– les dispositions du document d'orientation et d'objectifs relatives à la politique de l'habitat, prises en application du 1° de l'article L. 141-12, ayant pour effet de diminuer l'objectif global concernant l'offre de nouveaux logements.

Sous réserve des cas où une révision s'impose, en application de l'article L. 143-29 du code de l'urbanisme, le SCOT peut faire l'objet d'une procédure de modification à l'initiative du président, lorsque l'économie générale du document n'est pas remise en cause.

6. L'évaluation du SCOT (article L. 143-28 du code de l'urbanisme)

Six ans au plus après la délibération portant approbation ou révision du schéma de cohérence territoriale, l'établissement public procède à une analyse des résultats de l'application du schéma, notamment en matière d'environnement, de transports et de déplacements, de maîtrise de la consommation de l'espace, d'implantations commerciales et, en zone de montagne, de réhabilitation de l'immobilier de loisir et d'unités touristiques nouvelles structurantes. Ensuite, il délibère sur son maintien en vigueur, ou sur sa révision partielle ou complète.

Cette analyse est communiquée au public et à l'autorité administrative compétente en matière d'environnement.

À défaut d'une telle délibération, le schéma de cohérence territoriale devient caduc.

FICHE 5

La planification urbaine : le contenu du PLU

Le plan local d'urbanisme (PLU) a été introduit par la loi n° 2000-1208 du 13 décembre 2000 relative à la solidarité et au renouvellement urbains (SRU), en remplacement du plan d'occupation des sols (POS).

1. Définition

✔ Le plan local d'urbanisme (PLU)

Le PLU a pour objet de définir les options d'aménagement du territoire communal, de fixer des règles d'utilisation des sols, d'organiser les déplacements, et d'envisager les équipements publics à réaliser. Il se distingue en cela des anciens POS dont la vocation était essentiellement de réglementer l'utilisation des sols.

D'un point de vue territorial, le PLU couvre l'ensemble du territoire communal ou intercommunal lorsqu'il est élaboré par un établissement public de coopération intercommunale.

La loi ALUR de 2014 a modifié sensiblement le régime juridique du PLU.

✔ Le plan local d'urbanisme intercommunal (PLUI)

Alors que les communautés urbaines et les métropoles disposaient déjà de la compétence pour élaborer un PLUI, la loi ALUR a transféré la compétence des PLU aux communautés de communes et communautés d'agglomération, dans un délai de trois ans après la publication de la loi, sauf opposition d'au moins un quart des communes membres représentant au moins 20 % de la population.

Il existe toutefois une possibilité de blocage de ce transfert pour les communes : si, dans les trois mois précédant le terme du délai de trois ans, au moins 25 % des communes représentant au moins 20 % de la population s'opposent à ce transfert de compétences, celui-ci ne peut avoir lieu.

Par ailleurs, après chaque renouvellement municipal, la loi ALUR oblige les EPCI à débattre à nouveau du transfert de compétences (article 136 de la loi). De même, le contenu du plan local d'urbanisme intercommunal a été profondément modifié par la loi ALUR. Ainsi, l'obligation d'intégrer dans le PLUI le programme local de l'habitat (PLH) et le plan de déplacements urbains (PDU) est supprimée et devient facultative.

La loi crée, au sein du PLUI tenant lieu de PLH et de PDU, **le programme d'orientations et d'actions**, dont l'objet est de faciliter l'intégration des mesures et des éléments d'information nécessaires à la mise en œuvre de la politique de l'habitat et des déplacements. Selon la loi ALUR, ce ne sont plus les orientations d'aménagement et de programmation qui tiennent lieu de PLH et de PDU, mais l'ensemble des documents composant le PLUI.

Enfin, la loi prévoit que le PLUI est élaboré dans un esprit de collaboration entre l'EPCI et les communes.

2. Le contenu

Le plan local d'urbanisme comprend :
- un rapport de présentation ;
- un projet d'aménagement et de développement durables (PADD) ;
- des orientations d'aménagement et de programmation ;
- un règlement ;
- des annexes.

Chacun de ces éléments peut comprendre un ou plusieurs documents graphiques. Ces documents graphiques peuvent contenir des indications relatives au relief des espaces auxquels il s'applique (article L. 151-2 du code de l'urbanisme).

✔ Le rapport de présentation (articles L. 151-4, R. 123-1 à R. 123-2-2 du code de l'urbanisme)

Le rapport de présentation explique les choix retenus pour établir le projet d'aménagement et de développement durables, les orientations d'aménagement et de programmation et le règlement.

Il s'appuie sur un diagnostic établi au regard des prévisions économiques et démographiques, et des besoins répertoriés en matière de développement économique, de surfaces et de développement agricoles, de développement forestier, d'aménagement de l'espace, d'environnement (notamment en matière de biodiversité), d'équilibre social de l'habitat, de transports, de commerce, d'équipements et de services.

Il analyse la consommation d'espaces naturels, agricoles et forestiers au cours des dix années précédant l'approbation du plan, ou depuis la dernière révision du document d'urbanisme, et la capacité de densification et de mutation de l'ensemble des espaces bâtis, en tenant compte des formes urbaines et architecturales.

Il expose les dispositions qui favorisent la densification de ces espaces ainsi que la limitation de la consommation des espaces naturels, agricoles ou forestiers.

Il justifie les objectifs chiffrés de modération de la consommation de l'espace et de lutte contre l'étalement urbain compris dans le projet d'aménagement et de développement durables, au regard des objectifs de consommation de l'espace fixés, le cas échéant, par le schéma de cohérence territoriale et au regard des dynamiques économiques et démographiques.

Il établit un inventaire des capacités de stationnement de véhicules motorisés, de véhicules hybrides et électriques, et de vélos des parcs ouverts au public, et des possibilités de mutualisation de ces capacités.

✔ Le projet d'aménagement et de développement durables (PADD) (article L. 151-5 du code de l'urbanisme)

Le projet d'aménagement et de développement durables définit :

– les orientations générales des politiques d'aménagement, d'équipement, d'urbanisme, de paysage, de protection des espaces naturels, agricoles et forestiers, et de préservation ou de remise en bon état des continuités écologiques ;

– les orientations générales concernant l'habitat, les transports et les déplacements, les réseaux d'énergie, le développement des communications numériques, l'équipement commercial, le développement économique et les loisirs, retenues pour l'ensemble de l'établissement public de coopération intercommunale ou de la commune.

Il fixe également des objectifs chiffrés de modération de la consommation de l'espace et de lutte contre l'étalement urbain.

✔ Les orientations d'aménagement et de programmation (articles L. 151-6 à L. 151-7 du code de l'urbanisme)

Les orientations d'aménagement et de programmation comprennent, en cohérence avec le projet d'aménagement et de développement durables, des dispositions portant sur l'aménagement, l'habitat, les transports et les déplacements.

En l'absence de schéma de cohérence territoriale, les orientations d'aménagement et de programmation d'un plan local d'urbanisme élaboré par un établissement public de coopération intercommunale comprennent les dispositions relatives à l'équipement commercial et artisanal mentionnées aux articles L. 141-16 et L. 141-17 du code de l'urbanisme.

Les orientations d'aménagement et de programmation peuvent notamment :

– définir les actions et opérations nécessaires pour mettre en valeur l'environnement, notamment les continuités écologiques, les paysages, les entrées de villes et le patrimoine, lutter contre l'insalubrité, permettre le renouvellement urbain et assurer le développement de la commune ;

– favoriser la mixité fonctionnelle en prévoyant qu'en cas de réalisation d'opérations d'aménagement, de construction ou de réhabilitation, un pourcentage de ces opérations soit destiné à la réalisation de commerces ;

– comporter un échéancier prévisionnel de l'ouverture à l'urbanisation des zones à urbaniser et de la réalisation des équipements correspondants ;

– porter sur des quartiers ou des secteurs à mettre en valeur, réhabiliter, restructurer ou aménager ;

– prendre la forme de schémas d'aménagement et préciser les principales caractéristiques des voies et espaces publics ;

– adapter la délimitation des périmètres, en fonction de la qualité de la desserte, où s'applique le plafonnement à proximité des transports prévu à l'article L. 151-35.

✔ Le règlement (articles L. 151-8 et R. 123-4 et suivants du code de l'urbanisme)

La loi ALUR a modifié profondément les dispositions du code de l'urbanisme relatives au règlement du PLU.

Le règlement fixe, en cohérence avec le projet d'aménagement et de développement durables, les règles générales et les servitudes d'utilisation des sols permettant d'atteindre les objectifs mentionnés aux articles L. 101-1 à L. 101-3 du code de l'urbanisme.

Il délimite les zones urbaines, les zones à urbaniser, les zones agricoles et les zones naturelles et forestières, et énonce les règles applicables à l'intérieur de chacune de ces zones.

Les **zones urbaines** sont dites « zones U ». Peuvent être classés en zone urbaine les secteurs déjà urbanisés et les secteurs où les équipements publics, existants ou en cours de réalisation, ont une capacité suffisante pour desservir les constructions à implanter.

Les **zones à urbaniser** sont dites « zones AU ». Peuvent être classés en zone à urbaniser les secteurs à caractère naturel de la commune destinés à être ouverts à l'urbanisation.

Les **zones agricoles** sont dites « zones A ». Peuvent être classés en zone agricole les secteurs de la commune, équipés ou non, à protéger en raison du potentiel agronomique, biologique ou économique des terres agricoles.

Les **zones naturelles et forestières** sont dites « zones N ». Peuvent être classés en zone naturelle et forestière les secteurs de la commune, équipés ou non, à protéger.

La création, au sein des zones naturelles, agricoles et forestières, de secteurs de taille et de capacité d'accueil limitées dérogeant aux règles habituelles des zones « A » et « N » a été considérablement restreinte par la loi ALUR, ainsi que les possibilités d'y autoriser des constructions, de même que les possibilités de construire en dehors de ces zones sont extrêmement réduites.

À noter : La loi ALUR a supprimé le coefficient d'occupation des sols (COS) : aucune règle de superficie minimale ne peut plus être imposée aux fins de construire.
Peuvent être délimités, dans des secteurs situés à proximité des transports collectifs existants ou programmés, des secteurs dans lesquels une densité minimale de construction est imposée.

Le règlement peut comprendre tout ou partie des règles suivantes :

– les occupations et utilisations du sol interdites ;

– les occupations et utilisations du sol soumises à des conditions particulières ;

– les conditions de desserte des terrains par les voies publiques ou privées, et d'accès aux voies ouvertes au public ;

– les conditions de desserte des terrains par les réseaux publics d'eau, d'électricité et d'assainissement, et les conditions de réalisation d'un assainissement individuel ;

– la superficie minimale des terrains constructibles, lorsque cette règle est justifiée par des contraintes techniques relatives à la réalisation d'un dispositif d'assainissement non collectif, ou lorsque cette règle est justifiée pour préserver l'urbanisation traditionnelle ou l'intérêt paysager de la zone considérée ;

– l'implantation des constructions par rapport aux voies et emprises publiques ;

– l'implantation des constructions par rapport aux limites séparatives ;

– l'implantation des constructions les unes par rapport aux autres sur une même propriété ;

– l'emprise au sol des constructions ;

– la hauteur maximale des constructions.

✔ Les documents graphiques (articles R. 151-17 à R. 151-25 du code de l'urbanisme)

Les zones U, AU, A et N sont délimitées sur un ou plusieurs documents graphiques.

Les documents graphiques du règlement font, en outre, apparaître s'il y a lieu d'autres éléments tels que les espaces boisés classés, les secteurs protégés en raison de la richesse du sol ou du sous-sol, les emplacements réservés aux voies et ouvrages publics, aux installations d'intérêt général et aux espaces verts, etc.

✔ Les annexes (articles R. 151-51 à R. 151-53 du code de l'urbanisme)

Les annexes indiquent certaines informations telles que les périmètres des ZAC, les zones de préemption, les servitudes d'utilité publique, le plan d'exposition au bruit des aérodromes, etc.

FICHE 6 Le PLU : effets et procédures

Le plan local d'urbanisme est un document stratégique et réglementaire essentiel car élaboré au plus proche des citoyens et ayant des effets juridiques les impactant très directement.

1. Les effets juridiques

Excepté certaines dérogations possibles, énumérées aux articles L. 152-3 et L. 152-4 du code de l'urbanisme, le règlement et ses documents graphiques sont opposables à toute personne publique ou privée pour l'exécution de tous travaux ou constructions (article L. 152-1).

Ces travaux ou opérations doivent en outre être compatibles avec les orientations d'aménagement, lorsqu'elles existent.

✔ Le PLU dans la hiérarchie des documents d'urbanisme

Le plan local d'urbanisme doit respecter les principes énoncés aux articles L. 101-1 à L. 101-3 du code de l'urbanisme.

Il doit, s'il y a lieu, être compatible avec les dispositions du schéma de cohérence territoriale, du schéma de mise en valeur de la mer, ainsi que du plan de déplacements urbains et du programme local de l'habitat (articles L. 131-4 et L. 131-5 du code de l'urbanisme). Il doit également respecter les plans climat-énergie territoriaux.

Par ailleurs, la loi ALUR modifie sensiblement les délais de mise en compatibilité des PLU, des documents en tenant lieu et des cartes communales, avec les SCOT. L'article L. 111-1-1 du code de l'urbanisme prévoit désormais que « lorsqu'un schéma de cohérence territoriale ou un schéma de secteur est approuvé après l'approbation d'un plan local d'urbanisme, d'un document en tenant lieu ou d'une carte communale, ces derniers doivent, si nécessaire, être rendus compatibles avec le schéma de cohérence territoriale ou le schéma de secteur **dans un délai d'un an. Ce délai est porté à trois ans** si la mise en compatibilité implique une révision du plan local d'urbanisme ou du document en tenant lieu ».

Ces nouvelles dispositions ne s'appliquent toutefois qu'à la mise en compatibilité d'un PLU, d'un document en tenant lieu ou d'une carte communale avec un SCOT ou un schéma de secteur **approuvé après le 1er juillet 2015**. La mise en compatibilité avec un SCOT ou un schéma de secteur **approuvé avant le 1er juillet 2015** continue d'obéir aux anciennes dispositions de l'article L. 111-1-1 du code de l'urbanisme et à être soumise à **un délai de trois ans**.

2. La procédure d'élaboration

La procédure d'élaboration est prévue aux articles L. 153-11 et suivants du code de l'urbanisme.

L'organe délibérant de la commune ou de l'EPCI compétent prescrit par délibération l'élaboration du PLU, et précise les objectifs poursuivis et les modalités de concertation (article L. 153-11 du code de l'urbanisme).

Un débat a lieu au sein de l'organe délibérant de l'établissement public de coopération intercommunale et des conseils municipaux, ou du conseil municipal, sur les orientations générales du projet d'aménagement et de développement durables au plus tard deux mois avant l'examen du projet de plan local d'urbanisme (article L. 153-12 du code de l'urbanisme).

Le PLU est élaboré à l'initiative et sous la responsabilité de la commune ou de l'EPCI compétent.

L'organe délibérant de l'établissement public de coopération intercommunale ou le conseil municipal arrête le projet de PLU (article L. 153-14 du code de l'urbanisme).

Le projet de PLU est ensuite soumis pour avis aux personnes publiques associées, le cas échéant à la commission départementale de la préservation des espaces naturels, agricoles et forestiers, au comité régional de l'habitat et de l'hébergement ainsi qu'à la commission départementale de la nature, des paysages et des sites (article L. 153-16 du code de l'urbanisme). Il est également soumis, à leur demande, aux communes limitrophes, aux établissements publics de coopération intercommunale directement intéressés, et à la commission départementale de la préservation des espaces agricoles, naturels et forestiers (article L. 153-17 du code de l'urbanisme).

À l'issue de cette consultation, il fait l'objet d'une enquête publique (article L. 153-19 du code de l'urbanisme).

Il est enfin approuvé par délibération de l'organe délibérant (article L. 153-21 du code de l'urbanisme).

3. Les procédures de révision et de modification

Plusieurs procédures sont prévues par le code de l'urbanisme.

✔ La procédure de révision (article L. 153-31 du code de l'urbanisme)

Le plan local d'urbanisme est révisé lorsque l'établissement public de coopération intercommunale ou la commune décide :

– soit de changer les orientations définies par le projet d'aménagement et de développement durables ;

– soit de réduire un espace boisé classé, une zone agricole ou une zone naturelle et forestière ;

– soit de réduire une protection édictée en raison des risques de nuisance, de la qualité des sites, des paysages ou des milieux naturels, ou d'une évolution de nature à induire de graves risques de nuisance.

À noter : Par ailleurs, la loi ALUR prévoit que soit soumise à une procédure de révision l'ouverture à l'urbanisation d'une zone à urbaniser qui, dans les neuf ans suivant sa création, n'a pas été ouverte à l'urbanisation ou n'a pas fait l'objet d'acquisitions foncières significatives de la part de la commune ou de l'établissement public de coopération intercommunale compétent, directement ou par l'intermédiaire d'un opérateur foncier.

La procédure est **identique à celle de l'élaboration du PLU** (article L. 153-33 du code de l'urbanisme).

La procédure de révision peut être « allégée » lorsqu'il s'agit uniquement de réduire un espace boisé classé, une zone agricole ou une zone naturelle et forestière, une protection édictée en raison des risques de nuisance, de la qualité des sites, des paysages ou des milieux naturels, ou est de nature à induire de graves risques de nuisance, sans qu'il soit porté atteinte aux orientations définies par le plan d'aménagement et de développement durables.

✔ La procédure de modification (article L. 153-36 du code de l'urbanisme)

La procédure de modification est utilisée, sous réserve des cas où une révision s'impose, lorsque la modification envisagée :

– ne porte pas atteinte à l'économie générale du projet d'aménagement et de développement durables mentionné à l'article L. 123-1-3 du code de l'urbanisme ;

– ne réduit pas un espace boisé classé, une zone agricole ou une zone naturelle et forestière, ou une protection édictée en raison des risques de nuisance, de la qualité des sites, des paysages ou des milieux naturels ;

– ne comporte pas de graves risques de nuisance.

À noter : La loi ALUR prévoit que, lorsque le projet de modification porte sur l'ouverture à l'urbanisation d'une zone, une délibération motivée de l'organe délibérant de l'établissement public compétent ou du conseil municipal justifie l'utilité de cette ouverture au regard des capacités d'urbanisation encore inexploitées dans les zones déjà urbanisées et la faisabilité opérationnelle d'un projet dans ces zones.

✔ La procédure de modification simplifiée (article L. 153-45 du code de l'urbanisme)

La modification simplifiée est issue de la loi n° 2009-179 du 17 février 2009 pour l'accélération des programmes de construction et d'investissements publics et privés.

Dans certains cas, à l'initiative du président de l'établissement public de coopération intercommunale ou du maire, la modification peut être effectuée selon une procédure simplifiée. Il en est ainsi lorsque le projet de modification a uniquement pour objet la rectification d'une erreur matérielle.

Son principal intérêt réside dans l'absence d'enquête publique, ce qui permet d'accélérer la modification du PLU.

ZOOM SUR

la déclaration de projet

La déclaration de projet (article L. 300-6 du code de l'urbanisme) est une procédure qui consiste à se prononcer sur l'intérêt général d'une action ou d'une opération d'aménagement, ou de la réalisation d'un programme de construction.

L'adoption de la déclaration de projet emporte la mise en compatibilité du PLU.

FICHE 7

La planification urbaine : la carte communale

La carte communale est un document d'urbanisme communal adapté aux petites communes dépourvues de plans locaux d'urbanisme (PLU).

1. Définition

La carte communale est un document d'application des règles générales d'urbanisme (RGU).

L'article L. 160-1 du code de l'urbanisme dispose que : « Les communes ou les établissements publics de coopération intercommunale compétents en matière de plan local d'urbanisme, de document en tenant lieu et de carte communale qui ne sont pas dotés d'un plan local d'urbanisme peuvent élaborer une carte communale. »

Comme pour les PLU, la loi ALUR a transféré aux communautés de communes et communautés d'agglomération la compétence « carte communale ». Ce transfert est intervenu à l'expiration d'un délai de trois ans à compter de la publication de ladite loi, c'est-à-dire le 27 mars 2017.

Si, dans les trois mois précédant le terme du délai de trois ans mentionné (c'est-à-dire entre le 26 décembre 2016 et le 26 mars 2017), au moins 25 % des communes représentant au moins 20 % de la population s'y sont opposés par délibération, ce transfert de compétences n'a pas eu lieu.

2. Le contenu

En application de l'article L. 161-1 du code de l'urbanisme, « la carte communale comprend un rapport de présentation et un ou plusieurs documents graphiques ».

✔ Le rapport de présentation

Son contenu est défini par l'article R. 161-2 du code de l'urbanisme.

Ainsi, le rapport de présentation :

– analyse l'état initial de l'environnement et expose les prévisions de développement, notamment en matière économique et démographique ;

– explique les choix retenus, notamment au regard des objectifs et des principes définis aux articles L. 101-1 et L. 101-2, pour la délimitation des secteurs où les constructions sont autorisées. En cas de révision, il justifie, le cas échéant, les changements apportés à ces délimitations ;

– évalue les incidences des choix de la carte communale sur l'environnement et expose la manière dont la carte prend en compte le souci de sa préservation et de sa mise en valeur.

✔ Les documents graphiques et le zonage sommaire des cartes communales

Le ou les documents graphiques délimitent les secteurs constructibles et inconstructibles, assortis d'exceptions : l'adaptation, le changement de destination, la réfection ou l'extension des constructions existantes ou des constructions et installations nécessaires à certains équipements collectifs ou à des services publics, etc. (article R. 161-4 du code de l'urbanisme).

Par ailleurs, ce sont les documents graphiques qui définissent, le cas échéant, le périmètre d'application du droit de préemption urbain.

✔ La carte communale et la hiérarchie des règles d'urbanisme (article L. 131-4 du code de l'urbanisme)

Le contenu de la carte communale doit tout d'abord **s'inscrire dans un cadre commun** constitué d'un ensemble de principes généraux énoncés aux articles L. 101-1 à L. 101-3 du code de l'urbanisme.

Elle doit aussi être compatible, s'il y a lieu, avec certains documents d'urbanisme supracommunaux (schéma de cohérence territoriale, schéma de mise en valeur de la mer, plan de déplacements urbains, programme local de l'habitat, avec les dispositions particulières aux zones de bruit des aérodromes).

3. Les effets juridiques

✔ La délivrance des permis de construire

Le maire est compétent pour délivrer les permis de construire dans les communes qui se sont dotées d'un plan local d'urbanisme ou d'un document d'urbanisme en tenant lieu, ainsi que dans les communes qui se sont dotées d'une carte communale après la date de publication de la loi n° 2014-366 du 24 mars 2014 pour l'accès au logement et un urbanisme rénové. Dans les communes qui se sont dotées d'une carte communale avant cette date, le maire est compétent pour délivrer des permis de construire, au nom de la commune, après délibération du conseil municipal. En l'absence de décision du conseil municipal, le maire est compétent, au nom de la commune, à compter du 1er janvier 2017.

✔ Le droit de préemption urbain

Les conseils municipaux des communes dotées d'une carte communale approuvée peuvent, en vue de la réalisation d'un équipement ou d'une opération d'aménagement, instituer un droit de préemption dans un ou plusieurs périmètres délimités par la carte. La délibération précise, pour chaque périmètre, l'équipement ou l'opération projetée (article L. 211-1 du code de l'urbanisme).

4. La procédure d'élaboration

✔ L'initiative

Le conseil municipal ou l'organe délibérant de l'établissement public de coopération intercommunal compétent (si la commune a délégué ses compétences en matière d'urbanisme) prescrit l'élaboration de la carte communale par une délibération transmise au représentant de l'État dans le département (articles L. 163-3 et R. 124-4 du code de l'urbanisme).

✔ L'élaboration (article R. 163-1 du code de l'urbanisme)

Le maire ou le président de l'établissement public de coopération intercommunale compétent conduit la procédure d'élaboration ou de révision de la carte communale.

✔ L'enquête publique (articles L. 163-5 et R. 163-4 du code de l'urbanisme)

Une fois élaboré, le projet de carte communale est soumis à enquête publique avant approbation par le conseil municipal et par le préfet du département. Le projet de carte communale est soumis à enquête publique avant d'être approuvé par le conseil municipal (ou l'organe délibérant de l'EPCI).

✔ L'approbation (articles L. 163-6, L. 163-7 et R. 163-5 du code de l'urbanisme)

À l'issue de l'enquête publique, la carte communale, éventuellement modifiée pour tenir compte des avis qui ont été joints au dossier, des observations du public et du rapport du commissaire ou de la commission d'enquête, fait l'objet d'une double approbation. Elle est d'abord approuvée par le conseil municipal ou par délibération de l'établissement public de coopération intercommunale compétent, puis par le préfet.

La carte approuvée est tenue à disposition du public.

✔ La publicité (articles L. 163-7 et R. 163-6 du code de l'urbanisme)

La délibération et l'arrêté préfectoral qui approuvent la carte communale font ensuite l'objet d'un affichage et sont publiés.

La carte communale produit ses effets juridiques dès l'exécution de l'ensemble des formalités de publicité.

5. Les procédures de révision et de modification (L. 163-8 et L. 163-9 du code de l'urbanisme)

La carte communale peut être révisée dans des conditions semblables à son élaboration.

La carte communale peut également faire l'objet d'une modification simplifiée lorsque la commune ou l'établissement public de coopération intercommunale envisage de rectifier une erreur matérielle.

FICHE 8

Les autorisations d'urbanisme

Les autorisations d'urbanisme sont des actes administratifs qui permettent à l'autorité territoriale compétente de vérifier la conformité d'un projet de construction ou de démolition avec les règles d'urbanisme en vigueur.

1. Le permis de construire

Le permis de construire est un acte administratif individuel par lequel une autorité administrative autorise l'édification d'une construction ou la modification d'une construction existante au regard des règles d'urbanisme applicables au terrain.

Le permis de construire a un caractère préalable ; l'édification d'une construction sans permis constitue un délit (article L. 480-4 du code de l'urbanisme).

✔ Les champs d'application

Certains ouvrages sont **soumis à permis de construire**.

L'article L. 421-1 du code de l'urbanisme dispose que : « Les constructions, même ne comportant pas de fondations, doivent être précédées de la délivrance d'un permis de construire. »

Un décret en Conseil d'État arrête la liste des travaux exécutés sur des constructions existantes ainsi que des changements de destination qui, en raison de leur nature ou de leur localisation, doivent également être précédés de la délivrance d'un tel permis.

Certaines constructions sont **dispensées de toute formalité** (L. 421-5 du code de l'urbanisme) du fait :

– de leur très faible importance ;

– de la faible durée de leur maintien en place ou de leur caractère temporaire compte tenu de l'usage auquel elles sont destinées ;

– du fait qu'elles nécessitent le secret pour des raisons de sûreté ;

– que leur contrôle est exclusivement assuré par une autre autorisation ou une autre législation ;

– de leur nature et de leur implantation en mer, sur le domaine public maritime immergé au-delà de la laisse de la basse mer.

D'autres ouvrages sont **soumis à une simple déclaration préalable**. Un décret en Conseil d'État arrête la liste des constructions, aménagements, installations et travaux qui, en raison de leurs dimensions, de leur nature ou de leur localisation, ne justifient pas l'exigence d'un permis et font l'objet d'une déclaration préalable.

Cette liste figure aux articles R. 421-9 à R. 421-11 du code de l'urbanisme. Sont par exemple soumises à déclaration préalable les constructions dont l'emprise au sol, ou la surface de plancher, est supérieure à cinq mètres carrés et répondant aux critères cumulatifs suivants :

– une hauteur au-dessus du sol inférieure ou égale à douze mètres ;

– une emprise au sol inférieure ou égale à vingt mètres carrés ;

– une surface de plancher inférieure ou égale à vingt mètres carrés.

✔ Le dépôt de la demande de permis de construire

La demande de permis de construire est déposée par le propriétaire ou par une personne justifiant d'un titre l'habilitant à construire sur le terrain.

La demande est déposée en quatre exemplaires, soit au maire de la commune dotée d'un PLU ou d'une carte communale, soit, si la commune n'est pas couverte par un document de planification, au préfet, représentant de l'État (article R. 422-2 du code de l'urbanisme).

Dans les 15 jours, il est procédé à l'affichage d'un avis de dépôt de demande de permis de construire (article R. 423-6).

✔ L'instruction du dossier

Les **délais d'instruction** sont fixés par l'article R. 423-23 du code de l'urbanisme :

– un mois pour les déclarations préalables ;

– deux mois pour les demandes de permis de construire portant sur une maison individuelle ;

– trois mois pour les autres demandes de permis de construire et pour les demandes de permis d'aménager.

Ce délai doit être notifié dans le récépissé délivré le jour de la demande.

Le délai d'instruction court à compter de la réception par l'administration du dossier complet.

L'instruction peut nécessiter différentes consultations, comme celle de l'architecte des bâtiments de France pour les projets situés dans un site patrimonial remarquable (SPR), un site classé ou en instance de classement, un site inscrit ou un périmètre de protection des immeubles classés ou inscrits au titre des monuments historiques.

En l'absence de PLU ou de carte communale, lorsque la demande est instruite par les services de l'État, le maire transmet son avis. De même, lorsque le service instructeur est le président d'un EPCI, l'avis du maire de la commune intéressée est requis.

À la fin de l'instruction, le service instructeur établit un projet de décision et transmet le dossier à l'autorité compétente.

✔ La décision

Dans les communes dotées d'un PLU, le **maire est compétent pour délivrer le permis de construire** au nom de la commune. Il en va de même dans les communes dotées d'une carte communale approuvée, dès lors que le conseil municipal en a décidé ainsi (article L. 422-1 du code de l'urbanisme).

Dans toutes les autres hypothèses, le permis est **délivré par le préfet** au nom de l'État.

La décision d'octroi ou de refus du permis de construire est un **acte administratif unilatéral** prenant la forme d'un **arrêté**. La décision peut toutefois être tacite. En effet, le silence de l'administration à l'issue du délai d'instruction ou de la mise en demeure du demandeur vaut décision implicite d'octroi (article R. 424-1 du code de l'urbanisme).

Le permis de construire peut être octroyé purement et simplement, et donnera le droit au demandeur d'effectuer les travaux conformément au projet présenté.

Le permis de construire peut être assorti de prescriptions ; il doit alors être motivé.

Le permis de construire peut être refusé en cas de non-conformité à une règle d'urbanisme locale ou nationale. Ce refus doit être motivé.

Lorsqu'il est accordé, le permis de construire doit être affiché en mairie ainsi que sur le terrain à construire. Cet affichage fait courir les délais de recours contentieux à l'égard des tiers pendant deux mois.

2. Le permis de démolir

✔ Les champs d'application

Les dispositions applicables aux démolitions ont été réformées par le décret n° 2007-18 du 5 janvier 2007. Le permis de démolir est notamment exigé lorsque la construction dont la démolition est envisagée se trouve dans l'un des cas suivants :

– située dans une commune qui a institué le permis de démolir par délibération du conseil municipal ;

– située dans un secteur sauvegardé avec périmètre délimité ou dans un périmètre de restauration immobilière ;

– située dans un site classé ou inscrit ;

– inscrite au titre des monuments historiques ou adossée à un immeuble classé au titre des monuments historiques.

✔ La demande

La demande est déposée en mairie. Le **délai d'instruction** est de 2 mois à compter de l'enregistrement. Passé ce délai, le permis de démolir est tacitement accordé.

L'autorité compétente se prononce par **arrêté**, tout comme pour le permis de construire. De même, la décision peut être une simple autorisation, une autorisation de démolir assortie de prescriptions spéciales, ou constituer un refus.

Excepté dans la première hypothèse, la décision devra toujours être motivée. La décision est ensuite notifiée au demandeur avant de faire l'objet d'un affichage en mairie et sur le terrain.

La durée de validité des autorisations d'urbanisme, c'est-à-dire des permis de construire, d'aménager ou de démolir, est de 2 ans. Les travaux doivent impérativement être entrepris durant le délai de validité et ne doivent pas être interrompus pendant plus d'1 an sous peine d'invalider le permis.

FICHE 9 La politique du logement : les principaux textes

Historiquement compétence de l'État, la politique du logement a peu à peu été partagée avec les collectivités territoriales, sous l'effet de la décentralisation. De très nombreux textes législatifs ont été adoptés depuis les lois de décentralisation de 1982.

✔ La loi n° 82-526 du 22 juin **1982** relative aux droits et obligations des locataires et des bailleurs, dite **loi Quillot**, reconnaît le droit au logement comme un droit fondamental.

✔ La loi n° 83-8 du 7 janvier **1983** relative à la répartition des compétences entre les communes, les départements, les régions et l'État, dite **loi Defferre**, dispose que « Les communes, les départements, les régions définissent dans le cadre de leurs compétences respectives, leurs priorités en matière d'habitat. »

✔ La loi n° 90-449 du 31 mai **1990** visant à la mise en œuvre du droit au logement, dite **loi Besson** :

– dispose que « garantir le droit au logement constitue un devoir de solidarité pour l'ensemble de la nation » ;

– rend obligatoire l'établissement d'un plan départemental d'action pour le logement des plus défavorisés (PDALPD) au niveau départemental, accompagné du fonds de solidarité pour le logement (FSL) ;

– oblige les communes de plus de 5 000 habitants à réaliser des aires d'accueil pour les gens du voyage et à élaborer au niveau départemental un schéma départemental d'accueil des gens du voyage.

✔ La loi n° 91-662 du 13 juillet **1991** d'orientation pour la ville, dite **LOV** :

– incite à la réalisation de programmes locaux de l'habitat (PLH) à l'échelle intercommunale ;

– dispose que « les communes, les autres collectivités territoriales et leurs groupements, l'État et leurs établissements publics assurent, à tous les habitants des villes, des conditions de vie et d'habitat qui favorisent la cohésion sociale et permettent d'éviter les phénomènes de ségrégation » ;

– permet aux collectivités locales de créer des établissements publics fonciers locaux afin, notamment, d'assurer le portage des terrains nécessaires au logement social ;

– introduit pour certaines communes l'obligation d'un quota de 20 % de logements sociaux.

✔ La loi n° 98-657 du 29 juillet **1998** d'orientation relative à la lutte contre les exclusions :

– précise le cadre et les conditions d'intervention des plans départementaux d'action pour le logement des plus défavorisés ;

– améliore la transparence dans les attributions des logements sociaux.

✔ La loi n° 99-586 du 12 juillet **1999** relative au renforcement et à la simplification de la coopération intercommunale, dite **loi Chevènement** :

– donne compétence en matière d'habitat et de politique de la ville aux communautés d'agglomération et communautés urbaines ;

– donne compétence aux EPCI pour élaborer les PLH.

✔ La loi n° 2000-1208 du 13 décembre **2000** relative à la solidarité et au renouvellement urbains, dite **loi SRU** :

– renforce le rôle des PLH avec lesquels les nouveaux plans locaux d'urbanisme doivent être compatibles ;

– réaffirme les principes de mixité et les obligations posées par la LOV en fixant notamment un quota de 20 % de logements sociaux assorti de sanctions financières à l'égard des communes.

✔ La loi n° 2004-809 du 13 août **2004** relative aux libertés et responsabilités locales :

– donne aux départements la pleine responsabilité du pilotage et de la gestion du FSL ;

– transfère aux communes ou aux EPCI qui en font la demande, les opérations de construction, de reconstruction et d'équipement des locaux destinés au logement des étudiants.

✔ La loi n° 2006-872 du 13 juillet **2006** portant engagement national pour le logement, dite **loi ENL** :

– renforce le PDALPD ;

– crée, de plus, un plan départemental de l'habitat visant à coordonner les politiques locales ;

– rend obligatoire le PLH pour les EPCI à fiscalité propre de plus de 50 000 habitants comportant une commune d'au moins 15 000 habitants ;

– associe les EPCI compétents en matière d'habitat à l'élaboration des SCOT et des PLU, et les organismes d'HLM sont consultés sur le projet de PLU ;

– instaure des quotas de logements sociaux dans chaque opération de construction neuve ;

– autorise les communes à préempter pour construire des logements sociaux.

✔ La loi n° 2007-290 du 5 mars **2007** instituant le droit au logement opposable et portant diverses mesures en faveur de la cohésion sociale, dite **loi DALO**, fait du droit au logement une obligation de résultats garantie par des voies de recours ouvertes à certaines catégories de demandeurs. L'État a donc la responsabilité de fournir un logement à des catégories de publics reconnues prioritaires.

✔ La loi n° 2009-323 du 25 mars **2009** de mobilisation pour le logement et la lutte contre l'exclusion :

– renforce les PLH en abaissant le seuil démographique à 30 000 habitants à partir duquel celui-ci est obligatoire pour un EPCI et étend cette obligation aux communes de plus de 20 000 habitants ;

– permet de majorer (sans excéder 50 % de majoration) les règles de densité en cas de réalisation de programmes comportant des logements locatifs sociaux, sous certaines conditions de taille de la collectivité et de délai de réalisation ;

– permet au préfet d'utiliser le droit de préemption urbain de la commune ou de l'EPCI compétent en cas de carence au regard des obligations de constructions de logements sociaux.

✔ La loi n° 2010-788 du 12 juillet **2010** portant engagement national pour l'environnement :

– renforce le caractère prescriptif des SCOT ;

– intègre obligatoirement dans les PLU des orientations d'aménagement et de programmation en matière d'habitat ;

– fusionne les PLH et les PLU intercommunaux lorsque l'EPCI est compétent en matière de PLU.

✔ La loi n° 2013-61 du 18 janvier **2013** relative à la mobilisation du foncier public en faveur du logement et au renforcement des obligations de production de logement social. Elle renforce les dispositions de la loi relative à la solidarité et au renouvellement urbains (loi SRU), en relevant l'objectif de logement social de 20 à 25 % pour les communes de plus de 3 500 habitants et en quintuplant les pénalités dont sont passibles les communes en cas de non-respect de ces dispositions.

✔ La loi n° 2014-366 du 24 mars **2014** pour l'accès au logement et un urbanisme rénové, dite loi **ALUR**, outre son volet urbanisme, comporte de nombreuses dispositions relatives au logement, telles l'instauration de l'encadrement des loyers, avec la mise en place de la garantie universelle des loyers (GUL), l'augmentation du taux légal de logements sociaux de 20 à 25 % dans les communes soumises à la loi SRU (ce taux doit être atteint en 2025 sous peine de sanctions financières) et la refonte des modalités d'attribution des logements sociaux.

✔ Le 20 septembre 2017, le gouvernement Philippe a présenté sa « stratégie logement ». Celle-ci se fonde sur trois piliers :

– pilier 1 : construire plus, mieux et moins cher, pour provoquer un « choc d'offre » ;

– pilier 2 : répondre aux besoins de chacun et protéger les plus fragiles ;

– pilier 3 : améliorer le cadre de vie.

Une nouvelle loi logement fondée sur cette stratégie devrait être débattue au Parlement en 2018.

FICHE 10

La politique du logement : compétences des collectivités territoriales et des EPCI

Les collectivités territoriales, et de plus en plus les intercommunalités, disposent de compétences importantes en matière d'habitat et de logement.

1. La commune

✔ La construction et le financement du logement social

Les communes peuvent être maîtres d'ouvrage de logements sociaux. Elles interviennent en faveur du logement, notamment par l'intermédiaire des **offices publics d'habitat social**. Elles en garantissent les emprunts et participent au financement du logement social.

Le soutien financier des communes aux opérations de logement social leur permet de disposer d'un droit de réservation sur une partie de ce parc.

Enfin, les communes participent de droit aux **commissions d'attribution des logements locatifs sociaux** avec voix délibérative.

Par ailleurs, les communes dont la population est au moins égale à 3 500 habitants, en province, ou 1 500 en Île-de-France, et qui appartiennent à une agglomération (définition INSEE) de plus de 50 000 habitants comprenant au moins une commune de plus de 15 000 habitants, ont l'obligation d'atteindre **25 % de logements sociaux** dans leur parc de résidences principales.

✔ L'élaboration du PLH

Les communes de plus de 20 000 habitants ont l'obligation d'élaborer un programme local de l'habitat (PLH), lorsqu'elles ne sont pas membres d'un EPCI compétent.

✔ L'urbanisme

Par l'exercice de leurs compétences en matière d'urbanisme, les communes favorisent ou limitent la **mise en œuvre des politiques locales d'habitat**. Le PLU arrête les orientations générales concernant l'habitat par exemple, le zonage peut délimiter des périmètres destinés à la construction de logements sociaux, le droit de préemption urbain peut être exercé pour la réalisation de logements sociaux, etc.

2. Les EPCI

Les établissements publics de coopération intercommunale à fiscalité propre exercent des compétences de plus en plus importantes en matière de logement.

✔ Les métropoles

Les nouveaux EPCI que sont les **métropoles** se sont vu confier de **nombreuses compétences relatives au logement**.

La métropole exerce de plein droit, en lieu et place des communes membres, des compétences en matière d'aménagement de l'espace métropolitain (schéma de cohérence territoriale et schéma de secteur, plan local d'urbanisme et documents d'urbanisme, réalisations d'opérations d'aménagement d'intérêt métropolitain), en matière de politique locale de l'habitat (programme local de l'habitat, aides financières au logement social, etc.).

Par ailleurs, l'État peut déléguer, par convention à la métropole qui en fait la demande, des compétences supplémentaires en matière de logement ou d'aménagement.

De même, par convention passée avec le département ou la région, la métropole peut désormais exercer certaines compétences de ces collectivités limitativement énumérées par la loi (compétence logement du département par exemple).

✔ Les communautés urbaines

Les **communautés urbaines** ont en charge l'élaboration de documents d'urbanisme (schéma de cohérence territoriale, schémas de secteur, plan local d'urbanisme intercommunal et documents d'urbanisme en tenant lieu) qui déterminent des choix en matière de construction de logements. Elles sont responsables du programme local de l'habitat dont l'élaboration est obligatoire. Elles ont en charge la politique du logement d'intérêt communautaire, les aides financières au logement social d'intérêt communautaire, les actions en faveur du logement social d'intérêt communautaire, les actions en faveur du logement des personnes défavorisées. Elles disposent également de la compétence pour l'aménagement, l'entretien et la gestion des aires d'accueil des gens du voyage.

✔ Les communautés d'agglomération

L'équilibre social de l'habitat est l'une des compétences obligatoires des **communautés d'agglomération**. Elles ont également la responsabilité du programme local de l'habitat, de la politique du logement d'intérêt communautaire, des actions et aides financières en faveur du logement social d'intérêt communautaire. Pour la mise en œuvre de la politique communautaire d'équilibre social de l'habitat, la communauté d'agglomération est titulaire du droit de préemption urbain. Parmi leurs compétences obligatoires, figurent également l'aménagement, l'entretien et la gestion des aires d'accueil des gens du voyage.

✔ Les communautés de communes

L'aménagement de l'espace est une des deux compétences obligatoires des **communautés de communes**, de même que l'aménagement, l'entretien et la gestion des aires d'accueil des gens du voyage. La politique du logement et du cadre de vie est une compétence optionnelle. Pour la mise en œuvre de la politique communautaire d'équilibre social de l'habitat, la communauté de communes, dotée d'une compétence en ce domaine, peut exercer le droit de préemption urbain.

Certains de ces EPCI, notamment les **communautés** urbaines, les communautés d'agglomération et les communautés de communes **de plus de 30 000 habitants** comportant au moins une commune de plus de 10 000 habitants, sont tenues de se doter d'un PLH.

À noter : De nombreux offices publics d'habitat social communaux sont devenus intercommunaux ou ont été directement créés par ces EPCI.

3. Les départements

L'action des départements en faveur du logement se concrétise essentiellement au travers de l'élaboration de différents documents de planification et de financements en faveur du logement social.

✔ L'élaboration et la mise en œuvre de documents de planification

Les départements sont en charge de l'élaboration et de la mise en œuvre de différents plans et schémas :

– d'un **plan départemental d'action pour le logement des plus défavorisés** (PDALPD), en concertation avec les communes et leurs groupements ainsi que les autres personnes morales concernées, les services de l'État, les bailleurs sociaux, les associations d'insertion par le logement. Le **fonds de solidarité pour le logement** (FSL) est également à la charge des départements ;

– d'un **plan départemental de l'habitat** (PDH), destiné à coordonner la politique du logement sur l'ensemble du territoire départemental. Le PDH est élaboré conjointement par l'État, le département et les EPCI ayant adopté un PLH ;

– du **schéma départemental d'accueil des gens du voyage** (SDAGV), élaboré conjointement par le préfet et le président du conseil départemental en association avec une commission départementale consultative. Ce schéma évalue les besoins au niveau départemental et prescrit les aires d'accueil à réaliser.

Les départements définissent aussi les besoins en matière d'habitats spécifiques (établissements d'accueil pour les personnes âgées et pour les personnes handicapées, foyers d'accueil médicalisés, foyers de jeunes travailleurs, établissements d'accueil d'urgence).

✔ Les actions financières en faveur du logement

Les départements peuvent soutenir la construction de logements sociaux par des garanties d'emprunts, par des aides en faveur de l'accession sociale à la propriété, de l'adaptation des logements aux personnes handicapées ou âgées, de l'hébergement des jeunes, etc.

Les départements peuvent se voir déléguer par l'État la gestion des aides à la pierre.

Les départements mènent également des politiques foncières par l'intermédiaire d'établissements publics fonciers.

4. Les régions

En vertu du code général des collectivités territoriales et des dispositions issues de la loi NOTRe, la région peut intervenir en matière de logement, la loi lui reconnaissant désormais la compétence pour promouvoir le soutien à l'accès au logement et à l'amélioration de l'habitat, ainsi que le soutien à la politique de la ville et à la rénovation urbaine.

Dans cet esprit, le code de la construction et de l'habitation (notamment son article L. 312-2-1) dispose que les collectivités territoriales peuvent apporter en complément de l'État des financements en faveur du logement (réalisation de logements locatifs sociaux, réhabilitation ou démolition de logements locatifs, réalisation de places d'hébergement, opérations de rénovation urbaine, aides à l'amélioration de l'habitat).

Elles peuvent accorder des garanties d'emprunts, des subventions, des prêts, des bonifications d'intérêts pour la réalisation d'opérations d'habitat social.

Certaines régions comme l'Île-de-France sont dotées d'établissements publics fonciers à l'instar des départements.

FICHE 11 La politique de la ville

La politique de la ville est une terminologie qui désigne l'ensemble des dispositifs mis en œuvre par l'État et les collectivités territoriales pour améliorer les conditions de vie dans certains quartiers urbains.

1. Les acteurs de la politique de la ville

Les acteurs de la politique de la ville sont multiples. L'article 1er de la loi 2014-173 du 21 février 2014 de programmation pour la ville et la cohésion urbaine dispose : « La politique de la ville est une politique de cohésion urbaine et de solidarité, nationale et locale, envers les quartiers défavorisés et leurs habitants. Elle est conduite par l'État, les collectivités territoriales et leurs groupements dans l'objectif commun d'assurer l'égalité entre les territoires, de réduire les écarts de développement entre les quartiers défavorisés et leurs unités urbaines et d'améliorer les conditions de vie de leurs habitants ».

Plus généralement, la politique de la ville se caractérise par une mobilisation de tous les acteurs présents sur chaque territoire. Au-delà des pouvoirs publics, la politique de la ville mobilise différents organismes privés, comme les bailleurs sociaux, et s'appuie sur le milieu associatif.

Plusieurs structures publiques spécifiques ont par ailleurs été mises en place par les pouvoirs publics.

✔ Le ministre de la Ville

Institué en 1990, il prend des dénominations différentes selon les périodes (secrétaire d'État à la politique de la ville, ministère de la Ville, etc.). Il est chargé de préparer et de mettre en œuvre la politique de la ville, en animant et coordonnant l'action du Gouvernement.

Le poste de ministre de la Ville a disparu en 2017. Dans le gouvernement Philippe, la politique de la ville est rattachée au ministère de la Cohésion des territoires.

✔ L'Agence nationale pour la rénovation urbaine (ANRU)

Créée en 2004, l'ANRU associe des représentants de l'État, des **collectivités territoriales,** des **organismes** intervenant dans le domaine du **logement social**.

L'ANRU met en œuvre les programmes globaux et pluriannuels d'intervention pour transformer les quartiers dits « sensibles ».

L'ANRU intervient dans le cadre du Programme national de rénovation urbaine (PNRU) et du Programme quartiers anciens (PNRQAD) pour rénover et améliorer les logements, la voirie, les espaces publics, les établissements scolaires, etc.

L'ANRU s'appuie sur les **préfets** qui en sont les **délégués territoriaux**. Ce sont eux qui instruisent les projets de rénovation et les demandes de financement, qui attribuent les subventions aux collectivités territoriales et qui mettent en œuvre le programme de rénovation.

✔ Le commissariat général à l'égalité des territoires (CGET)

Créé en 2014, cet établissement public, placé sous la tutelle du Premier ministre, est issu de la fusion de trois entités : la délégation interministérielle à l'aménagement du territoire et à l'attractivité régionale (DATAR), du secrétariat général du comité interministériel des villes (SG-CIV) et de l'agence nationale pour la cohésion sociale et l'égalité des chances (ACSE). Le CGET conseille et appuie le Gouvernement dans la conception et la mise en œuvre des politiques de lutte contre les inégalités territoriales et le développement des capacités des territoires. Il assure le suivi et la coordination interministérielle de ces politiques.

✔ Le Comité interministériel des villes (CIV)

Instance rattachée au ministre de la Ville, **présidée par le Premier ministre** et réunissant tous les ministres impactés par la politique de la ville, le CIV est chargé de définir, animer, coordonner et évaluer les actions de l'État dans le cadre de la politique de la ville (décret n° 2015-77 du 27 janvier 2015).

✔ Le Conseil national des villes (CNV)

Créé par le décret n° 88-1015 du 28 octobre 1988 et réformé par le décret n° 2015-77 du 27 janvier 2015, le Conseil national des villes (CNV) concourt à la conception, à l'élaboration et au suivi de la politique de la ville. Cette instance est présidée par le Premier ministre et réunit des élus locaux, des responsables associatifs, des syndicalistes et des personnalités qualifiées. C'est un lieu de réflexion, d'analyse et d'anticipation des évolutions de la politique de la ville.

Ce conseil peut émettre, à la demande du Premier ministre ou du ministre chargé de la politique de la ville ou de sa propre initiative, toute proposition, avis ou recommandation sur les orientations de cette politique et sur sa mise en œuvre.

✔ L'observatoire national de la politique de la ville

Créé en 2014 (loi n°2014-173 du 21 février 2014), cet observatoire remplace l'observatoire national des zones urbaines sensibles (ONZUS). Il a principalement pour objet d'analyser la situation et les trajectoires des résidents des quartiers prioritaires de la politique de ville, de mesurer l'évolution des inégalités et des écarts de développement et d'évaluer la mise en œuvre des politiques en faveur de ces quartiers prioritaires.

L'observatoire élabore un rapport annuel sur l'évolution des quartiers prioritaires de la politique de la ville qui est remis au Gouvernement et au Parlement.

2. Les principaux dispositifs de la politique de la ville

✔ La loi n° 2014-173 du 21 février 2014 de programmation pour la ville et la cohésion urbaine

Cette loi fait suite au Comité interministériel des villes (CIV) du 19 février 2012. Son objectif est double : poursuivre la rénovation urbaine en concentrant les crédits de la politique de la ville sur un nombre resserré de territoires et lutter contre les discriminations.

Elle contient quatre mesures majeures :

– Un seul critère pour définir les **quartiers prioritaires**

Environ 1 300 quartiers prioritaires de la politique de la ville (contre 2 500 auparavant) sont désignés au regard des critères suivants :

1. des quartiers situés en territoire urbain ;
2. des quartiers présentant un nombre minimal d'habitants fixé par décret ;
3. des quartiers présentant un écart de développement économique et social apprécié au regard du revenu des habitants.

– La **participation des citoyens**

La loi prévoit la réflexion autour des projets de renouvellement urbain au travers de « conseils citoyens » qui regroupent habitants, associations et acteurs économiques.

– L'instauration d'un **contrat de ville**

La loi instaure un contrat de ville unique pour la ville et la cohésion sociale. Ce contrat unique doit permettre de mobiliser l'ensemble des politiques publiques d'éducation, d'emploi, de justice, de sécurité, de transport, de santé afin de rétablir l'égalité dans les quartiers prioritaires de la politique de la ville.

– Un **programme de rénovation urbaine** de 5 milliards d'euros

Avec le nouveau programme de renouvellement urbain 2014-2024, l'Agence nationale de rénovation urbaine (ANRU) dispose d'un budget de 5 milliards d'euros afin de poursuivre l'objectif d'amélioration du cadre de vie des habitants et de développement de la mixité sociale pour 200 quartiers déclarés d'intérêt national.

ZOOM SUR

Dans son discours devant les préfets en date du 5 septembre 2017, le président de la République, Emmanuel Macron, a annoncé un plan « volontariste pour la politique de la ville » et la préservation du budget de l'ANRU qui sera complété par des partenariats avec le secteur privé.

✔ Le Programme national pour la rénovation urbaine (PNRU)

La finalité du PNRU est de transformer en profondeur les quartiers classés prioritaires au titre de la politique de la ville qui présentent une forte concentration de personnes en difficulté sociale et économique.

La rénovation urbaine a pour objet de faire évoluer ces quartiers en matière d'habitat, d'espaces publics, de transports, etc.

✔ Les quartiers prioritaires de la politique de la ville

La politique de la ville est une politique publique dont l'action s'exerce spécifiquement sur des territoires précis qui concentrent des difficultés urbaines, économiques et sociales qui font l'objet d'une classification.

Dispositif de la politique de la ville créé en 2015, le QPPV a remplacé les zones urbaines sensibles.

L'identification des quartiers prioritaires se fonde sur le critère unique de concentration de personnes à bas revenus, c'est-à-dire de populations ayant des ressources inférieures à 60 % d'un revenu médian de référence. Localement, ce critère national est pondéré par le revenu fiscal médian de chaque agglomération afin d'identifier précisément les zones urbaines qui décrochent au sein d'un territoire donné.

La mise en œuvre de la politique de la ville dans ces quartiers prioritaires passe par la signature de contrats de ville. Ces contrats de ville réunissent l'État et les collectivités territoriales et s'inscrivent dans une démarche devant tenir compte des enjeux de développement économique, de développement urbain et de cohésion sociale. Ils fixent le cadre des futurs projets de renouvellement urbain et prévoient l'ensemble des actions à conduire pour favoriser la bonne articulation entre ces projets et le volet social de la politique de la ville.

✔ Les opérations de rénovation urbaine

Il s'agit d'opérations ambitieuses destinées à restructurer en profondeur l'architecture et l'urbanisme de certains quartiers sensibles (exemples : opérations de démolition-reconstruction, requalification d'espaces publics).

✔ Les zones franches urbaines-territoires entrepreneurs

Ce dispositif a pour ambition de doper le développement des quartiers défavorisés en permettant jusqu'en 2020 des exonérations d'impôt sur les bénéfices des entreprises qui s'y installent.

FICHE 12 Le Grand Paris

Le Grand Paris est un projet d'aménagement à l'échelle de l'agglomération parisienne visant à améliorer la vie des habitants, à corriger les inégalités territoriales et à construire une ville durable selon la définition qui en a été faite par le gouvernement Ayrault en 2013.
Le Grand Paris désigne à la fois un projet architectural d'envergure, un programme ambitieux de transports publics et une refonte des institutions territoriales en Île-de-France.

1. Le Grand Paris architectural

Initié en 2007, le Grand Paris était avant tout un projet architectural. Le 17 septembre 2007, à la Cité de l'architecture et du patrimoine, le président de la République, Nicolas Sarkozy, lançait une consultation d'architectes pour travailler sur le Grand Paris.

En 2010, a été créé l'**Atelier international du Grand Paris** (AIGP) qui a pour objet de réunir les dix équipes d'architectes sélectionnées au sein d'une même structure. Il s'agit d'une instance de réflexion sur le devenir du Grand Paris qui a pour objet de :

– poursuivre et approfondir les réflexions engagées par les équipes d'architectes consultées ;

– réaliser ou faire réaliser toutes études, démarches, propositions ayant pour but d'éclairer les choix relatifs à l'aménagement, à l'architecture et à l'urbanisme ;

– travailler sur la dimension métropolitaine et innovante des initiatives, projets et réalisations qui se situent dans la dynamique du Grand Paris ;

– faire partager au plus grand nombre les résultats de ces travaux pour permettre aux citoyens de mieux s'approprier les enjeux métropolitains.

2. Le Grand Paris des transports

8,5 millions de voyageurs empruntent quotidiennement les transports en commun en Île-de-France.

Pour améliorer les transports et la desserte des différents territoires stratégiques franciliens (pôles économiques, aéroports et gares TGV) ainsi que les trajets de banlieue à banlieue, il est prévu la construction de 205 km de lignes de métro automatique et de 72 nouvelles gares, c'est le **projet « Grand Paris Express »**.

La maîtrise d'ouvrage de ce vaste chantier a été confiée à la **Société du Grand Paris** (SGP), établissement public créé par la loi n° 2010-597 du 3 juin 2010 relative au Grand Paris.

3. Le Grand Paris institutionnel

La **loi n° 2014-58 du 27 janvier 2014** de modernisation de l'action publique territoriale et d'affirmation des métropoles crée une **nouvelle entité dénommée la métropole du Grand Paris** à compter du 1er janvier 2016.

Cet établissement public de coopération intercommunale se substitue aux 19 intercommunalités existantes en petite couronne francilienne.

Comme l'indique ce texte : « La métropole du Grand Paris est constituée en vue de la définition et de la mise en œuvre d'actions métropolitaines afin d'améliorer le cadre de vie de ses habitants, de réduire les inégalités entre les territoires qui la composent, de développer un modèle urbain, social et économique durable, moyens d'une meilleure attractivité et compétitivité au bénéfice de l'ensemble du territoire national. »

Plus précisément ses compétences sont les suivantes, à compter du 1er janvier 2017 :

✔ Aménagement de l'espace métropolitain

Il élabore le schéma de cohérence territoriale et est chargé de la définition, création et réalisation d'opérations d'aménagement d'intérêt métropolitain, d'actions de restructuration urbaine d'intérêt métropolitain, d'actions de valorisation du patrimoine naturel et paysager, de la constitution de réserves foncières d'intérêt métropolitain.

Il élabore un schéma métropolitain d'aménagement numérique.

✔ Politique locale de l'habitat

Il élabore un programme local de l'habitat ou document en tenant lieu.

En matière de logement, il verse des aides financières au logement social, agit en faveur du logement social et en faveur du logement des personnes défavorisées.

Il est chargé d'améliorer le parc immobilier bâti d'intérêt métropolitain, de réhabiliter et de résorber l'habitat insalubre d'intérêt métropolitain.

Il aménage, entretient et gère les aires d'accueil des gens du voyage.

✔ Développement et aménagement économique, social et culturel

Il est chargé de la création, de l'aménagement et de la gestion des zones d'activité industrielle, commerciale, tertiaire, artisanale, touristique, portuaire ou aéroportuaire d'intérêt métropolitain.

Il mène des actions de développement économique d'intérêt métropolitain.

Il est en charge de la construction, de l'aménagement, de l'entretien et du fonctionnement de grands équipements culturels et sportifs de dimension internationale ou nationale.

Il participe à la préparation des candidatures aux grands événements internationaux culturels, artistiques et sportifs accueillis sur son territoire.

✔ Protection et mise en valeur de l'environnement, politique du cadre de vie

Il est en charge de la lutte contre la pollution de l'air, contre les nuisances sonores.

Il soutient les actions de maîtrise de la demande d'énergie.

Il est chargé de l'élaboration et de l'adoption du plan climat-air-énergie territorial.

Il est en charge de la gestion des milieux aquatiques et de la prévention des inondations.

La métropole du Grand Paris est administrée par un **conseil de la métropole du Grand Paris** qui élit son président.

Les **conseillers métropolitains** seront élus au suffrage universel direct à partir de 2020, selon des modalités à définir dans une loi ultérieure.

La métropole est divisée en territoires d'au moins 300 000 habitants. Chaque territoire dispose d'un établissement public territorial (EPT).

ZOOM SUR

Le président de la République, Emmanuel Macron, a annoncé vouloir réorganiser la métropole du Grand Paris.
Deux visions opposées s'affrontent : celle consistant à approfondir la métropole actuelle en la fusionnant avec les trois départements de la petite couronne francilienne, et celle défendue par les départements et la région Île-de-France consistant à envisager une région-métropole à l'échelle de l'ensemble de l'Île-de-France.

QCM

10 min

Il peut y avoir plusieurs bonnes réponses par question.

1. Les règles générales d'urbanisme s'appliquent uniquement dans les communes non dotées d'un plan local d'urbanisme ou d'un document d'urbanisme en tenant lieu.

- ❑ **a.** Vrai
- ❑ **b.** Faux

2. La DTADD est un document d'urbanisme opposable aux SCOT.

- ❑ **a.** Vrai
- ❑ **b.** Faux

3. Le PADD est un document composant le SCOT. Que signifient ce sigle ?

- ❑ **a.** Projet d'aménagement et de développement durables
- ❑ **b.** Plan d'aménagement et de développement durables
- ❑ **c.** Plan d'action pour le développement durable

4. C'est le règlement du PLU qui détermine le zonage.

- ❑ **a.** Vrai
- ❑ **b.** Faux

5. Une carte communale permet l'instauration d'un droit de préemption urbain.

- ❑ **a.** Vrai
- ❑ **b.** Faux

6. Une construction ne comportant pas de fondations ne nécessite pas de permis de construire.

- ❑ **a.** Vrai
- ❑ **b.** Faux

7. Quel est le texte qui impose une obligation de 25 % de logements sociaux dans certaines communes ?

- ❑ **a.** La loi n° 91-662 du 13 juillet 1991 d'orientation pour la ville dite LOV
- ❑ **b.** La loi n° 2000-1208 du 13 décembre 2000 relative à la solidarité et au renouvellement urbains dite loi SRU
- ❑ **c.** La loi n° 2013-61 du 18 janvier 2013 relative à la mobilisation du foncier public en faveur du logement et au renforcement des obligations de production de logement social

8. L'élaboration d'un PLH relève du niveau :

- ❑ **a.** communal
- ❑ **b.** intercommunal
- ❑ **c.** départemental

9. Un QPPV est :

- ❑ **a.** un quartier particulièrement protégé à valoriser
- ❑ **b.** un quartier prioritaire politique de la ville
- ❑ **c.** un quartier préempté politique de la ville

10. Quel organisme a une mission de conseil et d'appui auprès du Gouvernement pour la conception et la mise en œuvre des politiques de lutte contre les inégalités territoriales et le développement des capacités des territoires ?

- ❑ **a.** Le comité interministériel à la ville
- ❑ **b.** Le conseil national des villes
- ❑ **c.** Le commissariat général à l'égalité des territoires
- ❑ **d.** L'observatoire national de la politique de la ville

EXERCICES

EXERCICE 1 ★★☆ 5 min

Que savez-vous de la loi du n° 2000-1208 du 13 décembre 2000 relative à la solidarité et au renouvellement urbains ?

EXERCICE 2 ★☆☆ 3 min

Quelles différences y a-t-il entre un PLU et une carte communale ?

EXERCICE 3 ★★☆ 5 min

Que savez-vous de la loi ALUR ?

EXERCICE 4 ★★☆ 5 min

Quel est l'objet de la loi dite « Grenelle 2 » ? Pouvez-vous citer des exemples ?

EXERCICE 5 ★★☆ 1 min

Pouvez-vous citer le nom de la ou des personnes en charge du logement, de la ville et de l'environnement au sein du gouvernement actuel ?

EXERCICE 6 ★☆☆ 5 min

Que pensez-vous du Grand Paris ?

EXERCICE 7 ★★☆ 5 min

L'aménagement urbain passe-t-il aujourd'hui par l'intercommunalité ?

EXERCICE 8 ★★★ 5 min

Comment la protection de l'environnement est-elle prise en compte dans le droit de l'urbanisme ?

EXERCICE 9 ★★★ 3 min

Que signifient les sigles suivants ?

- DTADD
- POS
- DOO
- SRU
- SCOT
- PLU
- ZAC

EXERCICE 10 ★★☆ 3 min

Pouvez-vous citer trois lois récentes présentant des avancées importantes en matière de politique du logement ?

→ *Retrouvez les corrigés en p. 224*

CORRIGÉS

QCM

CORRIGÉ

1 b.	2 b.	3 a.	4 a.	5 a.
6 b.	7 c.	8 b.	9 b.	10 c.

Pour aller plus loin

1 = b. Faux, certaines de ces dispositions dites d'ordre public trouvent à s'appliquer dans des communes dotées d'un document d'urbanisme.

2 = b. Faux, depuis la loi dite Grenelle 2, les DTADD contrairement aux anciennes DTA ne sont plus opposables aux SCOT.

6 = b. Faux, l'article L. 421-1 du code de l'urbanisme dispose que « les constructions, même ne comportant pas de fondations, doivent être précédées de la délivrance d'un permis de construire ».

7 = c. La loi SRU a fixé une obligation de 20 % de logement social dans certaines communes. La loi n° 2013-61 du 18 janvier 2013 relative à la mobilisation du foncier public en faveur du logement et au renforcement des obligations de production de logement social a renforcé cette obligation en faisant passer ce taux de 20 % à 25 %.

EXERCICES

EXERCICE 1

Il s'agit d'une loi très importante en matière d'urbanisme et d'habitat. C'est cette loi qui a notamment instauré les PLU, les SCOT et l'obligation de 20 % de logement social dans certaines communes.

EXERCICE 2

Comme le PLU, la carte communale est un document de planification urbaine, mais elle est mieux adaptée aux petites communes car plus simple dans son contenu et dans sa procédure d'élaboration que le PLU.

ATTENTION

Vous devez être capable d'expliquer ces différences de manière claire.

EXERCICE 3

Il s'agit de la loi n° 2014-366 du 24 mars 2014 pour l'accès au logement et un urbanisme rénové (ALUR) qui a été adoptée par le Parlement le 19 février 2014. Cette loi prévoit notamment en matière de logement un encadrement des loyers, avec la mise en place de la garantie universelle des loyers (GUL), ainsi qu'une refonte des modalités d'attribution des logements sociaux.

ATTENTION

C'est un sujet qui est régulièrement d'actualité. Vous devez en avoir connaissance et faire un minimum de recherches.

EXERCICE 4

La loi Grenelle 2 du 12 juillet 2010 complète les dispositions spécifiques des documents d'urbanisme relatives à la prise en compte de l'environnement et plus largement du développement durable.

Elle renforce par exemple la dimension environnementale du SCOT avec le DOO.

EXERCICE 5

Cette question est destinée à tester vos connaissances sur l'actualité de l'urbanisme et de l'aménagement.

EXERCICE 6

C'est un sujet particulièrement important tant les enjeux de Paris et de sa région sont stratégiques pour la France.
Il faut suivre de près l'évolution de ce dossier.

EXERCICE 7

L'aménagement urbain passe très certainement aujourd'hui par l'intercommunalité.
L'intercommunalité devient un échelon très important de la mise en œuvre des politiques d'urbanisme. L'élaboration des PLU est transférée peu à peu aux intercommunalités, les métropoles ont des compétences de plus en plus nombreuses en matière d'urbanisme, etc.

EXERCICE 8

L'environnement et sa protection sont de plus en plus pris en compte dans les politiques d'urbanisme du fait notamment de la loi dite « Grenelle 2 ». Une analyse approfondie par vos soins de cette réalité s'impose.

EXERCICE 9

– DTADD : directive territoriale d'aménagement et de développement durables.
– POS : plan d'occupation des sols.
– DOO : document d'orientation et d'objectifs (fiche sur le SCOT page 188).
– SRU : solidarité et renouvellement urbains (nom de la loi du 13 décembre 2000).
– SCOT : schéma de cohérence territoriale.
– PLU : plan local d'urbanisme.
– ZAC : zone d'aménagement concerté.

EXERCICE 10

Plusieurs réponses sont évidemment possibles, mais citons trois lois particulièrement importantes que vous ne pouvez ignorer :
– la loi dite SRU de 2000 ;
– la loi dite DALO de 2007 ;
– la loi dite ALUR de 2014.

PARTIE 1

Préparation aux épreuves

CHAPITRE 7
Entretien avec le jury

Fiches de cours

Entraînements

FICHE 1 La nature de l'épreuve

L'admission au concours d'attaché territorial comporte plusieurs épreuves orales dont un entretien avec un jury. Son objectif est de juger des capacités professionnelles, des aptitudes et de la motivation du candidat pour exercer les missions du cadre d'emplois pour lequel il postule.

1. Une épreuve professionnalisante

Cette épreuve d'admission se veut professionnalisante et ne consiste plus à juger les connaissances du candidat en matière de droit public ou de finances publiques, comme cela était le cas auparavant.

Si l'épreuve d'admission ne nécessite plus l'apprentissage de connaissances théoriques pointues sur les collectivités territoriales, elle n'en est pas pour autant plus facile et nécessite une préparation sérieuse.

2. Les attachés

Le contenu de l'épreuve d'admission varie selon le concours envisagé, dont voici le détail.

✔ Le concours externe

Outre l'épreuve orale de langue vivante, les épreuves d'admission du concours externe comprennent un entretien visant à apprécier, le cas échéant sous forme de mise en situation professionnelle, les connaissances administratives générales du candidat et sa capacité à les exploiter, ainsi que sa motivation et son aptitude à exercer les missions dévolues au cadre d'emplois, notamment dans la spécialité choisie (durée 20 min ; coefficient 4).

✔ Le concours interne

Outre une épreuve orale de langue vivante facultative, les épreuves d'admission au concours interne se composent d'un entretien, débutant par une présentation par le candidat de son expérience professionnelle et des compétences qu'il a acquises à cette occasion. Cet entretien est suivi d'une conversation visant à apprécier, le cas échéant sous forme d'une mise en situation professionnelle, la capacité du candidat à analyser son environnement professionnel et à résoudre les problèmes techniques ou d'encadrement les plus fréquemment rencontrés par un attaché. Cette épreuve doit permettre au jury d'apprécier l'expérience professionnelle du candidat, sa motivation et son aptitude à exercer les missions dévolues au cadre d'emplois, notamment dans la spécialité choisie (durée 25 min, dont 10 min au plus de présentation ; coefficient 5).

✔ Le 3e concours

Outre une épreuve orale de la langue vivante facultative, les épreuves d'admission du 3e concours comprennent un entretien ayant pour point de départ un exposé du candidat sur son expérience et les compétences qu'il a acquises à cette occasion. Cet entretien se fait sur la base d'un document retraçant le parcours professionnel du candidat, remis par lui au moment de l'inscription et établi conformément à un modèle fixé par arrêté du ministre chargé des collectivités territoriales. L'entretien vise à évaluer, le cas échéant sous forme d'une mise en situation professionnelle, la capacité du candidat à s'intégrer dans l'environnement professionnel au sein duquel il est appelé à exercer, ainsi que sa motivation et son aptitude à exercer les missions dévolues au cadre d'emplois, notamment dans la spécialité choisie (durée 25 min, dont 10 min au plus d'exposé ; coefficient 5).

Tableau récapitulatif des objectifs de l'entretien

Externe	Interne	3e concours
Tester les connaissances administratives générales et la capacité du candidat à les exploiter.	Connaître l'expérience professionnelle du candidat et les compétences qu'il a acquises à cette occasion.	Connaître l'expérience professionnelle du candidat et les compétences qu'il a acquises à cette occasion.
Tester la motivation du candidat.	Tester la capacité du candidat à analyser son environnement professionnel.	Tester la capacité du candidat à s'intégrer dans l'environnement professionnel.
Juger des aptitudes du candidat à exercer les missions d'un attaché territorial.	Tester la capacité du candidat à résoudre les problèmes techniques ou d'encadrement.	Tester la motivation du candidat.
		Juger des aptitudes du candidat à exercer les missions d'un attaché territorial.

FICHE 2 Les objectifs de l'épreuve

Vous avez passé le cap des écrits et êtes déclaré admissible, félicitations !

1. L'oral, une étape très sélective

Une fois les épreuves écrites passées, ne considérez pas que le concours soit d'ores et déjà acquis. La responsabilité du jury est lourde car il s'agit pour lui de départager les candidats et de recruter des agents qui seront amenés à travailler au service du public pour une longue durée. L'épreuve orale est par conséquent très sélective et va permettre d'écarter un grand nombre de candidats.

Le ratio candidats admissibles/admis est très variable d'un concours à l'autre, ceci en fonction de plusieurs éléments : d'une part le niveau général des écrits et d'autre part le nombre de postes à pourvoir.

Le jury a d'ailleurs la possibilité de modifier le nombre de postes à pourvoir déclaré initialement, en le revoyant à la hausse ou à la baisse... Ne vous fiez pas trop aux indications fournies par les centres de gestion au moment de l'ouverture des concours, les nombres de postes à pourvoir ne sont qu'indicatifs.

2. L'objectif du jury n'est pas de recruter sur un poste précis

Les concours de la fonction publique territoriale, à la différence de ceux de la fonction publique d'État, n'ont pas pour objectif de recruter des agents sur des postes précis. En effet, la réussite à un concours de la fonction publique territoriale entraîne uniquement l'inscription sur une liste d'aptitude, c'est-à-dire le droit de postuler à un emploi dans une collectivité territoriale ou un établissement public, et dont les missions peuvent être extrêmement variées.

Par conséquent, la difficulté pour le jury est d'apprécier un candidat non pas au regard d'un profil de poste précis, mais au regard d'un type de fonctions que le candidat serait susceptible d'assumer en tant qu'attaché territorial.

Les missions d'un attaché territorial et les domaines dans lesquels il est susceptible d'intervenir sont particulièrement diversifiés.

Le statut particulier des attachés territoriaux définit leurs missions de façon très large : « Ils participent à la conception, à l'élaboration et à la mise en œuvre des politiques décidées dans les domaines administratif, financier, économique, sanitaire, social, culturel, de l'animation et de l'urbanisme. Ils peuvent ainsi se voir confier des missions, des études ou des fonctions comportant des responsabilités particulières, notamment en matière de gestion des ressources humaines, de gestion des achats et des marchés publics, de gestion financière et de contrôle de gestion, de gestion immobilière et foncière et de conseil juridique. Ils peuvent également être chargés des actions de communication interne et externe et de celles liées au développement, à l'aménagement et à l'animation économique, sociale et culturelle de la collectivité. Ils exercent des fonctions d'encadrement et assurent la direction de bureau ou de service. »

3. Les critères d'appréciation du jury sont larges

Compte tenu de la variété des tâches qui peuvent vous être confiées en tant qu'attaché territorial, les critères d'appréciation du jury sont par conséquent très larges.

Le but premier de l'entretien avec le jury est de faire votre connaissance. Le jury souhaite évaluer un certain nombre de compétences nécessaires pour exercer les fonctions d'attaché territorial.

Au travers de cet entretien, le jury va tenter de cerner vos capacités et vos motivations à exercer les missions qui vous seraient confiées en cas de réussite au concours, mais aussi vos qualités humaines et votre personnalité.

Comme nous l'avons vu dans la fiche 1, les attentes du jury sont différentes selon que vous passez le concours d'attaché externe, interne ou le 3e concours.

4. Les différentes attentes du jury selon le concours

✔ Le concours externe

L'entretien vise à apprécier, le cas échéant sous forme d'une mise en situation professionnelle, les points suivants :

– Les connaissances administratives et la capacité à les exploiter

Il s'agit d'évaluer si le candidat dispose des connaissances administratives nécessaires à l'exercice de ses fonctions et que celles-ci ne sont pas trop théoriques.

Votre présentation doit montrer et illustrer que vous avez des connaissances et des savoir-faire utiles à l'exercice de vos futures missions.

➥ Développez par exemple une ou deux de vos activités. Attention à bien choisir ces exemples afin qu'ils correspondent au profil du poste demandé. Décrivez-les de manière claire et synthétique.

– La motivation du candidat

Le jury va souhaiter comprendre vos motivations à entrer dans la fonction publique territoriale et à accéder au grade d'attaché territorial.

➥ Vous devez démontrer en quoi les missions d'attaché territorial vous intéressent et en quoi vous avez les compétences et le potentiel pour les exercer.

– L'aptitude à exercer les missions dévolues

Le jury va également tenter de distinguer, lors de l'entretien, la bonne appréhension de l'environnement professionnel qui pourrait être le vôtre en cas de réussite au concours. Il va tester votre capacité à vous adapter à la diversité des fonctions que vous pourriez exercer au sein d'une collectivité territoriale ou d'un établissement public.

➥ Renseignez-vous sur la fonction publique territoriale et sur le fonctionnement d'une collectivité territoriale. Ayez en tête les missions d'un attaché territorial. Insistez sur votre capacité d'adaptation. Faites appel à vos expériences professionnelles passées.

✔ Le concours interne

– La présentation de l'expérience professionnelle et des compétences

Contrairement au concours externe, les candidats se présentant en interne ou par la voie du 3e concours ont nécessairement une expérience professionnelle que le jury souhaite connaître à l'occasion de la présentation.

➥ Présentez votre expérience de façon positive. En décrivant votre parcours professionnel, faites comprendre au jury que vous êtes apte à occuper le poste, que vous en avez les compétences, les capacités aussi bien sur un plan technique que sur un plan plus global (travail en équipe, dynamisme, capacité d'évolution, motivation, esprit d'initiative, etc.). Illustrez votre propos par des réalisations concrètes.

Même si votre expérience professionnelle n'est pas significative, n'hésitez pas à valoriser vos acquis dans d'autres domaines (exemples : expériences dans le domaine associatif, dans le domaine sportif, etc.).

– L'appréciation, sous forme de mise en situation professionnelle, de la capacité du candidat à analyser son environnement professionnel et à résoudre les problèmes techniques ou d'encadrement fréquemment rencontrés

Le jury va tenter de juger votre capacité à encadrer une équipe en vous confrontant à des situations concrètes. Vous êtes chef de service, l'un de vos agents refuse d'exécuter une mission que vous lui confiez. Comment faites-vous ? Il existe des conflits au sein de votre équipe. Comment vous y prenez-vous pour les régler ?

➥ Parlez de vos expériences éventuelles passées. Si vous n'avez jamais encadré, réfléchissez à d'autres exemples (dans le milieu associatif notamment) et/ou dressez les qualités que vous pensez posséder et que vous pourriez mettre à profit en tant qu'encadrant, dans de telles situations.

✔ Le 3e concours

– Parcours professionnel

C'est l'exposé par le candidat de son expérience et des compétences qu'il a acquises à cette occasion, sur la base d'un document retraçant son parcours professionnel.

Contrairement au concours externe, les candidats se présentant en interne ou par la voie du 3e concours ont nécessairement une expérience professionnelle que le jury souhaite connaître à l'occasion de la présentation.

➥ Présentez votre expérience de façon positive. En décrivant votre parcours professionnel, faites comprendre au jury que vous êtes apte à occuper le poste, que vous en avez les compétences, les capacités aussi bien sur un plan technique que sur un plan plus global (travail en équipe, dynamisme, capacité d'évolution, motivation, esprit d'initiative, etc.). Illustrez votre propos par des réalisations concrètes.

– La capacité du candidat à s'intégrer dans l'environnement professionnel au sein duquel il est appelé à exercer, sa motivation et son aptitude à exercer les missions dévolues au cadre d'emplois

Le jury va également tenter de distinguer, lors de l'entretien, votre bonne appréhension de l'environnement professionnel qui pourrait être le vôtre en cas de réussite au concours. Il va tester votre capacité à vous adapter à la diversité des fonctions que vous pourriez exercer au sein d'une collectivité territoriale ou d'un établissement public, et vos capacités à manager une équipe.

➥ Renseignez-vous sur la fonction publique territoriale et sur le fonctionnement d'une collectivité territoriale. Ayez en tête les missions d'un attaché territorial. Insistez sur votre capacité d'adaptation. Faites appel à vos expériences professionnelles passées. N'oubliez pas de faire preuve de motivation !

FICHE 3 Le déroulement de l'épreuve

Anticiper les conditions dans lesquelles se déroule l'épreuve est essentiel. Voici le déroulé type de l'épreuve et quelques conseils pratiques.

1. L'arrivée sur le lieu d'examen

Votre convocation mentionne une heure précise de convocation. Veillez à ne pas être en retard.

➥ Pour cela, prévoyez une marge de temps afin d'éviter certains aléas liés aux problèmes de transports ou pour trouver le lieu d'examen (il est parfois difficile de trouver l'endroit exact).

➥ La veille de l'épreuve, étudiez le trajet pour vous y rendre.

2. Ne pas oublier les documents obligatoires

Une fois arrivé sur place, votre convocation ainsi qu'une pièce d'identité vous seront demandées. Ne les oubliez pas !

➥ Préparez ces documents la veille de votre oral.

3. Comment se déroule l'entretien avec le jury ?

Aucun temps de préparation n'est prévu pour cette épreuve. L'oral se déroule par conséquent sans note et sans document.

Le jury sera assis en face de vous. Une fois assis, le président du jury vous expliquera la manière dont se déroule l'épreuve.

L'entretien sera chronométré afin de garantir une parfaite égalité entre les candidats.

4. À qui allez-vous vous adresser ?

Le jury aux concours d'attaché territorial est généralement composé de 2 à 3 membres.

Les membres de jury sont des fonctionnaires territoriaux et des élus locaux.

5. La répartition du temps

L'entretien avec le jury se déroule en deux temps.

✔ 1er temps : votre présentation

Le temps alloué pour vous présenter est de 10 minutes maximum pour le concours externe et le 3e concours, et de 5 minutes pour le concours interne. Durant cette présentation, vous exposez votre parcours de formation et/ou votre parcours professionnel, ainsi que vos motivations.

Il est particulièrement important de respecter le temps imparti, faute de quoi le jury risque de vous interrompre.

→ Entraînez-vous en vous chronométrant.

✔ 2e temps : les questions

Le temps alloué aux questions est d'environ 15 minutes.

6. La fin de l'épreuve

Une fois l'épreuve terminée, n'oubliez pas de remercier le jury et de le saluer avant votre départ.

FICHE 4 La prestation orale

La forme est primordiale, ne négligez pas cet aspect.

1. La tenue vestimentaire

Choisissez une tenue vestimentaire adaptée qui affirme votre sérieux.

Veillez néanmoins à choisir une tenue dans laquelle vous vous sentez à l'aise. Restez vous-même.

2. L'arrivée dans la salle

Lors de votre entrée dans la salle d'examen, saluez les membres du jury.

Avant de vous asseoir, attendez que le président vous y invite.

3. Avant l'entretien, la relaxation

Profitez des quelques instants précédant votre entretien pour vous mettre dans de bonnes conditions.

Prenez connaissance de votre environnement.

Pensez à bien respirer afin de vous détendre.

4. La posture, la gestuelle

Votre posture et votre gestuelle sont importantes. Au même titre que le regard ou la voix, la gestuelle permet de transmettre votre conviction. Lors de l'examen, certains gestes sont vraiment à éviter.

– Évitez d'être avachi sur votre chaise ou de rester sur le rebord de celle-ci. Ce sont autant de signes de communication non verbaux qui seront interprétés négativement. Optez pour une posture stable. Asseyez-vous jambes en angle droit et pieds posés au sol, le dos contre le dossier de votre chaise. Évitez de croiser les jambes.

– Évitez aussi de croiser les bras. Au contraire rapprochez-vous de la table et posez-y vos mains.

– Évitez de mettre votre main devant la bouche lorsque vous vous exprimez.

– Évitez de vous gratter le visage, de toucher un bijou ou votre stylo. Ces signes d'anxiété joueront en votre défaveur.

– Évitez aussi de mâcher un chewing-gum.

5. Le regard

Pensez à regarder l'ensemble des membres du jury, et non uniquement celui qui vous a posé une question ou qui est face à vous. Par le regard, vous tenez compte de l'ensemble des membres du jury et maintenez leur attention.

6. La diction

– Il vous faut parler suffisamment fort et varier les intonations. En effet, pour maintenir l'attention du jury, n'hésitez pas à casser le rythme de votre élocution en changeant de ton, en jouant sur les silences ou en affirmant plus fortement certains propos.

– Maîtrisez le débit de votre parole, ne parlez pas trop vite. Articulez vos propos afin de les rendre parfaitement compréhensibles.

– Pour donner du dynamisme à votre prestation, faites des phrases concises et claires.

– Choisissez vos mots avec soin. Concentrez-vous sur le vocabulaire que vous allez employer. Le jury sera toujours sensible à un candidat qui s'exprime dans un français correct et qui dispose d'un vocabulaire riche.

– Évitez les tics de langage du type « je veux dire », « euh », « voilà »... Pour les corriger, il faut les identifier. Pour cela entraînez-vous en vous enregistrant.

ZOOM SUR

Comment gérer le trou noir ?

C'est la panique et vous oubliez ce que vous vouliez dire. Vous avez un instant d'absence.

Ce blocage est bien entendu lié au stress.

Pour éviter cela, pensez à bien respirer lorsque vous parlez. Ne vous précipitez pas en parlant vite et en retenant votre souffle. Restez calme, respirez pour éviter le trou de mémoire.

Si toutefois ce moment tant redouté arrive, n'hésitez pas à vous arrêter quelques secondes, respirez profondément afin de retrouver vos esprits et le fil de votre propos.

FICHE 5 L'organisation de la présentation

Veillez à structurer votre propos. Une présentation bien organisée permet de clarifier votre discours et d'en faciliter la compréhension par les membres du jury.

1. L'introduction (environ 30 secondes)

L'introduction de votre présentation est particulièrement importante. Elle doit permettre au jury d'avoir une première impression positive de votre personnalité et de votre candidature. Sachez que vos premières paroles seront écoutées avec beaucoup d'attention par le jury. Préparez particulièrement bien cette introduction, soignez vos propos, n'oubliez pas de vous présenter et d'annoncer le plan de votre exposé.

2. Le développement (environ 4 minutes)

Pour le concours interne, 4 minutes maximum y seront consacrées et pour le concours externe et le 3e concours, 9 minutes maximum.

✔ Structurez votre développement

Structurez votre développement en fonction du plan annoncé dans l'introduction.

Il n'existe pas de plan type pour votre présentation. Il vous appartient de la construire au regard de votre formation, de votre expérience professionnelle et de votre motivation. Évitez néanmoins de faire état de votre parcours de façon chronologique.

✔ Expliquez les raisons qui vous conduisent à présenter le concours

Vous devez avoir une idée claire des raisons pour lesquelles vous postulez et devez pouvoir l'argumenter. En quoi ce concours s'inscrit-il dans votre carrière de manière cohérente ?

✔ Étudiez le grade pour lequel vous postulez et les emplois que vous pourriez occuper

Vous devez étudier soigneusement le cadre d'emplois des attachés territoriaux pour lequel vous postulez. Compte tenu de la variété des tâches d'un agent de catégorie A de la fonction publique territoriale, votre présentation doit alors être basée sur votre parcours en faisant ressortir votre adéquation avec le grade auquel vous postulez.

✔ Élaborez votre profil professionnel

C'est la comparaison des points forts de votre profil professionnel avec le grade pour lequel vous postulez qui vous permettra de choisir les éléments que vous mettrez dans votre présentation.

Vous devez identifier et expliciter les éléments clés de votre profil professionnel.

✔ Choisissez les éléments de votre parcours les plus pertinents

Dans votre présentation, ne décrivez pas en détail l'ensemble de votre parcours professionnel de manière chronologique.

Il est préférable de faire état de vos compétences, expériences, et savoir-être et faire les plus caractéristiques de votre parcours de formation et/ou parcours professionnel. Ceux que vous pourriez réutiliser dans le cadre des missions susceptibles de vous être confiées dans la fonction publique territoriale.

Présentez-les de manière organisée, selon un plan logique.

✔ Soyez précis dans votre présentation, sans toutefois trop détailler

Inutile de donner trop de détails dans votre présentation ; le jury vous posera des questions par la suite s'il veut en savoir davantage.

Ceci ne doit pas vous empêcher d'être précis. Il faut en effet que le jury puisse mesurer votre degré de compétences.

✔ Démontrez votre capacité d'adaptation à un poste

Vous devez correspondre le plus possible aux différents types de postes que vous pourriez occuper en cas de réussite au concours.

Un profil large, mettant en avant votre polyvalence, sera apprécié. Démontrez au jury que vous êtes capable de vous adapter et d'évoluer dans des contextes professionnels divers.

✔ Faites preuve de motivation

Dans le contenu de votre présentation et dans vos réponses aux questions, le jury va aussi chercher à évaluer votre motivation.

Entre deux candidats aux compétences et connaissances équivalentes, la motivation peut être l'élément déterminant du choix.

Celle-ci pourra aussi être renforcée par votre communication non verbale (fiche 4 page 236).

3. La conclusion (environ 30 secondes)

À la fin de votre présentation, le jury doit avoir une idée claire de votre profil, de vos aptitudes et compétences, et des connaissances que vous pourriez mettre en œuvre dans la fonction publique territoriale.

Le jury doit identifier ce que vous pouvez apporter à une collectivité territoriale si vous êtes admis à ce concours.

N'hésitez pas à réaffirmer votre motivation.

FICHE 6 Les questions du jury et les mises en situation

Les questions peuvent concerner un large champ de domaines.

1. Quels sont les objectifs des questions ?

Dans cette partie de l'entretien, le jury cherche plus particulièrement :

– à vérifier ce que vous avez indiqué dans votre présentation. Le jury vous pose des questions par rapport à ce que vous avez dit et vérifie l'étendue de vos compétences ;

– à parfaire sa connaissance de votre profil professionnel : votre parcours, vos compétences, vos aptitudes, vos connaissances de votre domaine professionnel, votre connaissance du fonctionnement des collectivités territoriales, etc. ;

– à vous tester en vous mettant face à des situations professionnelles concrètes ;

– à savoir si vous répondez au niveau du grade pour lequel vous postulez.

2. Sur quoi portent les questions ?

Les questions peuvent porter par exemple sur :

– votre motivation à intégrer la fonction publique territoriale ;

– les connaissances que vous pouvez mettre en œuvre ;

– le poste que vous occupez ou les postes que vous avez déjà occupés ;

– la connaissance de votre domaine professionnel ou votre intérêt pour le secteur dans lequel vous souhaiteriez travailler ;

– vos capacités managériales ;

– la manière dont vous vous comporteriez dans telle ou telle situation professionnelle ;

– les outils que vous êtes capable d'utiliser dans votre travail ;

– vos souhaits d'évolution de carrière ;

– votre connaissance du monde de la fonction publique territoriale et des collectivités territoriales.

3. Comment répondre aux questions posées ?

– Tout d'abord, soyez très attentif aux questions posées par le jury.

– En cas de mauvaise compréhension, n'hésitez pas à demander des précisions ou à ce que la question soit répétée ou reformulée.

– Assumez vos réponses, soyez franc. Assumez vos points de vue, sans toutefois vous obstiner en cas de réaction contraire du jury.

– N'oubliez pas d'illustrer vos réponses par des exemples issus de votre expérience afin de mettre en avant vos compétences.

– Apportez des réponses claires et précises. Pour vous aider, vous pouvez utiliser la méthode dite S-T-A-R :

S	SITUATION	Décrivez la situation.
T	TÂCHES	Décrivez les tâches en rapport avec la situation.
A	ACTION	Expliquez l'action prise ou l'action à entreprendre.
R	RÉSULTAT	Décrivez le résultat à atteindre et/ou ce que vous avez appris de la situation.

FICHE 7 La préparation de l'oral

Cette épreuve peut être assez déstabilisante y compris pour des candidats habitués à s'exprimer en réunion. Voici quelques conseils pour vous aider à préparer votre oral.

1. L'attitude du jury

Les jurys peuvent avoir des attitudes différentes à l'égard des candidats : certains seront impassibles et vous poseront des questions de manière très froide, d'autres pourront essayer de vous bousculer volontairement dans vos raisonnements... Ces attitudes ne présagent en rien de votre résultat à cette épreuve. Ne pensez pas qu'un jury vous paraissant peu sympathique sera forcément sévère dans sa notation. Il s'agit, la plupart du temps, de postures destinées à tester la personnalité des candidats.

Parler de soi, sans temps de préparation ni support, et devant un jury ne s'improvise pas. La préparation est essentielle et vous permettra de gagner en confiance.

2. Planifiez votre préparation

Élaborez un planning de révision et d'entraînement.

Préparez-vous sérieusement tout en ponctuant votre travail par des moments de détente. Oubliez le concours quelques jours avant l'épreuve afin d'éviter d'être trop stressé le jour J.

Ceci implique nécessairement d'avoir commencé sa préparation suffisamment à l'avance et de l'avoir parfaitement planifiée.

3. Documentez-vous

Vous renseigner sur la fonction publique territoriale et les collectivités territoriales est un préalable indispensable pour vous permettre d'orienter votre présentation et aussi vous préparer aux questions qui pourraient vous être posées.

Informez-vous plus particulièrement sur :

– la fonction publique territoriale en général : le statut des fonctionnaires territoriaux, l'organisation administrative d'une collectivité ou d'un établissement public local, leurs modes de fonctionnement, etc.

– les emplois envisageables avec le grade d'attaché territorial, les domaines d'activités, les outils utilisés dans les collectivités.

N'hésitez pas à discuter avec des fonctionnaires territoriaux que vous connaissez.

4. Établissez votre profil

Les motivations – – –	Mes intérêts, les raisons de mon choix, mon projet professionnel – – –
Les tâches, les missions envisagées – – – –	Ce que j'ai déjà fait – – – –
Les exigences requises – – – –	Ce que je possède, mes compétences – – – –
Les qualités requises – – – –	Mes points forts, mes points faibles – – – –

5. Anticipez les questions

Réfléchissez aux questions que pourrait vous poser le jury et aux réponses que vous pourriez faire. Une des difficultés de cette épreuve est que les possibilités de questions sont illimitées puisqu'elles ne concernent pas un programme précis qui pourrait être révisé.

Entraînez-vous avec les questions types grâce aux QCM et aux exercices qui suivent (pages 245 et suivantes).

6. Exercez-vous !

– Vous pouvez vous entraîner avec des collègues sous forme d'un oral « blanc ».

– Vous pouvez également vous enregistrer ou vous filmer afin d'identifier vos défauts. Pensez aussi à vous chronométrer : la maîtrise du temps est essentielle.

– Entraînez-vous à lire à haute voix. Faites particulièrement attention à ne pas baisser votre ton en fin de phrase et à garder un débit de parole continu.

– Exercez-vous à faire votre présentation sans lire vos notes.

QCM

15 min

Voici deux séries de 10 QCM vous permettant de tester vos motivations, votre projet professionnel et votre connaissance de l'environnement professionnel.
Il s'agit de vous préparer à l'oral.

Vos motivations et votre projet professionnel

1. Je me suis renseigné sur les métiers de la fonction publique territoriale avant mon inscription au concours.

- ❑ **a.** Oui
- ❑ **b.** Non

2. Je sais quels sont les domaines dans lesquels j'aimerais exercer au sein de la fonction publique territoriale ?

- ❑ **a.** Oui
- ❑ **b.** Non

3. J'ai un projet professionnel.

- ❑ **a.** Oui
- ❑ **b.** Non

4. Je sais comment m'y prendre pour réaliser mon projet professionnel.

- ❑ **a.** Oui
- ❑ **b.** Non

5. J'ai réfléchi aux différentes structures dans lesquelles j'aimerais exercer mon activité professionnelle.

- ❑ **a.** Oui
- ❑ **b.** Non

6. J'ai réfléchi aux qualités que je pourrais mettre au service d'une collectivité territoriale.

- ❑ **a.** Oui
- ❑ **b.** Non

7. Pouvez-vous citer une réalisation professionnelle ou extraprofessionnelle dont vous êtes particulièrement fier ?

- ❑ **a.** Oui
- ❑ **b.** Non

8. Avez-vous réfléchi à vos expériences extraprofessionnelles et à la manière dont celles-ci pourraient être réinvesties ?

- ❑ **a.** Oui
- ❑ **b.** Non

9. Pouvez-vous citer spontanément vos trois principales qualités ?

- ❑ **a.** Oui
- ❑ **b.** Non

10. Pouvez-vous citer trois valeurs auxquelles vous êtes attaché ?

- ❑ **a.** Oui
- ❑ **b.** Non

L'environnement professionnel

1. Combien y a-t-il de fonctions publiques en France ?

- ❑ **a.** 1
- ❑ **b.** 2
- ❑ **c.** 3

2. Parmi ces compétences, laquelle est une compétence majeure des départements ?

- ❑ **a.** La construction des lycées
- ❑ **b.** L'action sociale
- ❑ **c.** Le développement économique

3. Un attaché territorial peut travailler pour le compte :

- ❑ **a.** d'une commune
- ❑ **b.** d'un département
- ❑ **c.** d'une région
- ❑ **d.** d'une société d'économie mixte
- ❑ **e.** d'un établissement public intercommunal

→ ***Retrouvez les corrigés en p. 249***

4. À quelle catégorie de fonctionnaires le cadre d'emplois des attachés territoriaux appartient-il ?

- ❑ **a.** A
- ❑ **b.** B
- ❑ **c.** C

5. Un attaché territorial peut-il encadrer des agents ?

- ❑ **a.** Oui
- ❑ **b.** Non

6. Un fonctionnaire a-t-il l'obligation d'obéir à sa hiérarchie ?

- ❑ **a.** Oui
- ❑ **b.** Non

7. Pouvez-vous donner spontanément une définition du service public ? Si oui, laquelle ?

- ❑ **a.** Oui
- ❑ **b.** Non

8. Un attaché territorial exerce des missions :

- ❑ **a.** d'exécution
- ❑ **b.** de conception
- ❑ **c.** d'application

9. Les fonctionnaires ont-ils le droit de faire grève ?

- ❑ **a.** Oui
- ❑ **b.** Non
- ❑ **c.** Cela dépend

10. Pouvez-vous citer deux obligations statutaires des fonctionnaires ? Si oui, laquelle ?

- ❑ **a.** Oui
- ❑ **b.** Non

EXERCICES

EXERCICE 1 ★☆☆ 10 min

Répondez à ces questions qui portent sur vos motivations et votre projet professionnel.

1. Pourquoi avoir choisi de présenter un concours de la fonction publique ?

2. Pourquoi choisir spécifiquement le concours d'attaché territorial ?

3. Quelles sont, selon vous, les compétences nécessaires pour être un bon attaché territorial ?

4. Sur quel type de poste souhaiteriez-vous postuler dans l'hypothèse où vous seriez admis à ce concours ? Comment envisagez-vous votre poste idéal au sein de la fonction publique territoriale ?

5. Où vous voyez-vous dans 10 ans ? Quels sont vos objectifs de carrière ?

EXERCICE 2 ★★★ 15 min

Répondez à ces questions qui portent sur le contexte professionnel.

1. Comment définiriez-vous le service public ?

2. Comment bien travailler avec les élus ?

3. Vous êtes responsable des marchés publics d'une commune. Le maire vous demande d'attribuer un marché à une entreprise qui n'est pas la mieux classée, mais dont le dirigeant est son frère. Que faites-vous ?

4. Vous êtes responsable de l'état civil et une administrée se présente voilée dans votre service. Que faites-vous ?

5. Pouvez-vous me donner le nom du président de votre région ? le nom de votre maire ? Savez-vous quand auront lieu les prochaines élections régionales ? municipales ? départementales ?

EXERCICE 3 ★★☆ 15 min

Répondez à ces questions qui portent sur le statut de la fonction publique territoriale.

1. Quels sont les principaux droits et obligations des fonctionnaires ?

2. Doit-on toujours obéir à sa hiérarchie ?

3. Qu'est-ce que le devoir de réserve ?

4. Que pensez-vous de l'avancement des fonctionnaires au mérite ?

5. Quelles peuvent être les missions confiées à un attaché territorial ?

EXERCICE 4 ★☆☆ 10 min

Répondez à ces questions qui portent sur votre personnalité, vos qualités humaines.

1. Quelles sont vos principales qualités ?

2. Si je demandais à vos collègues de vous décrire, que nous diraient-ils sur vous ?

3. Qu'est-ce qui vous paraît le plus important dans le travail ?

4. Quel est votre principal point faible ?

5. Pourquoi devrions-nous vous choisir plutôt qu'un autre candidat ?

EXERCICE 5 ★☆☆ 10 min

Répondez à ces questions qui portent sur votre expérience, vos compétences professionnelles.

1. Vous avez sans doute rencontré un obstacle lors d'un stage ou d'un emploi. Pouvez-vous nous en parler ?

2. Quelles sont les conditions de réussite d'un projet ?

3. De quelle manière comptez-vous être utile au sein d'une collectivité territoriale ?

→ *Retrouvez les corrigés en p. 249*

4. On vous demande d'organiser une réunion. Comment faites-vous ?

5. Comment concevez-vous le travail en équipe ?

EXERCICE 6 ★★☆ 15 min

Répondez à ces questions qui portent sur le management.

1. Avez-vous déjà dirigé une équipe ? Si non, vous sentez-vous prêt à encadrer une équipe ?

2. Comment motiver vos agents ?

3. Vous êtes chef de service. L'un de vos agents arrive systématiquement en retard, mais accomplit pourtant son travail de manière satisfaisante. Comment réagissez-vous ?

4. Comment gérer un conflit entre deux de vos agents ?

5. Quel serait votre chef de service idéal ?

CORRIGÉS

QCM

Vos motivations et votre projet professionnel

L'idéal est bien entendu d'avoir un maximum de réponses OUI à ces 10 questions. Ces 10 questions vous permettent en effet d'apprécier si vous avez suffisamment réfléchi à des questions essentielles sur votre avenir professionnel. Elles vous permettront de préparer au mieux votre présentation et d'apporter des réponses argumentées aux questions du jury.

L'environnement professionnel

CORRIGÉ

1 c.	2 b.	3 a, b, c et e.	4 a.	5 a.
6 a.	7 a.	8 b.	9 c.	10 a.

Pour aller plus loin

ATTENTION

Ces questions types correspondent à un niveau de connaissances de base sur les collectivités territoriales. Il doit être atteint par tout candidat aux concours de catégorie A de la filière administrative.

1 = c. Il existe trois fonctions publiques en France : la fonction publique d'État, la fonction publique territoriale et la fonction publique hospitalière.

2 = b. La bonne réponse est l'action sociale. Il s'agit là d'une compétence majeure des départements. Vous devez connaître les compétences principales de chaque catégorie de collectivité territoriale.

3 = a, b, c et e. Un attaché territorial peut être recruté soit par des collectivités territoriales (communes, départements et régions), soit par des établissements publics locaux ou de coopération intercommunale. Les sociétés d'économie mixte (SEM) sont régies par le droit privé et ne peuvent recruter des fonctionnaires.

4 = a. Les fonctionnaires sont divisés en trois catégories hiérarchiques A, B et C. Les attachés territoriaux appartiennent à la catégorie A.

5 = a. Un attaché territorial peut encadrer des agents ainsi que le rappelle le statut : « Ils exercent des fonctions d'encadrement et assurent la direction de bureau ou de service et peuvent en outre occuper les emplois administratifs de direction des collectivités territoriales et des établissements publics locaux assimilés » (article 2 du décret n° 87-1099 du 30 décembre 1987 portant statut particulier du cadre d'emplois des attachés territoriaux).

6 = a. L'obéissance hiérarchique fait partie des obligations des fonctionnaires. Néanmoins, un fonctionnaire est tenu de désobéir dans l'hypothèse d'un ordre manifestement illégal.

7 = a. Savoir définir le service public dans des termes clairs et précis est une nécessité lorsqu'on prétend entrer dans la fonction publique. À vous de réfléchir à cette notion et d'en préparer une définition !

8 = b. Un attaché territorial est un agent de catégorie A. Il exerce des missions de conception, contrairement aux agents de catégorie C (missions d'exécution) et de catégorie B (missions d'application).

9 = c. Le droit de grève est l'un des droits fondamentaux des fonctionnaires. Néanmoins, certains fonctionnaires ne peuvent exercer ce droit. C'est le cas des militaires ou des agents de la police nationale.

10 = a. Les droits et les obligations des fonctionnaires doivent être connus de tout candidat à un concours de la fonction publique. Parmi les obligations, citons par exemple : l'obéissance hiérarchique et la réserve.

EXERCICES

ATTENTION

Ces questions ont pour but d'analyser :
– les motivations du candidat et son projet professionnel ;
– la connaissance par le candidat du contexte professionnel dans lequel il serait susceptible d'évoluer ;
– la maîtrise par le candidat des connaissances essentielles sur le statut de la fonction publique territoriale ;
– la personnalité du candidat et ses qualités humaines ;
– l'expérience du candidat et ses compétences professionnelles ;
– ses capacités managériales.

EXERCICE 1

Motivations et projet professionnel

1. Le jury cherche à ce que le candidat prouve qu'il est vraiment intéressé à entrer dans la fonction publique et que ce choix répond à ses valeurs (être au service des autres, l'absence de rentabilité financière, etc.). Il souhaite identifier les personnes qui seraient uniquement intéressées par les divers avantages supposés de la fonction publique (la sécurité de l'emploi par exemple).

En aucun cas, il ne vous faut laisser entendre au jury que vous avez fait ce choix par hasard ou encore pire par défaut ! La présentation de ce concours et la volonté d'entrer dans la fonction publique doivent correspondre à un choix raisonné qui s'inscrit dans votre projet professionnel. Évitez la réponse du type « Je recherche avant tout la sécurité de l'emploi. »

2. Le jury veut tester votre intérêt pour la fonction publique territoriale et souhaite connaître ce qui vous attire particulièrement dans celle-ci par rapport à la fonction publique d'État. Il souhaite également vérifier que vous savez en quoi consistent les missions d'un attaché territorial et savoir ce qui vous attire dans celles-ci.

Vous devez lui expliquer les motivations qui vous ont guidé vers ce choix spécifique et démontrer que vous connaissez bien les différences qui existent entre la fonction publique territoriale et les autres fonctions publiques, en particulier la fonction publique d'État, et lui prouver que les missions d'un attaché territorial correspondent à votre projet professionnel.

Pour ce faire, vous devrez vous documenter sur la fonction publique territoriale et les différents emplois qu'elle offre. Identifiez ce qui vous attire dans les missions d'attaché territorial.

3. Comme la réponse à la question suivante, cette question permet au jury de vérifier si vous appréhendez bien le contexte professionnel dans lequel vous pourriez évoluer et de tester l'adéquation de vos compétences avec les métiers offerts par le cadre d'emplois des attachés.

Les métiers offerts par ce cadre d'emplois sont extrêmement variés. Pour répondre à cette question, il est nécessaire au préalable que vous ayez élaboré votre projet professionnel et que vous sachiez sur quels types d'emplois vous souhaiteriez postuler.

4. Le jury souhaite tout d'abord savoir si vous connaissez bien les emplois qui correspondent au grade pour lequel vous postulez et si vous avez réfléchi aux fonctions que vous souhaiteriez exercer en lien avec vos compétences. Cette question appelle des réponses variées selon votre expérience et vos souhaits. Souhaitez-vous postuler sur des emplois en lien avec l'urbanisme ? l'état civil ? les affaires scolaires ? le social ? les marchés publics ? Vous pouvez également indiquer plusieurs domaines en les hiérarchisant.

La panoplie des emplois territoriaux est très vaste. Renseignez-vous sur les emplois envisageables et réfléchissez bien à votre projet professionnel.

5. Le jury veut connaître vos projets, vos centres d'intérêt, vos aspirations professionnelles et votre réelle motivation.

Vous devez démontrer au jury que le choix de la fonction publique territoriale n'est pas un hasard et que vous avez sérieusement réfléchi à des objectifs de carrière. Vous devez lui prouver que votre choix s'inscrit dans un projet professionnel à plus long terme. Nul besoin d'être très précis, mais démontrez que vous avez des projets (mobilité sur différents postes, dans différents types de collectivités, objectif de passer d'autres concours ou examens professionnels de niveaux supérieurs, etc.).

EXERCICE 2

Contexte professionnel

1. Le jury souhaite vérifier que vous savez à quoi correspond cette notion fondamentale dans la fonction publique. Il souhaite savoir si votre inscription au concours répond à une réelle motivation et si vous adhérez aux valeurs du service public.

Réfléchissez à cette notion de service public et documentez-vous sur elle ainsi que sur les principes qui la gouvernent (égalité de traitement, continuité du service, adaptabilité).

2. Le jury souhaite vérifier la manière dont vous envisagez votre positionnement par rapport aux élus de la collectivité dans laquelle vous travaillerez.
Avez-vous bien conscience que l'organisation et le fonctionnement d'une collectivité est complexe, et que la répartition des rôles entre élus et fonctionnaires n'est parfois pas évidente. Essayez de répondre à ces interrogations : quel est le rôle d'un élu ? Quel est le rôle d'un fonctionnaire ? Comment doivent-ils travailler ensemble ?

3. Mise en situation assez classique lors des oraux. Le jury souhaite que vous évoquiez les principes fondamentaux qui gouvernent la commande publique, mais aussi que vous abordiez le devoir d'obéissance et ses limites.

4. Cette mise en situation renvoie à un sujet sensible et d'actualité, celui de la neutralité dans les services publics. Soyez en mesure de citer des décisions de justice précises en la matière pour étayer votre réponse.

5. De telles questions peuvent vous être posées afin de vérifier que vous vous intéressez de manière générale à la « chose publique » et que vous suivez l'actualité territoriale qui vous concerne en tant que citoyen.

Suivez l'actualité et faites un point sur les collectivités dont vous dépendez (votre commune, votre département, votre région). Établissez une fiche synthétique sur chacune de ces collectivités en récapitulant leurs données essentielles (nom du président, nombre d'élus, population, budget, compétences, etc.).

EXERCICE 3

Statut de la fonction publique territoriale

1. Les fonctionnaires ne sont pas soumis au code du travail mais sont régis par des statuts spécifiques qui leur fixent des droits et des obligations particuliers qui n'existent pas pour des salariés du secteur privé.

Renseignez-vous sur les obligations et les droits des fonctionnaires.

2. Le jury souhaite savoir de quelle manière vous appliqueriez cette obligation particulière des fonctionnaires. Il souhaite tester vos connaissances, mais aussi votre capacité de raisonnement face à des situations où un ordre manifestement illégal vous serait donné.

L'obéissance hiérarchique est une des obligations posée par le statut de la fonction publique.
Elle connaît néanmoins une limite, celle de l'ordre manifestement illégal (question 6 page 246 du QCM).

3. Le jury peut vous demander d'énumérer les principaux droits et obligations des fonctionnaires.
Il peut aussi vous interroger plus spécifiquement sur l'un d'entre eux. Sachez en quoi ils consistent.

S'agissant du cas de l'obligation de réserve, elle impose à tout fonctionnaire l'interdiction de tout agissement, parole ou écrit contraire aux intérêts de son administration. Elle ne doit pas être confondue avec le secret professionnel.

4. La question de l'avancement des fonctionnaires au mérite permet au jury de tester votre curiosité et vos qualités de réflexion sur une question complexe qui agite régulièrement la fonction publique.

Posez-vous les questions suivantes : faut-il privilégier l'avancement des fonctionnaires au mérite ou à l'ancienneté ? Quels sont les avantages et inconvénients de chaque système ? Quel est le système pratiqué actuellement ?

5. Le jury souhaite vérifier que vous avez une idée précise des emplois auxquels vous pourrez postuler en cas de réussite au concours et que ceux-ci correspondent bien à votre projet professionnel.

Beaucoup de candidats passent des concours sans avoir conscience des emplois qui leur seront accessibles en cas de réussite. Or ces emplois sont parfois éloignés de ce qu'ils imaginent.

EXERCICE 4

Personnalité et qualités humaines

1. Le jury souhaite savoir si vous vous connaissez, si vous croyez en vous et en vos capacités.

Indiquez qu'en plus des compétences professionnelles, de votre formation et de votre expérience, vous possédez des qualités reliées aux fonctions auxquelles vous aspirez. Énumérez vos qualités et donnez quelques exemples.

2. Le jury veut savoir ce qui vous caractérise en tant que personne. Il veut connaître vos traits de personnalité les plus marquants. Il souhaite vérifier si l'opinion que vous avez de vous-même est juste et mesurer votre degré de confiance en vous.

N'hésitez pas à évoquer les relations que vous avez eues avec vos collègues de travail auparavant. Appuyez vos propos en mentionnant, par exemple, que vous êtes considéré comme une personne dynamique, une personne qui travaille bien en équipe, une personne rigoureuse, une personne sociable, etc.

3. Le jury souhaite connaître vos valeurs et apprécier si celles-ci sont compatibles avec un emploi dans la fonction publique territoriale.

Faites ressortir des éléments de motivation personnelle. Évitez de dire que vos seules motivations sont les conditions de travail, les avantages sociaux, la stabilité de l'emploi. Ce sont certes des éléments que vous pouvez citer, mais sachez prendre de la hauteur en indiquant en quoi la fonction publique répond à vos valeurs (sens du service public, égalité de traitement, l'aide apportée aux autres, etc.).

4. Avec cette question déstabilisante, le jury souhaite voir si vous connaissez vos propres faiblesses et tester votre franchise.

Vous pouvez par exemple évoquer un défaut qui serait l'exagération d'une qualité, du type « je suis perfectionniste », ou évoquer une faiblesse dans certaines connaissances techniques.

Il est important de rassurer le jury sur le fait que vous êtes conscient de vos défauts, mais aussi sur le fait que vous vous engagez à vous améliorer. Par exemple : vous êtes conscient d'être un peu faible en matière de comptabilité publique, mais vous souhaitez améliorer vos connaissances en la matière par des formations une fois en poste. Évitez d'affirmer avec aplomb que vous ne pensez pas avoir de défauts !

5. Cette question est souvent posée à la fin de l'entretien. Le jury souhaite que vous lui disiez pourquoi vous seriez son meilleur choix parmi tous les candidats.

Ne vous laissez pas déstabiliser par cette question. Faites un bref résumé de votre parcours professionnel, de vos qualités ou de vos réalisations en expliquant en quoi vous pourrez apporter des éléments positifs au sein de votre collectivité.

EXERCICE 5

Expérience et compétences professionnelles

1. Le jury veut évaluer votre capacité d'adaptation aux situations imprévues et votre façon d'y réagir. Il veut également mesurer votre degré d'initiative et d'autonomie.

Décrivez l'ensemble de la situation, puis énumérez toutes les actions que vous avez prises afin de surmonter cette difficulté.

2. Le jury veut évaluer votre implication dans le contexte professionnel, votre degré d'initiative, votre degré d'autonomie et votre sens de l'organisation.

Expliquez la méthodologie nécessaire pour mettre en œuvre un projet. Appuyez si possible votre réponse sur ce que vous avez déjà réalisé. Si vous n'avez pas d'exemple de réalisation dans le cadre professionnel, parlez par exemple d'une réalisation personnelle et mettez en évidence vos compétences.

3. Le jury veut évaluer votre degré d'implication et votre capacité à innover. Il veut savoir si vos idées, expériences et intérêts répondent aux besoins d'une collectivité territoriale ou d'un établissement public.

Vous pouvez mettre l'accent sur certaines de vos qualités, sur votre expérience passée ou sur un savoir spécifique.

4. Le jury veut vérifier votre sens de l'organisation. Faites appel à votre expérience passée qu'elle soit professionnelle ou associative.

Pour répondre à cette question précise, réfléchissez à toutes les formalités et étapes nécessaires pour organiser une réunion de travail, de sa planification à l'élaboration de son compte rendu.

5. Travailler dans une collectivité territoriale implique quasi systématiquement un travail en équipe. Le jury souhaite savoir si vous appréciez le travail d'équipe et la manière dont vous le concevez.

Faites appel à vos expériences passées. Démontrez que vous avez déjà travaillé en groupe pour réaliser un projet. Explicitez la manière dont vous travaillez avec les autres.

EXERCICE 6

Management

1. Le jury veut tester vos capacités à encadrer.

Réfléchissez bien. Vous avez forcément pris la responsabilité d'un groupe à un moment ou un autre dans votre vie, que ce soit dans le milieu professionnel, associatif ou bien encore sportif. Parlez de cette expérience en faisant état de tous les aspects de l'encadrement (hiérarchie, organisation, arbitrage, etc.).

2. Le jury souhaite voir quel type de manager vous seriez et si vous avez réfléchi à la manière dont vous pourriez diriger une équipe.

Renseignez-vous sur les méthodes managériales, faites références à votre propre expérience en tant qu'encadrant ou encadré.

3. Le jury vous met face à une situation concrète de management et veut tester votre capacité à solutionner des difficultés que pourriez être amené à rencontrer dans le cadre de votre emploi.

Il n'y pas de solution toute faite. Il existe différents styles de management. À vous d'expliquer et de détailler votre méthode. L'essentiel est qu'elle soit crédible et convaincante. Faites appel à vos expériences antérieures.

4. Il s'agit là, comme précédemment, d'une interrogation assez classique pour tester votre capacité à encadrer et solutionner des difficultés liées au management.

Préparez-vous à des questions de cette nature afin de ne pas être pris au dépourvu lors de l'oral. Mettez-vous en situation et essayez d'imaginer les différentes solutions qui s'offrent à vous afin de trouver celle qui vous paraît la plus adaptée.

5. Le jury veut savoir avec quel genre de supérieur vous vous entendez le mieux et identifier ainsi quel type d'encadrant vous pourriez être.

Établissez une liste des qualités qui vous paraissent nécessaires, faites appel à vos éventuelles expériences professionnelles passées avec des supérieurs hiérarchiques. Identifiez vos qualités relationnelles, vos qualités d'organisation et votre niveau de compétences.

Chapitre 8
Langue vivante

Fiches de cours

FICHE 1 Présentation de l'épreuve

1. Description de l'épreuve

Pour le **concours externe** d'attaché territorial, l'épreuve de langue est une épreuve orale **obligatoire**. L'épreuve consiste en une traduction, sans dictionnaire, d'un texte, suivie d'une conversation, dans l'une des langues étrangères suivantes au choix du candidat au moment de l'inscription : allemand, anglais, espagnol, italien, grec, néerlandais, portugais, russe et arabe moderne (durée : quinze minutes, avec préparation de même durée ; coefficient 1).

Pour le **concours interne et le troisième concours**, l'épreuve orale de langue est une épreuve **facultative** de langue vivante étrangère consistant en la traduction, sans dictionnaire, d'un texte, suivie d'une conversation, dans l'une des langues étrangères suivantes au choix du candidat : allemand, anglais, espagnol, italien, grec, néerlandais, portugais, russe et arabe moderne (durée de l'épreuve : quinze minutes avec préparation de même durée ; coefficient 1). Seuls sont pris en compte pour l'admission les points au-dessus de la moyenne.

2. Déroulé de l'épreuve[1]

✔ La traduction

L'épreuve commence par le tirage au sort d'un texte par le candidat, soit devant le jury qui l'interrogera, soit devant des agents du centre organisateur. Le jury ou les agents du centre organisateur prennent le soin de préciser au candidat, au moment du tirage au sort, le déroulement précis de l'épreuve. Le candidat dispose ensuite d'un temps de préparation de 15 minutes sans dictionnaire et sans autre document que le texte, au terme duquel il vient se présenter auprès du jury pour débuter l'épreuve. L'attention du candidat est attirée sur le fait qu'il n'est pas autorisé à annoter le texte qu'il devra restituer au jury au terme de l'épreuve.

Il n'est pas prévu de second tirage au sort au cas où le premier texte ne conviendrait pas au candidat.

À noter qu'en début d'épreuve, lorsque le candidat revient devant le jury après sa préparation, peut prendre place un bref temps de présentation réciproque qui n'entre pas dans le décompte du temps. Au terme de ce bref temps de présentation, le jury déclenche le minuteur qui permet de vérifier le respect du temps réglementaire de l'épreuve.

Le candidat est alors invité à lire tout ou partie du texte original, puis à livrer la traduction de tout ou partie du texte

Le jury laisse généralement le candidat traduire sans l'interrompre sauf pour l'aider à poursuivre s'il est en difficulté ou pour mettre fin à une traduction si laborieuse qu'elle ne permettrait pas un temps de conversation suffisant.

1. La présentation de l'épreuve est tirée d'une note de cadrage réalisée par le cdg69 et destinée aux candidats aux concours d'attaché territorial.

Les questions posées ensuite par le jury le sont en langue étrangère et portent, après, le cas échéant, quelques demandes de précisions sur la traduction opérée par le candidat, sur le thème abordé par le texte en l'élargissant à d'autres questions relatives aux grands problèmes politiques, économiques, culturels ou sociaux du monde contemporain.

✔ Le texte

Compte tenu de la durée de l'épreuve, les textes comportent environ 300 mots.

Le niveau d'exigence est relativement élevé : on peut estimer, en l'absence de tout programme réglementaire, que le niveau de langue requis est celui attendu à l'issue des études secondaires pour la langue vivante 1 (LV1) au baccalauréat (niveau B2 du CERCL – cadre européen commun de référence pour les langues).

Les textes doivent présenter un intérêt pour un futur attaché territorial et ne pas comporter d'informations périmées. Il s'agit de textes portant sur les grands problèmes politiques, économiques, culturels ou sociaux du monde contemporain.

Ces textes ne doivent pas être excessivement littéraires, en décalage avec la pratique contemporaine de la langue.

3. Le barème et le temps imparti

Les jurys adoptent généralement un barème précis allouant des points à chacun des temps de l'épreuve :

– lecture du texte (fluidité, prononciation, intonation) ;

– traduction du texte ;

– conversation dans la langue (compréhension, qualité de l'expression).

Un découpage précis du temps et des points :

Le jury peut adopter le découpage suivant :

I. Lecture de tout ou partie du texte : environ 2 min

II. Traduction de tout ou partie du texte : environ 5 min

III. Conversation : environ 8 min

– Sur le thème abordé par le texte ;

– Sur d'autres questions (en lien avec le thème du texte) relatives aux grands problèmes politiques, économiques, culturels ou sociaux du monde contemporain.

Le candidat est ainsi évalué à la fois :
– sur sa capacité à **lire** distinctement un texte en langue étrangère ;
– sur sa capacité à le **comprendre** et à le **restituer** dans un français correct : la traduction d'un texte d'une langue dans une autre requiert une bonne connaissance non seulement du lexique dans les deux langues, mais aussi des tournures idiomatiques propres à chaque langue. Une bonne maîtrise de la grammaire des deux langues est également nécessaire pour bien traduire un texte. Enfin, une juste perception, au-delà des mots, de l'esprit même du texte, est indispensable à une bonne traduction ;
– sur son aptitude à **comprendre** les **questions** posées et à y répondre correctement. Il est attendu du candidat qu'il sache exprimer son point de vue, qu'il ne fasse pas de fautes conduisant à des malentendus, qu'il fasse preuve d'une aisance suffisante dans

la langue pour faciliter la discussion et qu'il soit capable de produire un discours clair et cohérent.

Enfin, si le jury évalue avant tout la maîtrise de la langue du candidat, la manière dont celui-ci se comporte pendant l'épreuve - notamment sa juste appréciation des obligations que lui impose sa qualité de candidat face à un jury souverain - joue un rôle non négligeable.

FICHE 2 Conseils et méthodologie

1. Outils méthodologiques

Avant toute chose, il est important de disposer d'**outils de préparation adaptés** : un dictionnaire, un ouvrage de grammaire de référence et éventuellement des ouvrages de vocabulaire. Vous pouvez également vous constituer des **outils personnalisés** assemblés au fur et à mesure de vos lectures ou autres : fiches de vocabulaire thématique noté après la lecture d'articles de journaux ou l'écoute des chaînes d'information telles que la BBC ou des séries et films.

2. Conseils de préparation pour la traduction

En traduction, la lecture représente une phase essentielle du travail. Elle constitue une étape de **construction du sens, d'interprétation** et c'est elle qui déterminera ensuite les **choix de traduction**.

Pour réussir cette partie de l'épreuve, il est recommandé :
– de lire **régulièrement** des articles de langue anglaise et de vous exercer à les traduire en notant tous les mots de vocabulaire que vous ne connaissez pas afin de vous constituer vos propres fiches ;
– de réaliser des fiches reprenant les principaux **faux amis**. Les faux amis sont des mots anglais dont on pense connaître le sens du fait de leur ressemblance avec des mots français, mais dont le sens diffère cependant.

Exemples :

ability	aptitude	**dispute**	conflit	**to prevent**	empêcher
to achieve	réaliser	**eventually**	finalement	**to regard**	considérer
to apologize	s'excuser	**evidence**	preuve	**to respond**	réagir
actually	réellement	**fortunate**	chanceux	**sensible**	raisonnable
caution	prudence	**hazard**	danger	**sympathetic**	compatissant
comprehensive	détaillé	**issue**	problème	**tentative**	timide
currently	actuellement	**location**	emplacement	**touchy**	susceptible
to demand	exiger	**prejudice**	préjugé	**vacation**	vacances

– de revoir les **verbes irréguliers** en anglais. *Exemples* : *to aride, to beat, to become, to begin, to bend, to bet, to bind*, etc.
– de réviser les **principales notions grammaticales**. *Exemples :* comparatifs et superlatifs ; cas possessif ; pronoms relatifs ; indénombrables ; articles indéfinis et définis ; quantifieurs ; auxiliaires de modalité ; voie passive ; concordance des temps ; présent et prétérit, etc.

– de vous constituer des **fiches de vocabulaire** portant sur les grands thèmes politiques, économiques, culturels ou sociaux du monde contemporain puisque le texte que vous tirerez au sort portera sur l'un de ces domaines.

Le jour J, il convient d'aborder un texte en deux temps :
– la première lecture est **globale**, c'est le sens général de l'extrait et **l'esprit** du texte que vous devez cerner ;
– la seconde lecture est plus **fine** et plus **précise** et vous devez alors vous concentrer sur le vocabulaire employé, les formes verbales, les temps utilisés, la syntaxe, etc.

3. Conseils de préparation pour la conversation

Pour réussir cette partie de l'épreuve, il faut travailler l'accentuation et la prononciation en vous familiarisant avec l'accent anglais. Cela vous sera utile également pour la lecture du texte. Pour vous entraîner, vous pouvez écouter des émissions en anglais ou regarder des films en VO.

Pour réussir cette partie de l'épreuve, il est recommandé de :
– **vous enregistrer en anglais**. Choisissez un sujet, parlez-en quelques minutes, puis écoutez votre enregistrement et repérez les fautes que vous avez faites.
– **mémoriser et réviser** les fiches que vous aurez réalisées pour la partie « traduction » : les faux amis, verbes irréguliers, notions grammaticales, fiches de vocabulaire ;
– vous constituer des fiches pour :
  – **introduire** une idée. *Exemples : first* (d'abord), *first of all* (avant toute chose), etc. ;
  – retenir les **mots de liaison**. *Exemples* : *then* (puis), *secondly* (deuxièmement), *in fact / actually* (en fait), *because of* (en raison de), *due to* (du fait de), *in order to* (pour), *consequently* (par conséquent), *that is why / therefore* (c'est pourquoi), *furthermore* (en outre), *moreover* (de plus), *in other words* (en d'autres termes), *although / though* (bien que), *despite / for all* (malgré), *in short* (en résumé), *on second thought* (à la réflexion), etc.
  – exprimer une **opinion**. *Exemples : I think/To my mind* (je pense que), *It seems to me that* (Il me semble que…), *my opinion is that* (mon avis est que…), etc.
  – exprimer un **accord**. *Exemples : I agree (with you)/Of course!/Sure!/That's a good idea/I think so,* etc.
  – **conclure** : *to conclude* (pour conclure), *as a conclusion* (en conclusion), etc.

Le jour J, il vous faudra :
– être très concentré pour comprendre les questions du jury et relever les mots clés pour répondre aux questions sans tomber dans le hors-sujet ;
– parler lentement et distinctement, articuler ;
– utiliser des mots simples, éviter les structures de phrases compliquées et que vous maîtrisez mal ;
– ne pas hésiter à faire répéter le jury si vous n'avez pas compris la question posée.

Partie 2

Sujets corrigés

PARTIE 2

Sujets corrigés

Chapitre 1
Composition

Sujet 1 | Session 2016

4 heures

ÉNONCÉ

Concours d'attaché territorial (externe)

À noter : Il s'agit du sujet national de la session 2016 pour l'ensemble des centres de gestion organisateurs.

Les communes conservent-elles une utilité ?

CORRIGÉ

Sujet 1 | Session 2016

Proposition de corrigé

Introduction

Contexte : Avec plus de 35 000 communes, la France présente la spécificité d'avoir un paysage territorial très morcelé. Suite à la mise en œuvre du vaste mouvement de rationnalisation et de réorganisation territoriale, issu principalement des lois MAPTAM de janvier 2014 et NOTRe d'août 2015, les communes doivent notamment faire face au défi de l'intercommunalité. S'ajoute à cela la diminution de leurs capacités d'action, du fait principalement de la baisse des dotations de l'État à laquelle elles sont confrontées depuis plusieurs années.

Problématique : Les communes sont prises en étau entre les mutations territoriales et la diminution de leurs moyens financiers. L'échelon de base de notre organisation territoriale paraît fragilisé. Il est donc légitime de s'interroger sur l'utilité de la commune et sur sa capacité à continuer d'apporter les services de proximité dont les citoyens ont besoin.

Plan : C'est à cette interrogation que nous allons tenter de répondre en analysant le nouveau contexte d'évolution institutionnel de la commune, qui tend à l'affaiblir, puis en examinant sa capacité à demeurer néanmoins un nécessaire échelon de proximité.

I. La commune, une collectivité dont l'utilité est remise en cause

A. Un contexte institutionnel et financier peu propice à la mise en œuvre de politiques publiques locales efficaces et à leur financement

a. L'émiettement communal français

– La France se caractérise par un nombre élevé de petites communes

La France possède un nombre élevé de petites communes. Au 1er janvier 2017, la France comptait 35 416 communes, dont plus de 30 000 de moins de 2 000 habitants et 20 000 de moins de 500 habitants. Sans jamais avoir réussi à en réduire leur nombre de manière significative, la France possède, à elle seule, près de 35 % des communes de l'Union européenne. À titre de comparaison, plusieurs pays européens ont réussi à diminuer le nombre de leurs communes. C'est le cas de l'Allemagne qui l'a divisé par trois en quelques années (elle dispose aujourd'hui de 12 226 communes pour 82 millions d'habitants) ou de la Belgique qui l'a divisé par cinq (589 communes pour 11 millions d'habitants). Aujourd'hui, si la population moyenne d'une commune européenne est de 4 100 habitants, celle d'une commune française est de 1 700 habitants.

– Cette singularité française ne facilite pas la mise en œuvre de politiques publiques locales efficaces

Cet émiettement communal français ne permet pas, surtout en milieu rural, un développement autonome et ne facilite pas la mise en œuvre de politiques publiques locales, pour lesquelles une concentration des forces est souvent nécessaire. En effet, chaque équipement public, chaque service public local suppose un niveau d'efficacité fonctionnel qui peut rarement être atteint dans le cadre communal. Par exemple, le faible effectif d'élèves dans les écoles des petites communes ne permet pas à celles-ci de les maintenir. Il en va de même en matière de commerces de première proximité, avec la difficulté de les sauvegarder dans chaque petite commune. Au niveau des communes urbaines, cet émiettement peut également être source d'inégalités territoriales et fiscales au sein d'un même bassin de vie.

b. Des moyens financiers de plus en plus faibles qui fragilisent la commune

– La baisse des dotations de l'État

Les concours financiers de l'État constituent la seconde catégorie de ressources des collectivités territoriales. La dotation globale de fonctionnement représente une part importante des ressources communales. Or, ces dotations connaissent de fortes baisses depuis quelques années. La dotation globale de fonctionnement attribuée aux collectivités territoriales représentait 41 milliards d'euros en 2013 contre 30 milliards d'euros en 2017. Ces diminutions des financements de l'État, qui s'inscrivent dans une démarche de réduction du déficit public, aboutissent à une baisse sensible des moyens financiers des communes, les obligeant à rationnaliser voire à diminuer les services offerts à la population.

– L'alourdissement des charges

Les collectivités territoriales, et particulièrement les communes, voient, parallèlement à la diminution de leurs dotations, leurs charges de fonctionnement augmenter. Les communes ont ainsi dû mettre en place, ces dernières années, la réforme des rythmes scolaires dans les écoles maternelles et primaires, et recruter des personnels en conséquence. Elles ont dû mettre en œuvre de nouvelles réglementations (en matière d'accessibilité des bâtiments publics, de fonctionnement des structures de petite enfance avec la « prestation de service unique ») et engager des révisions de leurs plans locaux d'urbanisme, du fait des nouvelles législations comme la loi ALUR.

Face à ce qu'on appelle « l'effet ciseaux », engendré par la diminution des ressources financières des collectivités d'une part et l'alourdissement des charges d'autre part, les communes, en particulier les plus petites d'entre elles, sont très affaiblies. Elles doivent trouver des solutions pour garantir aux citoyens un niveau de service public satisfaisant, sans devoir augmenter de manière trop importante la fiscalité locale.

B. L'intercommunalité comme réponse à l'affaiblissement des capacités d'intervention des communes

a. Un développement de l'intercommunalité à marche forcée pour donner un périmètre pertinent au maintien et au développement des services publics de proximité

Depuis les lois dites « Chevènement » de 1999, il a été entrepris de répondre au morcellement communal par les regroupements de communes. La récente réforme territoriale, et plus particulièrement la loi NOTRe, a fixé comme objectif l'achèvement de la carte intercommunale sur le territoire national. Les préfets ont ainsi élaboré des Schémas départementaux de la coopération intercommunale (SDCI), en concertation avec les élus locaux, pour définir de nouveaux périmètres d'intercommunalité. Il est principalement attendu de ces nouvelles coopérations intercommunales des économies d'échelle et une plus grande efficacité. La coopération intercommunale apparaît comme une réponse appropriée à l'émiettement territorial.

b. L'intercommunalité comme échelon d'efficacité

– L'intercommunalité doit permettre des stratégies de développement

L'intercommunalité doit permettre la mise en place de stratégies de développement cohérentes entre les politiques économiques, et les politiques d'urbanisme et d'aménagement du territoire. Ceci est d'autant plus essentiel que la dimension européenne et la mondialisation des échanges imposent l'émergence de projets territoriaux forts, avec une grande impulsion de l'acteur économique au niveau des métropoles, des agglomérations ou des bassins d'activité. L'intercommunalité, avec la loi NOTRe, est devenue le moyen privilégié pour développer des projets de territoires ambitieux sur des espaces de plus en plus vastes et cohérents, ainsi que pour mutualiser les compétences.

– L'intercommunalité doit permettre une gestion de services publics efficiente

La loi NOTRe est venue renforcer le bloc des compétences obligatoires des établissements publics de coopération intercommunale à fiscalité propre (métropoles, communautés urbaines, d'agglomération et de communes). À titre d'exemple, la loi NOTRe transfère obligatoirement les compétences, exercées jusque-là par les communes ou leurs syndicats, en matière d'eau et d'assainissement, de promotion du tourisme, de collecte et traitement des déchets ou encore d'accueil des gens du voyage. Le transfert de ces nombreuses et importantes compétences vise à réaliser des économies d'échelle et à offrir aux citoyens des services publics de meilleure qualité et moins couteux que s'ils étaient gérés au niveau de leur seule commune.

Cette dynamique intercommunale affaiblit juridiquement et politiquement les communes. Or, les intercommunalités ne se substituent pas pour autant à celles-ci. En effet, les intercommunalités demeurent méconnues du grand public, tant du point de leurs compétences que de leur gouvernance, et souffrent à l'évidence d'un déficit démocratique. De ce fait, l'intercommunalité n'a pas signé la fin de l'échelon communal : si la réforme territoriale a porté atteinte aux compétences communales, elle a par ailleurs conforté l'existence de la commune en tant qu'échelon démocratique de proximité et incité ces entités à se réorganiser sous forme de « communes nouvelles ».

II. La résistance de l'échelon communal dans la nouvelle organisation territoriale

A. L'affirmation de la commune comme échelon de proximité

a. Un échelon démocratique auquel sont attachés les Français

– La commune, un repère fondamental pour les citoyens

Les sondages d'opinion révèlent un attachement profond et viscéral des Français à l'entité communale. Elle reste une valeur sûre, proche des citoyens dans un monde où la plupart des institutions sont bouleversées par des mutations profondes. Traditionnellement, depuis la Révolution française, la France, contrairement aux autres États européens, a privilégié l'aspect politique du pouvoir local, dont la légitimité est la première raison d'être, plutôt qu'une vision utilitariste. La commune est l'échelon au sein duquel s'exerce le plus efficacement la démocratie locale et apparaît comme l'un des fondements de notre organisation républicaine. Du fait de l'éloignement progressif des pouvoirs locaux, induit notamment par le fait intercommunal et par la fusion des régions, la commune semble retrouver ce rôle premier, à savoir un rôle démocratique.

– La commune comme moyen privilégié de l'expression de la démocratie locale

À la différence des intercommunalités, la commune entretient un lien particulier avec ses habitants qui se reconnaissent en son territoire et en ses instances démocratiques (maire et conseil municipal). Les élections municipales sont là pour en témoigner puisqu'elles connaissent un taux d'abstention bien moindre que les autres scrutins (à l'exception de l'élection du président de la République). Avec la perte de compétences et l'amoindrissement des ressources financières, la commune se réaffirme logiquement comme le moyen d'expression privilégié de la démocratie locale.

b. Un échelon de proximité essentiel

– La commune, collectivité de solidarité

Malgré les transferts de compétences au niveau intercommunal, la commune peut conserver dans les faits des compétences dans de nombreux domaines : en matière d'action sociale (CCAS), en matière d'enseignement (écoles élémentaires et maternelles), en matière de voirie ou d'urbanisme (délivrance des permis de construire). Le maire en tant qu'agent de l'État continue à exercer des compétences en qualité d'officier d'état civil et d'officier de police judiciaire, ce qui participe aussi au maintien de l'échelon communal et à l'attachement des citoyens à celui-ci.

– La réaffirmation de la commune par la réforme territoriale

La loi n° 2015-991 du 7 août 2015 portant nouvelle organisation territoriale de la République (NOTRe) a maintenu pour la commune la clause générale de compétences, contrairement au département et à la région pour lesquels elle a été supprimée. L'article L.2121-29 du CGCT dispose ainsi que « le conseil municipal règle par ses délibérations les affaires de la commune ». Sur cette base, la commune peut intervenir au-delà des compétences qui lui sont expressément confiées par la loi. De plus, la loi n° 2014-58 du 27 janvier 2014 de modernisation de l'action publique territoriale et d'affirmation des métropoles (MAPTAM) est venue renforcer les compétences de la commune en en faisant une collectivité chef de file en matière de mobilité durable, d'organisation des services publics de proximité, d'aménagement de l'espace, de développement local.

Cette réaffirmation législative de ses capacités d'intervention confirme que la commune demeure le territoire de la solidarité humaine et de la citoyenneté. Collectivité territoriale de proximité, elle est en contact permanent avec la réalité et les besoins du territoire et de ses habitants.

B. La modernisation de l'échelon communal et sa mue progressive

a. L'influence des communes au sein des intercommunalités

Face à la généralisation et au renforcement des intercommunalités, les communes ont développé deux types de comportements.

Le premier est défensif. Il consiste, pour la commune, à se replier sur elle-même en freinant son intégration. L'exemple des plans locaux d'urbanisme intercommunaux (PLUi) est symptomatique de cette stratégie : la loi ALUR donne en effet la compétence « urbanisme » aux intercommunalités, dont celle de la planification urbaine via des PLU intercommunaux. Toutefois, la loi permet aux communes de déroger à ce transfert via une délibération de leur conseil municipal, ce que beaucoup de communes ont à ce jour choisi de faire. Certes, cette stratégie protège à court terme le pouvoir communal, mais par son côté défensif, elle gèle toute ambition territoriale et réduit considérablement les potentialités de développement du territoire.

La seconde stratégie consiste, pour les communes, à s'investir fortement dans les établissements publics de coopération intercommunale. Elles tentent d'influer au maximum sur l'exercice des compétences communautaires, et ainsi défendre au mieux leurs intérêts et ceux de leurs habitants.

b. La commune nouvelle

La commune nouvelle est une collectivité territoriale issue de la fusion de plusieurs communes auxquelles elle se substitue, instaurée par la loi n° 2010-1563 du 16 décembre 2010 de réforme des collectivités territoriales. La loi n° 2015-292 du 16 mars 2015 relative à l'amélioration du régime de la commune nouvelle, pour des communes fortes et vivantes, a mis en place un puissant système d'incitation financière pour favoriser la création de communes nouvelles, en garantissant pendant trois ans le niveau des dotations de l'État.

En procédant à des fusions de communes, ce dispositif permet de répondre au défi de l'émiettement communal et à la perte de ressources. L'intérêt est multiple : la commune nouvelle permet de redonner des marges financières aux communes, de peser davantage au sein des intercommunalités, de maintenir des services publics de proximité (exemple : en mutualisant les effectifs scolaires, il est possible de maintenir des écoles dans de petits villages) et de soutenir l'intérêt à la démocratie municipale. Ce dispositif connaît depuis 2015 un véritable succès. Au 1er janvier 2016, 1 090 communes avaient fusionné volontairement pour constituer 317 communes nouvelles. Grâce à ces fusions, la France est passée en 2016, de 36 658 à 35 885 communes. Ce nombre devrait encore diminuer au cours des années à venir.

Conclusion

Le souci d'efficacité et de mutualisation a conduit, durant ces vingt dernières années, à un développement important de l'intercommunalité et à une approche utilitariste de notre organisation territoriale.

Cette nouvelle organisation, en privilégiant les grands périmètres territoriaux, interroge sur l'avenir de la démocratie locale et sur la survie de la commune. Cependant, la réaffirmation de la clause générale de compétence pour la commune et le succès des communes nouvelles ouvrent de nouvelles perspectives pour l'échelon communal.

Il appartient désormais aux citoyens et aux élus locaux de se saisir de ces nouvelles possibilités offertes par la loi pour continuer à faire vivre l'espace de solidarité et de démocratie que constitue la commune en tant que cellule de base de la République.

Sujet 2 | Session 2014

4 heures

ÉNONCÉ

Concours d'attaché territorial (externe)

À noter : Il s'agit du sujet national de la session 2014 pour l'ensemble des centres de gestion organisateurs.

Management, performance, qualité, modernisation… : la distinction entre gestion des collectivités territoriales et gestion des entreprises vous paraît-elle pertinente ?

CORRIGÉ

Sujet 2 | Session 2014

Comment aborder le sujet

1. Analysez le sujet

Définissez en premier lieu les limites du sujet :

– d'un point de vue temporel, le sujet ne précise aucune période et est rédigé au présent. Il sous-entend néanmoins une évolution récente de la distinction entre la gestion du secteur public et celle du secteur privé. Il convient par conséquent de replacer cette distinction dans un contexte historique (service public « à la française ») et également de la mettre en perspective ;

– d'un point de vue spatial, le sujet ne donne aucune indication précise. Il doit par conséquent traiter des collectivités territoriales et des entreprises publiques et privées françaises dans leur ensemble.

En second lieu, vous devez définir les termes essentiels du sujet à savoir « management », « performance », « qualité », « modernisation », « collectivités territoriales » et « entreprises ».

2. Trouvez la problématique

■ Pour cela vous devez interroger le sujet.

Pourquoi le sujet m'est-il proposé aujourd'hui ? Mettez ce sujet en lien avec l'actualité. Ce sujet s'inscrit bien entendu dans le contexte actuel d'évolution des services publics. S'agissant des collectivités territoriales, celles-ci connaissent de profondes mutations avec l'importante réforme territoriale engagée en 2012 et subissent de fortes contraintes budgétaires dans un contexte de crise économique.

Par ailleurs, le droit communautaire est de plus en plus prégnant dans les services publics, avec l'ouverture à la concurrence de certains secteurs.

■ Recensez vos idées.

Listez librement toutes les idées que vous évoque ce sujet :

- Collectivités territoriales
- Réforme territoriale
- Décentralisation
- Fonction publique
- Économies
- Efficacité
- Rationalisation
- Modernisation
- Concurrence
- Intérêt général
- Rentabilité
- Efficacité
- Évaluation
- Souplesse
- Management
- Qualité
- Libéralisation
- Service public
- Administration

■ Ordonnez vos idées.

À ce niveau, dressez un tableau à deux colonnes, l'une consacrée aux grandes interrogations suscitées par les idées que vous venez d'énumérer, l'autre aux problématiques posées par celles-ci.

Interrogations	Problématiques
Quels sont les éléments qui distinguent les collectivités, des entreprises (publiques et privées) ?	Les missions exercées et les objectifs poursuivis par les collectivités, entreprises publiques et entreprises privées sont de natures très différentes. Quelles en sont les conséquences en termes de gestion ?
La distinction entre secteur public et privé ne serait-elle plus pertinente ?	Quelles sont les causes de ce rapprochement entre deux secteurs qui, à l'origine, n'ont pas les mêmes finalités ?

Quels sont les éléments qui tendent à atténuer cette distinction ?	Cette distinction est-elle justifiée aujourd'hui compte tenu de l'évolution des services publics et des collectivités ? Est-ce une évolution ou une régression ?
Y a-t-il une nécessité à appliquer les méthodes de gestion du secteur privé au secteur public ?	Les « méthodes du privé » sont-elles transposables au secteur public ? Si oui, quelles en sont les conséquences ?

Quelle problématique tirer de ces différents questionnements ?

Deux éléments semblent importants pour construire une problématique :

– Quelles sont les causes et l'ampleur de l'évolution actuelle des services publics assurés par les entreprises publiques et les collectivités territoriales ?

– Ces évolutions ont-elles des conséquences sur les modes de gestion des services publics, au point de rendre obsolète la distinction entre le secteur public et le secteur privé ?

Proposition de corrigé

Introduction

Une entrée en matière

L'administration, qu'il s'agisse des collectivités territoriales ou des entreprises publiques, poursuit une mission d'intérêt général, contrairement aux entreprises privées dont l'action est essentiellement guidée par une exigence de rentabilité. Cette vocation d'intérêt général explique que les personnes morales de droit public soient principalement régies par le droit public et que ses agents soient généralement soumis à un régime juridique propre, à savoir le statut de la fonction publique.

Une contextualisation du sujet d'un point de vue historique ou sociétal, par exemple en donnant des définitions des mots-clés du sujet.

Néanmoins, cette distinction n'est pas aussi tranchée puisque le terme « administration » recouvre des réalités très différentes. Si les personnes publiques poursuivent principalement des missions de service public de nature administrative régies par le droit public, elles peuvent également remplir des missions de service public de nature industrielle et commerciale soumises en grande partie au droit privé.

Cette distinction, entre le secteur public et le secteur privé, s'est par ailleurs considérablement atténuée ces dernières décennies sous l'influence croissante du droit européen. Les services publics traditionnels, exercés par les collectivités territoriales et les établissements publics, sont en effet amenés à s'ouvrir à la concurrence et à adapter en conséquence leur fonctionnement et leurs modes de gestion.

La problématique à laquelle le candidat devra répondre tout au long de son devoir.

Face à cette évolution constante des services publics, les collectivités territoriales et entreprises publiques peuvent-elles, pour autant, se voir appliquer des règles de fonctionnement issues du secteur privé et calquer leurs méthodes de gestion sur celles du monde de l'entreprise privée ?

L'annonce de plan : il s'agit de présenter les différentes parties du développement d'une manière claire et détaillée.

Pour répondre à cette interrogation, il conviendra d'exposer, dans une première partie, les raisons pour lesquelles les services publics et les collectivités territoriales sont actuellement en voie de mutation, puis dans une seconde partie, d'analyser les conséquences de cette évolution en termes de gestion des services publics et de se demander si, dans ce contexte nouveau, la distinction traditionnellement opérée entre le secteur public et le secteur privé demeure pertinente.

Plan détaillé

I. Un contexte administratif et budgétaire conduisant à modifier la conception du service public

A. Des services publics en pleine mutation sous l'effet de multiples contraintes

– Le contexte budgétaire impose des restructurations au sein des services publics

La crise que connaît actuellement la France, à laquelle s'ajoute la contrainte du pacte de stabilité édicté par la Commission européenne, exigent de réduire le coût des services publics.

Dans ce contexte, une recherche de réduction des coûts a été entreprise et des réformes pour y parvenir ont été engagées.

Un long processus de privatisation ou d'ouverture de capital des entreprises publiques a par exemple été entrepris.

– L'influence du droit européen sur l'exercice des missions de service public

Pour l'Union européenne, les services publics susceptibles d'affecter les échanges entre les États membres doivent se voir appliquer les règles de la concurrence. Ceci implique de rendre les entreprises publiques compétitives.

– Une modernisation des politiques publiques engagée par l'État

La loi organique relative aux lois de finances (LOLF), promulguée en 2001, a modernisé les modalités de gestion budgétaire avec des politiques publiques traduites en missions et en programmes, des indicateurs de performances, des comptes publics certifiés ; ceci dans le but d'une recherche de performance et d'une responsabilité plus grande des gestionnaires.

La révision générale des politiques publiques (RGPP), engagée en 2007, avait pour objectif d'identifier les réformes susceptibles de réduire les dépenses de l'État tout en améliorant l'efficacité des politiques publiques.

Succédant à la RGPP, la modernisation de l'action publique lancée en 2012 a pour but, à moyen terme, la réforme de l'État, la baisse des dépenses publiques et l'amélioration des politiques publiques.

B. Des collectivités territoriales en perpétuelle évolution

– La réforme territoriale

Le mouvement de décentralisation et les réformes en cours de l'organisation administrative territoriale sont fondés sur une logique économique, dans l'objectif de réduire les dépenses publiques et de renforcer la compétitivité et la synergie des territoires.

– Les baisses de dotations

Les baisses de dotations obligent les collectivités à augmenter leurs ressources propres : ces dernières font face à la nécessité d'accroître leur autofinancement et à repenser leur action.

– Les mises en synergie et la dynamique intercommunale

L'intercommunalité a fortement progressé, avec la réforme territoriale engagée en 2012 et les lois MAPTAM et NOTRe qui prévoient notamment la création des métropoles et l'achèvement de la carte intercommunale.

II. Des modes de gestion des services publics qui se rapprochent peu à peu de ceux du privé

A. Un recours aux fonctionnaires de moins en moins évident pour gérer des services publics

– Des services publics soumis au droit privé

Le droit administratif reconnaît l'existence de services publics industriels et commerciaux (SPIC) et d'établissements publics industriels et commerciaux (EPIC) pour assurer des services qui pourraient l'être par une entreprise privée.

– Une externalisation des services publics vers le secteur privé de plus en plus grande

La tendance est à l'externalisation des services publics vers le secteur privé (par le biais de marchés publics, délégations de services publics, partenariats public-privé) dans un but de meilleure performance et d'une plus grande souplesse.

– Un statut de la fonction publique en voie de libéralisation

La part des contractuels dans les collectivités est croissante : les contractuels constituent 20 % des agents des collectivités territoriales et 15 % des agents de l'État. Ils représentent ainsi environ 17 % des effectifs de la fonction publique.

Cette importance du recrutement par contrat dans le secteur public a été renforcée en 2007 par la reconnaissance des CDI de droit public dans la fonction publique.

B. La mise en œuvre de nouveaux outils de gestion et de management pour une gestion des services publics plus souple

– De nouveaux outils de management

Des méthodes de management, traditionnellement employées dans le secteur privé, sont peu à peu appliquées au secteur public dans une logique de performance et de rentabilité. Parmi elles les nouveaux outils de gestion des ressources humaines que sont les entretiens d'évaluation, les rémunérations au mérite, la gestion prévisionnelle des emplois, le management par projet et la création de véritables directions des ressources humaines dans les organisations publiques.

– Vers une culture du résultat dans le secteur public

Une culture de la performance est peu à peu introduite au sein de l'administration avec : la définition d'objectifs, de standards et d'indicateurs de performance, le développement du contrôle des résultats, du contrôle de gestion, des tableaux de bord d'évaluation, etc.

– Démarches qualité et responsabilité sociétale

Les démarches qualité sont désormais courantes au sein du secteur public, notamment des collectivités territoriales (exemples : charte d'accueil « Marianne », certification ISO, etc.).

De même, les démarches de responsabilité sociétale visant une meilleure prise en compte des impacts environnementaux et sociaux des activités sont mises en œuvre aujourd'hui dans certaines collectivités ou entreprises publiques, à l'instar des entreprises privées.

Conclusion

Bien que la distinction entre la gestion des collectivités territoriales et des entreprises publiques et celle des entreprises privées tende à s'amoindrir considérablement, les nouveaux outils mis en œuvre dans le service public doivent l'être au regard de la nature des missions exercées et des modalités de fonctionnement de celui-ci. Il semble inconcevable, en effet, de transposer purement et simplement le mode de gestion d'une entreprise privée à une entreprise publique, et encore moins à une collectivité territoriale.

Toutefois, si des changements doivent nécessairement être menés dans le secteur public afin de tendre vers la réalisation d'économies et une meilleure qualité du service rendu aux citoyens ou usagers, il convient de concilier ces nouvelles exigences avec le maintien de l'essence même du service public, à savoir la satisfaction de l'intérêt général. C'est là tout l'enjeu de ce profond changement auquel nous assistons que de permettre cette « mutabilité » du service public qui, aux côtés de l'égalité et de la continuité, en constitue l'un des principes fondamentaux.

Sujet 3 | Session 2012

4 heures

ÉNONCÉ

Concours d'attaché territorial (externe)

À noter : Il s'agit du sujet national de la session 2012 pour l'ensemble des centres de gestion organisateurs.

Le rôle des collectivités territoriales face aux inégalités socio-économiques.

CORRIGÉ

Sujet 3 | Session 2012

Comment aborder le sujet

1. Analysez le sujet

Définissez en premier lieu les limites du sujet :

– d'un point de vue temporel, le sujet ne précise aucune période. Il convient par conséquent de traiter du rôle actuel des collectivités territoriales face aux inégalités socio-économiques ;

– d'un point de vue spatial, le sujet ne donne aucune indication précise, il doit par conséquent traiter des collectivités territoriales françaises dans leur ensemble.

En second lieu, vous devez définir les termes essentiels du sujet, à savoir « les collectivités territoriales » et « les inégalités socio-économiques ».

Qu'est-ce qu'une collectivité territoriale ? Quelles sont les différentes catégories de collectivités ?

Qu'est-ce que les termes d'inégalités socio-économiques recouvrent-ils ?

2. Trouvez la problématique

■ Pour cela vous devez interroger le sujet.

Pourquoi le sujet m'est-il proposé aujourd'hui ? Mettez ce sujet en lien avec l'actualité. Ce sujet s'inscrit bien entendu dans le contexte actuel de crise économique.

■ Recensez vos idées.

Listez librement toutes les idées que vous évoque ce sujet :
- crise économique ;
- chômage ;
- insertion ;
- décrochage scolaire ;
- émeutes urbaines ;
- minima sociaux ;
- personnes handicapées ;
- logement ;
- insécurité ;
- politique de la ville ;
- tissu associatif ;
- loi SRU ;
- réhabilitation ;
- politiques sociales ;
- péréquation ;
- service public ;
- décentralisation ;
- égalité.

■ Ordonnez vos idées.

À cette étape, dressez un tableau à deux colonnes, l'une consacrée aux grandes interrogations suscitées par les idées que vous venez d'énumérer, l'autre aux problématiques posées par celles-ci.

Interrogations	Problématiques
Quelles sont les compétences des collectivités territoriales pouvant être exercées pour lutter contre les inégalités ?	La lutte contre les inégalités socio-économiques répond à de multiples actions des collectivités. Il s'agit d'une politique transversale faisant appel à de multiples compétences.
Comment se manifestent les inégalités socio-économiques ?	Les inégalités socio-économiques sont très variées et protéiformes.
Quelle efficacité de l'action des collectivités territoriales pour lutter contre les inégalités ? Quels résultats ?	L'organisation territoriale française est-elle adaptée pour lutter contre les inégalités ? L'intervention des collectivités permet-elle une véritable coordination des actions ?
Est-ce le rôle des collectivités d'agir en la matière ?	L'intervention au niveau local n'est-elle pas justement source d'inégalités ? N'est-ce pas le rôle de l'État d'intervenir pour assurer l'égalité sur le territoire républicain ?

CORRIGÉ

Quelle problématique tirer de ces différents questionnements ?

Deux éléments semblent importants pour construire une problématique :

– Les collectivités territoriales se révèlent être des acteurs privilégiés pour lutter contre les inégalités socio-économiques, mais leurs compétences sont-elles suffisantes ?

– Les collectivités territoriales sont-elles efficaces dans la mise en œuvre de cette politique ? N'est-ce pas plutôt à l'État d'intervenir ?

La problématique pourrait donc être la suivante. Malgré le rôle croissant des collectivités territoriales dans la lutte contre les inégalités, du fait de la décentralisation et des besoins engendrés par la crise économique, peut-on dire qu'elles sont bien adaptées pour mener efficacement cette lutte ?

Proposition de corrigé

À noter : Après avoir analysé en détails le sujet donné, on peut proposer le plan détaillé qui suit. L'introduction et la conclusion sont entièrement rédigées.

Introduction

Une entrée en matière

Le principe d'égalité, proclamé par la Déclaration des droits de l'homme et du citoyen ainsi que par la Constitution, implique un égal accès des citoyens français aux droits et aux services publics sur l'ensemble du territoire de la République.

En application de ces principes, de nombreuses politiques publiques sont menées notamment au niveau local, visant à remédier aux inégalités socio-économiques existant sur le territoire français. Malgré cela et dans le contexte actuel de crise, les disparités perdurent voire s'accentuent.

À noter : Vous pouvez proposer une présentation du sujet d'un point de vue historique ou sociétal, par exemple en donnant des définitions des mots clés du sujet.

On parle d'inégalités socio-économiques pour désigner des différences entre les citoyens en termes de revenus, d'emploi, de logement, d'éducation ou de santé.

Avec le processus de décentralisation initié en 1982, les collectivités territoriales, à savoir les communes, les départements et les régions, ont acquis des compétences de plus en plus importantes que ce soit en matière scolaire, économique, d'habitat, de santé ou encore d'action sociale.

La problématique

La mise en œuvre de ces compétences par les collectivités territoriales est-elle efficace pour lutter contre les inégalités socio-économiques ?

L'annonce du plan : il s'agira de présenter les différentes parties du développement d'une manière claire et détaillée.

C'est ce que nous analyserons en traitant dans une première partie du rôle de plus en plus important des collectivités territoriales pour lutter contre les inégalités (I), et dans une seconde part ie de la manière de renforcer l'efficacité de leur action en la matière au regard de résultats encore insuffisants (II).

Plan détaillé

I. La lutte contre les inégalités socio-économiques au cœur des compétences territoriales

A. Des inégalités socio-économiques croissantes sous l'effet de la crise

– La crise économique et ses conséquences sur les territoires : un chômage de masse inégalement réparti sur le territoire et des disparités socio-économiques importantes tant en matière de logement, de cadre de vie, de scolarité que de sécurité.

– Des services publics parfois défaillants dans certains territoires urbains (banlieues) ou ruraux (désertification rurale).

– Les émeutes urbaines ou les mobilisations populaires dans les régions, à l'instar du mouvement des « bonnets rouges » en Bretagne, témoignent de certaines inégalités territoriales.

B. Les collectivités territoriales, acteurs majeurs de la lutte contre les inégalités

– Par leur proximité avec les citoyens et les compétences qui leur sont dévolues, les collectivités territoriales agissent pour réduire les inégalités et les effets de la crise.

– La décentralisation a transféré de très nombreuses compétences aux collectivités territoriales, susceptibles d'avoir un impact fort sur la lutte contre les inégalités socio-économiques.

Ainsi, les compétences des collectivités pouvant être exercées pour lutter contre ces inégalités sont multiples. Cette lutte touche de nombreux domaines d'intervention des collectivités territoriales : les actions sociales bien entendu, mais aussi l'aménagement du territoire, l'éducation, la culture ou encore le développement économique.

– Les collectivités peuvent agir dans leurs domaines de compétences obligatoires (exemples : RSA au niveau départemental, logement et CCAS au niveau communal, formation professionnelle et développement économique au niveau des régions, etc.). Elles peuvent aussi user de leur clause générale de compétences, récemment réaffirmée par la loi du 27 janvier 2014 relative à la modernisation de l'action publique territoriale et de renforcement des métropoles, pour créer de la solidarité dans les territoires (subventions au tissu associatif par exemple).

II. Un renforcement des politiques de solidarité au niveau local indispensable au regard de l'accroissement constant des inégalités socio-économiques

A. Un renforcement et une clarification des compétences des collectivités territoriales pour mieux faire face aux inégalités

– Plus de trente ans après les premières lois de décentralisation, les inégalités socio-économiques persistent voire s'accroissent.

– L'action territoriale confrontée à l'enchevêtrement de compétences : les différents niveaux d'intervention territoriale, le manque parfois de coordination entre collectivités, la multiplication des dispositifs et leur manque de lisibilité constituent autant de freins à son efficacité.

– L'acte III de la décentralisation et la désignation de collectivités chefs de file, l'instauration d'une conférence territoriale chargée de coordonner leurs actions.

B. Une nécessaire péréquation entre les territoires pour réduire des inégalités de plus en plus fortes

– L'intervention des collectivités territoriales étant de nature variée, selon les choix politiques locaux et les moyens financiers des collectivités, on peut s'interroger sur le caractère égalitaire de la décentralisation.

– La péréquation, les dotations de solidarité urbaine, les zones de politique de la ville (ZUS, ZRU, zones franches urbaines et rurales).

– L'intercommunalité comme outil de rationalisation des politiques publiques locales de lutte contre les inégalités socio-économiques. Exemple : la création de la métropole du Grand Paris destinée à réduire certaines disparités entre des territoires d'une même région, comme en matière de logement.

Conclusion

Fermeture

Malgré une intervention croissante des collectivités territoriales pour lutter contre les inégalités socio-économiques, celles-ci ont rarement été aussi importantes, surtout sous l'effet de la crise économique mondiale qui frappe actuellement notre pays. Les collectivités territoriales, confrontées aux difficultés de nos concitoyens, doivent y répondre au quotidien en exerçant au mieux les compétences qui leur ont été dévolues par les différentes lois de décentralisation et en s'appuyant sur leur clause générale de compétence.

Ouverture

Si l'échelon local est sans doute le plus pertinent pour faire face aux inégalités socio-économiques, il n'en demeure pas moins que son efficacité doit être améliorée. Ceci passe par une réforme d'ampleur de la décentralisation qui doit rendre plus efficientes l'organisation et l'action des collectivités territoriales, et simplifier leur action en favorisant la coordination et la mutualisation des moyens.

C'est l'un des grands défis de l'acte III de la décentralisation, décidé par le président de la République et dont le premier volet vient d'être adopté par le Parlement.

Chapitre 2
Note

Sujet session 2016 (externe)

Sujet | Session 2016

4 heures

ÉNONCÉ

Concours d'attaché territorial (interne et 3e concours)

À noter : Il s'agit du sujet national de la session 2016 pour l'ensemble des centres de gestion organisateurs.

Spécialité Administration générale
Attaché territorial, vous êtes chargé(e) de mission auprès de la Directrice générale des services (DGS) de la commune d'Alpha (100 000 habitants).
La commune s'interroge sur les moyens de continuer à investir et à financer de nouveaux projets dans le contexte de baisse des dotations de l'État.
Afin de présenter au Maire les choix possibles pour faire face à cette nouvelle donne budgétaire, la DGS vous demande de rédiger à son attention, exclusivement à l'aide des éléments du dossier, une note sur les leviers dont dispose la collectivité pour retrouver des marges de manœuvre.

Document 1 : Les finances publiques locales – *Communiqué de presse de la Cour des Comptes* – 13 octobre 2015.

Document 2 : Investissements, faire mieux avec moins – *Fabienne Proux – La Gazette des communes* – 19 janvier 2015.

Document 3 : Les collectivités repensent leur politique tarifaire – *Gaëlle Ginibrière – La Gazette des communes* – 8 février 2016.

Document 4 : Finances locales – Concurrence entre banques, appel au marché obligataire, financements d'appoint : comment emprunter au mieux et optimiser ses ressources – *Aurélien Hélias – Le courrier des maires et des élus locaux* – Février 2015.

Document 5 : Comment gagner des millions grâce aux subventions ? – *Fabienne Proux – La Gazette des communes* – 9 avril 2012.

Document 6 : Le patrimoine immobilier : un nouvel atout – *Cédric Néau – La Gazette des communes* – 1er juin 2015.

Document 7 : Les flottes publiques sur la voie de l'optimisation – *Le Monde* – 9 avril 2015.

Document 8 : Masse salariale : à la recherche de la formule magique – *La Gazette des communes* – 24 mars 2014.

Document 9 : Culture : jouez sur toute la gamme des financements – *Claire Chevrier et Hélène Girard – La Gazette des communes* – 26 octobre 2015.

Document 10 : Le design au service des politiques publiques – *Jean-Christophe Poirot – La Lettre du cadre territorial* – 10 avril 2014

Document 11 : Politiques publiques locales : osez l'évaluation ! (extrait) – *Entretien avec François Mouterde – La Gazette des communes* – 22 février 2016.

Document 12 : Mécénat, taxes, crowdfunding, tarifs… les financements de complément – *Le Courrier des maires et des élus locaux* N° 0287 – 9 février 2015.

Document 13 : Mutualisation : À Toulouse, la ville et l'interco affichent des économies – *Fabienne Proux – La Gazette des communes* – 1er octobre 2012.

DOCUMENT 1

Les finances publiques locales – *Communiqué de presse de la Cour des Comptes* – 13 octobre 2015

Les finances publiques locales

La Cour des comptes rend public, le 13 octobre 2015, un rapport sur les finances publiques locales, fruit d'un travail commun avec les chambres régionales des comptes, sur la situation financière et la gestion des collectivités territoriales et de leurs établissements publics. Les administrations publiques locales (Apul) représentent 20 % de la dépense et 9 % de la dette publiques. Elles sont concernées par le respect des engagements européens de la France en vue du redressement de ses comptes publics.

La nécessaire contribution des collectivités locales au redressement des comptes publics justifie une nouvelle gouvernance des finances publiques locales

En 2014, les Apul ont contribué au redressement des comptes publics grâce à la réduction de leur besoin de financement de 0,2 point de PIB, dû au recul de 9,8 % de leurs dépenses d'investissements, surtout sensible dans les communes et leurs groupements, où il a été accentué par un effet de cycle électoral.

Pour autant, l'année 2014 a été marquée par une nouvelle dégradation de la situation financière des collectivités locales. Pour la troisième année consécutive, leur épargne brute a diminué. Leur endettement s'est encore accru malgré la réduction de leur besoin de financement.

Ce constat confirme la nécessité d'améliorer la gouvernance des finances publiques locales par l'instauration d'un dialogue institutionnel entre l'État et les collectivités, ainsi que par le vote annuel d'une loi de financement des collectivités locales.

La dégradation des finances publiques locales en 2014 provient d'un effet de ciseaux entre dépenses et recettes de fonctionnement

L'année 2014 a été marquée par la première baisse (– 1,5 Md€) de la dotation globale de fonctionnement (DGF) versée par l'État aux collectivités locales. Cette baisse a cependant été atténuée pour les communes et plus que compensée, pour les départements et les régions, par la progression d'autres transferts financiers.

La dégradation de la situation financière des collectivités locales provient avant tout de la progression plus rapide de leurs dépenses de fonctionnement que de leurs recettes de fonctionnement. Si des efforts de gestion ont été constatés, ils n'ont pu compenser la vive croissance des dépenses de rémunération, notamment dans les communes et groupements intercommunaux. Cet effet de ciseau a été accentué par le ralentissement des recettes fiscales du bloc communal ou le recul de celles des régions, ainsi que par l'augmentation toujours très soutenue des dépenses sociales des départements.

À l'exception des départements, l'épargne brute des collectivités locales a diminué dans une proportion supérieure à la baisse de la DGF.

Quoique d'ampleur limitée en 2014, la baisse de la DGF a commencé à exercer une nouvelle contrainte financière sur la gestion locale, de façon différente selon les catégories de collectivités et au sein de chaque catégorie. Face à la baisse programmée de cette dotation de 10,75 Md€ de 2015 à 2017, les collectivités locales disposent de capacités d'adaptation très variables en fonction de la structure de leurs dépenses et de leurs recettes, ou de leur éventuelle fragilité financière. L'application d'une baisse uniforme de la DGF, au prorata des recettes des collectivités, ne paraît donc pas adaptée. Elle devrait être mise en œuvre selon une logique de péréquation plus affirmée, en fonction d'indicateurs représentatifs des niveaux de richesses et de charges des collectivités.

L'impact significatif des normes rend nécessaire d'améliorer l'évaluation de leur coût

L'impact des décisions prises au plan national est parfois mis en avant pour expliquer la progression des dépenses des collectivités locales. Dans quatre domaines étudiés par la Cour, l'impact budgétaire des normes atteint des montants significatifs, à l'échelle des finances locales, même s'il n'est pas le premier facteur explicatif de la progression des dépenses de fonctionnement. La Cour estime ainsi entre 30 % et 50 %, selon les communes, le coût de la réforme des rythmes scolaires resté à leur charge. Concernant les dépenses de personnel, la Cour estime en moyenne à 42 % en 2014 (soit environ 1 Md€) la part des augmentations dues aux mesures nationales. Cette part laisse une marge aux collectivités territoriales pour mieux maîtriser la croissance de leur masse salariale.

La Cour a également constaté que le dispositif d'évaluation du coût des normes est perfectible car il est complexe, pas toujours fiable et insuffisamment transparent. La Cour formule des recommandations pour l'améliorer et renforcer la portée des avis rendus par le Comité national d'évaluation des normes.

Une meilleure maîtrise des dépenses de fonctionnement et une sélectivité accrue des investissements sont indispensables

Les collectivités locales assurent 58 % de l'investissement public dont l'évolution est un enjeu à la fois macroéconomique et de développement local. Les perspectives d'évolution en 2015 des recettes des collectivités locales sont marquées par la baisse accrue de la DGF (– 3,4 M€), conduisant à la première réduction des transferts financiers de l'État (– 2 Md€), ainsi que par la hausse modérée de la fiscalité directe.

En conséquence, pour éviter une nouvelle dégradation de leur épargne brute, les collectivités locales devraient limiter la croissance de leurs dépenses de fonctionnement en 2015 à 0,7 % (contre 2,2 % en 2014).

Le recul de l'investissement local paraît devoir accompagner la baisse de la DGF jusqu'en 2017. Des marges de manœuvre s'offrent aux collectivités locales pour en limiter l'ampleur. D'une part, elles doivent s'engager dans une recherche plus systématique d'économies de fonctionnement, notamment en stabilisant l'évolution de leur masse salariale (gestion plus rigoureuse des effectifs, respect de la durée légale du travail, lutte contre l'absentéisme). D'autre part, la sélection des investissements locaux doit être renforcée, en généralisant leur programmation pluriannuelle et en introduisant l'évaluation de leur utilité socio-économique.

Conclusion et recommandations

L'un des enjeux de la meilleure implication des collectivités dans le redressement des comptes publics réside dans la capacité de l'État à conduire simultanément la baisse programmée de ses concours financiers et plusieurs réformes telles que la réforme territoriale et celle de la dotation globale de fonctionnement, qui vont affecter le modèle d'équilibre budgétaire des collectivités locales.

La Cour formule 14 recommandations, à l'attention de l'État comme des collectivités territoriales.

DOCUMENT 2

Investissements, faire mieux avec moins – *Fabienne Proux* – *La Gazette des communes* – 19 janvier 2015

INVESTISSEMENTS
Faire mieux avec moins

UN CONTEXTE INÉDIT

Economies. Fixée à 3,67 milliards d'euros par an pendant trois ans, la contribution des collectivités territoriales à l'effort national de réduction du déficit public fragilise les équilibres budgétaires locaux. Outre les économies sur la section de fonctionnement, les investissements font partie des variables d'ajustement les plus efficaces à court terme.

ARBITRER

Changer de modèle. Est-ce une sage décision pour redresser les finances publiques ou au contraire une option pénalisante pour les territoires? De nombreux acteurs considèrent l'investissement public local comme une dépense utile à l'économie, à l'attractivité et à la préservation du patrimoine. A condition toutefois de revoir en profondeur le modèle.

S'ADAPTER

Pragmatisme et ingéniosité. Tout en faisant preuve de pragmatisme, des élus locaux refusent de renoncer à équiper leurs territoires. Ils font appel à l'ingéniosité de leurs équipes pour trouver des solutions permettant d'optimiser les ressources. La faiblesse des taux d'intérêt devrait encourager le recours à l'emprunt. Bonne ou mauvaise nouvelle ?

INVESTISSEMENTS : faire mieux avec moins

A nouvelle donne financière, nouveau paradigme

Afin de pouvoir continuer à investir, les collectivités locales doivent adapter leur mode de fonctionnement à un contexte financier très contraint. Une révolution culturelle se profile.

La baisse inédite des dotations de l'Etat (11 milliards d'euros en trois ans) réduit mécaniquement l'épargne nette des collectivités territoriales, et donc leur capacité d'autofinancement des investissements. Comment, dans ce contexte très contraint, continuer à financer de nouveaux projets sans mettre en péril les équilibres financiers des budgets locaux? «Les collectivités présenteront probablement des ratios de gestion dégradés», admet Jean-Sylvain Ruggiu, directeur «secteur public» à la Caisse d'épargne, qui estime que, «dans ce contexte, les élus seront souvent amenés à faire des arbitrages».

49,1 %

des élus locaux prévoient de réduire leurs dépenses d'investissement en 2015 du fait des contraintes budgétaires, révèle le premier baromètre des collectivités territoriales réalisé par «Le Moniteur» et la Fédération nationale des travaux publics (*). Plus de la moitié (54,7 %) compenseront la baisse des dotations par un rééchelonnement de leurs projets sur une durée plus longue et 49,1 % des élus reporteront certains projets.

(*) Etude menée du 13 au 26 novembre 2014 auprès de 320 maires et élus locaux.

Transformer la contrainte en opportunité

Faire des choix, mais aussi faire évoluer les méthodes et bousculer les habitudes. Plus question «d'être drogué à la dépense», selon l'expression d'Yves Fréville, professeur émérite à l'université Rennes 1. «Au lieu d'ajuster comme par le passé les recettes aux dépenses prévues, les élus doivent inverser le mécanisme», prévient Jean-Luc Bœuf (1), directeur général des services de Quimper (63400 hab., Finistère) et Quimper agglomération (8 communes, 87000 hab). Un avis partagé par Guy Gilbert, professeur émérite à l'Ecole nationale supérieure de Cachan (lire l'encadré ci-dessous). Attention toutefois à «ne pas procéder à des coupes budgétaires à l'aveugle», alerte Antoinette Hastings-Marchadier, professeur de droit public à l'université de Bretagne sud. D'autant moins qu'un arrêt brutal des investissements risque de dégrader la valeur des actifs et de porter préjudice à l'attractivité des territoires, à l'instar de ce qui s'est produit en Allemagne, «où les investissements ont été divisés par deux dans les communes pour financer les retraites», rappelle Nicolas Portier, délégué général de l'Assemblée des communautés de France (ADCF). Certes, il faudra désormais «faire avec moins de moyens», convient ce dernier, «mais jusqu'où aller?»

C'est tout l'enjeu des trois prochaines années. Au final, le challenge consiste à transformer la contrainte financière en opportunité pour qu'émergent des solutions innovantes et performantes (lire p.24-25), mais surtout à adapter plus finement les projets aux disponibilités financières des collectivités et aux besoins des territoires. L'ADCF invite à programmer avec plus de rigueur les dépenses d'équipement et à constamment «évaluer leur utilité sociale» (2). Les démarches de prospective mériteraient d'être développées pour affiner la distinction entre exigence de renouvellement des équipements et besoin de déploiement de nouvelles infrastructures, tout en prenant mieux en compte les coûts de fonctionnement.

L'emprunt, un levier limité

Un exercice auquel vient de se plier la région Bourgogne. Après avoir évalué le coût de fonctionnement de treize nouvelles rames de TER inscrites en autorisations de programme en novembre 2013 (pour un montant de 180 millions d'euros), elle a annulé cette acquisition au profit de la rénovation des trains Corail, estimée à 40 millions d'euros. «Les trains Regio 2N coûteraient à la région 5,5 millions de plus par an en exploitation et en maintenance», justifie la région.

La prospective doit aussi être financière afin d'évaluer les marges de manœuvre de la collectivité, ce qui nécessite «d'investir dans les outils de la connaissance», conseille l'ADCF. Celle-ci recommande la mise en œuvre de «programmes pluriannuels d'investissement de territoire» (PPIT), adossés au projet de territoire et au schéma de mutualisation. «On ne peut plus penser les projets d'équipements importants (culturels, sportifs) à une dimension microterritoriale», convient Antoinette Hastings-Marchadier, qui milite en faveur de l'obligation des PPI. Certaines collectivités annoncent d'ores et déjà un recours accru à l'emprunt pour maintenir leurs investissements. Une option d'autant plus attrayante que les taux d'intérêt sont historiquement bas et la ressource

Une régulation cohérente entre ressources et dépenses

Le contrôle indirect de l'Etat sur la croissance des dépenses locales par la seule régulation de la ressource atteint ses limites. Difficile d'accentuer la baisse des dotations et d'étendre davantage le contrôle sur l'évolution des taux de fiscalité. «Je ne vois pas non plus comment revenir à l'autorisation administrative de l'emprunt», observe Guy Gilbert, professeur émérite à l'Ecole nationale supérieure de Cachan. Face à la progression des dépenses locales, il faut mettre en place «une régulation cohérente entre ressources et dépenses», afin de retrouver «des marges de progrès en mesure d'améliorer la gouvernance des relations financières entre l'Etat et les collectivités», assure Guy Gilbert. Il préconise deux stratégies de coordination. L'une, «impérative», conduirait à revisiter le cadre comptable et les règles budgétaires imposés par les autorités centrales pour garantir une meilleure maîtrise des collectivités sur les choix de dépenses sans remettre en cause leur liberté de gestion. L'autre, «coopérative», consisterait à élaborer le cadre d'une négociation entre l'Etat et les collectivités sur les objectifs budgétaires.

La réforme territoriale apportera-t-elle plus de marges de manœuvre ?

Benoît Quignon, DGS de la métropole de Lyon (59 communes, 1,32 million d'hab., Rhône)

«La métropole génère efficacité et économies»

«La création de la métropole de Lyon permet d'optimiser toutes les politiques publiques. En matière d'action sociale, de développement économique et de logement, la réunion des compétences du département et de celles de la communauté urbaine permet une meilleure adéquation entre les ressources et les besoins. La gestion unifiée des voiries permettra de mettre en œuvre des processus de production plus efficaces. Les économies obtenues seront réinvesties dans la remise à niveau d'ouvrages d'art et de routes. De même, la création d'une chaîne des acteurs du logement générera plus de leviers pour augmenter les financements et orienter les investissements des bailleurs sociaux en fonction des besoins.»

Jean-Christophe Paquier, maire d'Ecuelles (2500 hab., Seine-et-Marne)

«La commune nouvelle permet de rationaliser l'investissement»

«Les communes voisines d'Ecuelles et de Moret-sur-Loing souhaitaient chacune construire une médiathèque: un équipement de 400 m² à 2 millions d'euros pour Moret-sur-Loing et un autre de 200 m² à 1 million d'euros pour Ecuelles. J'ai proposé au maire de Moret-sur-Loing de ne bâtir qu'une seule médiathèque, ce qui a déclenché le regroupement de nos deux communes, depuis le 1er janvier 2015, au sein de la commune nouvelle d'Orvanne. Car cette opération nous a montré qu'il était possible de rationaliser nos investissements, puisque nous allons réaliser un équipement plus grand (500 m²) et moins cher (1,5 million). Nous profiterons en outre d'une subvention de la région Ile-de-France qui finance les médiathèques des villes de plus de 5000 habitants.»

Gaël L'Aot, directeur financier de la région Languedoc-Roussillon (2,78 millions d'hab.)

«La fusion de nos régions ne modifiera pas la donne»

«La fusion des régions pourra générer des marges de manœuvre financières, mais elles dépendront de la situation de chaque territoire. La capacité d'investissement de la nouvelle entité née de la fusion des régions Languedoc-Roussillon et Midi-Pyrénées sera importante. Il s'agit ici de marier deux régions confrontées aux mêmes contraintes sur les recettes, très peu endettées, avec un niveau d'épargne élevé, et donc une capacité d'autofinancement des investissements importante. Elles bénéficient des mêmes possibilités de recours à l'emprunt et, qu'elles soient seules ou à deux, elles disposent d'une force de frappe identique pour lever des financements auprès de la Banque européenne d'investissement ou de la Caisse des dépôts.»

abondante et diversifiée (banques commerciales, Caisse des dépôts, Banque européenne d'investissement, contrats de plan Etat-région, fonds européens). «Ce levier est réel mais par définition limité, avertit Jean-Sylvain Ruggiu, et ne reste envisageable que pour les collectivités peu endettées.»

Hiérarchisation des priorités

L'optimisation de la ressource ne passerait-elle pas par son fléchage sur des projets spécifiques, tels la transition énergétique ou le développement du très haut-débit, et sur des politiques publiques ciblées? La Seine-Saint-Denis vient ainsi d'allouer près de 600 millions d'euros à son plan «ambition collèges 2020» pour rénover 80 établissements et en construire 10 autres. «Nous n'utiliserons plus de droits de tirage en matière d'investissement et privilégierons les investissements essentiels pour la collectivité, à savoir les collèges et la petite enfance», explique Stéphane Troussel, président du conseil général.

Mais, in fine, en fonction de quels critères procéder à des arbitrages? Faut-il s'interdire les équipements alourdissant les charges de fonctionnement, à l'instar de Cahors (lire p.25), prioriser le renouvellement du patrimoine, privilégier les investissements productifs ou miser sur le développement économique local? Si la réponse se trouve dans un panachage de ces diverses options, Antoinette Hastings-Marchadier rappelle aussi que «l'on ne peut plus penser à la hiérarchisation des priorités sans engager une réflexion sur la démocratie participative».

Promesses

Manuel Valls s'est engagé à maintenir le fonds de péréquation de la taxe professionnelle, à créer un fonds de 100 millions pour le logement, à augmenter le taux de remboursement du fonds de compensation de la TVA et la dotation d'équipement des territoires ruraux.

(1) «Pouvoirs locaux», n°102-III, octobre 2014.
(2) «Assises de l'investissement: propositions pour un investissement public levier de croissance», note de l'ADCF, septembre 2014.

INVESTISSEMENTS : faire mieux avec moins

Déterminés et imaginatifs, les territoires s'adaptent

Malgré la contraction des ressources, certains élus locaux maintiennent leurs investissements, voire les augmentent. A charge pour leurs équipes de dégager de nouvelles marges de manœuvre.

Sans nul doute, les collectivités territoriales doivent faire face à une situation de rupture. « Nous changeons de paradigme », assure Christian Debiève, directeur général des services de Montélimar agglomération (lire ci-dessous). « Je fais passer le message sur la nécessité de modifier les repères et d'évoluer d'un système autoritaire vers une responsabilité collective et éthique de la gestion du service public », explique-t-il.

De son côté, le maire de Cahors (20 000 hab., Lot), Jean-Marc Vayssouze-Faure, reconnaît que, souvent, de nouvelles infrastructures étaient construites alors que les anciennes étaient maintenues. « Les collectivités locales n'anticipaient pas non plus les coûts de fonctionnement d'un nouvel équipement, notamment les dépenses énergétiques. »

L'alternative du crowdfunding

Pour boucler le budget de construction d'une école ou celui de la rénovation du beffroi, Yèbles (Seine-et-Marne) et Bergues (Nord) tentent le financement participatif. La première espère lever 40 000 euros auprès des particuliers et la seconde 1 million. « Une alternative aux modes de financement classiques », admet Marie-Aurore Houcke, avocat.

Un consensus se dégage sur le fait que les restrictions financières auxquelles les collectivités territoriales doivent faire face constituent un choc si violent qu'il va les contraindre à explorer des voies qu'elles n'auraient jamais envisagées par le passé. D'autant que la nécessité de maintenir un certain niveau d'équipement dans les territoires est brandie par de nombreux acteurs comme un facteur crucial d'attractivité et de soutien à l'économie locale. « Il est peu probable qu'une entreprise vienne s'installer sur un territoire non équipé du très haut-débit », met ainsi en garde Jean-Sylvain Ruggiu, directeur « secteur public » à la Caisse d'épargne.

« Une volonté politique »

Maurice Leroy, président du conseil général de Loir-et-Cher, se refuse à tout « renoncement ». S'il réduit ses investissements (45 millions d'euros en 2015 contre 52 millions en 2014), le département entend poursuivre les grands projets structurants, dont le développement du très haut-débit, et multiplie les mutualisations interdépartementales pour se donner les moyens de ses ambitions (lire ci-dessous).

La nouvelle métropole de Lyon teste une application pour optimiser les déplacements. « Cette solution per-

CA de Montélimar (Drôme) • 26 communes • 62 000 hab.

Calculer le coût de revient de chaque politique territoriale

Christian Debiève, DGS de Montélimar agglomération.

Montélimar agglomération s'est fixé comme priorité « la relance par l'investissement ». A charge pour les agents de réduire le budget de fonctionnement de 1 % par an au cours du mandat. « Notre originalité est d'avoir construit une organisation transversale au service d'un projet de territoire avec comme objectif l'optimisation de la gestion des dépenses et des recettes », explique Christian Debiève, DGS de l'agglomération drômoise. « Raisonner en coûts de revient de chaque politique territoriale nous permet de mettre en lumière les coûts induits d'un équipement. » La contribution horaire à la marge sur coût variable (CHMCV) d'un agent a, par exemple, été fixée à 47 euros. Pour chaque nouveau projet, une fiche indique le montant de l'investissement, l'impact des recettes et des coûts induits sur cinq ans. Mais, prévient Christian Debiève, « s'intéresser aux coûts de revient requiert aussi de la méthode ».

Loir-et-Cher • 331 700 hab.

Jouer sur tous les leviers de la mutualisation

Olivier de Brabois, DGS de conseil général du Loir-et-Cher.

Le conseil général de Loir-et-Cher trouve des marges de manœuvre dans la mutualisation interdépartementale. La création d'une plateforme d'achats groupés (Approlys) en 2014 avec ses voisins du Loiret et d'Eure-et-Loir a dégagé 1 million d'euros d'économies. Grâce à une ligne de trésorerie commune de 60 millions d'euros, « nous avons gagné 30 000 euros via des marges en retrait de 105 points de base », indique Olivier de Brabois, DGS du conseil général. En 2015, un appel d'offres commun pour des emprunts pourrait également générer de substantielles économies. Une bonne nouvelle car la collectivité devra emprunter davantage pour compenser la chute de 58 % de son épargne. Concernant le très haut-débit (1 million d'euros en 2015, puis 5 millions par an), le département s'est rapproché de l'Indre afin de profiter d'un bonus de 10 % du Fonds national pour la société numérique (+ 4 millions d'euros).

met, avec des coûts limités (7 millions d'euros dont une partie de cofinancements), de ne pas réaliser de très lourds investissements dans des infrastructures de transport (100 millions)», explique Benoît Quignon, DGS de la métropole. «Nous optimisons les capacités de déplacement à l'intérieur de l'agglomération en portant le taux d'utilisation de 93% à 95% sans augmenter les engorgements.»

Paris mise plutôt sur l'effet amplificateur de l'investissement public. La ville a annoncé, pour ce mandat, un budget d'équipement en hausse: 10 milliards d'euros contre 9 milliards au cours du précédent mandat. «Une volonté politique, assure Julien Bargeton, adjoint à la maire de Paris, chargé des finances. Nous estimons qu'environ 200 000 emplois sont concernés par notre plan d'investissement qui sera autofinancé aux deux tiers.»

Flécher les financements?

Dès lors, Paris mène de front baisse des dépenses de fonctionnement (-130 millions d'euros à partir de 2015) et hausse des recettes (200 millions de cession d'actifs par an), et accroît son recours à l'emprunt, tout en explorant de nouvelles pistes (lire l'encadré ci-dessus). «Nous adaptons les financements en fonction des projets», poursuit Julien Bargeton. En juillet 2014, la ville a souscrit un prêt de 128 millions d'euros auprès de la Banque européenne d'investissement (BEI) pour financer le prolongement du tramway. Une alternative réservée aux grandes collectivités et aux projets d'envergure.

«La pertinence et la dimension de nos investissements nous permettent de bénéficier des enveloppes bonifiées de la Caisse des dépôts et de la BEI», fait valoir Gaël L'Aot, directeur financier de la région Languedoc-Roussillon, «car toutes deux financent non pas un besoin de financement mais des projets. Charge à ces derniers de correspondre aux stratégies privilégiées par l'Europe et par l'Etat français». La région Languedoc-Roussillon pourvoit à 80% de ses emprunts (38,5% de ses investissements, 513,7 millions d'euros en 2015) de cette manière. «En 2014, nous avons mobilisé 140 millions d'euros de la BEI aux meilleurs taux du marché (0,6% en taux variable et 2% en taux fixe sur trente ans)», se félicite Gaël L'Aot.

De son côté, pour financer la rénovation énergétique de ses lycées, la région Pays de la Loire a souscrit deux prêts de 120 millions d'euros auprès de la Caisse des dépôts dans le cadre de l'enveloppe de 5 milliards attribuée à la transition énergétique. Le financement fléché sur des projets serait-il en passe de devenir la règle? «Non, répond Jean-Sylvain Ruggiu, l'emprunt globalisé fait partie intégrante du modèle financier du secteur public local.»

Une plateforme des cofinancements à Paris

Pour financer ses investissements, la ville de Paris a créé fin 2014 une plateforme des cofinancements qui présentera une vision agrégée des ressources publiques disponibles (subventions régionales, CPER, fonds européens...). «Le but est de professionnaliser la gestion de ces recettes et de s'assurer de leur bonne adéquation avec les projets éligibles», explique Dominique Frentz, sous-directeur du budget. Paris veut aussi développer le mécénat et les souscriptions privées en matière culturelle et patrimoniale. Par exemple, le plan «églises», doté de 80 millions d'euros, doit servir d'effet de levier pour lever le même montant auprès du privé.

315 Md€

C'est le montant d'investissements publics et privés que doit générer le Fonds européen pour les investissements stratégiques, créé par la Commission européenne et garanti à hauteur de 16 milliards par l'UE et de 5 milliards par la BEI.

Jean-Marc Vayssouze-Faure, maire de Cahors et président de la CA du Grand Cahors.

Ville et agglo de Cahors (Lot) • 39 communes • 43 400 hab.

Faire porter le fonctionnement par des tiers

Jean-Marc Vayssouze-Faure, maire de Cahors et président de la communauté d'agglo du Grand Cahors, l'assure: «Nous ne ferons plus d'investissements qui généreront des dépenses de fonctionnement supplémentaires et nous privilégierons les réhabilitations.» La ville et la CA ne financeront que des équipements dont les coûts de fonctionnement seront portés par des tiers. Ainsi, les charges de fonctionnement de l'auberge de jeunesse que projette de construire l'agglo pourraient être assurées par la Fédération unie des auberges de jeunesse. De même, la ville privilégiera un multiplexe à une salle de théâtre car le premier génère moins de coûts. «Nous réfléchissons aussi à des partenariats avec des aménageurs pour développer une zone d'habitations, et à des concessions publiques d'aménagement pour rénover et remettre sur le marché des logements», ajoute Jean-Marc Vayssouze-Faure, qui recherche des opérateurs extérieurs au Lot capables «d'investir à notre place sur le territoire».

INVESTISSEMENTS : faire mieux avec moins

« Il faut maintenir l'investissement public en recourant à l'endettement »

Pour Eric Heyer, directeur adjoint au département « analyse et prévision » de l'OFCE (*), l'investissement public est efficace et sa diminution ne réduira pas le déficit public.

La stigmatisation de la dépense publique est-elle justifiée?
Non, car il faut distinguer les dépenses sociales, élevées en France, des autres dépenses. Toutes dépenses publiques confondues, la France débourse 7 points de PIB de plus que la moyenne des autres pays de l'OCDE: 4 points sont liés à la retraite, 1 point aux dépenses militaires, 1 point au logement et 1 point à la politique familiale. En revanche, hors dépenses sociales, la France occupe le dixième rang de l'OCDE en termes de dépenses publiques ramenées au PIB. Mais l'Etat ne s'attaque pas au problème à partir de ces données: il fixe comme objectif de réduire les dépenses de 50 milliards en trois ans, puis encore de 50 milliards les trois années suivantes, sans préciser sur quels postes agir.

Eric Heyer, économiste à l'OFCE.

En quoi cela impacte-t-il les collectivités locales?
En rabotant leurs ressources de 11 milliards d'euros en trois ans, on ne distingue par la bonne dépense – notamment l'investissement – de la mauvaise, qui correspondrait à des doublons et à du gaspillage. Les collectivités risquent de geler leurs projets d'équipement. Or c'est la dernière des choses à faire dans le contexte actuel. Il aurait été préférable de demander aux collectivités de réduire certaines de leurs dépenses mais en sacralisant celles liées à l'investissement.

Cela ne serait-il pas en opposition avec l'objectif de l'Etat de réduire le déficit public?
On ne résout pas le problème du déficit public en réduisant un poste qui est efficace économiquement. Le FMI révèle que l'investissement public a un effet multiplicateur de trois, ce qui signifie qu'un euro d'investissement public génère trois euros d'activité. Les prélèvements obligatoires s'élevant en moyenne à 50 points de PIB, l'Etat récupère 1,5 euro par euro investi. Inversement, la réduction d'un euro d'investissement public réduit les recettes de 1,5 euro et le déficit ne diminue pas. Aujourd'hui, réduire le déficit en réduisant l'investissement public est voué à l'échec. Les élus locaux ont raison de vouloir défendre l'investissement public.

Comment peuvent-ils contourner ce contexte financier contraint?
L'augmentation des taux d'imposition est possible mais impopulaire. Quant aux économies sur la section de fonctionnement, elles restent compliquées et ne produiront des effets que sur le long terme: ce levier n'est donc pas utilisable pour absorber la baisse des dotations sur les trois prochaines années. Reste par conséquent le recours à l'endettement, d'autant plus recommandé aujourd'hui compte tenu du faible niveau des taux d'intérêt et de la situation conjoncturelle. Il faut maintenir l'investissement en recourant à l'endettement. Par ailleurs, l'on aura toujours besoin de l'endettement public pour la transition énergétique, le numérique, certaines infrastructures. On peut donc saisir l'opportunité de cette situation financière favorable afin de faire avancer ces investissements nécessaires pour l'avenir.

(*) Observatoire français des conjonctures économiques.

Pour aller plus loin

À LIRE

Les investissements redéfinis

Réalisée par la Caisse des dépôts, en partenariat avec des associations du bloc communal, l'ADF et l'ARF, cette enquête sur l'investissement des collectivités locales a ciblé davantage les DGS et directeurs financiers que les élus. Il en ressort une redéfinition, tant en volume qu'en nature, des investissements.

A télécharger sur: goo.gl/rb837S

À SAVOIR

Financer la transition énergétique

La création d'une société de financement de la transition énergétique va finalement être intégrée au plan « Juncker » d'investissement européen. Son objectif est double: associer acteurs publics et privés pour financer les travaux de rénovation énergétique des bâtiments publics et relancer l'économie. En France, entre 30 et 70 milliards d'euros d'investissements sur dix ans sont envisagés.

RENDEZ-VOUS

Le 21 janvier, à Paris

Les pistes d'optimisation de la dépense publique locale

Au programme de cette journée ADCF-BPCE: les politiques d'investissement à l'horizon 2020, les leviers d'optimisation de la dépense locale, les nouveaux modes d'organisation de la dépense locale.

www.adcf.org > l'agenda

DOCUMENT 3

Les collectivités repensent leur politique tarifaire – *Gaëlle Ginibrière – La Gazette des communes* – 8 février 2016

INNOVATIONS & TERRITOIRES

Gaëlle Ginibrière - La Gazette - 8 février 2016

POURQUOI ?

La période se prête à repenser la tarification pour faire face aux contraintes budgétaires ou pour réformer en profondeur des grilles souvent complexes.

POUR QUI ?

Les communes sont particulièrement concernées par la tarification des services rendus aux familles, pour l'accueil des enfants ou la cantine scolaire.

COMMENT ?

Les recettes attendues ne doivent pas être le seul objectif poursuivi, la réflexion gagnant également à porter sur l'équité et la progressivité des tarifs appliqués.

Services publics

Les collectivités repensent leur politique tarifaire

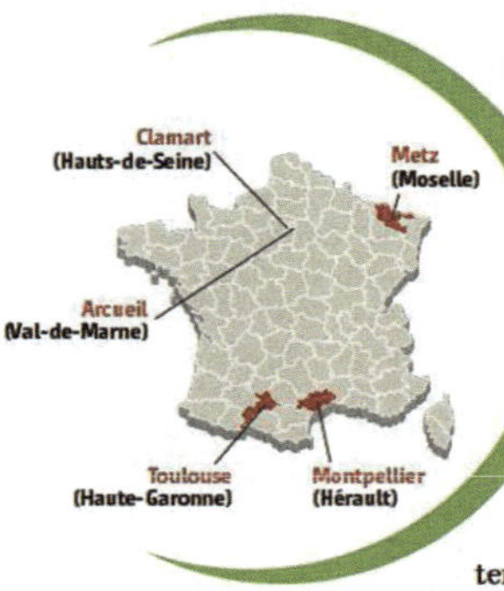

En septembre 2015, la révision des tarifs de restauration scolaire, des études surveillées ou d'autres accueils périscolaires n'est pas passée inaperçue. A Toulouse (458300 hab.), les 7000 familles les plus modestes, qui bénéficiaient jusque-là de la gratuité de la cantine scolaire, se sont vu demander 1,10 euro par repas. Compte tenu des difficultés financières de la ville, il était impossible à la nouvelle municipalité de conserver sa politique de gratuité pour les publics les plus pauvres. Dans le même temps, la hausse s'élevait à 75% pour les plus aisés.

La baisse des dotations n'est évidemment pas étrangère à ces mesures, et les annonces se sont multipliées à la dernière rentrée scolaire, la première sur laquelle pouvaient agir les équipes élues en mars 2014. Dans les Hauts-de-Seine, la ville de Clamart (52200 hab.) a décidé de relever les tarifs par repas de 7 centimes pour les familles aux revenus les plus faibles et de 1,22 euro pour les dernières tranches de revenus, soit respectivement 37% et 40% d'augmentation.

Faut-il financer les services publics en augmentant les tarifs payés par les usagers, comme à Toulouse ou à Clamart, ou par les impôts pesant sur l'ensemble des contribuables? Dans les communes, l'arbitrage semble plutôt favorable à la première alternative, même si les deux solutions ne s'excluent pas, comme à Toulouse, où les impôts ont également enregistré une sévère hausse.

DÉMARCHE COMPLEXE

Mais faire évoluer les tarifs n'est pas forcément toujours aisé. A Metz (118600 hab.), un premier travail de remise à plat de la tarification avait été réalisé il y a trois ans. Il consistait à comparer par activité et par service public (cimetières...) les tarifs pratiqués par la commune et d'autres collectivités. Ce benchmark avait permis de définir un tarif pivot, servant lui-même d'étalon pour éventuellement revoir les tarifs pratiqués par la commune.

Mais la démarche n'avait pas totalement abouti. Lors des deux derniers exercices budgétaires, ce sont les tarifs de la cantine et des activités périscolaires qui ont également été revus, à la hausse. Cinq tranches supplémentaires de quotient familial ont été introduites, afin de relever les tarifs payés par les familles les plus aisées. Par exemple, alors que les habitants de Metz déboursaient jusque-là, pour la

AVANTAGE
Une remise à plat de la tarification trouve toute sa pertinence en début de mandat et dans le contexte financier actuel.

INCONVÉNIENT
A trop relever les tarifs, le risque peut être de détourner les usagers non captifs du service public concerné.

A Metz, lors des deux derniers exercices budgétaires, ce sont la cantine et les activités périscolaires qui ont été revues à la hausse. P. GISSELBRECHT / VILLE DE METZ

restauration scolaire, entre 1,50 et 3,90 euros le repas, le tarif plafond atteint 5,75 euros depuis la rentrée 2015. Quant à l'accès à la piscine municipale, son prix d'entrée a progressé de 10 centimes (soit 3,3%) pour les Messins au 1er janvier 2015 et de 2 euros (soit plus de 66%) pour les habitants des autres communes, introduisant une distinction entre usagers qui n'existait pas jusqu'alors, mais qui se répand de plus en plus.

L'EXPERT

SIMON GODEFROY, cofondateur du cabinet de conseil Citéxia

«Un nouvel outil, le taux de participation»

« L'enjeu actuel est de sortir du système de tarification par tranche pour obtenir un tarif individualisé selon la situation propre à chaque famille, qui évite les effets de seuil. Il s'agit de déterminer le taux d'effort des familles par rapport à leurs revenus pour nourrir leurs enfants, les faire garder... Dans cette perspective, un nouvel outil, plus lisible, se substitue au traditionnel coefficient multiplicateur (appliquer un coefficient au revenu pour obtenir le tarif). C'est le taux de participation à un tarif maximal fixé par la collectivité, ce taux étant déterminé à proportion des revenus. »

Reste qu'une augmentation des tarifs n'est pas toujours sans incidence sur le comportement des usagers. A Metz, la piscine aurait connu en 2015 une baisse de fréquentation, incitant un temps la commune à réfléchir sur la nécessité de revoir à nouveau les tarifs, ce qui n'a finalement pas été fait.

«La stratégie de tarification est à nuancer, selon que l'on a affaire à un service captif – par exemple la restauration scolaire, l'accueil du mercredi après-midi –, ou pas. Dans le second cas, si le taux d'effort devient trop important pour les familles, celles-ci risquent de renoncer au service», commente Simon Godefroy, cofondateur de Citéxia, cabinet de conseil spécialisé dans les stratégies tarifaires des services publics des collectivités. A Clamart, la hausse des tarifs s'est accompagnée d'une baisse des inscriptions à la cantine, mais d'une augmentation du nombre d'enfants en centre de loisirs le mercredi après-midi.

EFFETS INDUITS

A l'inverse, à Montpellier (272 100 hab.), la baisse des tarifs a eu un effet immédiat. «L'adoption d'une tarification plus sociale a permis à 69% des familles de bénéficier d'une réduction des tarifs de la restauration scolaire à la rentrée 2015. Et, s'il est trop tôt pour en tirer un bilan, le nombre de repas commandés a progressé de 10 à 15%», observe Isabelle Marsala, adjointe chargée de la réussite éducative. A son

●○○ arrivée en mars 2014, la nouvelle équipe municipale de Montpellier a souhaité faire évoluer un système de tarification très peu progressif.

Sept tranches de revenus permettaient de calculer les tarifs. «Ceux-ci variaient entre 1,76 et 3,70 euros, mais 78% des familles ne faisaient pas calculer leur quotient familial, car la démarche était jugée trop compliquée», poursuit Isabelle Marsala.

La commune a donc décidé de prendre pour référence les revenus utilisés par la caisse d'allocations familiales (CAF) ou le dernier avis d'imposition des personnes qui n'y sont pas inscrites. «A partir de ces éléments, nous avons travaillé sur le taux d'effort des familles, établi d'après le revenu et le nombre d'enfants, qui permet de calculer les tarifs selon une courbe plus progressive», détaille Vincent Domeizel, directeur des finances et du contrôle de gestion de Montpellier.

«SIMPLIFICATION DES CALCULS»

Paradoxalement, compte tenu du contexte budgétaire, la recherche d'économie n'est en effet pas toujours le premier moteur des collectivités. «La première demande, parmi celles que nous recevons, est d'abord d'établir une tarification plus lisible et qui coûte un peu moins cher en traitement. Le second enjeu est la simplification du calcul des tarifs et son harmonisation sur l'ensemble des services», constate Simon Godefroy. C'est le cas, par exemple, à Arcueil (19700 hab., Val-de-Marne). La commune a entrepris, en 2015, une refonte de son quotient familial, jusqu'ici calculé d'après les revenus des familles, mais aussi d'après leurs charges de chauffage, leur emprunt immobilier... Une véritable usine à gaz, qui comptait 36 tranches de quotient familial pour la restauration scolaire et 20 pour l'accueil du soir des enfants! «Le calcul était devenu incompréhensible pour les familles et complexe à établir pour les services», convient Sylvain Mertens, directeur général adjoint (DGA) «ressources» à Arcueil.

La commune a également choisi de se baser sur les documents de la CAF pour calculer un taux de participation des familles et non plus leur quotient familial. «Par exemple, le tarif maximal pour un repas à la cantine scolaire a été fixé à 6 euros. En fonction de la composition du foyer et de ses revenus, le taux de participation varie de 10% à 100% du tarif maximal», explique Sylvain Mertens. C'est en déduisant la subvention de la commune (24 à 75% du coût réel, selon les services) que le tarif maximal est obtenu.

«7% des ménages ont un taux de participation supérieur à 80%. Les classes moyennes ont, elles, une facture identique ou en légère baisse. Et les recettes sont identiques pour la commune, soit 1,4 million d'euros pour les prestations soumises à conditions de ressources», estime le DGA.

TÉMOIGNAGE

«Une courbe mathématique pour plus de progressivité»

VILLE DE DUNKERQUE

FLORENCE VANHEE, directrice «pilotage-évaluation et qualité» de Dunkerque (89900 hab., Nord)

«A la rentrée 2015, nous avons adopté, pour les services liés à l'éducation, un nouveau mode de calcul dans un souci d'harmoniser les tarifs et d'instaurer une vraie progressivité selon les revenus des familles, à budget équivalent. Nous sommes partis du prix de revient moyen des services pour définir un tarif minimum et maximum. Et d'une courbe mathématique de progressivité, afin de lisser les effets de palier.
Pour la restauration et le périscolaire, les tarifs sont individualisés au quotient familial: les plus bas ont légèrement augmenté, les plus hauts ont davantage progressé, mais, globalement, 30% des familles paient des tarifs moindres. Pour les autres services à caractère culturel et sportif, douze tranches identiques de 200 euros de quotient familial ont été créées.»

Car, si la révision des tarifs ne permet pas forcément de dégager des marges financières, les collectivités exigent que son effet soit au moins neutre sur leur budget. Ainsi, Montpellier a choisi de modifier parallèlement les modalités d'inscription à la cantine. «Les réservations se font, pour chaque période, entre les vacances, afin d'éviter les gaspillages, et non plus jour par jour», souligne Isabelle Marsala.

Cette mesure devrait engendrer 400000 à 500000 euros d'économies. Quelle que soit l'évolution des tarifs, une bonne communication auprès des familles concernées est absolument nécessaire. Voire même une consultation, comme à Montpellier. «Dans tous les cas, il est important d'illustrer ses choix par un panel de familles représentatives de la collectivité», recommande Simon Godefroy.●

Gaëlle Ginibrière

DOCUMENT 4

Finances locales – Concurrence entre banques, appel au marché obligataire, financements d'appoint : comment emprunter au mieux et optimiser ses ressources – *Aurélien Hélias – Le courrier des maires et des élus locaux* – Février 2015

DOSSIER

Finances locales

Concurrence entre banques, appel au marché obligataire, financements d'appoint : comment emprunter au mieux et optimiser ses ressources.

Ironie de l'histoire : alors que les collectivités ne sont qu'au début d'un cycle de quatre ans où les dotations vont chuter de 28 milliards cumulés, rarement les banques ont eu autant de liquidités à leur prêter et à des taux historiquement bas. Un « prix de l'argent » très attractif qui ne constitue pourtant qu'un maigre lot de consolation tant les dépenses obligatoires (normes, transferts de l'Etat) pèsent. « Il est clair que la baisse des dotations de l'Etat ne pourra jamais être compensée par le recours à l'emprunt, assène Gaëtan Huet, du cabinet Partenaires finances locales. D'autant que l'inéluctable baisse des investissements locaux - de 30 % à 50 % selon les projections, car c'est la principale variable d'ajustement - va justement provoquer un emprunt moindre. »

Peu d'emprunts contracycliques à prévoir donc malgré des conditions de marchés optimales. « Je ne vois aucun emprunt se faire en dehors de la logique d'un projet mûrement préparé. Les banques demandent d'ailleurs une meilleure appropriation des programmes d'investissement. A ce jour, je ne vois que des projets annulés. Et rembourser un emprunt renvoie toujours à la fiscalité, demain... », souligne le consultant. Les banques partenaires du secteur local font le même constat : « Il y a un attentisme assez fort des nouvelles équipes municipales. Le marché reste atone et les collectivités diffèrent plutôt l'investissement », observe le président de la Banque postale collectivité locales (BPCL), Serge Bayard.

L'optimisation... jusqu'où ?

Pour autant, l'heure étant plus que jamais aux économies, les collectivités voient une fenêtre de tir s'ouvrir pour optimiser ces emprunts en faisant jouer la concurrence sur un marché où les acteurs bancaires, privés comme publics, français comme étrangers, sont nombreux à démarcher les exécutifs locaux. S'y ajoutent aussi des possibilités nouvelles, l'accès aux marchés obligataires devant franchir une nouvelle étape au 1er semestre 2015 avec la première émission de l'Agence France locale. L'urgence étant aussi à l'amélioration de l'autofinancement, poussé à la baisse, les élus cherchent par ailleurs à maximiser leurs sources de financement, entre optimisation de moyens déjà existants et appel à des circuits de ressources nouveaux. Le levier fiscal semble difficile à utiliser, du moins en 2015. Délégué général de l'AdCF, Nicolas Portier rappelait le 21 janvier que « beaucoup d'élus se sont engagés sur la stabilité des taux. Certains ne sont pas sûrs de pouvoir le respecter ». Confirmation d'Antoine Homé, maire de Wittenheim : « Des collègues ont décidé de faire de l'optimisation fiscale, comme à Mulhouse, avec + 3%. Je devrai probablement faire de même en 2016, mais cela ne peut se faire que de façon très modérée. Et cela ne peut représenter qu'une petite partie de l'effort en complément de la nécessaire baisse des dépenses de fonctionnement. »

« Mais une action est possible sur les assiettes, en renonçant à des exonérations », nuance Nicolas Portier. S'y ajoutent diverses pistes pour améliorer le panier de ressources locales : l'actualisation des valeurs locatives, l'examen minutieux des taxes et redevances affectées, « impôts mal contrôlés par les services fiscaux », mais aussi l'utilisation de « nouveaux instruments financiers » comme les certificats d'économie d'énergie (voir pp. 44-45), les cofinancements avec l'Etat et ses différentes agences (Anru, Ademe, etc.), voire la valorisation de productions (recyclage matériaux, énergies nouvelles...) ou encore la gestion active du patrimoine, via la cession de biens.

Solliciter de nouveaux partenaires

Autres pistes de ressources rapides et pérennes, sous le seul pilotage de la commune : la hausse de taxes annexes et l'optimisation des politiques tarifaires des services publics locaux. De nombreux élus ont entamé cette démarche qui devrait se poursuivre en 2015. Même si cette optimisation n'est pas à la portée de tous : « Paris a la possibilité d'augmenter de 180 % ses tarifs de stationnement... Mais tout le monde n'a pas cette facilité-là ! minore ainsi le sénateur et président de la commission finances de l'AdCF, Charles Guéné. Dans les territoires où les gens ont les revenus les plus bas, c'est un levier que vous ne pouvez actionner. » Alors, comme le temps des vaches maigres semble devoir durer, au moins jusqu'à mi-mandat, les élus locaux sont enclins à innover en allant solliciter, non pas leurs partenaires financiers habituels (Europe, Etat, niveaux de collectivités supérieurs), mais des acteurs nouveaux : les entreprises et les particuliers, via le mécénat et le crowdfunding. Soit, souligne Nicolas Portier, autant de « formes de mobilisation de l'épargne locale sur des projets d'investissement ». ■

Dossier réalisé par Aurélien Hélias

ENCADRÉS DE L'ARTICLE

« Les collectivités se méfient d'elles-mêmes »

« La bonne nouvelle, c'est la liquidité des marchés. Mais encore faut-il aller vite ! Dans le cadre classique d'une collectivité ayant des ressources industrielles, commerciales, avec des loyers assurés, l'investissement pourra se faire aux meilleures conditions. Mais, pour celles qui n'ont pas de retour financier sur leur territoire, même avec des taux bas, chaque élu peut se demander s'il sera en mesure de rembourser les échéances. Le problème de fond réside dans les projections que vont faire les collectivités, qui ne peuvent se permettre de faire de la cavalerie. Sans ressources financières régulières, l'incertitude est considérable et les collectivités se méfient d'elles-mêmes, de leurs propres capacités. Elles doivent emprunter progressivement et analyser comment rembourser leurs intérêts. »

DOCUMENT 5

Comment gagner des millions grâce aux subventions ? – *Fabienne Proux – La Gazette des communes* – 9 avril 2012

Financement

Comment gagner des millions grâce aux subventions

Face aux ressources en berne et aux difficultés d'accès aux crédits bancaires, communes et intercommunalités font la chasse aux subventions. Mais elles ne sont pas toutes logées à la même enseigne. En bref, mieux vaut être gros, urbain et riche que petit, rural et pauvre.

Communes et intercommunalités cherchent des alternatives à l'emprunt devenu difficile d'accès et coûteux. Aussi, la tendance est-elle à la recherche de subventions pour faire financer la moitié, voire les trois quarts des projets les plus lourds. Ainsi, la communauté de communes Lubéron, Durance, Verdon annonce pour 2012 un budget autofinancé à 100 %. Outre une gestion rigoureuse des finances locales, Jean-Paul Landais, directeur général des services, ne se cache pas d'avoir réussi à obtenir un maximum de subventions pour assurer le financement des plus gros projets lancés cette année.

De fait, la nouvelle médiathèque de Vinon-sur-Verdon, dans le Var (1,2 million d'euros) et le centre des congrès de Gréoux-les-Bains (Alpes-de-Haute-Provence, 5 millions d'euros) seront respectivement financés à hauteur de 70 % et de 65 % par le Feder (Union européenne), la région, le département et les partenariats intercommunaux. Mais pour décrocher autant de subventions, « il faut faire beaucoup de lobbying », prévient Jean-Paul Landais.

Délais contraints

Le plus difficile est souvent d'identifier le financement adapté au projet, trouver la porte à laquelle frapper, puis constituer le dossier permettant de décrocher le précieux sésame, le tout dans un délai contraint. « C'est d'autant plus dur lorsque les financeurs tels que l'Union européenne et les régions sont éloignés des bases », ajoute Denis Durand, « il convient aussi de parler le langage que la collectivité qui subventionne aime entendre ». Selon le président de l'Association des maires ruraux du Cher et maire de Bengy-sur-Craon (670 hab., Cher), à ce petit jeu « les communes rurales sont défavorisées par rapport aux grandes villes, et nombre de projets tombent à l'eau par découragement ». La lenteur des démarches n'arrange rien. Denis Durand risque de perdre la subvention de l'agence de l'eau Loire-Bretagne, obtenue mi-2010 pour financer le quart d'un aménagement routier dans sa commune, faute de lancer les travaux dans un délai de deux ans. Or, pour boucler son budget, il attend depuis 2009 l'aval de la région et de la dotation d'équipement des territoires ruraux.

Johann Boblin, maire de La Chevrolière (5000 hab., Loire-Atlantique), a décroché plus de 50 % de subventions pour le réaménagement du centre-bourg (1,82 million) et la construction d'un centre culturel (3,2 millions), dont une médiathèque (1,12 million) financée à hauteur de 80 %. « Il faut agir avec méthode », explique cet ancien directeur administratif et financier dans le secteur privé. Outre le recrutement d'une chargée de mission pour monter les dossiers, il a fait appel à un cabinet extérieur pour valider la conformité des deux projets par rapport aux besoins du territoire, ce qui a permis la sélection par le conseil général. Mais avec une participation plafonnée à 20 % du montant de l'investissement, l'aide du département ne suffisait pas. Aussi, Johann Boblin est-il allé à Bercy pour défendre son dossier et décrocher 206000 euros du Fonds d'intervention pour les services, l'artisanat et le commerce. Le reste de la facture a été pris en charge grâce à diverses astuces : le syndicat d'alimentation en eau potable pour les réseaux, ERDF pour le déplacement d'un transformateur, le syndicat d'électrification de la Loire-Atlantique pour l'éclairage public, etc.

Services dédiés

Les structures plus riches se dotent carrément de services dédiés, à l'instar de la communauté urbaine de Dunkerque (CUD). Depuis la création d'une mission « partenariat », en 2006, la CUD a mobilisé plus de subventions en quatre ans (36 millions) qu'entre 2000 et 2006 (34 millions). Ainsi, l'ambitieux projet, autour de la ville durable, de réhabilitation de la halle aux sucres (34 millions d'euros hors taxes), qui sera transformée en « learning center », a décroché 60 % d'aides.

Sur le modèle de Dunkerque, Lyon a mis en place, en 2011, un système

---

JURIDIQUE

Le nouveau cadre des financements croisés

L'article L. 1111-10 du CGCT prévoit qu'à compter du 1er janvier 2015, aucun projet ne pourra bénéficier d'un cumul de subventions (sauf pour les communes et EPCI de moins de 3500 habitants) si le schéma d'organisation des compétences et de mutualisation des services région-département n'est pas adopté. Font exception à cette règle les secteurs du tourisme, de la culture et du sport, ainsi que les opérations dont la maîtrise d'ouvrage relève de l'Etat ou de ses établissements publics ou figurant dans des contrats de projets Etat-région.

10,3 M€

Il s'agit du montant des dotations et subventions perçues par le secteur communal en 2010, et en baisse de 19,4 % par rapport à 2009.

Source : DGCL-DGFIP

Le maire de La Chevrolière a décroché plus de 50 % de subventions pour le réaménagement du centre-bourg.

VILLE DE LA CHEVROLIÈRE

CUD

L'EXPERT

HÉLÈNE DESWARTE, responsable de la mission « partenariat », communauté urbaine de Dunkerque (Nord)

« Cinq personnes affectées au suivi des stratégies des partenaires institutionnels »

« La mission "partenariat", composée de cinq personnes, assure le suivi des stratégies des partenaires institutionnels – tels que l'Etat et l'Union européenne –, afin d'adapter nos projets à leurs priorités. Nous anticipons les programmations à venir, suivons de près les contrats de projet Etat-région et la nouvelle stratégie du conseil général en matière de contractualisation avec le bloc communal. Une fois les financements identifiés, la mission accompagne les services de la communauté urbaine de Dunkerque [CUD] et les communes adhérentes au montage et au suivi des dossiers. Les 36 millions de subventions obtenus entre 2007 et 2011 correspondent à 20 % des investissements réalisés sur cette période (178 millions). 35 % provenaient du Feder, 25 % de la région et 23 % de l'Etat, essentiellement dans le cadre du contrat de projet Etat-région, mais aussi du Fonds national d'aménagement et de développement du territoire, de la direction régionale des affaires culturelles et du plan de relance. La CUD a reçu 7 millions du Feder, à la suite de l'appel à projet sur l'excellence territoriale, pour lequel nous avons réagi très vite. Les financements du Feder ont un effet de levier sur les autres subventions, de l'Etat et des collectivités. »

19 %

des dépenses d'équipement des communes et des groupements à fiscalité propre étaient couvertes, en 2004, par les subventions reçues (21,9 milliards d'euros).

Source : rapport de Pierre Richard, « Solidarité et performance, les enjeux de la maîtrise des dépenses publiques locales », décembre 2006.

de classification pour la recherche de financements extérieurs. Une cinquantaine de fiches triées par thème (culture, espaces verts, économie, international...) et par financeur (Etat, région, Europe, privés), réactualisées en permanence, facilite le repérage.

Critères d'attribution durcis

Nombre d'incertitudes pèsent sur le maintien des subventions actuelles, d'où l'intérêt d'un service dédié pour identifier de nouvelles pistes. « Nous prévoyons un durcissement des critères d'attribution tant de la part des collectivités territoriales que de l'Union européenne », indique Hélène Deswarte, responsable de la mission « partenariat » de la CUD (lire l'encadré ci-contre), qui suggère le recours à un partenariat public-privé pour créer une nouvelle grande salle de spectacle, au mécénat pour encourager les projets culturels et au soutien de la Banque européenne d'investissement. De son côté, Denis Durand invite l'Etat à créer, dans les préfectures, des cellules d'appui pour coordonner les demandes et centraliser les informations relatives aux subventions, notamment celles de l'Union européenne. *Fabienne Proux*

DOCUMENT 6

Le patrimoine immobilier : un nouvel atout – *Cédric Néau – La Gazette des communes* – 1er juin 2015

FINANCES

CONTREPOINT

Le patrimoine immobilier: un nouvel atout

Mal identifié, peu valorisé, le patrimoine immobilier est pourtant un moyen de retrouver des marges de manœuvre financières.

Comme un poisson hors de l'eau. Les élus et cadres financiers doivent parfois se sentir asphyxiés par les contraintes financières qui s'abattent nombreuses sur les budgets de leur collectivité. Mobilisés pour réduire les dépenses, ils négligent encore parfois les stratégies de croissance des ressources. Or il existe un domaine capable d'apporter des recettes supplémentaires aux collectivités: le patrimoine immobilier.

1361 MdE

C'est la valeur du patrimoine des collectivités (immobilier, route, réseaux d'eau, etc.) selon la comptabilité nationale.

Campagne d'évaluation

Souvent négligé, parfois ignoré, le patrimoine immobilier est d'abord vu comme une charge: entretien, mise aux normes, gestion de personnel, etc. Pourtant, de plus en plus de collectivités se lancent dans une gestion active de leur patrimoine et n'hésitent plus à procéder à des cessions massives, imaginer des modèles rentables grâce aux produits de domaine par exemple, acheter ou louer des biens plus appropriés à leurs nouveaux besoins, comme à Bordeaux qui totalise ainsi un volume de transactions évalué entre 5 et 10 millions d'euros chaque année. Son homologue garonnais vient de se lancer dans l'aventure. Toulouse a ainsi décidé en avril de vendre 4 millions d'euros de patrimoine, mais entend bien en céder pour 30 millions à terme.

Ces démarches ne se décident pas du jour au lendemain. Toulouse a créé une cellule de valorisation du patrimoine qui travaille à l'identification des biens cessibles un an avant les délibérations municipales. Quant au département du Loiret, il a bouclé en mars une vaste campagne de quatre mois d'évaluation. Au prix du marché, les 162 biens identifiés représentent 232 millions. De quoi définir «une gestion dynamique du patrimoine, qui a sa vraie place dans la stratégie financière de la collectivité», selon le directeur général des services, Jean-Charles Manrique, interrogé à l'époque. Pour ces collectivités, il ne s'agit pas de vendre les bijoux de la couronne, mais de savoir quoi vendre, comment et à qui, de façon à retrouver les marges de manœuvre financières perdues dans le désert des dotations. Une façon de renoncer aux murs des lamentations. **Cédric Néau**

DOCUMENT 7

Les flottes publiques sur la voie de l'optimisation – *Le Monde* – 9 avril 2015

Les **flottes publiques** sur la voie de l'optimisation

Les collectivités territoriales se voient contraintes de rationaliser leur parc de véhicules pour ne pas creuser leurs déficits

En matière d'optimisation de flottes, l'État a une longueur d'avance sur les collectivités territoriales.

Depuis 2010 et la révision générale des politiques publiques et après le passage de deux circulaires, la gestion de ses véhicules a été externalisée auprès d'ALD Automotive par le biais d'un marché lancé par l'Union des groupements d'achat public (UGAP), la centrale d'achat public, et la flotte a été mise au régime minceur avec près d'un quart de ses volumes en moins.

Ce travail de fond a été remarqué et suivi avec intérêt par les collectivités territoriales confrontées à la loi de décentralisation et au plan d'économies de 11 milliards annoncés par le premier ministre en avril 2014. « *Jusqu'à présent, les collectivités n'avaient pas à se poser de questions*, explique Jean-Pierre Sivignon, directeur général de l'UGAP. *Elles étaient assises sur un coussin, mais celui-ci va se dégonfler. Leur budget de fonctionnement va devoir diminuer si elles ne veulent pas s'endetter ou augmenter les impôts.* »

Dans ce contexte et au même titre que l'immobilier, la flotte représente un poste de dépense important du budget de fonctionnement d'une collectivité. Inévitablement, elle devra faire l'objet d'un travail de rationalisation et d'optimisation comparable à celui qui a été accompli par l'État au cours de ces quatre dernières années. « *Les marges de progression sont importantes,* constate Jean-Pierre Sivignon. *Soit le travail d'optimisation n'a pas été réalisé systématiquement, soit la démarche n'a pas été initiée de manière professionnelle.* »

Au vu des volumes, les gisements d'économies sont énormes. Alors que la flotte de l'État compte 65 000 véhicules, les collectivités territoriales sont à la tête d'un volume de 200 000 à 400 000 véhicules, selon les estimations des spécialistes. Nul doute que les prochaines années vont être mouvementées dans les flottes publiques.

L'UGAP occupe un poste d'observation privilégié et, en tant que centrale d'achat, joue un rôle important dans les bouleversements à venir. L'établissement public a référencé un catalogue de véhicules dans lequel les collectivités territoriales peuvent puiser sans avoir à passer par une procédure de marché public. En 2014, 7 600 véhicules ont ainsi été commandés par les flottes publiques auprès de l'UGAP, soit une hausse de 200 unités par rapport à 2013.

La centrale d'achat publique mesure aussi l'intérêt des collectivités territoriales en matière de véhicules propres. Or, en 2014, l'UGAP a vendu 670 modèles électriques et hybrides contre 820 en 2013. « *Les incertitudes sur la loi de transition énergétique et la baisse du montant du bonus ont pesé dans les arbitrages des collectivités* », observe Jean-Pierre Sivignon.

Un bilan 2014 contrasté

Pour accompagner les collectivités territoriales dans la rationalisation de leurs flottes, l'UGAP a référencé des spécialistes du financement et de la gestion des véhicules. Ainsi, l'établissement public a sélectionné GE Capital Fleet Services pour ses solutions de location longue durée et ALD Automotive pour ses services de *fleet management*. Le bilan 2014 est plus que contrasté puisque seules quelques centaines de contrats de location longue durée ont été signés. Quant à la gestion de flotte pour compte, et si l'on exclut la flotte de l'État, les collectivités y ont eu recours pour seulement 3 000 véhicules.

Si l'UGAP ne représente qu'une partie des achats des collectivités, ces résultats en demi-teinte montrent que le sujet n'a pas encore été embrassé à bras-le-corps. Les chiffres des prochaines années constitueront un bon thermomètre pour mesurer l'ampleur des efforts consentis.

Face à l'UGAP, d'autres acteurs travaillent main dans la main avec les collectivités territoriales. C'est le cas de Public LLD, une filiale du loueur Arval, elle-même filiale de BNP Paribas. Contrairement à l'UGAP, l'évolution de son activité démontre un réel intérêt de la part des collectivités territoriales. Depuis sept à huit ans, les volumes de véhicules intégrés dans des marchés publics de location longue durée ont été multipliés par deux, et la filiale d'Arval a vu quadrupler le périmètre de sa flotte. « *Nous assistons à un recours croissant aux solutions d'externalisation,* observe Stéphane Spitz, directeur général adjoint. *D'abord lent, ce mouvement s'est accéléré au cours des dernières années.* »

Cette tendance s'explique par plusieurs facteurs. Tout d'abord, l'état critique de leurs finances oblige les collectivités territoriales à passer en revue tous les budgets susceptibles d'être rationalisés. Autre explication, ces dernières années, les services chargés des achats se sont professionnalisés. Enfin, le parc des collectivités territoriales est vieillissant, avec un âge moyen qui atteint 8,5 ans contre de 3 à 4 ans dans le privé. Les collectivités territoriales ont un vrai besoin de renouveler leurs flottes.

Face à l'évolution de la demande, LLD Public apporte une réponse adaptée à travers des solutions spécifiquement développées pour les entités du secteur public. « *Il faut lutter contre l'idée reçue selon laquelle la location longue durée n'a d'intérêt économique qu'avec des kilométrages importants*, explique Stéphane Spitz. *Ce n'est pas le cas et nous avons rallongé les durées de nos contrats pour qu'elles s'inscrivent en cohérence avec les lois de roulage des collectivités territoriales, qui ne réalisent en moyenne que de 13 000 à 14 000 km par an contre 95 000 dans le privé.* »

Quoi qu'il en soit, les collectivités territoriales vont devoir s'engager dans une démarche d'optimisation de leurs flottes. En avance, le secteur privé et l'État leur montrent la voie.

DOCUMENT 8

Masse salariale : à la recherche de la formule magique – *La Gazette des communes* – 24 mars 2014

Masse salariale : à la recherche de la formule magique

Dossier réalisé par Gaëlle Ginibrière - *La Gazette des communes* - 24 mars 2014

OBJECTIF ÉCONOMIES

Enjeu crucial. Le président de la République a assigné aux collectivités un objectif de réduction des dépenses publiques de 10 milliards d'euros. Alors que, pour ces dernières, les dépenses de personnel représentent 35 % des coûts de fonctionnement, la stabilisation de la masse salariale constitue un enjeu crucial.

MARGES DE MANŒUVRE

Complexité. Entre les décisions prises au plan national – qui pèsent sur les recrutements et le niveau des rémunérations – et les contraintes propres aux collectivités, la masse salariale est un élément sur lequel il est complexe d'agir. Les employeurs disposent toutefois de plusieurs leviers, parfois déjà actionnés avec succès.

GESTION PRÉVISIONNELLE

Réflexion. Sous-exploitée dans la FPT, la gestion prévisionnelle des emplois, des effectifs et des compétences est un outil efficace dont les collectivités commencent à se saisir. Encore faut-il qu'elles le fassent avec une vision et des objectifs très précisément réfléchis. Une expérimentation est en cours dans plusieurs intercos.

Composer avec des impératifs contradictoires

Conscientes de la nécessité de stabiliser, si ce n'est réduire, leur masse salariale, les collectivités se heurtent à la complexité d'un sujet aux tenants multiples et parfois contradictoires.

L'objectif n'a pas été atteint. Alors que la loi de programmation des finances publiques 2012-2017 prévoyait une progression annuelle de la masse salariale des collectivités limitée à 2,5% par an, celle-ci s'est établie en 2012 à 3,3%. Un constat opéré par la Cour des comptes dans son rapport consacré pour la première fois aux finances publiques locales, publié en octobre 2013. Les dépenses de personnel des collectivités et de leurs groupements à fiscalité propre ont atteint 54,8 milliards d'euros en 2012. Soit en moyenne 35% des dépenses de fonctionnement, avec de fortes disparités: 50% dans les communes et 20% dans les départements, régions et intercommunalités, dont les dépenses d'intervention sont plus élevées. En revanche, les plus importantes progressions constatées en 2012 sont le fait des groupements à fiscalité propre (+8,66%), contre +3,84% dans les régions, +2,62% dans les communes et +2,59% dans les départements.

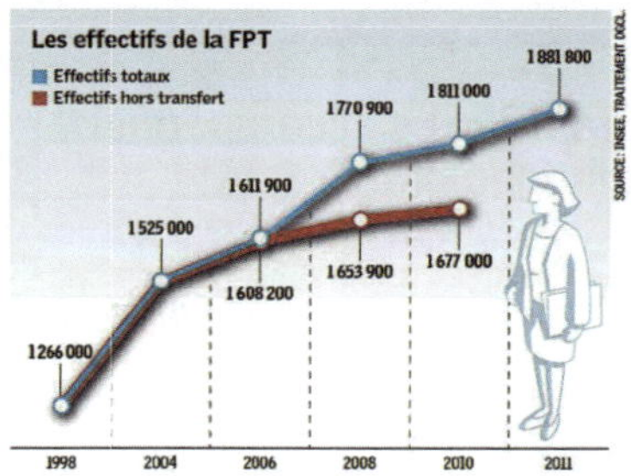

Revalorisation des « C »

La Cour des comptes reconnaît qu'il est très ardu d'analyser les causes de cet accroissement. Les transferts de personnel de l'Etat aux régions et départements – qui expliquaient la moitié de la croissance des effectifs entre 2004 et 2010 (voir le graphique) – ont cessé. L'institution observe même une stabilisation du nombre d'agents entre 2009 et 2010, avec une légère diminution en équivalent-temps plein, qui ne suffit pas à infléchir la hausse des dépenses. « L'évolution de la masse salariale entre deux années est la somme de trois termes: la variation des effectifs, le glissement vieillesse-technicité [GVT] et la variation des rémunérations des agents présents les deux années ou rémunération moyenne du personnel en place», indique la cour. Or les 39500 employeurs territoriaux ne maîtrisent pas l'ensemble des éléments affectant ces trois composantes.

1823 €

C'est le salaire net moyen en équivalent-temps plein (ETP) en 2011 dans la fonction publique territoriale. En un an, il a augmenté de 1,3% en euros courants, mais diminué de 0,8% compte tenu de l'inflation. A titre de comparaison, l'évolution a été respectivement de +2% et +0,1% dans la fonction publique d'Etat.

Sources: Insee, janvier 2014.

Selon la Cour des comptes, 40% de l'augmentation des dépenses de personnel relèveraient de politiques décidées à l'échelon national. « Une part que l'on peut revoir à 30%, en excluant l'impact de la prime d'intéressement à la performance dont le chiffrage est incertain», nuance-t-elle. La réforme des rythmes scolaires? Elle explique pour partie le bond de masse salariale qu'a connu une ville comme Chelles (1100 agents, 52800 hab., Seine-et-Marne). « Nous avons embauché une soixantaine d'animateurs pour la mettre en œuvre, même si ce n'est pas forcément à temps complet. La hausse de la masse salariale était de 1,5% en 2012, elle a atteint 3,6% en 2013», constate le directeur général des services, Yannick Klein.

La revalorisation des agents de catégorie C au 1er février 2014? Son coût a été évalué à 816 millions d'euros en 2014 et 2015 par l'Association des maires de France, qui rappelle que les « C» représentent 75% des agents de la FPT. « Dans les départements, cette revalorisation s'applique deux fois: pour leurs propres agents, mais aussi pour ceux de la fonction publique hospitalière qui travaillent dans des établissements directement gérés par ces collectivités», note Frédéric Eon, conseiller « affaires institutionnelles et juridiques » de l'Assemblée des départements de France.

Cotisations en hausse

L'augmentation des taux de cotisation retraite de la CNRACL? La Commission consultative d'évaluation des normes en estime l'impact à 380 millions d'euros pour les collectivités en 2012. Directeur des ressources humaines de la Vienne (1600 agents), Cédric Chauvet chiffre pour 2014 à 0,6% de la masse salariale la revalorisation des agents « C », soit 350000 euros. « Concernant les cotisations retraite, nous avons évalué le surcoût des fonctionnaires de l'Etat en détachement chez nous à 700000 euros par an, puisque les taux de cotisation de la caisse des pensions civiles sont plus forts que ceux de la CNRACL. C'est pourquoi nous invitons les agents de l'Etat travaillant sur des postes pérennes et apportant un service qui nous satisfait à intégrer la FPT», indique-t-il. Vice-président du conseil régional de Bourgogne (5000 agents) et président de la commission « FPT » de l'Association des régions de France, Michel Neugnot pointe d'autres impondérables, tel le GVT qui, dans les régions, fait progresser la masse salariale d'un peu moins de 2% par an.

Reste que 60% à 70% de l'augmentation des dépenses de personnel sont aux mains des collectivités. Pourtant, ces dernières estiment que, même sur ces leviers-là, leurs marges de manœuvre sont étroites. « La grande

J.-P. TEILLET

ENTRETIEN **EMMANUEL GROS,** membre du bureau national du Syndicat national des DG des collectivités territoriales et directeur général des services de La Roche-sur-Yon (*)

« Un changement important doit s'accompagner d'une action forte de management »

Quels facteurs internes aux collectivités expliquent la complexité de la maîtrise de la masse salariale ?
La pression sociale est très pesante sur les collectivités. Il existe – en milieu urbain particulièrement – une demande des habitants pour avoir toujours plus de services, de toujours plus grande qualité. Cela passe forcément par du personnel. Il existe aussi un lien fort avec l'augmentation de la population et sa démographie : dans une population où les enfants sont nombreux, les infrastructures doivent suivre ainsi que l'encadrement en personnel. On ne peut pas s'abstraire non plus de la proximité avec les élus, sollicités dès que les habitants sont en difficulté. La dimension d'employeur social était encore très vraie il y a dix ans, mais tend à disparaître. Cependant, dans certains territoires, les collectivités font toujours figure de premier employeur : le moindre poste attire des dizaines de candidatures.

Les collectivités ont-elles réellement pris conscience des efforts à entreprendre ?
Le facteur culturel est effectivement essentiel et, en la matière, les évolutions commencent seulement à s'opérer. Jusqu'ici, lorsque l'on demandait aux services d'en faire plus, davantage de moyens étaient proposés. Aujourd'hui, cette position n'est plus tenable, mais les changements ne font que commencer. Cette dimension n'est d'ailleurs pas encore intégrée partout, car tous les territoires ne sont pas soumis aux mêmes difficultés financières. Les collectivités confrontées à une baisse des recettes de l'Etat ont, elles, pris des mesures depuis deux ou trois ans déjà. Cependant, la prise de conscience des cadres est plus avancée que celle des élus.

Comment accompagner cette évolution ?
On ne peut pas supprimer des postes, mettre en tension une administration sans accompagner ces changements d'une action forte de management. Les collectivités ne peuvent pas se contenter d'une décision budgétaire qui risquerait, si elle était prise seule, de ne pas être suivie et, donc, d'être inefficace. Il est nécessaire d'apporter des explications, d'accompagner les services et de responsabiliser les managers sur cette question.

(*) 1224 agents à la ville et 305 au CCAS, 52800 hab. (Vendée).

différence par rapport à la politique salariale de l'Etat est que 75 % des agents de la FPT sont des "C", qu'un million d'entre eux sont au premier grade, c'est-à-dire rémunérés entre le Smic et le Smic+10 %, indique-t-on à l'AMF. Les employeurs territoriaux sont donc face à un dilemme cruel : d'un côté, maîtriser une partie de leurs dépenses de personnel, de l'autre, préserver les dotations de survie pour leurs habitants. Ce qu'une collectivité verse comme rémunération est, en effet, ce que ses agents consomment sur son territoire. Les appels à limiter l'avancement des territoriaux doivent aussi être regardés à travers ce prisme-là. »

Facteur de motivation

Quant au régime indemnitaire, dont la Cour des comptes dénonce certains abus, il constitue aussi un critère d'attractivité et de motivation pour les candidats et les agents en place. « S'ils sont bien traités, peut-être ont-ils également de meilleures relations au travail, et donc s'appliquent-ils davantage pour un service public de meilleure qualité », remarque Claude Soret-Virolle, directrice générale adjointe du centre interdépartemental de gestion de la grande couronne d'Ile-de-France. Les collectivités ont aussi beau jeu de rappeler que nombre des services publics qu'elles assument – petite enfance, parascolaire... – sont de gros consommateurs de personnel. « La maîtrise de la masse salariale sous-tend une réflexion plus globale. Les collectivités doivent-elles assurer leurs prestations en régie ? Dans le cas d'une délégation de service public, l'impact sur la masse salariale est moindre, mais qu'en est-il du coût global ? Il ne faut pas s'arrêter à la masse salariale, mais s'interroger sur l'efficience des services publics, c'est-à-dire comment faire mieux avec les mêmes moyens », commente Jean-François Lemmet, consultant formateur en RH.
Dans ce contexte, quels objectifs les collectivités peuvent-elles se fixer ? Tâcher de s'en tenir au seuil des 2,5 % d'augmentation de la masse salariale ? Certaines visent déjà une stabilisation de leurs dépenses de personnel. « Mais il faut pour cela du courage politique », note un DGS.

Des leviers à actionner simultanément

Les marges de manœuvre en vue de contenir la masse salariale sont étroites, mais recourir à plusieurs leviers est possible. Passage en revue de quelques-uns d'entre eux.

Même si la solution miracle n'existe pas, des marges de manœuvre existent pour maîtriser la masse salariale. Les collectivités doivent procéder par petites touches, actionnant plusieurs leviers à la fois. « Chaque mesure prise séparément peut sembler n'engendrer que de faibles économies mais, ajoutées les unes aux autres, elles contribuent à réduire la masse salariale, sur le moyen ou le long terme », encourage Jean-François Lemmet, consultant formateur en RH.

1) Une gestion plus fine des effectifs

« Il est temps de donner à la gestion des ressources humaines une dimension stratégique », avance Michel Neugnot. Le conseil régional dont il est vice-président, celui de Bourgogne, a choisi d'intégrer les ressources humaines au dialogue de gestion et mise sur la gestion prévisionnelle des emplois, des effectifs et des compétences (GPEEC, lire aussi p.24) pour s'assurer que les moyens et les effectifs dont il dispose correspondent à ses priorités stratégiques. « Cela suppose un diagnostic des besoins au regard des compétences. Nous avons ainsi élaboré un répertoire des métiers, développé un plan de formation conséquent et adopté un plan de mobilité interne pour redéployer les ressources humaines là où le nécessitent les missions, qui évoluent elles-mêmes avec le temps », poursuit-il.

Partout, le remplacement des agents partant en retraite n'est plus systématique et le redéploiement des postes est devenu la règle. « Dans le cadre de notre politique "orientation ressources humaines", nous avons invité les directions et services à travailler sur les départs en retraite en réfléchissant aux possibles réorganisations, à la dématérialisation de certaines tâches... » note Corinne Dubrueil, DRH de l'Aisne (2100 agents).

Un effet de noria tout relatif

Remplacer les papy-boomers partant à la retraite en examinant au cas par cas les besoins et, surtout, employer à leur place une population plus jeune, à la rémunération par conséquent moins élevée. C'est ce que l'on appelle « l'effet de noria ». Sauf que ce levier très attendu des employeurs a tardé à produire ses effets. Avec la loi de 2010 reculant l'âge de la retraite, pour bénéficier d'un taux plein, nombre d'agents ont, ces deux dernières années, retardé leur départ. L'effet de noria est donc moins fort qu'espéré.

2) Une optimisation de l'organisation

Heures supplémentaires gérées sans grande rigueur, congés supplémentaires douteux, « surabsentéisme »... la Cour des comptes relève dans son rapport d'octobre 2013 que les marges de progrès en matière de temps de travail sont importantes. Un euphémisme tant les mauvaises pratiques sont édifiantes : progression de 40 % des heures supplémentaires dans une commune du Nord, perte de 272 ETP liée aux congés supplémentaires dans une grande ville du Sud-Ouest... L'absentéisme – le talon d'Achille des collectivités avec un taux de 6,8 % à 9,1 % – pourrait être abaissé de 2 à 3 % sur les arrêts pour maladie ordinaire.

Les employeurs vigilants parviennent à réduire leur taux d'absentéisme en sensibilisant les cadres intermédiaires, en suivant régulièrement les chiffres et en réagissant immédiatement si survient un problème dans une équipe, en menant des entretiens de retour, en instaurant une prime de présentéisme... A Lille métropole (2500 agents, 85 communes, 1,11 million d'hab.), par exemple, le seuil à ne pas dépasser est fixé à 5,5 %. « L'absentéisme a un coût, qu'une étude de Sofcap groupe Sofaxis établit en moyenne à 1825 euros par agent tous risques confondus, pour les collectivités de 30 à 149 agents, pointe Claude Soret-Virolle, directrice générale adjointe du CIG de la grande couronne d'Ile-de-France. La maladie ordinaire représente 39 à 44 % du coût total de l'absentéisme : il faut donc agir sur elle et sur la prévention des accidents du travail. Mais sans s'interdire de réfléchir à la longue maladie et à celle de longue durée (31 % à 35 % du coût de l'absentéisme). Bien sûr, cette dernière correspond souvent à des cas lourds. Toutefois, un retour à l'emploi peut parfois être envisagé pour peu que l'on se donne les moyens de former la personne et d'adapter son retour. »

L'optimisation du temps de travail est aussi une source non négligeable d'économies. A Chelles, les heures supplémentaires et les vacations ont baissé respectivement de 35 % et 40 % entre 2009 et 2013. L'objectif 2014 ? Encore -25 %. « Nous réfléchissons désormais en annualisation du temps de travail, avec certaines activités qui sont fortes en été et diminuent à d'autres périodes, que nous lissons tout au long de l'année. Pour l'entretien ménager, une rationalisation des tâches a été entreprise : par exemple ne pas vider la poubelle à carton tous les jours », détaille le DGS, Yannick Klein. Une optimisation du fonctionnement des crèches est également en cours, sur la base d'un « benchmarking » avec d'autres villes mais aussi avec les structures de la petite enfance gérée en délégation de service public (DSP) sur le territoire.

D'autres collectivités misent sur la mutualisation : secrétaire travaillant pour plusieurs services, externalisation et mutualisation des systèmes d'information RH au centre de gestion sont déjà à l'œuvre. Quant à la mutualisation des services, elle n'a globalement pas encore fait ses preuves en matière de maîtrise de la masse salariale, même si certains exemples récents sont encourageants (lire p.23).

3) Une politique managériale plus volontariste

C'est un sujet sensible, auquel ont commencé à s'atteler quelques collectivités : la politique d'avancement

Mathieu Chartron, DGS de la ville et de l'agglo de Dole.

M. FERCHAUD

Ville et agglo de Dole (Jura) • 42 communes • 600 agents au total • 52300 hab.

Le choix de la mutualisation

Lorsque le projet de mutualisation entre la ville et la communauté d'agglomération de Dole a été lancé, fin 2010, l'interco avait à peine plus de 2 ans. « Elle montait en puissance, ses compétences étaient de plus en plus enchevêtrées avec celles de la ville, ce qui nécessitait davantage de lisibilité. Ses effectifs avaient été multipliés par plus de cinq, ce qui rendait nécessaire la création de services support en RH, finances, marchés... » détaille le DGS, Mathieu Chartron. La maîtrise de la masse salariale n'intervenait que dans le cinquième et dernier objectif de la mutualisation – qui date de janvier 2012 – et uniquement en filigrane. « Le sujet est tabou. En revanche, le contexte de crise nous incitait à être attentifs à ne pas développer inconsidérément la masse salariale », poursuit-il. L'agglo s'est ainsi dotée de services support par transfert de personnel. Une non-dépense évaluée à 900 000 euros, l'équivalent d'une vingtaine de postes. Des gains plus directs découlent de la suppression d'abonnements, de contrats en doublon, etc. : 99 691 euros en 2013, desquels il faut défalquer 32 000 euros de charges supplémentaires correspondant à l'alignement des régimes d'œuvre sociale du personnel. Après avoir progressé avec la naissance de l'agglomération, la masse salariale s'est stabilisée dès 2012, pour commencer à très légèrement décroître en 2013.

À RETENIR

Adopter la mutualisation en contexte de crise a conduit à une grande vigilance sur l'évolution de la masse salariale.

de grade et d'échelon. Des politiques reposant le plus souvent sur la seule ancienneté. « Ceci est coûteux, mais prive aussi les collectivités d'un levier essentiel de management », regrette la Cour des comptes dans son rapport. A Chennevières-sur-Marne (250 emplois permanents et 100 animateurs, 18000 hab., Val-de-Marne), cette réflexion a été intégrée au projet d'administration porté par le DGS arrivé en 2011, Sébastien Duval. « Il s'agit de se référer au statut et de mettre les personnes dans les bons cadres d'emplois, de s'assurer que les avancements de grade sont en cohérence avec les postes occupés : quelqu'un qui change de grade doit savoir qu'il n'exercera pas les mêmes missions qu'auparavant », détaille-t-il. Désormais, la ville planche sur la réforme du régime indemnitaire, qui « doit être cohérent avec les fonctions et les responsabilités occupées. Le dossier est complexe, car le régime indemnitaire est le fruit de l'histoire. Notre objectif est donc d'intégrer tous les arrivants dans ce nouveau système ».

4) Un choix à opérer dans les politiques publiques

En baisse de 1% en 2010, puis ayant augmenté de 1 à 1,5% les deux années suivantes grâce à des mesures de chasse aux heures supplémentaires inutiles et d'optimisation de l'organisation... comment pourra se poursuivre la stabilisation de la masse salariale ? C'est la question que se pose la ville de Chelles, qui vise 0% d'augmentation en 2014. « Avec le temps, les sources d'économies ou d'optimisation vont devenir plus difficiles à trouver. Il faudra donc en passer par des choix en termes de maintien ou non de certaines activités », reconnaît le DGS, Yannick Klein.

Avoir à trancher parmi les services et prestations à rendre à la population n'est plus tabou. A La Roche-sur-Yon, le ciblage des services est déjà à l'œuvre. La fourrière municipale a été supprimée – désormais gérée en DSP – et les deux agents qui y travaillaient redéployés sur des postes vacants dans d'autres services. « La question se posera au cours du prochain mandat de savoir quelles activités nous ne considérons pas comme au cœur de nos compétences. Par exemple, la gestion des colonies de vacances : la ville dispose d'un chalet dans les Alpes dans lequel quatre personnes travaillent pour notre compte. Il faudra regarder si les moyens déployés correspondent à l'utilité de l'activité », estime Emmanuel Gros, le DGS.

Calcul des coûts de fonctionnement d'un investissement, du coût d'un service public au regard du nombre de personnes concernées pour juger de son bien-fondé et, éventuellement, y renoncer... déjà adoptées ponctuellement, de telles mesures devraient se développer durant le prochain mandat.

560 M€

Tel est le montant que représente une variation des effectifs de la fonction publique territoriale de 1% (soit 18000 agents).

Source : rapport de la Cour des comptes sur les finances publiques locales, octobre 2013.

Pourquoi et comment s'emparer de la GPEEC ?

Les collectivités se lancent de plus en plus dans la gestion prévisionnelle des emplois, des effectifs et des compétences (GPEEC). Un outil qui, sans être spécifique à la masse salariale, permet d'agir sur son évolution.

Où en sont les collectivités en matière de GPEEC ?

Dans leurs derniers rapports, la Cour des comptes et les cours régionales des comptes exhortent les collectivités à s'engager plus avant dans le déploiement de la GPEEC. Force est de constater que, même si la démarche est évoquée et expérimentée depuis plus de quinze ans, elle n'est pas mûre et souvent encore peu aboutie. L'Assemblée des communautés de France (ADCF) a lancé, avec le CNFPT et la Fédération nationale des centres de gestion (FNCDG), un groupe de travail informel autour de cinq intercommunalités. Objectif ? Les aider à dresser un état des lieux de leurs effectifs et, sur cette base, les accompagner dans la réalisation d'un schéma de mutualisation et la mise en œuvre d'une démarche de GPEEC. Celle-ci devrait donner lieu, d'ici un an et demi, à une étude et à l'organisation d'un colloque sur cette thématique.

Quels objectifs attribuer à la GPEEC ?

« Mal maîtrisée, la GPEEC s'est souvent révélée ces dernières années une usine à gaz qui n'aboutit à rien. Jusqu'ici, des collectivités se dotaient, sans s'interroger sur leur utilité, de tableaux de bord dont elles ne savaient ensuite pas quoi faire », regrette Jean-François Lemmet. Selon le consultant formateur en RH, les collectivités qui, aujourd'hui, réfléchissent à ce sujet sont à la recherche d'une démarche plus pragmatique et opérationnelle, qu'il appelle lui-même de ses vœux. « Il s'agit tout d'abord de réaliser un état des lieux, puis de définir des objectifs en termes d'amélioration et de développement des compétences et des effectifs. A partir de là, les collectivités peuvent déterminer les outils qui leur permettront d'atteindre le résultat qu'elles auront fixé », note-t-il.

Quels sont les freins à la mise en place de la démarche ?

La GPEEC est-elle un moyen ou un objectif ? Beaucoup de collectivités n'ont pas encore tranché cette question et font de la gestion prévisionnelle au fil de l'eau, sans réelle réflexion préalable. « Il est difficile de transposer la GPEEC du privé au public, car dans ce dernier secteur les contraintes sont plus fortes en raison du statut ou de l'impossibilité de baisser les rémunérations », estime Floriane Boulay, responsable des affaires juridiques et institutionnelles, et de l'action sociale de l'ADCF. La nécessité de préserver la qualité du dialogue social pour mener à bien cette démarche sensible explique également que les collectivités avancent prudemment sur la question.

A quelle échelle la gestion prévisionnelle se révèle-t-elle la plus pertinente ?

« A moins de vingt ou trente agents, autant faire la GPEEC sur Excel. C'est d'ailleurs pourquoi la gestion prévisionnelle ne concerne pas plus de 200 ou 300 collectivités », peut-on entendre dans certaines associations d'élus. C'est afin de lutter contre cette idée encore répandue selon laquelle les petites collectivités peuvent se contenter d'un tableau de bord rédigé sur un coin de table que l'ADCF prône le dépassement de l'échelle de la commune. « L'échelle intercommunale peut-être, celle supra-communautaire sans doute sont plus indiquées. C'est pourquoi nous travaillons avec les centres de gestion, avance Floriane Boulay. » Déjà, certaines actions sont engagées dans ce sens-là. « Géographiquement, les centres de gestion sont à la maille idéale, celle du bassin d'emploi », renchérit Bruno Elusse, directeur de l'emploi au centre interdépartemental de gestion de la grande couronne de la région Ile-de-France.

Pour aller plus loin

À LIRE

La gestion prévisionnelle à la loupe

Le CNFPT publie fin mars une étude sur l'usage de la GPEEC dans les collectivités. Jeux des acteurs (élus, DGS, syndicats...), état des lieux, objectifs et prospective, limites de la démarche.. les pratiques d'une trentaine de collectivités ont été analysées.

Site internet : www.cnfpt.fr

Les effectifs intercommunaux

Le CNFPT et l'ADCF ont actualisé en 2013 une étude commune réalisée dix ans plus tôt. L'objectif de cette publication est de dresser un état des lieux factuel de l'emploi dans les communautés et les syndicats.

« Ressources humaines. Repères, références et tendances statistiques », juin 2013. Site internet : www.adcf.fr > publications > études.

AGENDA

Toute l'année, dans les Inset

Méthodes et outils

Le CNFPT propose une formation de trois jours sur la gestion et le pilotage de la masse salariale, destinée aux cadres chargés des ressources humaines. Objectif : s'approprier les méthodes et les outils tels que les tableaux de bord permettant de suivre l'évolution des dépenses de personnel.

Prochaines sessions : Inset de Dunkerque, du 18 au 20 juin ; Inset de Montpellier, du 9 au 11 juillet ; Inset de Nancy, du 22 au 24 septembre.
Site internet : www.cnfpt.fr > se former > la gestion et le pilotage de la masse salariale.

DOCUMENT 9

Culture : jouez sur toute la gamme des financements – *Claire Chevrier et Hélène Girard – La Gazette des communes* – 26 octobre 2015

DOSSIER

Dossier réalisé par Claire Chevrier et Hélène Girard

Pour financer la naturalisation d'une girafe, le muséum de Toulouse a lancé une opération de financement participatif.

P.NIN/VILLE DE TOULOUSE

CULTURE

Jouez sur toute la gamme des financements

LES BUDGETS

Diversification. Avec la baisse des dotations de l'Etat, les budgets des collectivités pour la culture s'étiolent. Pragmatisme oblige, certaines cherchent des financements alternatifs: mécénat, financement participatif, valorisation d'actifs et partenariats opérationnels; et incitent les associations culturelles à faire de même.

LES COMPÉTENCES

Professionnalisation. La concurrence est forte entre les acteurs de la culture. Les collectivités qui entrent dans la danse commencent à se structurer et musclent leurs compétences internes pour lever des fonds auprès des entreprises ou du grand public, tout en gardant à l'esprit les notions de territoire et de service public.

LES CONDITIONS

Service public intangible. Les acteurs culturels sont à la recherche de modalités de discussion avec les contributeurs privés. Objectif: dépasser la relation purement financière pour préserver les valeurs du service public de la culture et prévenir toute posture critique du donateur ou tentative d'influencer le contenu du projet.

Les promesses et les limites des gisements privés

Entreprises et particuliers constituent un réel potentiel de ressources complémentaires, mais pas la panacée pour pallier le recul des crédits publics.

Le mécénat culturel est l'une des aides privées les plus connues. L'an dernier, il pesait 364 millions d'euros, selon l'Admical, association qui développe le mécénat. Musées, restauration du patrimoine et musique sont les secteurs favoris du mécénat culturel. Cependant, « contrairement à ce que l'on avait pu espérer en 2012, notre étude de 2014 montre que le mécénat, en général, souffre. Et le mécénat culturel plus encore. L'urgence paraît plus grande dans le social et la santé et, dans les esprits, la culture relève davantage du domaine des pouvoirs publics », explique François Debiesse, président exécutif de l'Admical. « Il faut être inventif et lancer des idées nouvelles car le mécénat des grandes entreprises s'essouffle... », confirme-t-on à la Fondation du patrimoine.

41 % **du mécénat culturel** bénéficie aux musées et aux expositions. Les autres dons se répartissent principalement ainsi : 28 % à la préservation du patrimoine bâti, 12 % à la musique, 8 % à la photographie et les arts visuels, 3 % pour les arts plastiques...

Source : Admical.

La mairie de Perpignan a été la première à utiliser un partenariat public-privé pour son théâtre et continue à défendre ce dispositif juridique.

Crowdfunding

Les PME, les TPE et les particuliers sont encore peu sollicités. Pour les séduire, il s'agit de développer le mécénat de compétences ou en nature et le financement participatif (crowdfunding). Ce dernier a le vent en poupe, mais porte sur des volumes faibles. « Au premier semestre 2015, le marché français a de nouveau doublé, à 133,2 millions d'euros, selon les chiffres de Financement participatif France, association des professionnels du crowdfunding. Selon les chiffres rassemblés par Club innovation et culture (Clic France), au 7 septembre, près de 300 000 euros avaient été collectés au bénéfice des musées et du patrimoine, soit déjà plus que pour toute l'année 2014 », précise Pierre-Yves Lochon, fondateur de Clic France. Mécénat et financement participatif se renforcent. « Mais, pour les collectivités, ce ne sont toujours que des financements complémentaires. Ils sont encore majoritairement liés à des projets d'investissement ou de l'amorçage de projets, mais pas au fonctionnement », note Julia Méry, consultante pour le cabinet Sémaphores.

Des PPP épinglés

Le dispositif juridique de partenariats public-privé (PPP) culturels, qui permettent de prendre en compte cette dimension de fonctionnement, semble dans l'impasse. Peu ont vu le jour, et la plupart sont épinglés par la Cour des comptes ou stoppés (comme le musée de la Mer de Biarritz). Jean-Marc Pujol, maire de Perpignan, premier à avoir utilisé ce dispositif pour son théâtre, continue à défendre le PPP. Mais cet ancien avocat d'affaires reconnaît qu'il faut bien verrouiller le contrat en amont et veiller en permanence à sa bonne exécution. D'autres pistes, comme la location d'équipements ou de salles, l'ouverture de boutiques et de cafés, la signature de partenariats productifs, l'hébergement de start-up en échange d'applications sont aussi explorées.

Economie sociale et solidaire : faible impact de la loi

La loi du 31 juillet 2014 relative à l'économie sociale et solidaire (ESS) a permis une reconnaissance des acteurs de ce secteur, qui, dans la culture, sont très nombreux. Selon l'Observatoire national de l'ESS du CNCRES (*), cette économie regroupe plus d'un quart des emplois des arts et spectacles et plus des trois quarts des établissements. Les collectivités ont appris qu'elles pouvaient entrer au capital d'une société coopérative d'intérêt collectif (Scic), certaines ont participé à la création de pôles territoriaux de coopération économique (PTCE) dédiés à la culture... « Cependant, en termes de financement, la loi "ESS" n'apporte pas grand-chose. C'est une loi-cadre qui manque de moyens pour sa mise en œuvre », regrette-t-on au CNCRES.

(*) Conseil national des chambres régionales de l'ESS.

LES DIFFÉRENTES MODALITÉS DE FINANCEMENT

	AVANTAGES/ INCONVÉNIENTS	EXEMPLES
LE MÉCÉNAT Le mécène, une entreprise ou un particulier, soutient un projet à travers un don en argent, en nature ou en compétences. La loi du 1er août 2003 sur le mécénat prévoit une défiscalisation d'une partie de ce don (60 à 75 %). Les collectivités ont la possibilité de le gérer en direct ou par le biais de structures externes (associations, fondations, fonds de dotation...).	**Avantage** Pratique bien balisée qui permet au bénéficiaire de s'affirmer comme vecteur de rayonnement de la collectivité dans le tissu économique. **Inconvénients** Demande un travail de ciblage très précis pour comprendre les motivations de chaque mécène. La concurrence est très forte.	**Abbeville (Somme) • 24 200 hab.** En septembre, la ville s'est dotée d'une fondation abritée par la Fondation du patrimoine, après deux ans de préparation. Le dispositif porte sur tout le patrimoine mobilier, immobilier et naturel de la collectivité. La mairie a effectué un premier versement de 50 000 euros et elle donnera tous les ans 30 000 euros, en plus des budgets qu'elle consacre déjà au patrimoine. Les deux premières collectes concerneront la restauration d'un orgue et d'un tableau. « Etre abrité par la Fondation du Patrimoine simplifie les démarches et rassure les donateurs », souligne Romain Zechser, chef du service « patrimoine ».
LE FINANCEMENT PARTICIPATIF Le but est de collecter une multitude de dons (d'un montant souvent modeste) auprès du public, des TPE et PME. Ce dispositif a pris un essor avec l'apparition de plateformes sur internet, où une somme doit être levée en un temps limité et des contreparties sont offertes (places de spectacles, nom gravé sur une plaque...).	**Avantages** Permet de toucher des publics nouveaux, de créer une dynamique autour d'un projet et de construire un lien avec les donateurs. **Inconvénients** Le coût des plateformes (8 à 10 % des dons). Souvent, l'argent n'est versé que si le montant ciblé est atteint.	**Savigny (Rhône) • 2 000 hab.** L'association Savigny, patrimoine d'hier et aujourd'hui a collecté 7 692 euros sur la plateforme Ulule, pour financer une partie du spectacle fêtant les 1200 ans de l'abbaye de Savigny (budget total de 17 600 euros). Sa présidente, Odile Moinecourt, ne pensait pas lever plus de 2 500 euros. Malgré le succès de l'opération, elle conseille de bien réfléchir aux contreparties, certaines s'avérant complexes à gérer. « Si l'idée nous a surpris, cela a donné un élan à ce projet et permis que les habitants y adhèrent. D'ailleurs, nous allons regarder si la ville pourrait utiliser le crowdfunding en direct », note Marielle Gidon, conseillère municipale.
LA VALORISATION D'ACTIFS Elle consiste à tirer profit au maximum des actifs matériels et immatériels de la structure. Location de locaux, de matériel, implantation de boutiques ou de café, négociation de rediffusion de droits avec des plateformes numériques... Nombre de services culturels tentent de développer la valorisation. Souvent à la demande des élus.	**Avantage** Optimise l'utilisation d'infrastructures souvent coûteuses à entretenir. **Inconvénient** Nécessite des ressources pour organiser la logistique, qui peuvent coûter plus cher qu'elles ne rapportent.	**Toulouse (Haute-Garonne) • 453 300 hab.** Le muséum privatise plusieurs fois par an ses espaces : auditorium, salles de réunion... Son hall est loué le lundi et en soirée pour des galas sept ou huit fois par an. La privatisation génère entre 80 000 et 100 000 euros par an. Toutefois, les sommes collectées ne sont pas pour l'établissement ; elles reviennent à la ville. Pour autant, Josiane Beltran, chargée de la gestion des opérations privatives au muséum de Toulouse, fait valoir que c'est un argument lors des négociations des enveloppes budgétaire ; alors qu'aucune communication n'est faite, elle est de plus en plus sollicitée, mais refuse nombre de demandes, la programmation du muséum étant prioritaire.
LES PARTENARIATS OPÉRATIONNELS Une collectivité fournit à une entreprise des ressources numériques (patrimoniales, par exemple) ou un espace public d'expérimentation, pour créer de nouveaux services ou de nouveaux outils. Les deux parties négocient les modalités de mise à disposition des ressources ou de l'espace, et un partage des revenus.	**Avantages** Accéder à des processus lents et coûteux (indexation, par exemple), gain en notoriété et en visibilité sur internet. **Inconvénient** Négociations chronophages pour éviter toute privatisation du patrimoine public.	**Seine-et-Marne • 1,35 million d'hab.** Le département a signé le 9 juillet dernier une convention de réutilisation des registres de l'état civil (1792-1893) et de recensement (1836-1911), soit un total de 1282 058 vues fournies par les archives départementales (AD77) à la société Genealogie.com. Cette dernière propose un service de recherche directe par patronyme, après indexation des fichiers. Les AD77 ont négocié une redevance de 50 000 euros sur dix ans, basée sur les « coûts de mise à disposition » (essentiellement le travail de négociation). S'y ajoutent l'accès gratuit au service dans la salle de lecture des archives départementales et un renvoi de chaque document vers son site.

Se professionnaliser pour attirer des contributeurs

Séduire les donateurs ne s'improvise pas. Les collectivités commencent à se structurer afin de construire des stratégies cohérentes.

« On assiste actuellement à une véritable guerre entre les porteurs de projets. La concurrence est rude, et, pour être efficace, il faut donc se professionnaliser dans la recherche de mécènes », conseille François Debiesse, président exécutif de l'Admical, association qui développe le mécénat. Aujourd'hui, beaucoup de collectivités s'interrogent encore sur ce dispositif.

Coordination

« Jusqu'à présent, il s'agissait d'opérations ponctuelles, lorsqu'un projet risquait de ne pas se faire, et non dans une politique de long terme en tant que telle. Conséquence de la baisse des dotations, les collectivités commencent à se structurer, et certaines, souvent grandes, avec une multiplicité de projets, créent des postes dédiés au mécénat », constate Julia Méry, consultante pour le cabinet Sémaphores. Reims, Le Havre, Rouen, Cannes ou le département du Nord ont des responsables du mécénat qui parfois s'occupent aussi des financements extérieurs (recherches de subventions). Ce qui permet d'éviter la concurrence entre les différents projets portés par la ville. « Nous avons décidé de créer un poste pour coordonner tous les projets qui recherchent des mécènes, et ce, pas seulement pour les projets culturels », explique Francis Grass, adjoint à la culture de la ville de Toulouse, qui vient de nommer une personne chargée du mécénat.

Il s'agit d'un métier et de compétences nouvelles, qui s'inventent au jour le jour. « Il est nécessaire d'avoir des professionnels du mécénat dans les collectivités territoriales car il existe des enjeux juridiques, fiscaux, stratégiques etc. Cependant, si c'est un métier à part entière, il est assez différent des postes existants au sein des grandes ONG. Le mécénat des collectivités est en lien avec les politiques publiques, il intègre les notions de territoire, de services publics... », souligne Laura Exposito del Rio, responsable de la mission « mécénat et financements extérieurs » à la direction des finances de la ville de Reims et de Reims métropole.

Clubs de mécènes

Structurés ou informels, les clubs de mécènes permettent de regrouper autour d'un projet des entreprises et des particuliers donateurs. Ils doivent être animés par des opérations de relations publiques régulières. Leurs membres deviennent souvent des ambassadeurs et ramènent de nouveaux mécènes.

Instaurer une relation de confiance

Créer une structure dédiée au mécénat, interne ou sous forme d'une fondation, est très adapté lorsque plusieurs projets en cours sont pilotés par différents services de la collectivité (culture, social, sport...). « Cela permet d'avoir une vue transversale, de mutualiser les ressources et de rationaliser la démarche. Une collectivité peut alors élaborer un catalogue à destination des entreprises recensant les divers projets envisagés », explique Julia Méry. Il est ainsi possible de développer le mécénat croisé, c'est-à-dire, par exemple, de proposer un projet culturel ayant un but social. Faire entrer la culture dans le programme de responsabilité sociétale des grands groupes devient de cette manière plus aisé.

Encore faut-il être capable de remettre des rapports annuels mesurant les effets des actions menées comme l'impact social des dons, par exemple. « La transparence sur l'utilisation des fonds est indispensable. Le porteur de projet doit être capable de répondre aux interrogations du mécène tout en vérifiant qu'il n'y a pas une ingérence excessive de ce dernier. Il faut instaurer une relation de confiance dans un dialogue permanent », explique François Debiesse. Le mécénat va au-delà de la recherche de financements : c'est aussi et surtout

REIMS MÉTROPOLE

TÉMOIGNAGE

LAURA EXPOSITO DEL RIO, responsable de la mission « mécénat et financements extérieurs » à la direction des finances de la ville de Reims et de Reims métropole

« Le mécénat devient un outil d'ingénierie financière »

« A l'occasion du changement d'équipe municipale à Reims, le mécénat a été recentré sur le patrimoine. Il devient également un outil d'ingénierie financière et de diversification de recettes. Depuis juillet dernier, la mission "mécénat" est donc rattachée à la direction des finances, alors qu'avant elle était placée au sein de la direction générale des services. Cette organisation permet d'être en contact direct avec mes collègues chargés de la préparation budgétaire et d'être en lien avec le trésorier. Grâce à cinq ans d'expérience sur le terrain, j'ai pu acquérir une bonne vision des projets capables d'attirer des fonds, et donc pouvant être inscrits ou non au budget prévisionnel. Nous avons commencé à rechercher les mécènes en février dernier pour la restauration et la remise en eau de la fontaine Subé. Lors de la conférence budgétaire de septembre, nous pouvions d'ores et déjà dire que 270 000 euros de mécénat étaient assurés. Ce projet a donc été inscrit au budget 2016. »

ENTRETIEN **JEAN-PIERRE SAEZ,** directeur de l'Observatoire des politiques publiques culturelles

« Les communes sont bien placées pour organiser des espaces de dialogue »

Comment analysez-vous les relations entre contributeurs privés et acteurs culturels ?
Les relations entre culture et argent ont toujours fait débat car, pour les porteurs de projets, la culture doit rester à l'abri des vicissitudes du marché. L'expérience montre que le mécénat concerne de grandes entreprises intéressées par des institutions ou des manifestations à forte visibilité. Dans les territoires, les porteurs de projets doivent miser sur le mécénat de proximité. Mais ils peinent à entrer en contact avec les entreprises locales. Une médiation entre ces deux univers est donc nécessaire. Il y a là un rôle à jouer pour les communes, qui sont bien placées pour organiser des espaces de dialogue et de reconnaissance mutuelle. Porteurs de projets et contributeurs peuvent ainsi vérifier qu'ils partagent des valeurs, pour aller au-delà d'une simple relation financière.

Que reste-t-il du service public de la culture en cas de financement privé ?
Il ne faut pas laisser croire que les fonds privés vont remplacer l'effort des collectivités. Sinon, le socle sur lequel reposent les politiques culturelles serait abîmé, et certaines collectivités pourraient être tentées d'accélérer leur retrait. Il est impératif de garder à l'esprit la nécessité de préserver une philosophie d'intérêt général pour la culture garantie par les collectivités et l'Etat. Le mécénat peut aussi y contribuer par la plus-value qu'il représente. Les financements privés soutiennent des projets ou des institutions pour une durée limitée. Leurs dons sont donc volatils. Autrement dit, les fonds privés ne contribuent pas à structurer une politique culturelle. Jamais ils n'exonèrent la collectivité de ses responsabilités. Les fonds de dotation abondés par plusieurs mécènes représentent une formule qui peut tempérer ce risque.

Qu'en est-il du risque d'ingérence des contributeurs privés ?
Les acteurs culturels doivent affirmer le principe de non-ingérence pour tout contributeur public ou privé. Cela vaut déjà pour les projets faisant l'objet de financements publics croisés. En cas de financements privés, la règle selon laquelle l'Etat et les collectivités sont les garants de l'indépendance des projets vaut toujours. Dans l'ensemble, les mécènes jouent le jeu sans adopter de posture critique, et certains acceptent de financer des projets qui s'écartent des goûts dominants.

une démarche de marketing territorial et de communication dans laquelle il faut s'adresser à différents publics. Dans les campagnes de financement participatif, un important travail d'animation est nécessaire sur internet, à travers les réseaux sociaux et également en s'appuyant sur les établissements et les associations des « amis » (autres acteurs culturels du territoire), en utilisant des flyers, des affiches... « L'appel au financement populaire doit être légitime. Il faut que le projet soit facile à comprendre, fortement enraciné dans son territoire et soutenu par une campagne décalée ou par une dynamique locale forte », résume Pierre-Yves Lochon, fondateur de Clic France.

Fédérer autour d'un projet

Le muséum de Toulouse a lancé la marque Tous pour Twiga afin de collecter pour ses 150 ans 15000 euros qui serviront à financer la naturalisation d'une girafe. « L'idée est de fédérer les gens autour de ce projet. Nous procédons à des envois réguliers : des messages de remobilisation classiques sur le niveau des dons récoltés, mais aussi des informations scientifiques sur la situation des girafes, des entretiens avec des scientifiques... », explique Mélanie Caumes, responsable de la communication. Préparer la campagne prend autant de temps que la durée de la campagne elle-même, à savoir deux à trois mois. Le profil de la personne assurant l'animation au quotidien n'est pas évident à trouver. « Il faut être prêt à interagir avec les donateurs, engager un dialogue avec eux. Souvent, ce sont les directions de la communication qui s'en chargent. Si elles savent établir les plans institutionnels, positionner leur mission, elles ne sont pas toujours dans le dialogue interactif et participatif », prévient Laurence Boursican, directrice générale de la plateforme Culture Time.
Le mécénat ou le financement participatifs sont des outils que les collectivités découvrent encore. Ils font peur à certains qui craignent un éventuel appauvrissement de l'offre culturelle. Ces modèles devraient pourtant se développer largement dans les années à venir.

« Le marketing est utile aux institutions non lucratives »

Professeur à l'université Paris 1, Jean-Michel Tobelem, spécialiste de la gestion des équipements culturels, explique comment adapter la recherche de financements privés aux enjeux des politiques publiques.

Sommes-nous à l'aube d'une nouvelle ère de l'économie de la culture ?

Dans le secteur non marchand, on ne voit pas poindre de modèle économique alternatif capable de se substituer à celui que nous connaissons aujourd'hui, en France ou à l'étranger. Il s'agit essentiellement de ressources complémentaires. En outre, la baisse des financements publics se solde toujours par une contraction des moyens généraux. Il faut donc toujours faire avec moins. Sans oublier que la recherche de recettes nouvelles engendre des coûts supplémentaires.

P. MARAIS/LA GAZETTE

Jean-Michel Tobelem, professeur associé à l'université Paris 1-Panthéon-Sorbonne, directeur d'Option culture.

Beaucoup d'acteurs publics craignent que l'argent privé dévoie le service public de la culture. Comment déjouer ce risque ?

Certes, il existe des réticences. Elles sont dues soit à une hostilité de principe, soit à des expériences malheureuses. Il s'agit d'être pragmatique, en faisant le tour des financements possibles, en retenant ceux qui sont compatibles avec l'éthique du service public concerné.

Il faut aussi oser penser en termes de marketing et de stratégie, des techniques qui font peur à certains professionnels de la culture parce qu'ils ne sont pas suffisamment familiarisés avec elles.

Que peuvent apporter ces deux techniques ?

Appliqué de façon raisonnée et raisonnable, le marketing est utile aux institutions non lucratives, non seulement pour accroître leurs ressources, mais aussi pour remplir leurs missions de conquête et de diversification de leurs publics. La stratégie permet de formaliser leurs missions fondamentales et leurs objectifs, avec un plan d'actions, un chiffrage et un phasage.

Sur cette base, les professionnels peuvent alors discuter avec les contributeurs privés et expliquer ce qui les distingue des autres institutions, dans quelle direction ils veulent aller, et pourquoi leur structure a besoin de leur soutien. Ces partenaires voient alors clairement pourquoi ils peuvent adhérer à tel ou tel projet. Les professionnels de la culture doivent avoir une conscience claire des implications éthiques et déontologiques de leurs missions, pour définir la ligne jaune à ne pas franchir.

Les difficultés viennent-elles d'un manque de professionnalisation ?

Il est normal que les responsables des institutions culturelles n'aient pas forcément les outils et la méthodologie en matière de marketing, de stratégie, de collecte de fonds, etc. En revanche, ils peuvent se faire accompagner par un spécialiste. Un accompagnement a certes un coût, mais il reste infime dans le budget de fonctionnement d'une structure, même la plus petite. Et, au final, il s'agit d'améliorer son positionnement pour trouver de nouveaux partenaires. Par ailleurs, les associations professionnelles et les organismes de formation devraient avancer dans leur réflexion sur ces questions. Or, à ce jour, ni les unes ni les autres ne paraissent proposer de solutions.

www.lagazette.fr/413437

ÉNONCÉ

DOCUMENT 10

Le design au service des politiques publiques – *Jean-Christophe Poirot – La Lettre du cadre territorial* – 10 avril 2014

MODERNISATION

Le design au service des politiques publiques

La lettre du cadre territorial - **Article publié le 10 avril 2014** | par Jean-Christophe Poirot

©P.Formisano

Le design n'est pas un style. C'est une méthode pour concevoir, avec l'utilisateur, des équipements, des services, des politiques publiques les plus adaptés aux usages. Objectif : améliorer la performance des services publics rendus à l'usager. Et si le design et les designers étaient demain les acteurs de l'innovation au service des politiques publiques ? Les explications d'un pionnier de la démarche en France, Stéphane Vincent, délégué général de la 27e Région.

Stéphane Vincent est le délégué général de la 27e Région. Créé en 2008, à l'initiative de l'Association des régions de France, ce laboratoire de transformation publique explore de nouvelles façons d'améliorer la conception et la mise en œuvre des politiques publiques.

Pourquoi faut-il, selon vous, repenser la manière de concevoir les politiques publiques ?

La culture en vigueur dans la gestion publique reste fortement marquée par le « **nouveau management public** » inventé dans les années soixante-dix pour développer la performance des services publics. Alors que la société a changé, de même que les agents et les élus, on travaille encore sur le même modèle, avec la même matrice administrative. Les élus pensent des lois, mises en œuvre administrativement, avec le citoyen en bout de chaîne. Ce modèle est dépassé, il doit être repensé.

Au travail « en silo », l'administration doit substituer le modèle de l'open source, c'est-à-dire une économie de l'échange et du partage qui produit de l'efficacité et de la connaissance. L'expertise traditionnelle doit laisser place à une nouvelle approche de l'utilisateur des politiques, redonner une place centrale à la question des usages et des **usagers**, l'élément clé de la compréhension des enjeux et de l'élaboration des solutions.

Il faut admettre également de mettre les **politiques publiques** au « banc d'essai ». Peut-on aujourd'hui bien concevoir sans aménager des espaces, du temps et des méthodes nous aidant à réinterroger le problème posé, à décaler le regard pour imaginer des solutions alternatives, puis les expérimenter et les tester avec les **usagers** ? Google teste bien ses nouveaux services avec les usagers. Pourquoi ne pas le faire avec les **politiques publiques**, des petites villes jusqu'à l'État ? Des exemples existent au Danemark (le Mindlab), au Royaume Unis (le Silk), aux États-Unis (Public Policy Lab)…

Comment définir votre nouvelle approche, le « design de service » ?

La question que nous posons est : « voulons-nous des **politiques publiques** mieux conçues ? ». Si oui, des disciplines méconnues par le politique peuvent apporter une contribution originale à l'élaboration des politiques publiques. Le **design de service**, en particulier, rassemble des méthodes qui permettent d'améliorer l'ensemble d'un processus en prenant comme point de vue toute la chaîne des utilisateurs, du décideur jusqu'au bénéficiaire final. Sa singularité – par rapport notamment au design industriel – tient au fait qu'il s'appuie sur l'expertise d'usage, qu'il procède d'une démarche de conception créative associant l'utilisateur ; d'où l'expression de **co-conception des politiques publiques**.

Que peuvent apporter des designers à la compréhension des politiques publiques locales ?

Les **designers** ont une boîte à outils utile pour réinterroger les problématiques depuis les usages réels. Ils ont l'habitude des techniques de prototypage, alors que l'**action publique** est souvent conçue « en tunnel ». Ils pratiquent les allers-retours de type «essai-erreur-retour en arrière» utiles à une conception fine des politiques. Ils ont également une capacité à rendre visibles et tangibles des choses complexes – un processus administratif, un ensemble de données... –, au moyen d'illustrations, de schémas, de maquettes...

Les visuels remplacent utilement « l'incontournable » rapport écrit de 300 pages qui clôt habituellement le processus traditionnel d'ingénierie et de conseil. Il est beaucoup plus facile de discuter à partir de supports qui « tangibilisent » ce que l'on veut obtenir. Aux techniques du **design de service**, nous conjuguons des méthodes issues des sciences humaines. Elles permettent de mieux comprendre les pratiques réelles des **usagers**. Et puis, convoquer des sociologues, des ethnologues... c'est réintroduire de la pluridisciplinarité dans un univers assez homogène, élus, consultants et fonctionnaires ayant finalement des « profils » assez proches.

En quoi cette approche est-elle différente des processus participatifs classiques ?

La démocratie participative se déroule souvent en périphérie du processus de conception lui-même. Elle est cantonnée à un moment précis du processus, souvent en aval, quand les grandes décisions sont prises, alors qu'un travail plus quotidien et plus souterrain serait nécessaire pour répondre aux enjeux ordinaires des politiques publiques.

Le **design** veut, lui, embrasser l'ensemble du processus de conception et être au cœur de la décision. Il fait de la participation un moyen – et non une fin en soi – de parvenir à un but : améliorer la qualité de la conception. On ne travaille pas dans une optique quantitative représentative, mais dans une approche de type recherche de compréhension qualitative, en permettant de libérer la parole des « invisibles », ces gens que l'on n'entend pas dans les processus de consultation habituels.

Concrètement, comment ça marche ?

Nous avons travaillé entre 2009 et 2010 sur une douzaine de politiques régionales, selon le principe de la « résidence », c'est-à-dire l'installation sur le terrain (quartier, village, gare, lycée, université, etc.) d'une équipe interdisciplinaire durant plusieurs semaines étalées sur trois ou quatre mois. La démarche débute par une phase de ré-interrogation des problèmes et de compréhension des pratiques. Pour cela, nous pratiquons le travail en immersion : nous vivons l'expérience avec l'usager. Par exemple, lorsque nous avons travaillé pour la région Champagne-Ardennes sur « le lycée à haute qualité humaine », nous avons dormi à l'internat du lycée.

Un deuxième principe d'action réside dans la réalisation d'un prototype le plus tôt possible dans le processus. Plutôt qu'un rapport en fin de parcours, nous produisons des photos, des maquettes, des vidéos... Nous proposons également des simulations sous forme de scénarios d'usage, des tests qui reconstituent l'expérience de l'utilisateur... Ces outils constituent le véhicule de la réflexion collective ; ils font réagir les gens et c'est l'amélioration progressive du prototype qui conduit à la solution. À la fin, le travail fait l'objet d'une restitution, d'une exposition, d'une performance. On en tire des enseignements, on « dézoome », on se sert du prototype comme d'un microlaboratoire d'une politique plus vaste.

Pouvez-vous nous donner des exemples ?

Les applications sont presque illimitées. Accompagnés et formés par nos soins, les agents de la région Champagne-Ardenne ont mis cinq jours pour repenser le volet culture de la carte à puce LycéO, d'abord en enquêtant sur le terrain à la façon d'apprentis ethnologues, puis en imaginant des améliorations sous la forme de maquettes qu'ils ont ensuite soumises directement aux établissements dépositaires de la carte (cinémas, équipements culturels, lycées), pour en tirer enfin cinq changements précis à opérer.

En région Auvergne, ces méthodes ont permis d'inventer une nouvelle façon de concevoir les maisons de santé, alors que les projets précédemment soumis à la région étaient jugés décevants, réduits à des démarches architecturales.

Le gouvernement danois s'est servi du design pour réinterroger les pratiques d'achats durables, jugées contre-productives, et inventer une approche plus globale et moins centrées sur des clauses dans des contrats – une expérience que nous allons mener nous-mêmes avec la région Rhône-Alpes.

À Bruxelles, le Comité des Régions se sert même du design pour repenser le concept de « gouvernance territoriale », perçu comme trop bureaucratique ; l'objectif est de repartir du point de vue de ceux qui devront utiliser cette forme de gouvernance (élus locaux, fonctionnaires, citoyens).

Comment faire pour que la démarche « design » s'inscrive durablement dans la pratique des collectivités ?

Le risque de l'approche gadget – c'est rigolo et ça fait joli dans le tableau – existe, tout comme celui de rendre les agents dépendants d'une nouvelle méthode, alors qu'il s'agit de les aider à transformer leurs pratiques. À nous de bien expliquer que le **design** n'est pas un bidule créatif de plus, mais qu'il est consubstantiel à la **modernisation de la gestion publique**, qu'il permet d'éviter des gaspillages, des erreurs récurrentes, des pertes de temps et d'argent.

L'expérience nous prouve que cette approche renouvelle les façons de penser les questions de transversalité, d'évaluation, de prospective... Pour l'inscrire dans la culture de management, nous défendons l'idée de l'installation de laboratoires d'innovation embarqués au sein des collectivités. Depuis 2011, nous aidons plusieurs régions, via des programmes de recherche-action, à prototyper leur propre laboratoire de design et d'innovation.

DOCUMENT 11

Politiques publiques locales : osez l'évaluation ! (extrait) – *Entretien avec François Mouterde – La Gazette des communes* – 22 février 2016

DOSSIER

La Gazette - 22 février 2016

POLITIQUES PUBLIQUES LOCALES : OSEZ L'EVALUATION ! (extrait)

FRANÇOIS MOUTERDE

«Depuis environ trois ans, l'activité au niveau local subit un coup de frein évident»

Le président honoraire de la Société française de l'évaluation, également directeur associé de Planète publique, revient sur la pratique de l'évaluation dans les collectivités locales.

S. GAUTIER/LA GAZETTE

L'évaluation est-elle en croissance dans les collectivités locales?

Depuis vingt ans, l'évaluation s'est considérablement développée, mais, depuis environ trois ans, l'activité au niveau local subit un coup de frein évident. Les régions, par exemple, en font beaucoup moins qu'avant, et il ne s'agit en aucun cas d'une démarche systématique, en particulier sur des politiques structurantes comme les lycées ou les transports express régionaux. Cette inversion correspond à la contrainte financière qui pèse sur les collectivités locales. Tous les budgets sont rabotés et les dépenses d'études liées à l'évaluation n'y font pas exception. On constate aussi une baisse du montant moyen des appels d'offres dans le domaine de l'évaluation, de l'ordre d'un tiers environ. Je ne veux pas porter un discours pessimiste. Sur la longue durée, objectivement, l'évaluation n'est pas encore passée à un niveau stratégique sur les grands sujets de l'action publique.

«L'évaluation pourrait permettre de mener une politique plus fine et pertinente qu'un rabot de 5% sur toutes les dépenses.»

Pourtant, elle peut justement aider les élus dans leurs arbitrages budgétaires...

Intellectuellement oui, l'évaluation pourrait permettre de mener une politique plus fine et pertinente qu'un rabot de 5% sur toutes les dépenses mais, dans les faits, c'est très peu le cas. C'est dommage, puisque les budgets dédiés à l'évaluation restent très modestes par rapport aux dépenses de fonctionnement d'une grande collectivité. Le souci, c'est aussi que l'évaluation prend du temps. Entre la commande et le rapport final, il faut compter au minimum entre six mois et un an.

Les évaluations sont-elles assez suivies d'effets et diffusées?

Non, loin de là. Personne ne dispose de chiffres fiables mais, d'expérience, je dirai qu'environ la moitié reste dans des tiroirs. Ce n'est pas forcément parce qu'il s'agit d'un document gênant, mais plutôt que les conclusions ne s'imbriquent pas suffisamment dans la vie de la collectivité, son fonctionnement, ses équilibres politiques, son budget, sa culture, etc.

On ne peut pas dire qu'il y a, aujourd'hui, un réflexe immédiat des responsables politiques et médiatiques de se saisir des études d'évaluation. Le politique est le commanditaire et le premier destinataire, mais le compte rendu doit aussi être adressé au grand public. Pourtant, il est rarissime de trouver dans la presse généraliste des articles sur les évaluations de telle ou telle action. C'est aussi à nous, évaluateurs, de nous interroger sur la dimension pédagogique de nos rapports.

Que préconisez-vous pour améliorer l'évaluation en France?

Il faut insister sur la médiatisation des rapports, pour les porter à la connaissance du grand public et alimenter le débat. C'est le moyen de peser pour améliorer nos politiques publiques, quelles qu'elles soient. On pourrait aussi imaginer une évaluation obligatoire pour toute politique publique au-delà d'un certain montant.

Plus globalement, il faut sortir de cette idée collective selon laquelle la puissance publique fait forcément le bien et génère de l'intérêt général. Il n'existe pas de politique publique vertueuse à 100%. Dans cette logique, l'évaluation devrait être considérée comme une composante de base de l'action publique, au même titre que le droit, les finances, la gestion des ressources humaines et le management.●

Un observatoire dédié, en novembre

Fondée en 1999, la Société française de l'évaluation réunit les différents acteurs concernés (fonctionnaires d'Etat et territoriaux, chargés d'études et de recherche, consultants, associatifs) pour promouvoir l'évaluation dans les secteurs public et privé. L'association vise aussi l'amélioration des techniques et des méthodes, et le respect des règles éthiques. La SFE a lancé, en 2014, un observatoire de l'évaluation, dont la deuxième édition sera présentée au mois de novembre.

Les cinq étapes clés de l'évaluation d'une politique publique

Le processus d'évaluation d'une politique publique se construit par étapes successives. Chacune est essentielle à sa bonne marche.

01 Cadrer le périmètre de la commande

Nécessitant une implication forte de l'élu référent ou de la direction générale, cette première étape vise à cadrer le périmètre de l'évaluation et à en fixer le calendrier, le budget, les finalités et les personnes, agents ou bénéficiaires, qui seront interrogées. Plus la préparation sera précise et pensée en amont, plus le déroulement de l'évaluation sera efficace et rapide, en particulier en ce qui concerne la récupération et le traitement des données.

Enfin, cette étape est aussi l'occasion de s'assurer que l'évaluation bénéficie bien d'un soutien politique et managérial, condition de son application le cas échéant.

02 Définir le cahier des charges

Le cahier des charges est le référentiel de l'évaluation. Il doit comporter le choix des questions évaluatives, c'est-à-dire les questions majeures qui se poseront durant l'évaluation et qui serviront de base au jugement final. Il s'agit également de choisir la méthodologie retenue pour l'évaluation et les outils de collecte de données qui seront utilisés.

Enfin, si l'évaluation est réalisée par un prestataire extérieur, il faudra élaborer un cahier des clauses particulières de l'évaluation et procéder à sa sélection par le biais d'un appel d'offres.

03 Récolter les données qualitatives et quantitatives

La collecte des données quantitatives et qualitatives ainsi que leur traitement constituent le cœur de l'évaluation: la qualité des sources collectées conditionne directement le résultat final de l'évaluation. De multiples sources et méthodes peuvent ainsi être combinées: textes de référence, prise de parole individuelle (entretien) et/ou collective (atelier, table ronde), questionnaires, benchmark, traitement statistique, analyse des dispositifs externes à la collectivité, étude de cas...

04 Restituer les résultats pour établir le jugement final

Une fois les résultats obtenus, ceux-ci sont restitués aux acteurs associés à l'évaluation. Les données sont analysées afin de construire un jugement de valeur sur la politique évaluée – les enjeux de l'évaluation, les questions, les critères de jugement ainsi que de la méthode employée seront rappelés.

Ce jugement de valeur permet, par la suite, la formulation de recommandations et de préconisations.

05 Diffuser et accompagner pour un meilleur suivi

L'évaluation n'a d'intérêt que si elle est largement diffusée. Il conviendra donc de restituer les résultats à l'ensemble des personnes consultées (élus, agents et citoyens). Selon le destinataire, la diffusion devra prendre une forme appropriée: un rapport final, une synthèse écrite, un débat, une réunion publique, une mise en ligne, un communiqué de presse...

Les recommandations et les préconisations sur l'action publique devront, quant à elles, être suivies d'un accompagnement de la direction concernée, afin d'en permettre son appropriation pour une mise en œuvre optimale.●

Avant, pendant ou après?

Près de la moitié des évaluations menées en France sont effectuées simultanément à la mise en œuvre de la politique publique évaluée. A l'inverse, les évaluations ex post (à la fin du programme) et encore plus ex ante (au lancement du programme) sont sous-représentées. Les premières parce qu'elles présentent un lien moins direct avec la décision publique et ne permettent pas d'ajuster une politique au fil de l'eau, les secondes parce qu'elles soulèvent des questions de méthode, de temps et de budget, jugées plus délicates.

À LIRE

Avis et rapport du Cese

Comment encourager l'évaluation des politiques publiques en France? C'est à cette question que s'est proposé de répondre le Conseil économique et social (Cese), dans l'avis rendu le 8 septembre 2015. Soumis au vote de l'assemblée plénière et adopté à l'unanimité avec 194 voix, le texte «Promouvoir une culture de l'évaluation des politiques publiques» est le premier avis émis par l'institution sur ce sujet. Il est accompagné d'un rapport de réflexion.

Avis et rapport de Nasser Mansouri-Guilani, rapporteur au Cese, septembre 2015.

SUR LE WEB

Fiches pratiques de l'Afigese

L'Association finances, gestion, évaluation des collectivités territoriales (Afigese) dispose d'un groupe de travail sur l'évaluation des politiques publiques. Elle met à la disposition de ses membres des fiches pratiques sur les différentes étapes à suivre.

http://goo.gl/OojBCw

L'évaluation, un enjeu de gouvernance locale?

Dans la lignée de ses «cahiers de l'évaluation», publiés régulièrement, la ville de Nantes a mis en ligne en 2014 conjointement avec la métropole, un bilan de son action en matière d'évaluation depuis 2004, intitulé «Evaluer les politiques publiques: enjeu de gouvernance locale?». On y trouve des outils méthodologiques pouvant accompagner d'autres collectivités dans cette démarche.

http://goo.gl/TYJecG

DOCUMENT 12

Mécénat, taxes, crowdfunding, tarifs… les financements de complément – *Le Courrier des maires et des élus locaux* N° 0287 – 9 février 2015

Mécénat, taxes, crowdfunding, tarifs… les financements de complément

Il n'y a ni petites économies, ni petites ressources. Du financement participatif des particuliers au mécénat des entreprises, du levier des taxes à la révision des politiques de tarifs et redevances, les financements d'appoint ne sont pas à négliger, à court ou moyen terme.

Actionner le levier des taxes annexes

Si une hausse des impôts locaux n'est pas à l'ordre du jour, du moins pas avant 2016, l'idée d'actionner les taxes a déjà bien essaimé. « A Wittenheim, nous avons effectué une hausse pluriannuelle de la taxe locale sur la publicité extérieure (TLPE), vu que nous avons la plus grosse zone commerciale du Haut-Rhin, et modulé la taxe d'aménagement sur plusieurs projets immobiliers. Mais il faut le faire de manière raisonnable », plaide le maire, Antoine Homé. La taxe sur les surfaces commerciales est aussi scrutée par les élus. En octobre dernier, une étude de l'Association des petites villes de France indiquait que 53 % de ses membres pensaient augmenter taxes et redevances et 30 % en instituer de nouvelles, la taxe de séjour et la TLPE étant privilégiées. La taxe d'habitation sur les résidences secondaires pourra être aussi alourdie par les communes. Autre possibilité : renoncer à certains abattements facultatifs s'agissant des taxes d'habitation et foncières. Sans afficher in fine de hausse des taux des « 4 vieilles »…

Optimiser les politiques tarifaires des services

En quelques mois, l'augmentation des frais de cantines scolaires est devenue le symbole d'une hausse « cachée » de la fiscalité locale, derrière des taux de taxe ménage inchangés. Pour autant, utiliser le levier tarifaire n'est pas forcément synonyme de hausse généralisée et aveugle. Ce sont d'abord les politiques d'exonérations et de dégrèvements dont il faut vérifier la justesse. Les tarifs d'opérations « ponctuelles » sont aussi à prendre en considération : « Nous avons révisé les tarifs municipaux les plus en décalage avec les coûts réels, ceux sous-évalués, comme les locations de salles », développe le maire de Wittenheim. Voici pour le court terme. Ce qui n'empêche pas, pour la deuxième partie de mandat, de réinterroger plus globalement la politique tarifaire des services publics locaux et la répartition de l'effort à réaliser entre contribuable local et usager du service. Sans se contenter d'un transfert de charge, mais aussi d'optimiser le rendement au meilleur coût de ces services.

Cultiver le champ du mécénat d'entreprises

Un Français sur trois serait prêt à faire un don pour financer un projet d'intérêt général porté par une collectivité, avec une forte prédilection pour la culture, l'environnement et l'action sociale. Inattendus, ces résultats sont issus d'un sondage réalisé par le cabinet EY (Ernst&Young) à l'occasion d'une étude consacrée aux collectivités et au mécénat. Le cabinet identifie deux voies pour faire appel aux dons des entreprises comme des particuliers : d'abord, celle de campagnes ponctuelles « autour d'une urgence ou d'un projet emblématique du territoire ». C'est ainsi que le département du Doubs a financé l'acquisition d'une toile de Courbet, le conseil général récoltant 2,5 millions d'entreprises locales sur les quatre nécessaires. Seconde voie : une « structuration pérenne pour […] soutenir un ensemble de politiques publiques », telles que les « missions mécénat » de Rouen, Reims et des Hauts-de-Seine, ou le fonds de dotation de Bordeaux.

Jouer de la proximité du crowdfunding

Embryonnaire pour le financement de projets de collectivités, le crowdfunding ou financement participatif se veut aussi plus réactif, via des plateformes internet, et plus souple car moins encadré juridiquement. Le tout sans intermédiaire bancaire. Au 1er semestre 2014, plus de 66 millions d'euros ont été levés directement auprès des Français, multipliant par deux les résultats du 1er semestre 2013. Les prêts restent la voie privilégiée (56,5 %) devant les dons (29 %) et les participations au capital (14,5 %). La proximité géographique du projet est un critère majeur de la décision d'investissement des épargnants. Les élus locaux voient là un levier nouveau pour doper leurs projets d'investissements. Récemment, la commune de Bergues (Nord) a lancé un appel de fonds pour finaliser le budget d'un million d'euros nécessaire à la rénovation du beffroi.

ÉNONCÉ

DOCUMENT 13

Mutualisation : À Toulouse, la ville et l'interco affichent des économies – *Fabienne Proux – La Gazette des communes* – 1er octobre 2012

Mutualisation

A Toulouse, la ville et l'interco affichent des économies

Dès sa création en 2009, la communauté urbaine de Toulouse a posé comme principe de base la mutualisation de ses directions support. Il en ressort une optimisation des ressources humaines et de substantielles économies.

La quasi-totalité des grandes intercommunalités se sont constituées sur un principe de double administration, à l'instar de Nantes, Lyon, Bordeaux ou Marseille. En transformant sa communauté d'agglomération en communauté urbaine (CU) le 1er janvier 2009, Toulouse (440000 habitants pour la ville centre et 703000 habitants pour la CU de 37 communes, Haute-Garonne) a fait le choix de la mutualisation des services entre la CU et la ville centre. Un principe qui s'applique aux cabinets du maire et du président, à la direction générale des services, à douze directions et services support, à l'exception des deux directions des finances. « Cela tient à des considérations surtout techniques, mais aussi pour partie politiques », indique Edouard Guerreiro-Bochereau, chargé d'études prospectives à la direction des ressources humaines de la ville. « Un travail a cependant été conduit sur l'uniformisation des outils informatiques, des systèmes d'information financière et des procédures de travail. »

Eviter les doublons

Quatre compétences restent strictement municipales et gardent leur direction générale: la culture, la solidarité, la tranquillité-domaine public et l'éducation, jeunesse, loisirs et sports. « Le périmètre de mutualisation a évolué progressivement », précise Edouard Guerreiro-Bochereau. Après les fonctions support, quelques mutualisations techniques sur l'entretien des bâtiments et du parc automobile ont été réalisées, puis l'évolution s'est faite au fil de l'eau entre janvier 2009 et décembre 2010 pour intégrer des fonctions complémentaires telles que la communication interne ou la direction de la communication.

Deux objectifs majeurs ont guidé la démarche: éviter les doublons en utilisant les ressources disponibles à la ville et maintenir une administration de proximité, avec huit pôles territoriaux qui dépendent du directeur général des services (DGS) et assurent sur le territoire les compétences de la CU en matière de voirie, gestion de l'espace public... Ainsi, les effectifs de l'établissement public de coopération intercommunale (EPCI) sont passés de 250 salariés en communauté d'agglomération à 2700 en communauté urbaine. 1500 agents sont mutualisés, c'est-à-dire qu'ils travaillent à la fois pour la CU et pour la ville et 1200 travaillent exclusivement pour Toulouse métropole, soit sur des compétences qui lui sont propres, soit dans les pôles territoriaux. Une cinquantaine d'embauches ont été nécessaires pour renforcer les effectifs sur le territoire, mais « en ne créant pas de double administration, nous avons évité 181 recrutements, soit une économie estimée à 6,3 millions d'euros par an sur la base de 35000 euros brut par emploi », indique Philippe Mahé, DGS de Toulouse métropole et de la ville.

« Nous partons du principe que sans la mutualisation, les services support de la ville auraient conservé leurs effectifs, et ceux de Toulouse métropole auraient dû se doter des moyens que la ville met à sa disposition aujourd'hui », ajoute Edouard Guerreiro-Bochereau. « L'objectif n'était pas de chercher à faire des économies spontanément, mais d'avoir une utilisation raisonnée des ressources et ainsi d'éviter des dépenses supplémentaires. »

JURIDIQUE

Le décret n° 2011-515 du 10 mai 2011 relatif au calcul des modalités de remboursement des frais de fonctionnement des services mis à disposition dans le cadre de l'article L.5211-4-1 du CGCT a pour conséquence d'abandonner le système de calcul au forfait pour passer à un système basé sur le coût réel. Ce remboursement s'effectue sur la base d'un coût unitaire de fonctionnement du service multiplié par le nombre d'unités de fonctionnement constaté par l'EPCI ou la commune bénéficiaire de la mise à disposition.

3%

C'est l'évolution de la masse salariale de la ville de Toulouse en 2011 (308 millions d'euros, 7400 salariés), contre 5 à 6% par an entre 2001 et 2007 (250 embauches).

Harmonisation

Mutualisation rime aussi avec harmonisation des conditions d'emploi et de rémunération des personnels. Une étape d'autant plus délicate à réaliser qu'avant le passage en communauté urbaine, il existait autant de régimes indemnitaires et de possibilités de déroulement de carrière que de communes. La solution a consisté à créer une grille identique pour la ville et la CU. Le surcoût de 20%, soit 6 millions d'euros sur deux ans, a été totalement absorbé par la dotation supplémentaire de l'Etat versée au titre du passage en CU (28 millions). Cette harmonisation facilite de plus les transferts de salariés d'un service à l'autre et d'une collectivité à l'autre en fonction de l'évolution des besoins. « La dotation supplémen-

La dotation supplémentaire de l'Etat versée au titre du passage en CU a servi, entre autres, à financer les services opérationnels comme les pôles de proximité et les transports.

P. NIN/VILLE DE TOULOUSE

taire a aussi servi à financer les services opérationnels dont les pôles de proximité et les transports », ajoute Philippe Mahé soulignant au passage les gains de temps obtenus du fait de la réduction des échelons de décision simplifiant l'arbitrage des dossiers et par la tenue de réunions des cadres communes ville et CU. « Ce n'est pas quantifiable, mais l'efficacité de l'action publique est dopée », assure le DGS.

Enfin, Toulouse a mis en place une commission de suivi et d'évaluation des charges de mutualisation qui produit notamment un rapport annuel détaillé des montants liés à ces charges. De fait, la mutualisation génère des flux financiers croisés entre l'EPCI et la ville centre (26,7 millions d'euros à Toulouse et Toulouse métropole en 2011) qu'il faut pouvoir justifier auprès des élus. D'autant que le solde net s'élève à 10 millions d'euros à la charge de la ville centre, les directions étant principalement mutualisées depuis l'intercommunalité. « Ce coût supplémentaire pour la ville est à mettre en regard de la charge de personnel qu'elle aurait conservé sans la mutualisation », précise Edouard Guerreiro-Bochereau. *Fabienne Proux*

120 M€

C'est le poids de la masse salariale de Toulouse métropole en 2011 (2 700 salariés), soit 18 % du budget de fonctionnement de la communauté urbaine.

G. ARNAUD

L'EXPERT

JOËL BERNOT, avocat au barreau de Nantes

« Les conventions devront être réécrites »

« La loi de réforme des collectivités territoriales du 16 décembre 2010 impose un réexamen des pratiques existantes en matière de mutualisation. Il importe de rappeler que les conventions de mise à disposition de services ne concernent que les domaines dans lesquelles existe un transfert de compétences.

Pour une mutualisation ascendante [de la commune vers l'établissement public de coopération intercommunale, EPCI], ce régime ne s'applique qu'en cas de transfert partiel de compétences, le transfert total d'une compétence entraînant, de droit, le transfert des services chargés de leur mise en œuvre. En outre, de nouvelles règles financières sont prévues pour les mises à disposition de services [article 5211-16 du Code général des collectivités territoriales, CGCT, résultant du décret du 10 mai 2011]. Pour les services fonctionnels, les plus souvent visés lorsque l'on parle de mutualisation, c'est le nouveau dispositif de la création de services communs qui a principalement vocation à s'appliquer. Ces services communs, dont le régime est prévu par l'article L.5211-4-2 du CGCT, sont rattachés à l'EPCI. Les conventions de mutualisation signées à ce jour devront donc être réécrites pour être mises en conformité avec le nouveau corpus juridique. »

CORRIGÉ

Sujet | Session 2016

Comment aborder le sujet

1. L'intérêt du sujet

Désengagement de l'État, recettes fiscales aléatoires et fragiles, dépenses en hausse liées à la crise économique et sociale, etc. Longtemps évoquée comme un risque et un horizon communs pour les collectivités territoriales, la contrainte financière est désormais au cœur des enjeux de la conduite de l'action publique locale en France.

Les collectivités restent diversement touchées par le phénomène, entre celles qui sont au bord de la faillite et celles qui commencent seulement à intégrer cette contrainte dans leurs logiques de gestion. Il n'empêche qu'aucune collectivité ne peut désormais prétendre réfléchir l'action publique locale sans prendre en compte cette contrainte financière.

Pour autant, les collectivités qui ont encore le choix sont-elles contraintes à une forme de réduction généralisée des services et des infrastructures publiques ? Ou alors cet état de fait n'est-il pas l'occasion de réviser à la fois le champ de nos politiques publiques, notre manière d'intervenir, nos relations avec les partenaires de l'action publique locale, notre façon de prendre en compte les demandes des usagers ?

Ce sujet doit permettre aux candidats de présenter les différents leviers à la disposition des administrations territoriales pour faire face à cette nouvelle donne financière (fusions et regroupement de collectivités, plan de réduction des dépenses de fonctionnement, baisse du niveau de service, réduction du périmètre d'intervention, optimisation du levier fiscal, levier tarifaire, etc.), ainsi que leurs limites.

2. Les éventuelles difficultés du sujet

Si, de prime abord, le sujet peut présenter un caractère technique, la nature des documents le rend accessible à des non-spécialistes. Étant donné l'actualité du sujet, il est attendu des candidats ayant correctement préparé le concours que leurs connaissances de ces enjeux facilitent l'analyse des documents du dossier et que l'élaboration d'un plan cohérent permette d'en restituer les éléments essentiels.

Le candidat devra montrer dans sa note, qu'au-delà d'un simple chantier financier, cette nouvelle donne interroge forcément les finalités, les moyens et les nouvelles manières d'exercer l'action publique locale. Elle fait appel à la capacité des collectivités à inventer de nouvelles réponses, qui peuvent s'appuyer sur des avancées technologiques, et à analyser plus finement les besoins et les capacités contributives des usagers.

Au final, il s'agira moins de détailler telle ou telle mesure ou d'expliquer comment il faut s'y prendre pour mettre en œuvre les solutions retenues, que de présenter, dans un esprit d'analyse et de synthèse, les principaux leviers d'action possibles, sans omettre les avantages et les risques qu'ils comportent.

3. La lecture de survol du dossier documentaire

Document 1

Cette synthèse du rapport de la Cour des comptes 2015 sur les finances locales résume deux enjeux développés dans l'ensemble du dossier : la nécessaire maîtrise des dépenses de fonctionnement et une plus grande sélectivité des investissements.

Document 2

Ce document présente les principaux enjeux du sujet dans des termes généraux : comment les collectivités peuvent-elles faire face à la baisse de leurs recettes, tout en maintenant leurs investissements à un niveau élevé ?

Le document pointe le risque de baisser de manière drastique et non contrôlé le volume des investissements, car les territoires constituent des écosystèmes fragiles dans lesquels la dépense publique peut avoir un rôle significatif.

Il précise la notion d'utilité sociale des équipements, ainsi que la prise en compte très en amont des coûts de fonctionnement. Chaque investissement doit être réfléchi au regard à la fois de son retour sur investissement potentiel, de ses coûts de fonctionnement et de ses capacités à attirer un investissement privé. Le FMI relève qu'un euro d'investissement public génère trois euros d'activité.

Une connaissance fine de la prospective financière de la collectivité permet aussi d'avoir une vision précise de ses capacités d'investissement pour les années à venir.

Les choix que les collectivités vont être amenées à faire devront prendre en compte tous ces paramètres et permettre de faire émerger de nouveaux modèles.

Document 3

Ce document présente des mesures qui contreviennent à une forme d'habitude culturelle d'associer service public et gratuité. Il indique que ce levier, auquel on ne pense pas forcément, fait partie de la panoplie de solutions à envisager, en cas de situation budgétaire difficile d'une collectivité territoriale.

L'article aborde la question ancienne du choix du financeur des services publics : les contribuables et/ou les utilisateurs des services ; ces choix devant être expliqués aux citoyens en faisant preuve de pédagogie. Il subsiste en effet des croyances telles que : « ce qui est gratuit ne coûte rien ».

Les candidats devront donc déduire de ce document que des éléments en apparence techniques revêtent toujours une dimension politique, qu'il s'agit de manier avec précaution si l'on veut éviter les effets négatifs de telle ou telle décision.

Document 4

Le document fait état des taux d'intérêt particulièrement bas actuellement pratiqués par les banques aux collectivités qui. S'ils ne permettent pas de combler le manque à gagner induit par la diminution des dotations de l'État, ils permettent de contrebalancer cette tendance défavorable aux collectivités. La concurrence entre les établissements bancaires ne fait qu'amplifier cette tendance à la baisse des taux d'intérêt. Il en est de même des nouveaux modes de financement comme l'accès aux marchés obligataires et la création récente de l'Agence France Locale.

Par ailleurs l'article présente différentes possibilités offertes aux collectivités pour faire face à la baisse tendancielle des crédits de l'État.

Document 5

Ce document montre que la « chasse aux subventions » est devenue un impératif pour un certain nombre de collectivités, qui souhaitent conserver un niveau d'investissement important. C'est une source de financement non négligeable, lorsqu'on sait que 19 % des dépenses d'équipement des communes et de leurs groupements étaient couvertes en 2012 par des subventions.

Pour autant, et c'est un paradoxe à relever, alors que ce sont les collectivités de taille modeste qui en ont sans doute le plus besoin, le recours à ce financement nécessite une ingénierie particulière (dossiers très complexes, nécessité d'exercer une veille sur des dispositifs qui évoluent rapidement, besoin de « lobbying » dans un milieu « concurrentiel »). Sans compter que ces financements ont, par définition, un caractère aléatoire et pas forcément reproductible.

La tendance est à un resserrement des critères d'attribution des subventions tant au niveau de l'État que de l'Union européenne. Par ailleurs, l'État substitue à une logique de fonds structurels une logique d'appels à projets fléchés sur des thématiques particulières ; ce qui nécessite, pour les collectivités, de monter des projets de subventionnement spécifiques.

Document 6

L'article met l'accent sur un domaine peu exploité permettant d'augmenter les ressources des collectivités : la meilleure valorisation de leur patrimoine immobilier. Ce patrimoine est généralement considéré comme un passif occasionnant des dépenses de fonctionnement.

Petit à petit, les mentalités évoluant , ce patrimoine tend à être considéré comme un actif pouvant être vendu, valorisé, source de revenus divers. Cette politique nécessite à la fois de dépasser certaines idées reçues ou culturellement ancrées, et de mettre en œuvre une ingénierie et des dispositifs pluriannuels dans l'objectif d'une « gestion dynamique du patrimoine ». Compte-tenu de la valeur estimée du patrimoine des collectivités (plus de 1 361 Md€), les gisements sont indéniablement importants.

Document 7

Cet article montre que ce souci d'optimisation de la gestion n'est pas l'apanage des collectivités territoriales et qu'il est partagé avec l'État. À ce titre, des initiatives menées par tel ou tel ministère peuvent être une source d'inspiration intéressante pour les collectivités.

L'article insiste sur le fait que, pour permettre aux collectivités de maintenir un niveau d'investissement correct sans trop s'endetter ou augmenter les impôts, tout ce qui peut contribuer à une gestion plus économe et plus efficace est à développer. On retrouve l'idée sous-jacente que plus le poste de dépenses est important, plus grandes sont les économies que l'on peut espérer faire. Il peut donc être utile de déployer une certaine ingénierie sur ces postes de dépenses (au même titre que pour l'immobilier).

Comme dans d'autres domaines, une réflexion sur la mutualisation des achats peut être menée (ici, c'est le rôle joué par l'UGAP). Globalement, l'article montre qu'il existe encore des marges de manœuvre pour les collectivités en termes de baisse de leurs dépenses de fonctionnement courant. Enfin, l'article évoque un autre enjeu qui touche potentiellement l'action publique locale :

toutes les solutions d'externalisation et/ou de location.

Document 8

Dans de nombreuses collectivités territoriales (notamment les communes), la masse salariale représente un des postes les plus importants des dépenses de fonctionnement. S'attacher à réduire de manière significative ce poste de dépenses est à la fois délicat et nécessaire.

Dans ce type de chantiers, choisir la méthode adaptée aux enjeux locaux est souvent un des facteurs de réussite les plus importants. Dans beaucoup de collectivités, un chantier de réduction globale de la masse salariale est engagé mais pas forcément au grand jour et sans afficher les objectifs réellement poursuivis ; donc pas partagé par tous.

L'effet d'inertie est à prendre en compte car une grande partie de la masse salariale dépend de décisions précédentes dont les conséquences sont à long terme. Un chantier pluriannuel, à l'échelle d'un mandat voire plus, est souvent nécessaire pour obtenir des résultats significatifs.

Plusieurs leviers sont à explorer comme : le non-remplacement de fonctionnaires partants à la retraite, les ratios d'avancement, l'alignement du temps de travail, le nombre de jours de congés, l'augmentation des délais de vacance de postes, le contrôle de l'absentéisme récurrent, l'externalisation de prestations précédemment assurées en régie, la mutualisation de certains services, la non-reconduction systématique des agents contractuels, etc.

Toutes ces mesures sont à manier avec précaution et dosage, et le climat social doit être pris en compte, celui-ci pouvant parfois dégénérer vers des situations de blocage.

Document 9

Ce dossier présente un certain nombre de financements alternatifs aux modes habituels pour les collectivités. La thématique du dossier est liée à la culture mais cette politique publique, si elle se prête plus naturellement à des financements novateurs, n'en a pas l'apanage.

Le dossier présente les avantages et les inconvénients respectifs des différents modes de financement, et leurs limites. Il apparaît que, pour avoir une chance de capter ces budgets complémentaires, il est nécessaire de mettre en place toute une ingénierie à même de créer une fonction au sein des services. Il s'agit alors de métiers et de compétences nouvelles, comme les collectivités doivent se doter, comme une forme d'investissement sur l'avenir. Ce type de financement privé peut néanmoins s'avérer déstabilisant si l'on perd de vue la nécessaire éthique liée à l'action publique locale.

Document 10

Cet article montre que le design des politiques publiques peut être une manière novatrice de revisiter la notion de performance de l'action publique locale.

À la notion d'expertise technique, qui permettrait d'agir juste en toutes circonstances et de répondre pleinement aux besoins des populations, peut se substituer des approches mettant en avant l'usage des services par les citoyens. En partant du besoin et des usages constatés des services en place, il est possible d'inventer des manières de faire nouvelles, dans une forme de co-construction des solutions avec les citoyens. Les techniques (utilisées pour certaines dans l'industrie) d'« essai-erreur », de prototypage permettent de créer, in fine, le service le plus adapté aux usages et donc le plus efficient.

Document 11

Ce document traite de la question de l'évaluation des politiques publiques. Il présente la marche à suivre et les prérequis nécessaires à la réussite d'une telle démarche et les attentes que l'on peut légitimement nourrir quand on s'y engage.

L'interview de François Mouterde met en perspective l'histoire récente de cette pratique qu'est l'évaluation des politiques publiques, en montrant que cela fait partie des actions que les collectivités ont tendance à abandonner dès que les budgets sont plus serrés. Aux yeux de l'auteur, cela apparaît comme une forme de contresens tant ces démarches d'évaluation, si elles sont menées avec ambition et méthode, peuvent porter leurs fruits en termes de performance de l'action et donc, au final, d'économies potentielles.

Cet article montre que la mise en commun d'un certain nombre de ressources et d'outils est l'une des réponses que peuvent apporter les collectivités territoriales aux nouvelles contraintes budgétaires. Une réponse qui permet de maintenir les investissements publics à un niveau élevé. Les partenariats peuvent être soit institutionnels soit relever d'une logique plus informelle.

Un des outils possibles est de créer des structures juridiques du type entreprises publiques locales, SEM, GIP ou structures à même de susciter des partenariats avec le secteur privé.

Document 12

Cet article fait état de nouvelles sources de financement complémentaires aux ressources traditionnelles des collectivités. Pour contourner l'obstacle de l'augmentation des impôts (liée à l'acceptabilité sociale et politique de telles mesures), plusieurs types de mesures sont à envisager.

Document 13

Ce document présente les sources d'économies liées aux démarches de mutualisation dans les collectivités, notamment les intercommunalités et les communes. Le cas de Toulouse est donné en exemple, qui a choisi la mutualisation au moment du passage de la communauté d'agglomération à la communauté urbaine (en 2009).

La mutualisation porte prioritairement sur les fonctions ressources. Elle évite les doublons et permet de réaliser des économies d'échelle. Un des enjeux majeurs de ces mutualisations est les statuts des personnels, souvent assez disparates, qu'il s'agit, à terme, de faire converger.

4. L'exploitation du dossier documentaire

Proposition de corrigé

ATTENTION

Il s'agit d'une proposition de plan très détaillé. Ainsi, certaines phrases ne sont pas entièrement rédigées. Les paragraphes sont matérialisés par des tirets et les références aux documents sont identifiées entre parenthèses, selon une approche pédagogique, afin de bien visualiser les idées « force » développées et de les repérer aisément.
En situation de concours, il est indispensable de rédiger entièrement toutes les phrases. Les paragraphes ne doivent pas être matérialisés par une quelconque numérotation, ni par un tiret ; les documents du dossier – avec leur numérotation – ne doivent pas être mentionnés. Enfin, le style télégraphique est à bannir impérativement.

Commune d'Alpha Le XX XX XXXX

Note à l'attention de Madame la Directrice générale des services

Objet : Les leviers à la disposition de la commune pour retrouver des marges de manœuvre financières.

Éléments pour l'introduction

– Contexte budgétaire d'ensemble des collectivités territoriales en lien avec la réduction de l'enveloppe des dotations de l'État (nécessité de réduire les déficits publics), l'augmentation des dépenses sociales due à la dégradation globale de la situation économique, et l'augmentation du coût moyen des projets (inflation des normes, hausse du nombre de recours, etc.).

– Exemple d'une politique novatrice de levée de fonds, dans le cadre d'un projet spécifique (crowdfunding d'un musée municipal pour l'acquisition d'une œuvre), illustrant à la fois la situation financière difficile et la capacité de certaines collectivités territoriales à trouver de nouveaux modes de financement.

– La question de l'équation budgétaire est une réalité à laquelle aucune collectivité ne peut échapper (à des degrés certes divers) et qui risque de durer longtemps (caractère structurel de cet état de fait) ; en écho aux années au cours desquelles les questions financières n'étaient pas le problème principal des collectivités.

– Pour faire face à cette situation, il est possible d'actionner différents leviers, qui présentent chacun des avantages et des risques spécifiques. Il s'agit toujours de choix politiques qu'il reviendra aux techniciens de mettre en œuvre.

– Si la situation financière globale des collectivités représente une contrainte indéniable et peut être vécue comme une restriction des capacités d'action des collectivités, cela peut aussi être une donnée stimulante pour repenser les pratiques, explorer de nouvelles voies a priori pas immédiatement financières et, à terme, générer de nouvelles marges de manœuvre.

Plan détaillé

I. De potentielles sources d'économies en matière d'investissement et de fonctionnement

A. Investir moins ou investir mieux ?

– Une nécessaire baisse des dépenses d'équipement

La logique qui prévaut dans la plupart des collectivités territoriales est aujourd'hui d'ajuster les dépenses d'investissement, et donc les équipements, aux recettes disponibles. Selon un baromètre réalisé en 2015 par *Le Moniteur* et la Fédération nationale des travaux publics, 49,1 % des élus locaux prévoient de réduire leurs dépenses d'investissement du fait des contraintes budgétaires (rééchelonnement ou report de certains projets). C'est donc désormais la culture des choix qui prend le dessus, après des décennies où les élus ont été « drogués à la dépense », selon l'expression d'Yves Fréville, professeur émérite à l'Université Rennes 1. Avant de réaliser une nouvelle dépense d'équipement, une analyse précise doit être réalisée pour savoir s'il est possible de faire autrement, avec un résultat convenable en termes de services rendus au public (ex : les nouvelles rames TER de la région Bourgogne non acquises au profit de la rénovation des rames anciennes – document 1).

– De nouveaux critères quant à l'opportunité ou non d'investir

Pour continuer à investir, les collectivités imaginent de nouvelles formules. Chaque investissement doit désormais être analysé au regard de son coût, mais aussi de son éventuel retour sur investissement et de ses coûts de fonctionnement prévisionnels (notions de coûts complets). C'est ce qu'explique Christian Debiève, DGS de Montélimar agglomération, lorsqu'il parle de « coût de revient de chaque politique territoriale » qui permet « de mettre en lumière les coûts induits d'un équipement ». À ce propos, la ville et l'agglomération de Cahors ont décidé de ne financer que des investissements dont les coûts de fonctionnement seront portés par des tiers (ex : auberge de jeunesse dont le fonctionnement est assuré par la Fédération unie des auberges de jeunesse). L'ADCF invite les décideurs locaux à évaluer « l'utilité sociale » des investissements réalisés par les collectivités. Le maire de Cahors reconnaît lui-même que « souvent, de nouvelles infrastructures étaient construites alors que les anciennes étaient maintenues ».

Par ailleurs, les collectivités raisonnent désormais en termes d'investissements productifs. Dans cette logique, un investissement n'en vaut pas un autre (ex. : des investissements dans les bâtiments à énergie positive ou dans les projets structurants comme l'installation du très haut débit). Pour les décideurs locaux, il est également nécessaire de réfléchir les investissements à une échelle plus large que la collectivité. C'est l'exemple de la mise en place de communes nouvelles (comme celle d'Orvanne, issue des communes préexistantes d'Écuelles et Moret-sur-Loing) pour réaliser un équipement public nécessitant des crédits importants (rationalisation des investissements) et ouvrant droit à des subventions complémentaires. C'est aussi l'exemple d'un investissement dans une nouvelle application pour smartphone de la métropole de Lyon (Onlymoov) pour optimiser les déplacements. Cela permet d'éviter de très lourds investissements dans des infrastructures de transport dont les coûts sont toujours très élevés.

– Investir raisonnablement pour ne pas casser les dynamiques de territoire

Les collectivités sont en réalité partie prenante d'un écosystème local, dont elles procèdent, mais qu'elles contribuent également à créer. En moyenne, les collectivités représentent plus de 70 % des dépenses d'équipements publics en France, ce qui contribue à soutenir le dynamisme de certaines filières économiques. À ce propos, le FMI indique que l'investissement public a un effet multiplicateur de trois. Comme l'indique Éric Heyer, économiste à l'OFCE, « les collectivités risquent de geler leurs projets d'équipement. Or, c'est la dernière chose à faire dans le contexte actuel. Il aurait été préférable de demander aux collectivités de réduire certaines de leurs dépenses mais en sacralisant celles liées à l'investissement ». Dans cette optique, il est crucial de pouvoir bénéficier d'une visibilité pluriannuelle et de réaliser des prospectives financières fines permettant de connaître précisément les capacités d'investissement de la collectivité sur le moyen terme.

B. Contenir ou baisser les dépenses de fonctionnement

– La masse salariale, premier poste de dépenses et source potentielle d'économies

C'est une tendance que l'on retrouve dans de très nombreuses collectivités : la masse salariale étant souvent un poste de dépenses de fonctionnement très important (le premier dans les communes), il est légitime de s'interroger prioritairement sur les moyens de contenir sa progression, voire de réduire son importance. Compte-tenu notamment du statut de la fonction publique, mais aussi d'un certain nombre de dispositions statutaires, c'est un chantier de moyen ou long terme, quelles que soient les options choisies. Mécaniquement, si aucune action volontariste n'est engagée, la masse salariale augmente chaque année du simple fait du Glissement Vieillesse et Technicité (GVT).

Une première piste d'économies réelles est la suppression d'un certain nombre de postes, soit au moment du départ à la retraite des agents, soit à la faveur d'une réorganisation des services. Au-delà de la mesure traditionnelle du non-remplacement systématique des agents partant à la retraite ou des agents contractuels, en reconfigurant le service rendu en conséquence, d'autres voies peuvent être explorées comme de confier certaines missions au secteur privé (entretien des locaux, maintenance, etc.).

Des chantiers peuvent également être ouverts sur les questions du temps de travail des agents (certains régimes actuels étant en-dessous des 1 607 heures annuelles légales) ou sur la question des jours de congés (jours du maire, jours du président, etc.), voire sur la gestion des durées de vacance de postes.

Toutes ces mesures doivent néanmoins être étudiées avec prudence, eu égard aux risques sociaux et aux blocages qu'elles peuvent créer. Par ailleurs, il est nécessaire de veiller à la qualité du service rendu (plages d'ouverture restreintes dans certains services publics par exemple), et être attentif à ce que ces choix ne se fassent pas au détriment des expertises de l'administration. On sait par exemple que dans quelques domaines pointus, l'embauche de contractuels est souvent nécessaire.

– Les frais généraux ou comment optimiser les dépenses

Au-delà de la seule masse salariale, des économies peuvent être faites sur les frais de fonctionnement généraux des collectivités. C'est souvent une logique de rationalisation des dépenses qu'il s'agit de mettre en œuvre. En effet, tant que l'impératif financier ne pesait pas de manière décisive sur les collectivités, on peut considérer qu'un certain nombre de dépenses de fonctionnement étaient réalisées de manière un peu routinière, sans s'interroger sur les coûts que cela représentait et surtout, sur les gisements potentiels d'économies. Comme l'indique Jean-Pierre Sivignon, directeur général de l'UGAP : « jusqu'à présent, les collectivités n'avaient pas à se poser de questions. Elles étaient assises sur un coussin mais celui-ci va se dégonfler. Leur budget de fonctionnement va devoir diminuer. »

Aussi, de plus en plus, les collectivités s'engagent dans des chantiers d'optimisation des différents postes de dépenses de fonctionnement. On peut ici citer l'exemple des flottes automobiles des collectivités (dont le nombre est estimé entre 200 000 et 400 000) avec les solutions suivantes pour réaliser des économies : passer par une centrale d'achat sans procédure de marché public (en l'espèce, l'UGAP), passer par des systèmes de location longue durée (solution de l'externalisation), faire réaliser l'entretien par des sociétés privées, etc.

– Mutualiser pour réaliser des économies de fonctionnement

Une des voies mises en œuvre par les collectivités pour contenir, voire réduire, leurs dépenses de fonctionnement est de s'engager dans des démarches de mutualisation de services. La métropole de Lyon en est un bon exemple, en ce qu'elle permettra, à terme, de fusionner toutes les fonctions ressources des anciennes collectivités (avec des gains importants attendus) mais aussi certaines politiques publiques (comme la gestion des voiries) dans lesquelles les économies d'échelle peuvent être substantielles.

C'est aussi l'exemple du Conseil départemental du Loir-et-Cher qui trouve des marges de manœuvre « dans la mutualisation interdépartementale » (création d'une plate-forme d'achats groupés avec un département voisin) qui permet d'obtenir de meilleurs taux de crédit ou des subventions plus importantes. Le cas de Toulouse est bien développé dans l'article qui est exclusivement consacré à cette question.

II. La recherche de ressources nouvelles et la mise en œuvre de nouvelles idées

A. Optimiser les ressources traditionnelles des collectivités

– Impôts et taxes : un levier à utiliser avec parcimonie

Compte-tenu de la pression fiscale actuelle (toutes échelles confondues), une hausse significative des impôts locaux n'est pas envisageable dans de nombreuses collectivités. En effet, au-delà des débats partisans, on s'aperçoit que le taux d'imposition actuel ne permet pas d'utiliser ce levier de manière substantielle, qui permettrait de compenser une partie du désengagement financier de l'État. En revanche, certaines taxes ciblées (pas toujours exploitées jusqu'ici) pourraient être augmentées, avec une meilleure acceptabilité sociale et permettre des ressources complémentaires importantes. Cela pourrait concerner les taxes liées à l'utilisation de l'espace public, la taxe locale sur la publicité extérieure, la taxe de séjour ou la taxe sur les surfaces commerciales.

Dans ce domaine comme ailleurs, il s'agit de procéder à ces éventuelles augmentations de manière raisonnable et informée, en étant conscient que l'attractivité de certains territoires dépend pour partie de la faiblesse relative de ces taxes.

– Le recours à l'emprunt

Les taux d'intérêt historiquement bas consentis par les organismes bancaires aux collectivités leur permettent de maintenir un niveau d'investissement correct tout en contenant la dégradation de leurs ratios d'endettement. Par ailleurs, pour les plus grandes collectivités, il est de plus en plus recommandé d'émettre sur les marchés obligataires. De nouvelles sources de financement se font jour avec la naissance en 2015 de l'Agence France Locale.

– Le juste prix des services publics

Spontanément, les citoyens ont tendance à associer service public et gratuité. Les collectivités ont longtemps abondé dans ce sens en ne faisant pas de la tarification un levier pour optimiser leurs ressources.

Si elles sont désormais, en tout cas pour une partie d'entre elles, contraintes d'engager cette réflexion sur la tarification des services (« les usagers ne peuvent pas être exonérés de toute contribution » indique l'adjoint aux finances du maire de Toulouse), cela présente plusieurs avantages : le premier, c'est une forme de pédagogie nouvelle qui permet de faire prendre conscience aux usagers du coût réel des services publics. La gratuité pouvait avoir des effets négatifs en termes de perception (dans l'imaginaire collectif, ce qui est gratuit ne coûte rien), une tarification adaptée est parfois intéressante pour faire évoluer cette représentation. Le second avantage est évidemment financier car il permet d'engranger des ressources nouvelles.

Cette politique peut porter sur des services réguliers (comme les entrées à la piscine ou dans les musées, voire les parcmètres comme à Paris où la ville indique qu'elle a la possibilité d'augmenter de 180 % ses tarifs de stationnement) ou des opérations plus « ponctuelles » (comme des locations de salles municipales).

Une fois le principe politique acté, il s'agit de réfléchir de manière approfondie « à qui et quoi faire payer ». Parfois, sans même procéder à une augmentation de certains tarifs, il est simplement utile de revoir des politiques d'exonération ou de dégrèvement trop généreuses et pas utilisées à bon escient.

Ce type de mesures, pour être accepté et compris, doit s'accompagner d'un travail d'explication et de pédagogie, notamment sur le coût réel et complet des services proposés (8,65 € par repas dans les cantines de Toulouse par exemple), pour éviter des retours de citoyens considérant qu'ils « paient » deux fois le service rendu : en tant que contribuables et en tant qu'usagers.

Par ailleurs, pour éviter d'éloigner certains citoyens des services proposés et d'accroître, le cas échéant, leur sentiment de relégation, il est nécessaire de mettre en place des dispositifs de veille sociale pour identifier les usagers qui n'ont réellement pas les moyens de payer tel ou tel service public.

– Mieux valoriser le patrimoine matériel et immatériel des collectivités

Historiquement, le patrimoine des collectivités (évalué à plus de 1 300 milliards d'euros pour toutes les collectivités françaises) est plutôt considéré comme une charge à entretenir, à maintenir et à rénover le cas échéant. Depuis quelques années, une nouvelle vision est en train de s'imposer qui fait de ce patrimoine un actif potentiellement facteur de revenus nouveaux.

Un des premiers enjeux, quand on s'engage dans un chantier de ce type, est souvent de disposer d'un inventaire exhaustif et précis du patrimoine dont on dispose. Il s'agit ensuite d'identifier les biens stratégiques et pouvant faire l'objet d'une valorisation (par une cession ou une location) en lien avec les besoins réels de la collectivité. À Bordeaux, cette gestion active a pour conséquence un volume de transactions annuelles qui s'établit entre 5 et 10 M€. Des démarches similaires ont été engagées à Toulouse ou au sein du département du Loiret pour définir une « gestion dynamique du patrimoine qui a sa vraie place dans la stratégie financière de la collectivité », selon le Directeur général des services. De son côté, la ville de Paris s'est engagée dans un plan stratégique et pluriannuel de cession d'actifs, qui représente, en moyenne, une ressource de 200 M€ annuels. Le muséum de Toulouse s'est lancé dans une politique de privatisation de ses espaces qui génère jusqu'à 100 000 € de revenus par an.

La valorisation d'actifs peut aussi porter sur des actifs immatériels des collectivités (gestion de droits sur des plates-formes numériques par exemple).

B. De nouvelles sources de financement et de nouvelles voies d'action à rechercher

– Vers une généralisation de la logique de « financement sur projet »

Devant la baisse tendancielle des dotations de fonctionnement, il devient essentiel pour les collectivités de capter une partie de la manne d'argent public issue des subventions. Une logique de financement sur projet se substitue, en effet, à une logique d'enveloppe globale non attribuée, dont les collectivités sont dotées selon un certain nombre de critères.

Cela nécessite de mettre en place une ingénierie particulière (dans les cas les plus compliqués, de mettre en place des équipes dédiées) que toutes les collectivités ne peuvent pas s'offrir. Pour pallier cette difficulté, ces dernières peuvent se regrouper pour atteindre une taille critique leur permettant de capter certains financements (ex. : subventions obtenues par la commune nouvelle d'Orvanne dans son projet de construction d'une médiathèque).

Par ailleurs, la constitution de dossiers de demande de subventions, en plus de nécessiter des expertises pointues, est souvent très chronophage. Aussi, il est parfois nécessaire de réfléchir à l'équation « temps passé / gain attendu » avant de se lancer dans une telle démarche. La ville de Paris a mis en place une plate-forme de co-financement qui présente « une vision agrégée des ressources disponibles pour professionnaliser la gestion de ces recettes et de s'assurer de leur bonne adéquation avec les projets éligibles », indique Dominique Frentz, sous-directeur du budget.

– Solliciter des financements privés ?

Le recours à des financements privés pour mener à bien des projets est ancien dans les collectivités. Néanmoins, compte-tenu de la nécessité croissante de trouver des financements complémentaires pour boucler le budget de certaines opérations, cette recherche de financements mobilise de plus en plus certaines collectivités.

Comme pour la recherche de subventions, il s'agit d'être en capacité de se structurer pour mener des politiques ambitieuses permettant de lever des fonds. Comme l'indique François Debiesse, président exécutif de l'Admical, association qui développe le mécénat, « on assiste actuellement à une véritable guerre entre les porteurs de projets. La concurrence est rude et pour être efficace, il faut donc se professionnaliser dans la recherche de mécènes. » Les collectivités qui le peuvent mettent en place de véritables politiques sur le long terme, dépassant les opérations ponctuelles qui pouvaient exister par le passé : « une collectivité peut alors élaborer un catalogue à destination des entreprises », comme l'indique Julia Méry, consultante pour le cabinet Sémaphores.

La conjoncture économique étant également difficile pour les entreprises, au-delà du soutien strictement financier de partenaires privés à certaines initiatives des collectivités, le mécénat de compétence et en nature se développe. Il s'agit, pour des entreprises, de faire bénéficier les collectivités soit de matériel soit d'expertises spécifiques.

Plus largement, il faut garder à l'esprit que ces nouveaux outils et modes de financement doivent être maniés avec précaution, en étant vigilants à ce que l'éthique du service public ne soit pas dévoyée.

– À la recherche de nouvelles voies d'action

Au-delà de chantiers purement « financiers », la nouvelle donne budgétaire incite les collectivités à s'interroger de manière plus large sur l'adéquation entre les besoins des citoyens et les services proposés, sur les nouvelles attentes des usagers, sur la manière de mieux évaluer la qualité des actions qui sont produites au regard des sommes qui y sont consacrées. Au-delà d'une logique strictement financière, il s'agit donc de mesurer les effets réels produits par les politiques publiques locales pour imaginer de nouvelles voies d'action.

– L'évaluation : un investissement rentable à long terme ?

Un des risques de la situation financière actuelle est que les collectivités baissent les crédits alloués aux enjeux d'évaluation de leurs politiques publiques. De même que certaines dépenses d'équipement permettent de générer de substantiels gains dans les dépenses de fonctionnement à venir, l'évaluation peut permettre de dégager des marges de manœuvre à long terme.

Or, comme l'indique François Mouterde, si de nombreuses collectivités (comme les régions) s'étaient engagées dans cette voie, on note une « inversion qui correspond à la contrainte financière qui pèse sur les collectivités locales. Tous les budgets sont rabotés et les dépenses d'études liées à l'évaluation n'y font pas exception. »

L'évaluation ne s'improvise pas : c'est une démarche qui nécessite de disposer à la fois de temps (au moins six mois à un an pour avoir des conclusions intéressantes et utiles) et d'une méthode précise et éprouvée. Engager une démarche d'évaluation implique un soutien important de l'exécutif de la collectivité en question et/ou de la Direction générale car c'est un chantier relativement engageant. Une fois l'évaluation réalisée (selon une démarche à préciser), des orientations peuvent être définies en toute connaissance de cause dans une visée d'amélioration du service rendu. Comme l'indique François Mouterde, « il faut sortir de cette idée collective selon laquelle la puissance publique fait forcément le bien et génère de l'intérêt général ».

– Le design des politiques publiques : vers un nouveau paradigme

Améliorer la conception et la mise en œuvre des services, des actions et des objets produits par les collectivités est l'objectif du « design des politiques publiques ». Il s'agit de remettre au centre de l'action le bénéficiaire ultime à savoir le citoyen qui, jusqu'ici, était surtout considéré comme un usager des services produits.

Avec cette démarche, les usagers sont remis au cœur de la conception et de la production des services, en prenant en compte leurs besoins, leurs habitudes et même leurs représentations. Ainsi, les démarches de design passent toujours par une phase d'immersion dans le cadre de vie des usagers pour comprendre les réalités qu'ils vivent et la manière dont ils reçoivent et comprennent les politiques et les services qui leur sont destinés. Bien souvent, les politiques publiques sont conçues au regard d'enjeux globaux définis par des élus et des techniciens qui ne sont pas eux-mêmes (ou indirectement) les utilisateurs des services produits.

Le design des politiques publiques qui n'est pas, à proprement parler, une démarche liée à la question financière mais plutôt aux notions d'utilité et d'efficacité de l'action, permet d'aboutir à des résultats satisfaisants en dépensant moins. Comme le dit Stéphane Vincent, délégué général de la 27e Région : « le design est consubstantiel à la modernisation de la gestion publique, il permet d'éviter des gaspillages, des erreurs récurrentes, des pertes de temps et d'argent ».

L'usager ne réfléchit pas « ouvrage », « équipement », « investissement public » mais besoin d'un service. Ainsi, là où des techniciens pourraient préconiser la réalisation d'une nouvelle infrastructure autoroutière, un usager peut orienter la puissance publique vers la mise en place d'une application pour smartphone permettant de circuler de manière plus fluide sur le réseau existant (exemple de ce qui a été mis en place à la métropole de Lyon).

De même, ces techniques permettent, en partant des besoins réellement exprimés par les usagers et/ou les citoyens, d'adapter le niveau de service comme cela peut être le cas pour la fréquence de collecte des ordures ménagères. Par ailleurs, le design permet d'apporter aux politiques publiques la chaîne de valeur « d'essai-erreur-correction-amélioration » qui leur est pour l'instant assez étrangère. Cette logique permet d'apporter la réponse la plus appropriée possible par rapport aux besoins des usagers, en évitant les nombreux gaspillages financiers liés à des choix erronés mais dont on ne s'aperçoit qu'une fois que tout est en place.

Plus largement, cette technique, qui ne se présente pas comme une recette-miracle de taille à régler l'équation financière des collectivités, fait naître une nouvelle forme de créativité permettant aux fonctionnaires de transformer leurs pratiques.

– Mieux associer les citoyens aux choix et actions menées

La raréfaction des ressources des collectivités peut amener ces dernières à engager un dialogue adulte et fécond avec leurs administrés, dans une dimension à la fois de transparence et de pédagogie. Une partie de l'insatisfaction des administrés devant les services publics est souvent liée à une méconnaissance des contraintes auxquelles les collectivités sont parfois confrontées.

Ainsi, quand elles sont amenées à faire des choix affectant directement les usagers (comme la réduction de l'amplitude horaire de certains services publics), les collectivités ont tout intérêt à expliquer les raisons de ces choix aux citoyens. Il en va de même quand les collectivités se voient dans l'obligation d'augmenter une partie des tarifs des services qu'elles proposent aux citoyens, présenter les causes de cette augmentation et le coût réel des services rendus (ex. : un repas dans les cantines des écoles de Toulouse revient à la collectivité à 8,25 €). Si cela ne permet pas de faire taire tous les mécontentements, cela facilite certainement l'acceptation de telles mesures.

Au-delà d'une nécessaire information des citoyens, l'association, l'implication et la participation des habitants peuvent également contribuer à répondre aux enjeux de raréfaction de la ressource financière pour les collectivités. Deux voies sont possibles dans cette perspective : la co-production des services et la participation financière des citoyens à des projets spécifiques.

La co-production des services permet à des usagers de contribuer à la bonne gestion des services publics locaux, par exemple par le biais d'applications pour smartphone permettant de signaler des anomalies sur l'espace public.

Un autre champ à explorer concerne toutes les initiatives de crowdfunding, de plus en plus utilisées par les collectivités pour financer des projets particuliers. Cette nouvelle technique de financement participatif permet à la fois de trouver de nouvelles ressources financières pour les collectivités, mais aussi d'impliquer les habitants dans une dynamique de projet et de territoire. La « chose publique » prend alors une nouvelle dimension, qui permet de générer de l'adhésion à un projet et donc d'agir plus « juste ».

Éléments pour la conclusion

Au-delà des questions de financement, la nouvelle donne financière touche en réalité à des choix fondamentaux de conduite de l'action publique locale. Cette situation inédite, souvent vécue comme une contrainte (et c'est parfois le cas pour les collectivités les plus en difficulté qui n'ont pas d'autres choix que de mener une politique de restrictions), peut être une réelle opportunité d'imaginer de nouvelles manières d'agir, un nouveau rapport aux citoyens et aux usagers.

C'est une occasion de recentrer une partie de l'action publique locale vers plus d'efficacité, plus d'utilité, même s'il existe dans ce chantier une forme de prime aux collectivités les plus importantes, en capacité de dégager des ressources pour mener à bien ce type de projets.

PARTIE 2

Sujets corrigés

Chapitre 3
Rapport

Sujet session 2016 (interne et 3e concours)

Sujet | Session 2016

4 heures

ÉNONCÉ

Concours d'attaché territorial (interne et 3e concours)

À noter : Il s'agit du sujet national de la session 2016 pour l'ensemble des centres de gestion organisateurs.

Spécialité Administration générale
Attaché territorial, vous êtes chargé(e) de mission auprès de la Directrice générale des services (DGS) de la communauté d'agglomération d'Alpha (80 000 habitants), nouvellement créée suite à la fusion, dans le cadre de la loi MAPTAM, de cinq EPCI préexistants.
Souhaitant accompagner cette évolution institutionnelle, la DGS vous demande de rédiger à son attention un rapport sur la mise en place d'un projet d'administration, permettant de dégager des solutions opérationnelles appropriées pour la communauté d'agglomération.
Vous rédigerez ce rapport à l'aide des éléments du dossier et de vos connaissances.

Document 1 : Qu'est-ce que le management de projet ? – *Gilles Garel – Informations sociales* – vol 5 – n° 167 – 2011

Document 2 : Organisation : Mobiliser les agents sur un projet d'administration – *Christiane Wanaverbecq – La Gazette des communes* – 10 septembre 2012

Document 3 : Cent pistes d'action opérationnelles pour porter un projet d'administration – *Julie Krassovsky – La Gazette des communes* – 15 juin 2015

Document 4 : Rouen met la communication interne au coeur du projet d'administration – *Bruno Cohen-Bacrie – Techni.Cités* – Avril 2015

Document 5 : Donner des outils communs aux managers pour décliner le projet d'administration – *Emmanuelle Chaudieu – La Gazette des communes* – 7 juillet 2014

Document 6 : La démarche « projet de service coopératif » – *Nicolas Rapin – La Lettre du cadre territorial* – 3 mai 2016

Document 7 : Faut-il satisfaire l'usager ? – *Entretien avec Cédric Polère, sociologue – Millénaire 3, Site de prospective de la Métropole de Lyon* – 31 mai 2015

Document 8 : Réforme territoriale : vous n'y voyez rien et vous voulez manager ? – *Philippe Dressayre – La Lettre du cadre territorial* – 4 décembre 2014

Document 9 : Le Projet d'administration départementale 2001-2014 (extrait) – *Département du Nord*

Document 10 : Projet d'administration (édito et avant-propos) – *Communauté urbaine de Bordeaux* – site consulté le 20/07/2016

Document 11 : Projet d'administration – Document de synthèse des actions (extraits) – *Conseil départemental des Vosges* – site consulté le 23 mai 2016

Document 12 : Six virages à prendre pour une administration du 21e siècle – *Maxime Barbier – La Gazette des communes* – 28 octobre 2015

DOCUMENT 1

Qu'est-ce que le management de projet ? – *Gilles Garel* – *Informations sociales* – vol. 5 – n° 167 – 2011

Qu'est-ce que le **management de projet** ?

Visant à gérer le changement dans les entreprises et les organisations pour accroître l'efficacité, le management par projet modifie profondément la gestion du travail, les rôles et les relations des salariés devenus des « acteurs ». C'est un mode de gestion exigeant qui demande à être pensé et accompagné.

Depuis la fin des années 1980, le management de projet a profondément transformé les pratiques et les performances des organisations. Il s'est internationalement diffusé dans des secteurs variés : services, industries de masse, entreprises publiques, PME, Recherche & Développement... Deux grandes causes peuvent être avancées pour expliquer ce développement. D'une part, l'industrie a connu, au tournant des années 1990, une rationalisation sans précédent qui l'a conduite à réorganiser profondément la manière de réaliser ses projets afin de les rendre plus « concourants » (voir *infra*, « *l'ingénierie concourante* »), l'enjeu étant de développer dans un temps raccourci des projets de développement plus complexes et plus innovants. D'autre part, les réorganisations permanentes des entreprises, qu'il s'agisse de leurs systèmes d'information ou de leurs processus de travail (et en particulier des certifications qualité), sont désormais conduites sur le mode projet. En d'autres termes, le management par projet est devenu le mode de gestion privilégié du changement dans des organisations… qui elles-mêmes changent en permanence. D'ailleurs, l'expression « management par projet » est devenue synonyme de transformation de l'entreprise et de son management par les projets. Les organisations publiques n'y échappent pas, en particulier en France : le pays est soumis à de nombreuses pressions et le management par projets, paré de vertus qui lui seraient intrinsèques, devrait permettre de les restructurer efficacement.

Avec le développement du management de projet, les pratiques professionnelles se sont transformées. La séparation traditionnelle entre la conception et l'exécution est remise en cause et fait apparaître de nouvelles fonctions transversales, conduisant à la négociation permanente entre des professionnels différents, à la mobilisation sur des résultats plutôt que sur l'application de savoir-faire métiers et à de nouvelles relations interentreprises. Avant d'apporter des précisions sur le management de projets, il est nécessaire de définir ceux-ci comme une classe d'activité spécifique des organisations.

Définir les projets

Le projet est une « *création collective, organisée dans le temps et l'espace, en vue d'une demande* » (Ecosip, 1993).

Les caractéristiques communes

Le projet (d'après Midler, 1996) se définit comme une activité :

– visant à atteindre un *but global*. Un projet, c'est l'engagement d'une responsabilité de résultat. Les ressources, les acteurs et les méthodes à mobiliser se définissent à partir de l'affirmation du but. Cette caractéristique s'oppose à une définition des tâches comme projection de l'expérience passée, ce qui est le cas des activités métiers par exemple ;

– *spécifique*, singulière ou non répétitive. Le projet implique un contenu, une organisation ou un *planning* non reproductibles à l'identique ;

– qui répond à un *besoin exprimé* même s'il n'est pas toujours clair *ex ante* ;

– soumise à *l'incertitude* qui accompagne inévitablement une démarche consistant à structurer une réalité à venir ;

– *combinatoire* et pluridisciplinaire. L'atteinte du but ne dépend pas d'un seul paramètre, mais du concours et de l'intégration d'une grande diversité de contributions. L'excellence d'un apport particulier ne se mesure qu'à sa valeur pour l'ensemble du projet ;

– *temporaire*, tout projet ayant un début et une fin *a priori* définis avant son lancement. Cette irréversibilité des projets conditionne un principe essentiel de management : l'anticipation maximum ou la résolution des problèmes à froid, en amont. Cette temporalité est historique : la capacité à mémoriser les apprentissages réalisés au cours du projet est une condition nécessaire de la convergence ;

– soumise à des *variables exogènes*. Un projet est un système ouvert aux influences de son environnement. L'activité projet se situe à l'opposé d'une démarche qui cherche à isoler et à stabiliser les opérations en établissant des frontières avec l'environnement.

« Gestion » et « management » de projet

Historiquement, *la gestion de projet* désigne l'approche instrumentale du pilotage des projets d'ingénierie (militaires, spatiaux, BTP, nucléaire…) à partir des années 1960 (cf. *infra*, le modèle du PMI).

Le *management de projet* est l'ensemble des actions engagées par une ou des organisation(s) afin de définir/concevoir un projet, de le lancer et de le réaliser. Il ne relève pas seulement de l'application d'outils de gestion, mais d'un système de gestion à part entière.

Le management par projet combine la gestion de projet, dans sa fonction « caisse à outils », et la fonction de direction de projet en charge de la définition des objectifs (coûts, délais, spécifications techniques), des actions politiques, des aspects financiers et de l'organisation du travail collectif des équipes projets.

En considérant les pratiques, on ne peut que constater que les projets ont toujours existé dans l'activité humaine organisée. Le sens managérial du mot « projet » n'apparaît qu'à partir des années 1950 et 1960 dans les grands projets d'ingénierie.

Le projet et l'opération

En distinguant les notions d'« opération » et de « projet », la spécificité du projet s'affirme (Declerck *et al.*, 1980). Il s'agit d'appréhender la spécificité d'une activité nouvelle par comparaison avec une activité connue et déjà analysée. Les caractéristiques des opérations sont connues en management depuis le début du XXe siècle. L'opération définit les activités de production, de vente ou d'administration, et le projet les activités de conception et de développement. Le projet existe chronologiquement en amont de l'opération. Dans le cas d'un produit, l'activité d'opération s'étend sur le cycle de vie, entre la mise du produit sur le marché et son retrait, tandis que le cycle du projet court de la naissance de l'idée de produit à l'arrivée du produit sur le marché.

Comparaison des projets et des opérations

Projet	Opération
One shot (unique)	Répétition
Forts degrés de liberté	Actions encadrées
Organisations évolutives et temporaires	Organisations permanentes et stables
Cash flows négatifs	*Cash flows* positifs
Influence des variables exogènes	Influence des variables endogènes

Distinguer le projet et l'opération, c'est reconnaître la coexistence de deux principes différents de coordination des activités, entre le « permanent » et le « temporaire », entre la « réalisation de ce qui est déjà défini » et la « définition de ce qui doit être réalisé ». C'est aussi définir l'activité d'une entreprise en quatre sous-systèmes de gestion (Gareis, 1989) :

– le management des opérations qui optimise les activités de production courantes ;

– le management de chaque projet ;

– la politique de gestion du flux de projets dans l'organisation ou le management multiprojets ;

– le couplage ou l'alignement du projet avec les autres logiques de l'entreprise, fonctionnelles (contrôle de gestion, ressources humaines...) ou stratégiques.

Le management de projet peut également se définir comme la transformation progressive des projets en opérations, les secondes finançant les premiers.

Les modèles d'organisation des projets

Au-delà des nombreuses typologies de projets (Garel, 2003), les modèles d'organisation des projets s'inscrivent dans des traditions différentes (Midler, 1996).

Le modèle de l'entrepreneur constitue une configuration dominante du développement industriel des XIXe et XXe siècles. Dans ce modèle, le projet s'identifie à la naissance et au développement d'une entreprise portée par la figure de son fondateur. La coopération repose moins ici sur des processus instrumentés que sur la confiance, le charisme et les réseaux interpersonnels. Le modèle entrepreneurial constitue une sorte d'utopie dominante, surtout dans le domaine des nouvelles technologies. Le mécanisme économique principal de ce modèle est la propriété des droits d'exploitation du futur produit ou service (par exemple un brevet). Toutefois, son caractère très individualisé et la difficulté de reproduire le succès constituent assurément des limites.

Le modèle standard du Project Management Institute (PMI). À partir des années 1960, le management par projet se structure en Amérique du Nord à travers de puissantes associations professionnelles. La plus puissante d'entre elles, le PMI, considère les différences sectorielles comme moins importantes que les sujets de préoccupation communs en matière de gestion de projet. Le PMI promeut une conduite de projet utilisant des outils et des méthodes de structuration d'un projet global en sous-projets emboîtés. La conduite du projet est formalisée et contractualisée à travers des outils que le PMI a lui-même contribué à standardiser et à diffuser par une normalisation des processus et une certification des chefs de projet : décomposition du projet en tâches, méthodes de planification, analyse fonctionnelle, outils de contrôle des coûts et des risques. Manager un projet revient à le ramener dans la cible s'il s'en écarte, tandis que la performance est le respect des prescriptions initiales ou redéfinies. Des travaux se sont attachés à circonscrire le champ d'application du PMI aux grands projets unitaires décomposables *ex ante* et à en dénoncer les limites techniciennes.

Le modèle séquentiel de gestion de projet. L'organisation de ce modèle (daté) du projet de l'entreprise manufacturière repose : 1) sur une intégration dans la société de la plupart des expertises nécessaires au développement du projet, 2) sur une séparation des expertises entre différents métiers et 3) sur une coordination procédurale et hiérarchique des expertises métiers en vue de réaliser le projet. C'est cette coordination de l'activité qui est séquentielle, chaque métier intervenant successivement dans la réalisation du projet. Face à une exigence de vitesse de développement et de renouvellement régulier des projets, ce modèle est inopérant. Dans l'industrie du début des années 1990, la comparaison avec les performances des entreprises japonaises a été déterminante dans l'émergence, la diffusion et la théorisation du modèle concourant qui s'est peu à peu substitué au modèle séquentiel.

Le modèle de l'ingénierie concourante (IC). Comment transformer l'organisation pour développer plus rapidement les projets ? C'est en répondant à cette question que les industries qui conçoivent de nouveaux produits et de nouveaux services ont mis en œuvre l'IC à la fin des années 1980. Christian Navarre (1992) introduit en français le néologisme « concourant ». L'IC conduit à la transversalité d'organisations historiquement fonctionnelles. Réduire les délais ne consiste par à réduire les *plannings* existants de façon homothétique. L'IC anticipe certaines tâches et décisions pour retarder au maximum celles qui engagent des ressources lourdes et stratégiques. En partant plus en amont pour finir très vite selon une logique de « bon du premier coup », l'IC cherche à réduire les délais des projets. Elle « matricialise » les structures des organisations, définit des fonctions nouvelles de directeurs de projets « lourds » (Clark et Wheelwright, 1992), à la fois transversales (une responsabilité à l'échelle de tout le projet) et puissantes (un mandat qui vient du plus haut de l'organisation). C'est une révolution managériale qui se produit à partir de la fin des années 1980, analogue à ce qu'avait vécu le monde de la production industrielle avec le « juste à temps » ou la « qualité totale ». L'organisation des relations interentreprises en projet s'en trouve également bouleversée, substituant une relation de codéveloppement (faire le projet ensemble) à une relation de sous-traitance (ou de prescription d'une tâche).

Manager les projets

Tout management articule une fonction d'organisation (diviser et coordonner l'activité) et une fonction d'instrumentation (piloter et évaluer). En mode projet, ces deux fonctions peuvent s'analyser de deux points de vue (Ecosip, 1993) : celui du projet lui-même, qu'il y ait un (mono)projet ou plusieurs (multi)projets à gérer, ou bien de l'extérieur du projet, qu'il s'agisse de l'(des) entreprise(s) en charge du projet ou, plus largement, d'un point de vue sociétal (cf. tableau suivant). Au-delà de l'entreprise, le projet devient, dans la société, une figure de l'anticipation, de la transversalité et de la rationalisation de l'action collective temporaire.

Les problématiques du management de projet

<table>
<tr><th></th><th colspan="2">Vu du ou des projet(s)</th><th colspan="2">Vu de l'extérieur</th></tr>
<tr><td>Organisation</td><td>Monoprojet</td><td>Multiprojets</td><td>De l'entreprise</td><td>De la société</td></tr>
<tr><td></td><td>Modèle d'organisation
Définition des contraintes / analyse des tâches
Définition des acteurs, management d'équipes</td><td>Modèle de management multiprojets
Structures communes : équipes interprojets
Management interculturel</td><td>Organisation des métiers et projets
Gestion des ressources humaines et projet</td><td>Projets comme figure de l'organisation transversale
Institutionnalisation du mode projet</td></tr>
<tr><td>Instrumentation</td><td colspan="2">Pilotage et évaluation du ou des projet(s)</td><td rowspan="2">Outils multiprojets
Outils de capitalisation
Impacts du projet sur les instrumentations de gestion traditionnelles</td><td rowspan="2"></td></tr>
<tr><td></td><td>Gestion des coûts, du temps, de la qualité et des risques</td><td>Outils de gestion des connaissances et d'apprentissage interprojets</td></tr>
</table>

Un management sous contraintes

Tout projet est soumis *a minima* simultanément à trois types de contraintes : le temps, les spécifications techniques et les ressources. Le cahier des charges est le document qui spécifie ces contraintes au début du projet. Une certaine substituabilité existe entre les trois contraintes.

Les contraintes des projets

Les spécifications techniques	Les spécifications peuvent porter sur des aspects fonctionnels (besoins à satisfaire), techniques (fiabilité, maintenance, facilité d'usage…) ou relever de la qualité. Lorsqu'il existe, le client peut spécifier en début de projet ce qu'il attend.
Les temps	Tout projet doit être achevé avant une certaine date. La contrainte temporelle peut faire l'objet de clauses de pénalités de retard.
Le budget	La contrainte de ressources est le plus souvent traduite en une allocation valorisée, par exemple un budget.

Le phasage des projets

Tout projet passe par une phase amont où se fixent les grandes orientations et où se déterminent les contraintes et les moyens, puis par une phase de gel qui verrouille une option et, enfin, par une phase de développement qui se pilote. Il existe des outils de gestion pour chacune des phases. Le projet est une activité qui se jalonne. Les jalons sont des repères prédéterminés où l'avancement du projet est collectivement vérifié.

Les phases des projets

Phases	Caractéristiques
Amont	La phase d'opportunité, d'émergence, l'amont ou l'avant-projet, est une période exploratoire de formulations multiples et d'évaluations de scénarios. Cette phase amont conclut (ou pas) à la naissance du projet. Avec elle, on passe du brassage d'idées à l'idée du projet.
Gel	Cette phase consiste à verrouiller un ou quelques-uns des choix multiples issus de la phase précédente. Le projet est alors conçu et analysé en détail. Ce référentiel est généralement contractualisé dans un cahier des charges. À la fin de cette phase, le projet rentre dans l'irréversible, ou dans une réversibilité très coûteuse.
Réalisation	Cette phase de passage à l'acte comprend la gestion – des coûts, des délais, de la qualité, des équipes, des risques...

ÉNONCÉ

Les outils de gestion des projets

Jusqu'au milieu des années 1980, la gestion de projet se limite presque exclusivement à celle de ses outils. L'instrumentation de projet relève de deux grandes problématiques : l'*évaluation* (déterminer la valeur de…) et le *pilotage* (faire converger vers…). Le développement des logiciels de gestion de projet a popularisé les outils de pilotage, en particulier de gestion du temps (ainsi le célèbre diagramme Gantt qui permet de planifier un projet en croisant du temps en abscisse et des tâches en ordonnée). En pratique, il faut les interfacer, souvent non sans mal, avec les systèmes d'information existants dans les entreprises. Plusieurs travaux soulignent les limites et l'incomplétude des outils de gestion des projets. Lors d'une enquête menée sur 112 projets, Jean Couillard et Christian Navarre (1993) constatent que « *des outils généralement présentés comme ayant un fort potentiel de productivité sont associés à la contreperformance ; entre les outils dits* soft *(outils de management et de développement d'équipes et de communication) et les outils dits* hard *(planification, suivi des coûts), l'avantage revient aux outils de management et de gestion, à des facteurs d'organisation et de communication* ».

Les acteurs des projets

Quelle que soit l'organisation qui agence leurs relations, la taille du projet ou son mode de pilotage, les acteurs d'un projet sont peu ou prou toujours les mêmes. Seule leur dénomination varie.

La performance des projets passe par une implication exigeante des acteurs. Un projet d'une certaine ampleur conduit son responsable à recruter des collaborateurs, à structurer une équipe, à gérer sa croissance, puis sa dissolution, à mobiliser des réseaux extérieurs à l'équipe, à gérer des crises et des conflits, à passer d'une phase de créativité à une phase de développement rationalisé. Ce concentré de vie organisationnelle aiguise des problèmes connus de gestion des ressources humaines, en termes de compétences, recrutement, animation, évaluation, en même temps qu'il pose des problèmes spécifiques concernant la formation, la régulation du projet et du hors projet et la gestion des transitions à la fin du projet (certains parlent à ce propos de « deuil » de fin de projet pour les acteurs les plus impliqués).

Les acteurs des projets

Celui ou ceux qui...	... s'appellent
Prescrivent, achètent, évaluent, réorientent, voire arrêtent le projet	Client, maître d'ouvrage, commanditaire, destinataire...
Pilotent le projet	Manager de projet, chef de projet, maître d'œuvre, directeur de projet, coordinateur de projet...
Réalisent le projet	Membres de l'équipe projet, qu'ils soient « acteurs projets » ou « acteurs métiers », internes ou externes à l'entreprise qui porte le projet.
Entourent le projet	Tiers, *sponsors*, parties prenantes... Sans faire partie de l'équipe du projet, ils influencent directement son fonctionnement.

La face cachée du management de projet

Nous voudrions conclure sur la « face cachée » ou le « côté sombre » du management de projet (Asquin, Garel et Picq, 2007). Le management de projet incarne dans une certaine littérature managériale le mythe de l'action heureuse, voire exaltante dans les projets entrepreneuriaux. Le vocabulaire même du management de projet est connoté : le dépassement de soi l'emporte sur le stress, l'animation ou le *coaching* remplacent l'autorité, le pilotage se substitue au contrôle. En mode projet, les salariés deviennent des acteurs et sont ainsi renvoyés chacun à l'autonomie dont ils sont censés disposer pour s'impliquer et faire réussir le projet. Ce discours « managérialement correct » interroge. Il participe d'une mécanique de l'idéalisation que Jean-Pierre Boutinet (1993) mettait en exergue dans la préface de la mise à jour de son livre *Anthropologie du projet*. Le projet n'est-il pas aussi destructeur de sens, porteur de pathologies et de déstabilisations ? Cette inquiétude est à rapprocher du développement d'une littérature professionnelle et académique, parfois très médiatisée, sur la souffrance au travail. En tant que concentré de vie professionnelle, le projet exacerbe les problèmes connus ailleurs. Il pose également des problèmes spécifiques, comme celui du « deuil » lié à la fin du projet. Le « côté sombre » des projets existe, qu'il s'agisse des risques individuels liés à l'excès d'implication et d'engagement (acteurs acculés, épuisement professionnel, souffrance psychoaffective), des risques de déstabilisation des identités professionnelles et des risques de précarisation du parcours professionnel. La diffusion du management de projet doit aller de pair avec la compréhension et le contrôle de ses effets sur les acteurs et sur leurs organisations. Le projet peut être un mode très efficace de l'action collective, mais suppose des moyens, des ressources, des compétences, des outils, une reconnaissance. Le mode incantatoire qui se contente d'invoquer le « management de projet » ne suffit pas à gérer les organisations qui changent et qui entreprennent. C'est le travail des acteurs compétents qui font leur « boulot », et non la contrainte du seul management d'en haut (le *top down*) qui réalise l'activité projet (Clot, 2010).

DOCUMENT 2

Organisation : Mobiliser les agents sur un projet d'administration – *Christiane Wanaverbecq* – *La Gazette des communes* – 10 septembre 2012

GESTION RH

Organisation

Mobiliser les agents sur un projet d'administration

- **Le projet d'administration aide les collectivités à fédérer leurs agents autour de valeurs communes, lorsqu'il s'élabore sur un mode participatif.**
- **Dans un contexte de raréfaction des ressources et de nouvelles prises de compétences, il devient un outil de pilotage utile.**

Depuis une dizaine d'années, les collectivités, et en particulier les conseils généraux, se lancent dans des projets d'administration participatifs. Basée sur la consultation des agents, la démarche reflète la volonté d'améliorer le fonctionnement pour offrir un service public efficace aux usagers. Inspirée du monde de l'entreprise, elle a la particularité, dans les collectivités, de s'élaborer avec une administration pérenne, au service de politiques qui changent. Elle s'inscrit aussi dans un contexte de raréfaction des ressources et de transfert de personnel de l'Etat.

Recours à un prestataire

«Cela répond à un besoin de mise en cohérence, de sens et de méthode», confirme Didier Bacqueville, directeur général des services (DGS) du conseil général du Gard. Pour le projet d'administration départementale (PAD) dont il a initié l'élaboration en 2008, il a pris le parti de travailler avec un cabinet extérieur, qui a organisé la consultation des agents et aidé à l'élaboration des projets de direction. Pour démarrer, le conseil général de Seine-et-Marne a, lui aussi, eu recours à un prestataire: «C'est essentiel pour crédibiliser la démarche et compte tenu de la taille de la collectivité, qui compte 5000 agents», estime la DGS, Florence Labigne-Peleau.

D'autres, comme le conseil général du Lot, qui a achevé son PAD après un an de concertation, ont mené la démarche en interne, à l'aide de questionnaires et de séminaires. Un service «qualité et conseil de gestion» y a piloté la construction du document. La méthodologie, basée sur le recensement des besoins des agents et la mise à plat des politiques publiques dans le cadre de projets de service, reste la même qu'ailleurs. Mais la direction générale peut s'appuyer sur le projet politique et le décliner pour le faire valider ensuite par les agents. Dans d'autres cas, l'administration cherche à formuler son identité et travaille ses propres objectifs de progrès, indépendamment du projet politique. «Les collectivités, et les conseils généraux en particulier, forment une assemblée de personnes avec des métiers et des origines différents. L'enjeu, pour le management, est bien de réunir tous les agents autour d'un projet et de les faire s'exprimer sur leurs valeurs, explique Philippe Dressayre, du cabinet de conseil Public DG. C'est un acte managérial de la direction générale qui veut s'imposer aux élus et aux services comme les vrais "patrons" de l'administration. On crée un projet, dont ils sont les responsables», insiste-t-il.

Le sens du travail

Dans tous les cas, le PAD est un outil qui sert à faire passer l'idée de résultats et d'objectifs attendus auprès d'agents qui s'interrogent sur le sens et l'utilité de leur travail: «C'est une démarche de progrès qui se veut participative. Le changement doit être accepté par les agents. C'est possible s'ils y sont associés», affirme Willy Luis, DGS du conseil général du Lot, qui n'a pas peur de parler de performance.

Reste que la collectivité doit se préoccuper de l'élaboration du document et de ce qu'elle en fait. L'organisation de séminaires avec les cadres est indispensable car cela donne lieu à un dialogue de pilotage sur la mise en œuvre du PAD. Un vrai plan de communication, avec une lettre interne ou un site intranet dédiés, est aussi nécessaire pour informer régulièrement les agents. La formation des cadres est recommandée pour les aider à parler du PAD à leurs équipes. Leur façon de le faire vivre devrait même entrer dans leur évaluation. ***Christiane Wanaverbecq***

À LIRE

- **«Les leviers de motivation des cadres et dirigeants de la fonction publique», Guillemette Renard et Nicole Prudhomme, Hudson (2011).**
- **«Un projet pour l'administration», Philippe Dressayre, Public DG (2011).**
- **«La conduite du changement au sein du secteur public: une contribution pour l'action», Aurélien Colson (2005), Les Cahiers du plan, n° 13.**
- **«Gestion et rôle de l'encadrement territorial dans la conduite du changement», Céline Desmarais, Groupe territorial (2003).**

La nécessaire consultation des équipes

La consultation des agents nécessite une logistique lourde, qui implique autant de temps que d'organisation. Passer par l'encadrement pour en faire une courroie de transmission peut alléger la procédure. En tout état de cause, connaître la perception, par le personnel, des objectifs affichés par l'encadrement demeure indispensable. Il existe des outils d'enquête en ligne, comme le logiciel Survey Monkey, qui permettent de consulter les équipes et donnent des résultats très fins. Il est souhaitable aussi de constituer un panel d'agents pour vérifier la représentativité des réponses.

Denis Vallance, directeur général des services du conseil général de Meurthe-et-Moselle.

A. BEINAT

Meurthe-et-Moselle • 2 900 agents • 730 000 hab.

Communication massive

La première mouture du projet d'administration départemental (PAD), effective de 2008 à 2011, a été éditée un mois avant les élections cantonales, après un an de concertation, « avec des objectifs précis et quantifiables », insiste le directeur général des services (DGS), Denis Vallance. Rassemblant 80 % des propositions des agents, le PAD a fait l'objet de deux bilans, présentés au comité de suivi et au comité technique paritaire. Au cours de sa mise en œuvre, 80 % des préconisations ont été effectivement réalisées. « Pour que la concertation fonctionne, toute la direction générale doit porter la démarche. Il faut se donner les moyens de vérifier que chaque direction discute du PAD et en relaie les actions dans les services. Il est surtout indispensable d'être transparent en communiquant massivement », ajoute le DGS. Le PAD est ainsi le fruit du travail du comité de pilotage, composé du DGS, des 4 directeurs généraux adjoints et des 6 directeurs de territoires, et de 11 groupes de travail, composés de 275 agents. Pour la seconde édition du PAD, le DGS a notamment rencontré 1 500 agents lors de 20 réunions d'une demi-journée sur le sens du service, les moyens de concrétiser les valeurs pour un meilleur service et l'amélioration du fonctionnement interne. Puis le compte rendu de ces rencontres a été publié sur l'intranet.

CONTACT
Denis Vallance, tél. : 03.83.94.54.17.

À RETENIR

La direction générale doit vérifier que chaque direction discute du PAD.

Anzin (Nord) • 300 agents • 14 000 hab.

Le bénéfice d'un regard extérieur

Arrivé à Anzin en 2008, le directeur général des services (DGS), Djamel Aït Ouali, a souhaité réviser l'organigramme pour le faire correspondre aux grandes politiques à mettre en œuvre. Le projet d'administration résulte de cette volonté. Séduit par la démarche, le CNFPT a proposé son aide en tant qu'assistant à maîtrise d'ouvrage. Lors d'une première phase, un prestataire a traduit, avec les cadres, le projet politique en objectifs opérationnels. « Il fallait qu'élus et services partagent une vision commune. Je souhaitais aussi amener, au sein de la direction générale, une méthode de dialogue plutôt que la contrainte », raconte le DGS. La seconde étape a servi, avec un autre prestataire, à élaborer les projets de service déclinés en tableaux de bord, tous disponibles sur l'intranet. Chaque cadre a réalisé cette mission avec ses agents, au sein de groupes de travail thématiques. Les échanges portaient sur la vocation du service, les axes de développement et les conditions de réussite. Aujourd'hui, un comité de pilotage interne accompagne les services sur leurs projets. A l'issue d'une démarche débutée en novembre 2009 pour aboutir, fin 2011, à un document de référence, chacun en reconnaît les bienfaits. « Un regard extérieur en termes d'accompagnement et d'animation a été nécessaire. Il faut aussi prendre le temps d'expliquer », insiste Djamel Aït Ouali.

CONTACT
Djamel Aït Ouali, tél. : 03.27.28.21.53.

À RETENIR

Chacun prend en main la maîtrise de l'activité du service et de son évolution.

DOCUMENT 3

Cent pistes d'action opérationnelles pour porter un projet d'administration – *Julie Krassovsky* – *La Gazette des communes* – 15 juin 2015

MANAGEMENT

Ville et agglo de Blois (1 100 et 350 agents) et CIAS du Blaisois (300 agents)

Cent pistes d'action opérationnelles pour porter un projet d'administration

Autour d'une direction générale mutualisée, les cadres et les agents des trois entités ont élaboré ensemble un projet d'administration concret et opérationnel.

Télétravail, révision des procédures comptables, optimisation de la pertinence des lettres de cadrage... Plus de 100 propositions opérationnelles ont vu le jour pour améliorer le fonctionnement et la synergie entre la ville de Blois, la communauté d'agglomération et le centre intercommunal d'action sociale (CIAS) du Blaisois. Si la ville et Agglopolys avaient déjà mutualisé leurs fonctions support depuis dix ans, la deuxième vague de rapprochement avait, elle, eu lieu en 2009 pour les services techniques et la direction des finances. Puis, en 2011, ce fut au tour du CIAS de les rejoindre. Malgré des équipes soudées autour d'une culture commune, la direction générale des services a voulu aller plus loin qu'un simple rapprochement administratif.

Equipes de cadres et agents

« Nous avions, il y a quelques années, travaillé sur le management par objectifs avec l'encadrement. L'équipe de direction générale mutualisée cherche aujourd'hui à harmoniser les procédures, à améliorer les échanges et le processus décisionnel, bref à mieux fonctionner ensemble », assure Bruno Gérentes, directeur général des services de la ville. Un vaste chantier est alors lancé en mai 2014. Il réunit plus de 200 cadres chargés de plancher sur des thèmes variés: la clarification du processus décisionnel; le renforcement de la formation; la promotion de l'équité; l'incitation au sentiment d'appartenance; l'efficience des actions; l'amélioration de la qualité de service aux usagers, etc.

C. CHIGOT

BRUNO GÉRENTES, directeur général des services de la ville de Blois

« Une formidable enquête sociale »

« Le projet a réellement suscité une adhésion de l'ensemble des cadres et de l'exécutif, et s'est avéré être une formidable enquête sociale. La restitution, la mise en forme et la mise en œuvre pour les agents des trois entités sont en cours. Nous tentons, en effet, de faire des propositions de déclinaison opérationnelle de la centaine de pistes définies. Certaines sont déjà en cours, comme la dématérialisation des procédures comptables et l'instauration d'un système d'information décisionnel (outil informatique qui permet d'aller chercher des données à partir des systèmes d'information RH, finances, etc.). Pour tous les projets, nous comptons établir une fiche d'action unique destinée aux trois entités qui comportera le nom du responsable de mission, les objectifs... »

En juin 2014, une immense agora s'organise, réunissant 24 « équipes » de cadres et d'agents confondus, d'où sortent, sur chacune des thématiques, des interrogations telles que: que mettre en œuvre pour que le délai de paiement soit raccourci? Comment améliorer la communication entre les services distants? Toutes les réponses proposées ont été synthétisées dès la fin de la journée. La réflexion se poursuit par une autre agora, entre septembre et novembre 2014, rassemblant 8 groupes de travail de 25 cadres pour dégager, cette fois, des pistes opérationnelles. Parmi les thématiques figurent les outils pour optimiser les ressources humaines, améliorer le partage de la connaissance des outils financiers. Une restitution à l'ensemble des agents en novembre 2014 devait prendre la forme d'un document opérationnel pour la durée du mandat.

CALENDRIER

Janvier 2014: cadrage par l'équipe de direction générale.

Mai et juin 2014: réunion de 220 cadres.

Septembre à novembre 2014: pistes opérationnelles définies

25 novembre 2014: restitution à l'ensemble des agents.

CONTACT

Bruno Gérentes, tél.: 02.54.44.52.42.

Coconstruction

« Au-delà de l'encadrement, nous avons voulu concerter le maximum de personnes, les cadres avaient comme mission d'interroger leurs collaborateurs de manière à démultiplier la coconstruction du projet. En tout, entre 400 et 500 personnes ont été impliquées », précise Bruno Gérentes. « Cela nous a permis de mieux comprendre les contraintes des uns et des autres, de réinventer un dialogue qui n'existait parfois que par le biais des courriels ou du téléphone », avance Nathalie Degorre. Assistante de direction de la ville, elle anime déjà le club des assistantes de direction. « Il y a une forte attente des cadres et des agents, mais cette initiative a d'ores et déjà amélioré la vision de la DRH et rappelé la nécessité du contact humain », rappelle Emilie Bréard, responsable du département « transports » d'Agglopolys.

Julie Krassovsky

DOCUMENT 4

Rouen met la communication interne au cœur du projet d'administration – *Bruno Cohen-Bacrie* – *Techni.Cités* – Avril 2015

MANAGEMENT **COMMENT FONT-ILS**

Rouen met la communication interne au cœur du projet d'administration

Par Bruno Cohen-Bacrie

Avec 1,8 million d'agents potentiellement destinataires, la communication interne en France est un enjeu d'information et de management. La ville de Rouen en a fait une démarche prioritaire.

Dans le numéro de janvier 2015 de « Tout public », le journal des agents de la ville de Rouen (Seine-Maritime), un éditorial de Laurent Basso, le directeur général des services (DGS), s'adresse en direct aux agents de la collectivité éprouvés par les attentats survenus en France, avec des mots simples et chaleureux. Une initiative bienvenue quand beaucoup de villes déplorent que la communication interne – celle qui s'adresse aux agents et aux élus – reste le parent pauvre des politiques de communication locale. Rouen fait, de ce point de vue, figure de modèle puisque la mission « communication interne » est désormais directement placée sous la responsabilité hiérarchique du DGS.

Projet d'administration ambitieux

Depuis le 1er janvier 2015, la création de la Métropole Rouen Normandie et le transfert pour partie de deux directions – celle des Espaces publics et naturels et celle de l'Aménagement urbain –, de deux services – le service Géomatique et connaissance du territoire et le service de reprographie –, ont engendré une diminution des effectifs et modifié significativement l'organisation des services de la ville centre. Une étape ultérieure de construction de la Métropole entraînera, le 1er janvier 2016, le transfert à l'échelon intercommunal d'une centaine d'agents des musées de la ville et celui d'une centaine d'agents supplémentaires à l'échelon intercommunal. La création de la Métropole Rouen Normandie, les transferts de compétences et la mise en place de services communs, etc., ont conduit la ville à réinterroger ses fonctions, ses métiers, ses processus de travail et à créer une relation partenariale et des modes de fonctionnement efficients avec la Métropole.

Communication interne réaffirmée

Placée au cœur de l'information municipale, la communication interne valorise l'action des services municipaux à l'externe, en veillant à la parfaite articulation entre les plans de communication externe et interne. La récente prise de fonction du DGS a été marquée par un séminaire des cadres en décembre dernier, couplé avec le numéro de « Tout public », publiant son interview sur la nouvelle organisation des services municipaux. Cette opération de communication interne se poursuit depuis avec des dossiers spécifiques programmés jusqu'en avril dans le mensuel interne. Ces dossiers « feuilleton » présentent de façon pédagogique et exhaustive chaque pôle de l'organisation et direction de la ville. De même, l'équipe des directeurs généraux adjoints et des directeurs est valorisée par une photo d'équipe sur la couverture du magazine. « La communication interne me semble être une courroie de transmission essentielle pour faire adhérer les agents au projet municipal et accompagner les changements nécessaires pour le réaliser dans les meilleures conditions », résume bien le DGS.

3 QUESTIONS À LAURENT BASSO,

DGS DE LA VILLE DE ROUEN

Quelles sont les nouveautés de votre communication en direction des agents ?
La création de la Métropole Rouen Normandie et le transfert de certaines de nos compétences techniques ont fortement impacté l'organisation de nos services municipaux. Par ailleurs, la contrainte budgétaire forte qui pèse aujourd'hui sur les communes nous invite à adopter un discours rénové en direction des personnels. La mission communication interne est rattachée directement à la direction générale, avec des moyens humains renforcés.

Y a-t-il des spécificités en direction des personnels « techniques » ?
Notre réorganisation a permis la création d'une mission « Qualité et relation à l'usager » et la mise en place de trois postes d'adjoints aux directeurs généraux adjoints. Leur mission est de déployer et d'assurer, avec les directions notamment techniques et opérationnelles, le suivi de toutes nos démarches qualité. Ces dernières visent notamment à renforcer la santé et la sécurité au travail et nécessitent beaucoup de pédagogie pour faire adhérer les agents de la sphère technicienne.

Quels objectifs poursuit votre démarche de communication interne ?
La direction générale porte des valeurs fortes d'égalité femme-homme, de lutte contre les discriminations, de qualité, de respect, d'écoute et de transparence qui sont affichées et que nous souhaitons partager avec les agents. Par ailleurs, les élus donnent le cap et fixent des priorités. La direction générale doit ensuite jouer son rôle d'impulsion et de traduction de ces objectifs stratégiques en feuilles de route et plans d'action pour les agents municipaux.

DOCUMENT 5

Donner des outils communs aux managers pour décliner le projet d'administration – *Emmanuelle Chaudieu – La Gazette des communes* – 7 juillet 2014

MANAGEMENT

Seine-et-Marne • 5 000 agents • 1,34 million d'hab.

Donner des outils communs aux managers pour décliner le projet d'administration

Dans le cadre de la mise en œuvre de son projet d'administration, élaboré entre mars 2012 et juin 2013 et intitulé «Viva 77», le conseil général de Seine-et-Marne a entrepris la formation de ses 380 cadres. Celle-ci s'articule autour de deux outils. D'un côté, les «carrefours» rassemblent, une fois par semestre, les managers afin de les sensibiliser aux orientations du projet d'administration telles que l'adaptation des services aux besoins des usagers, la concertation des équipes ou la transversalité. D'un autre côté, les «ateliers Viva» regroupent une vingtaine d'encadrants de différentes directions pour des journées de formation méthodologiques qui porteront sur des thématiques variées comme les modèles de newsletters, la mise en place d'un comité des usagers et l'organisation en mode projet.

Echanger sur les méthodes

L'inscription aux ateliers se fait en fonction des besoins du cadre et des agents de son service. Dans une collectivité qui emploie 5000 personnes réparties sur 300 sites, l'objectif est à la fois de présenter aux managers ce qui est attendu d'eux, de les épauler, mais également de créer du lien entre les services. «Cela nous permet de nous retrouver entre cadres de différentes directions, d'échanger sur nos méthodes, nos attentes et de réfléchir à notre façon de mettre en œuvre la mission du département», explique Ernest Sossavi, responsable de l'architecture et de la sécurité à la direction des systèmes d'information. Pour Nadine Troquet, chef de service à la direction de l'enfance, cette dynamique contribue à élaborer une culture managériale. L'ambition est d'apporter aux cadres des méthodes communes pour mettre en œuvre le projet d'administration. *Emmanuelle Chaudieu*

DISPOSITIF

Démarche de renforcement des formations managériales dans le cadre du projet d'administration.

BUDGET

45 000 € pour l'accompagnement managérial, la préparation et l'animation des carrefours et ateliers.

CONTACT

Catherine Lafrance, DRH, tél.: 01.64.14.51.02, email: catherine.lafrance@cg77.fr

F. CALCAVECHIA

FLORENCE LABIGNE-PELEAU, directrice générale des services

«Une formation sur mesure pour les encadrants»

«Le projet d'administration comporte 20 engagements, dont un certain nombre relève de la responsabilité des managers, comme développer la transversalité, travailler en mode projet... Nous avons estimé utile de les accompagner dans la prise de conscience de leurs fonctions. L'idée est aussi de faire du sur-mesure car le conseil général de Seine-et-Marne n'attend pas forcément la même chose de ses cadres qu'une autre collectivité. Nous sommes entrés dans la première étape qui consiste à coconstruire les outils que les managers pourront décliner dans leur service. L'objectif est de disposer d'une méthodologie et d'une boîte à outils qui soient propres au département et partagées par nos 380 encadrants.»

DOCUMENT 6

La démarche « projet de service coopératif » – *Nicolas Rapin – La Lettre du cadre territorial* – 3 mai 2016

Le projet de service, qui a pour but de recentrer l'action sur la valeur ajoutée (le sens) et de mettre en lien les missions avec l'environnement et les orientations nationales (la cohérence), rencontre fréquemment des difficultés d'appropriation auprès des managers et des équipes.

Au lieu de contribuer à l'efficience de l'action publique et au renforcement de ce sens et de cette cohérence, la dynamique de projet de service crée souvent une surcharge de travail et constitue un vecteur de frustration pour les acteurs.

Faute de temps, de compréhension, de méthode, d'adhésion des agents, les managers sont souvent contraints de rédiger un projet de service théorique qui rencontre des difficultés à « faire sens » sur le terrain. Fort de ce constat, certaines administrations continuent à le déployer en essayant d'associer les équipes, d'autres font le choix de travailler uniquement sur un rédactionnel réalisé par le manager ou un stagiaire, tandis que d'autres se sont résignées et ont abandonné cette démarche projet.

Le projet de service, une démarche avant d'être une finalité

Faisons l'hypothèse qu'une des raisons majeures de cet échec est une incompréhension sur le « sens » même du projet de service. Le projet de service est souvent considéré comme une finalité en soi, car il vient souvent d'une demande hiérarchique. Il peut donc se résumer à la rédaction d'un document à destination du commanditaire, « le chef ».

Il est donc pertinent de parler de démarche projet de service coopératif qui, au lieu d'être une finalité, est un moyen pour :

- les équipes, de travailler sur le sens et la cohérence des missions en lien avec les problématiques contextuelles et les orientations nationales ;
- les parties prenantes, d'optimiser la qualité du service reçu et de développer de véritables partenariats internes et/ou externes ;
- la hiérarchie, de travailler sur la dynamique de coopération autour d'un projet commun, de pouvoir évaluer l'efficience des missions et rendre compte.

Pour déployer une démarche projet de service coopératif, il y a quatre conditions de réussite.

Première condition : changer l'ordre des bénéficiaires

On ne fait pas en premier lieu une démarche de projet de service coopératif pour la hiérarchie.

Derrière « coopératif », il y a trois grandes notions :

- enjeux communs ;
- règles de fonctionnement collectif ;
- responsabilité.

Ces trois notions doivent être travaillées avec les équipes pour être vecteurs de « sens » et de « cohérence » et donc d'adhésion. Ensuite, il faut s'intéresser aux bénéficiaires de la mission car ils représentent le « sens », le cœur de la valeur ajoutée. Puis dans un troisième temps, la hiérarchie doit se positionner en soutien de la démarche et apporter de la « cohérence » par rapport à la structure d'appartenance.

Pour répondre à ces trois bénéficiaires, la démarche doit s'appuyer sur :

- un processus de déploiement qui va permettre de partager les représentations, clarifier les missions, les orientations et les modalités de fonctionnement collectif ;
- un résultat en termes de formalisation qui permet de travailler la lisibilité, la visibilité et le pilotage.

La démarche de projet de service coopératif est avant tout un processus qui permet de mettre en dynamique les équipes.

Deuxième condition : un processus de déploiement vertical

Il nous semble important, pour garantir la cohérence du déploiement et ne pas perdre le sens de décisions, que chaque niveau hiérarchique puisse à son niveau travailler l'appropriation des orientations stratégiques et mener une réflexion sur ses missions, son environnement et sa dynamique collective. De plus, il est intéressant de procéder à un déploiement en cascade pour modéliser, partager les bonnes pratiques managériales et renforcer les liens de solidarité du corps managérial.

Troisième condition : un processus de déploiement dans les équipes

Nous recommandons ici de travailler à deux niveaux.

Tout d'abord, la structuration de l'action (sens et cohérence au regard de la mission). Une des premières étapes lorsque l'on souhaite élaborer le projet de service est de questionner et partager le cœur de métier, la mission. « De quoi sommes-nous garants et pour qui ? »

Lorsque l'environnement génère beaucoup d'imprévus, de difficultés, nous sommes parfois amenés à prendre une posture de « réactif ». Nous pouvons alors concentrer notre énergie à faire face, en réaction aux problématiques quotidiennes.

Ce mode de fonctionnement, que l'on peut avoir tendance à considérer comme inéluctable, conduit souvent à la frustration. En effet, il demande beaucoup d'énergie, d'investissement mais malheureusement il n'est pas toujours adapté aux vrais besoins, car la priorité est de gérer la tâche (l'urgence) en perdant quelques fois de vue la mission (l'importance).

Pour pouvoir se positionner en « acteur » du système, il est important de se positionner de manière « pragmatique » en fonctionnant en interdépendance avec son environnement.

Ce mode réactif peut générer une posture de « dépendance » à l'environnement avec toutes les frustrations qui peuvent être associées à la perte de la maîtrise, perte de sens, manque de reconnaissance…

Pour pouvoir se positionner en « acteur » du système, centrer son énergie sur la valeur ajoutée dans une logique collective, il est donc important de se positionner de manière « pragmatique » en fonctionnant en interdépendance avec son environnement. Pour cela, il est nécessaire de réaliser un travail d'alignement sur les priorités avec le collectif, pour être en phase sur l'objet de coopération (la mission, la responsabilité collective) et sur les orientations communes en lien avec les besoins liés aux spécificités de l'environnement mais également avec les orientations nationales.

Deuxième niveau, la structuration de la relation (mettre en œuvre les critères clés de la dynamique d'équipe). Une fois l'action mise en cohérence, il est important de travailler sur les modes d'interaction. Une équipe est un ensemble d'individus avec chacun des besoins individuels qu'il est nécessaire de prendre en compte le plus possible tout en les mettant en perspective des besoins collectifs.

Sans ce travail sur le cadre collectif, le manager prend le risque de devoir gérer des besoins individuels et des tensions relationnelles en étant le seul à essayer de porter le cadre collectif.

La démarche de projet de service coopératif doit permettre de reprendre en main les vraies priorités, de redonner du sens et de la cohérence à l'action.

Quatrième condition : le passage d'un « chef » légitime à un « manager » crédible

Le manager est un élément clé de la réussite du déploiement de la démarche de projet coopératif. Comme nous l'avons déjà évoqué, le projet de service ne se résume pas à un délivrable. Le plus important est le processus d'animation qui va permettre l'émergence de ce délivrable. Le manager devra donc se positionner en animateur de son équipe pour gérer du processus plus que du contenu.

Notre expérience nous montre que ce passage du manager « expert », donneur d'ordres, centré sur le contenu, au « manager » centré sur le processus n'est pas si simple car il rencontre plusieurs freins.

Le premier va se situer au niveau des membres de l'équipe, qui auront besoin de pouvoir prendre des décisions et d'être reconnus pour leur contribution mais qui, dans le même temps, demanderont au manager de rester dans l'expertise pour résoudre leurs problèmes.

Le deuxième se situera au niveau du manager lui-même. La transition sur une posture de « manager » peut éveiller la peur d'être inutile, d'être rejeté par son équipe, de ne pas être crédible…

Passer du « chef » légitime à un « manager » crédible

Pour accompagner le passage du « chef » légitime à un « manager » crédible, il est donc important de travailler sur deux grands points :

– La compréhension de son rôle et de sa posture

La compréhension de sa zone de responsabilité est un prérequis pour construire sa crédibilité et se sentir utile. Sans cette conscience et cette clarification, il risque de ne pas savoir comment se positionner vis-à-vis de ses collaborateurs et de son manager. Dans ce cas, le réflexe est de prendre un rôle de facteur, de coordinateur donneur d'ordres et d'homme de solutions pour régler les problèmes du quotidien.

– Le développement des compétences d'animation

Le manager est avant tout un animateur. Il doit gérer du processus d'animation afin que les énergies individuelles puissent trouver du sens dans un collectif.

Le manager, en tant que porteur de la démarche de projet de service coopératif doit lui-même faire un travail sur sa posture afin de passer d'un rôle de coordinateur à un rôle qui permette de générer de la coopération. Pour cela, il lui faut lâcher le contrôle des personnes pour se concentrer sur le contrôle des situations.

DOCUMENT 7

Faut-il satisfaire l'usager ? – *Entretien avec Cédric Polère, sociologue – Millénaire 3, Site de prospective de la Métropole de Lyon* – 31 mai 2015

Faut-il satisfaire l'usager ?

Quelles méthodes pour prendre en compte le point de vue de l'usager dans les politiques sociales ?

Les méthodes dites « centrées sur l'usager » se sont étendues, dans les politiques sociales comme dans d'autres domaines. L'idée est de prendre appui sur l'« expertise » de l'usager, pour obtenir un service public plus efficace, ajusté à ses besoins, de meilleure qualité. Quels sont les outils dont dispose l'action publique ? Avec quels impacts ? Et est-ce finalement une si bonne idée ?

« Ne vous plaignez jamais d'un client difficile, car il est la cause de vos progrès. » Cette formule attribuée au fondateur d'Alsthom est placée en exergue du rapport « L'exploitation opérationnelle des enquêtes de satisfaction dans les organismes de Sécurité sociale » publié en 2013. Elle résume un crédo qui diffuse sa petite musique depuis une quinzaine d'années : pour se moderniser et améliorer la qualité de son service, l'administration doit écouter ses usagers. Comment ? Par les enquêtes de satisfaction, outils phares des démarches d'amélioration de la « qualité de service ». Selon ce même rapport, il y a désormais un consensus sur l'idée que la mesure de la satisfaction des usagers doit être rapprochée des indicateurs de gestion, de manière à mettre en place une boucle qualité, c'est-à-dire un cycle d'amélioration continue de la qualité entre le service attendu par l'usager, le service voulu par l'institution, le service réalisé, et le service perçu.

En lien avec des évolutions socio-économiques de fond (avancée vers une société de service), et avec l'influence probable du monde anglosaxon, des démarches ambitionnent de faire de l'« écoute usager » un levier de pilotage ou de changement en continu de l'action publique, grâce à un dispositif permanent, comportant une mesure annuelle ou biennale des points de satisfaction et d'insatisfaction. Les enquêtes régulières dites « baromètres » se sont généralisées. La branche Famille s'est ainsi dotée d'un baromètre annuel en 2014 (jusque-là il était quadriennal). L'objectif est de suivre la qualité des engagements de service et les attentes des allocataires, avec une mesure fine de la satisfaction nationale comparable d'année en année. L'utilisation d'enquêtes aux protocoles contrastés permet de déterminer des priorités d'amélioration de la qualité, de décider de plans d'action, et fondamentalement d'ajuster l'offre aux inflexions des besoins.

Limites et effets négatifs de la mesure de la satisfaction

La production de service étant toujours fondée sur une relation, cela suppose une évaluation de la qualité de cette relation. Autant cette évaluation est nécessaire, autant la manière dont on la réalise en se focalisant sur la « satisfaction de l'usager » pose quelques problèmes. Outre le fait qu'il existe d'autres modes d'évaluation et d'autres vecteurs de transmission des attentes (associations parfois dans un rapport conflictuel à l'institution, agents au contact des usagers…), les problèmes liés aux outils de mesure de la satisfaction sont surtout du côté de leur rendement limité, et des orientations qu'ils donnent à l'action publique.

Il est admis d'abord que la satisfaction des usagers ne permet pas d'appréhender l'ensemble des composantes de la qualité de service. On peut alors se demander si ces outils, focalisés sur les aspects objectivables de la qualité, sont capables d'alimenter une logique généralisée d'amélioration du service. Les « politiques qualité » qui se mettent en place dans les organismes de Sécurité sociale par exemple s'appuient davantage sur le contrôle interne et la formalisation de processus, que sur la mesure de la satisfaction des usagers.

Ces méthodes concourent ensuite à faire perdre de vue des objectifs centraux des services publics et des politiques sociales. Dans le dernier numéro de M3, Roland Gori met en garde : le pilotage par les indicateurs met l'action publique sur une pente dangereuse, surtout s'ils ne sont pas construits sur un mode participatif (« Que valent les indicateurs de performance ? », M3, n°8, Hiver 2014-2015) : « *À partir de chiffres, nous fabriquons des normes qui deviennent des objectifs et tendent à remplacer la finalité des actions qu'elles étaient censées évaluer.* » La performance des services publics doit évidemment aussi se mesurer à l'aune d'autres critères que la satisfaction, comme la prise en compte de l'intérêt général, l'attention portée aux catégories défavorisées, l'égalité devant le service public, principes ayant un sens politique profond. Dans un papier publié en 1999, Philippe Warin montrait déjà, à partir d'une enquête par entretiens, que « *du côté des usagers "ordinaires", la performance publique n'est pas qu'une simple affaire d'efficacité ou de qualité et ne se pose pas uniquement en termes de satisfaction ou d'insatisfaction par rapport à des critères mesurables d'accessibilité des services, de simplicité des démarches administratives, de rapidité de traitement des dossiers, etc.* » (« La performance publique : attentes des usagers et réponses des ministères », Politiques et management public, vol. 17 n° 2, 1999) À ses yeux, la modernisation administrative privilégie structurellement, par réalisme gestionnaire, la « valeur de la réalisation » au détriment de valeurs sociales auxquelles les usagers sont également attachés, comme l'attente d'une « performance de justice » (être traité « justement »). Les politiques sociales répondent partiellement à cette critique en combinant les modalités de prise en compte de l'avis des usagers, faisant alors la différence entre une enquête de satisfaction qui montrera par exemple de mauvais scores de satisfaction pour un service donné, et une enquête d'opinion plus vaste qui montrera une adhésion aux objectifs sociaux poursuivis par le même service. Le Baromètre d'opinion de la DREES suit de la sorte chaque année l'évolution de l'opinion des Français à l'égard des politiques sociales (protection sociale, inégalités, santé). On peut alors se demander s'il est souhaitable que les services publics en général, et les politiques sociales en particulier, basculent totalement dans une logique de la demande. Pour Jacques Chevallier, c'est non : « *les services publics ne sont pas seulement destinés à répondre aux attentes individuelles de leurs usagers, ils sont aussi l'un des instruments majeurs à la disposition des pouvoirs publics pour leur permettre d'influencer l'environnement socio-économique d'un territoire* ». (Le service public, 2005)

Enfin, il est indéniable que les outils de mesure de la satisfaction favorisent la standardisation de la qualité de service. Cela a des effets positifs, en favorisant son évaluation et son amélioration. Mais dans maintes structures, cela vient heurter les représentations et les modes de construction endogènes et participatifs de la qualité, appuyés sur d'autres modèles, comme la « qualité civique » ou valorisation de l'intérêt général associé à l'accueil (Francesca Petrella et al., « La construction sociale de la qualité dans les services d'accueil collectif du jeune enfant. Pluralité des modèles d'organisation et enjeux de gouvernance », Politiques sociales et familiales, n°116, juin 2014).

DOCUMENT 8

Réforme territoriale : vous n'y voyez rien et vous voulez manager ? – *Philippe Dressayre – La Lettre du cadre territorial* – 4 décembre 2014

Depuis plusieurs mois, la réforme territoriale est un chantier national dont les « points de sortie » ne sont pas connus. Manager les équipes des collectivités territoriales dans ces conditions est devenu un « sport à haut risque », tant il semble impossible de « dire des choses » sur l'avenir. Pourtant, la responsabilité des équipes de direction et des managers est d'accompagner leurs collaborateurs dans le changement. Comment faire ? Combien de régions ? Quelles fusions interrégionales ? Quelles conséquences de la « vente à la découpe » des compétences départementales ? Quel impact pour les intercommunalités ? Comment seront gérés les transferts ? Quel accompagnement des cadres et agents des collectivités concernées ? Ce sont autant de questions, sans réponses pour l'instant, dans les administrations régionales, départementales, intercommunales et communales.

La réforme territoriale, un non-sujet de la communication

La réforme territoriale s'avère être un non-sujet de la communication dans de nombreuses grandes collectivités territoriales : dans la plupart des conseils régionaux et généraux, la posture des directions générales (et des élus, derrière ou devant) est la même. Elle est fondée sur une doxa managériale radicale et d'une apparente évidence : « Tant que l'on ne sait rien, on n'en parle pas. » Cette solution a un avantage : elle laisse entendre que les collectivités ne sont pas responsables des changements qui vont s'imposer.

La réforme territoriale s'avère être un non-sujet de la communication dans la plupart des conseils régionaux et généraux.

Une façon de faire ayant pour première conséquence de révéler une vérité peu partagée jusqu'alors : le destin des collectivités territoriales ne leur appartiendrait pas, mais dépendrait en réalité de décisions de l'État. Ceci force à relativiser cruellement la soi-disant « autonomie des collectivités territoriales ».

Comment assumer sa responsabilité de manager sans se défausser sur l'Élysée, Matignon et le Parlement ?

Dans ce contexte compliqué, flou et peu mobilisateur, il n'en reste pas moins que chaque équipe de direction générale et, à leurs niveaux, les managers intermédiaires doivent faire face aux attentes d'information, aux inquiétudes et aux besoins de leurs équipes d'être rassurées.

Or, comment assumer sa responsabilité de manager sans se dédouaner, en invoquant le fait que c'est à l'Élysée, à Matignon et au Parlement que va se jouer l'avenir du collectif et de chacun de ses membres ? Comment préparer ses équipes à de nouveaux enjeux dont on ne connaît pas grand-chose ? Tel est le défi auquel sont confrontés, en cette fin d'année 2014, les managers de nombre de collectivités territoriales.

La réforme territoriale est un projet de management

En effet, comme l'écrivait récemment dans *La Gazette des communes* Jean-Baptiste Fauroux, directeur général des services de la région Aquitaine, la réforme territoriale, c'est « *avant tout un projet de changement et donc de management* »[1].

En ce sens, il est possible d'identifier trois leviers de management qu'il pourrait être intéressant d'actionner dans le contexte actuel, avec deux objectifs : faire preuve, vis-à-vis des équipes, de la capacité des collectifs de direction générale à piloter dans le changement ; donner les moyens aux personnels d'être acteurs des « transformations » qu'ils vont devoir accepter et assumer.

Ces trois leviers sont :

- l'écoute des préoccupations des agents ;
- la production de sens autour des compétences territoriales et métiers des services ;
- le partage des valeurs du service public sur les territoires.

L'écoute des préoccupations des agents territoriaux

Les personnels des conseils régionaux et départementaux notamment peuvent se poser des questions, avoir des craintes ou des attentes dans la perspective des changements qui s'annoncent, même si les contours de ces derniers ne sont pas stabilisés. Rappelons que nombre d'entre eux (dans les lycées et les collèges ou dans les services des routes) ont été conviés, il y a quelques années, à quitter les administrations de l'État dans lesquelles ils étaient en fonction. On leur avait promis une carrière dans les collectivités territoriales qui les accueillaient. Quelques années après, elles vont devoir les transférer à d'autres. Une histoire de ruptures en accéléré, qui peut expliquer quelques doutes et interrogations !

Ces questionnements, ces préoccupations et ces craintes méritent de pouvoir s'exprimer et d'être écoutés.

Avec plus de craintes encore sans doute, certains cadres des collectivités concernées appréhendent assez légitimement de devoir affronter des situations de concurrence pour l'accès à des postes et fonctions qui ne devraient logiquement pas être dédoublés, ou plus encore, parfois, de devoir « fusionner » avec des équipes dont la culture et les processus de travail ne sont pas identiques aux leurs et dont ils ne partagent pas toujours les modes d'organisation.

Ces questionnements, ces préoccupations et ces craintes méritent de pouvoir s'exprimer et d'être écoutés, même sans disposer de réponses à leur apporter sur tout. Le management dans le changement, qu'il s'agit de développer, peut dans un premier temps passer par cette écoute, qui permettra de démontrer que les responsables de la collectivité n'ignorent pas les craintes et attentes de leurs collaborateurs et en reconnaissent même la légitimité.

Ces démarches d'écoute des agents peuvent être aussi, de manière très utile, des occasions de rappeler certains fondamentaux du statut et de la gestion des ressources humaines dans les collectivités :

1. « Réforme territoriale, un projet de management », *La Gazette des communes,* n° 2239, 6 octobre 2014.

fondamentaux qui, eux, ne sont pas impactés par la réforme territoriale et qui offrent des protections susceptibles de rassurer si elles sont rappelées. Autrement dit, l'absence de vision stable, ainsi que certains des changements qui s'imposeront, ne constituent pas une raison suffisante pour s'abstenir d'entendre les préoccupations des collaborateurs et de les rassurer sur les invariants des réformes institutionnelles à venir.

La production de sens autour des compétences territoriales et métiers des services

Au-delà d'une écoute interne, la période actuelle devrait être aussi consacrée à la préparation des changements annoncés de la réforme territoriale, en valorisant les métiers dans les différents champs de compétences des collectivités. Si les institutions vont être bousculées et si les contours organisationnels vont être probablement remodelés en profondeur, les missions et les métiers des professionnels dans les services demeureront, eux, toujours nécessaires pour assurer le déploiement de l'offre publique sur les territoires.

S'il paraît impossible de fournir à ces personnels des réponses sur le futur cadre institutionnel de leurs emplois, n'est-il pas en revanche tout à fait envisageable d'animer des réflexions sur le devenir des métiers du service public territorial ?

En effet, les fusions de régions et les transferts entre départements, régions et agglomérations seront des moments de partage de cultures professionnelles entre agents de collectivités différentes. S'attacher d'ici là à qualifier les acquis des dernières années en termes d'expertises et d'expériences, mais aussi à identifier les besoins de progrès et d'adaptation dans la manière de réaliser les missions de service public sur les territoires, peut offrir l'occasion de valoriser les métiers et de donner aux équipes la possibilité de se préparer à relever de nouveaux défis dans leurs propres domaines de compétences.

La conduite d'un autodiagnostic stratégique et opérationnel des métiers, afin de mettre en évidence les atouts et handicaps, les forces et points de faiblesse des modes d'organisation et de travail par domaine d'action publique, peut constituer un levier mobilisateur afin de faire des changements à venir une opportunité pour l'ensemble des professionnels impactés et, par conséquent, pour la pertinence et la qualité de l'offre publique.

Le partage des valeurs du service public sur les territoires

Enfin, le moment préalable aux transformations institutionnelles et organisationnelles annoncées constitue un temps tout à fait propice à une réaffirmation des valeurs du service public territorial et de la fonction publique locale.

Renforcer la capacité des personnels à accepter les changements qu'ils devront vivre et à en comprendre la nécessité passe à la fois par une consolidation des valeurs qui méritent d'être préservées, car toujours essentielles, et par la formulation de nouvelles valeurs, dans un environnement sociétal en évolution continue et de plus en plus rapide. Le sens attendu par les équipes se trouve, pour une large part, dans le socle éthique de principes d'action et de comportement que peuvent partager des professionnels du service public, indépendamment de leurs métiers et de leurs collectivités d'affectation. C'est d'ailleurs ce que nous apprend l'expérience des fusions et restructurations d'entreprises réussies… mais aussi ratées, principalement pour des incompatibilités de cultures collectives.

Le sens attendu par les équipes se trouve largement dans le socle éthique de principes que peuvent partager des professionnels du service public.

Rappeler que la vocation, les missions et les valeurs des administrations publiques territoriales ne sont pas « diluables » dans le projet des exécutifs politiques locaux, mais qu'elles existent de manière indépendante, peut s'avérer particulièrement pertinent au moment où des transformations de « forme institutionnelle» vont être imposées.

L'animation de temps de partage de ces valeurs peut constituer, pour les dirigeants et managers des collectivités, un moyen utile pour nourrir la réflexion de leurs collaborateurs, les armer pour affronter les évolutions du contexte institutionnel de leurs métiers et les préparer à défendre demain l'efficacité sociale de l'action publique territoriale, « là où ils seront ».

Dans le contexte actuel d'attente des arbitrages que suppose la mise en œuvre de la réforme institutionnelle qu'il s'agira de conduire, le choix d'une « abstention » managériale conduisant à ne rien faire et à ne rien dire ne paraît pas nécessairement être la posture la plus courageuse et la plus responsable. À l'inverse, écouter les préoccupations, valoriser les métiers et partager les valeurs du service public local peuvent constituer des leviers plus respectueux des exigences d'un management dans le changement.

En effet, on n'oubliera pas qu'un vrai manager est, certes, celui qui atteint les objectifs qui lui sont fixés, mais aussi celui qui laisse ses équipes, quand il les quitte, plus fortes, plus compétentes, plus heureuses dans le travail qu'à son arrivée.

DOCUMENT 9

Le Projet d'administration départementale 2001-2014 (extrait) – *Département du Nord*

1. Les finalités du Projet d'Administration Départementale

Les finalités d'une démarche de projet d'administration sont de plusieurs ordres.

Donner du sens, fournir des repères

Il s'agit tout d'abord de mettre à la disposition des agents départementaux un document de référence pour l'action administrative donnant du sens à leur intervention, et leur permettant de se situer dans une perspective globale.

Par ailleurs, le PAD a vocation à constituer un acte de motivation et de mobilisation pour les agents : en clarifiant le positionnement de notre Institution dans la déclinaison de son action, en promouvant une politique managériale plus participative, en rassemblant les agents autour d'un projet commun et partagé. La définition des axes stratégiques du plan d'administration permet de définir et préciser ce que nous voulons faire ensemble.

Une telle démarche est de nature à favoriser l'émergence d'une culture commune qui fédère l'ensemble des personnels du Département. Cette démarche participative s'affiche aussi comme un outil d'animation des équipes professionnelles dans une logique de décloisonnement.

Améliorer l'efficience de l'action publique

Solidement appuyé sur la mobilisation de l'encadrement et de l'ensemble de ses agents, le deuxième axe du projet départemental "reformuler le projet d'administration" doit contribuer à améliorer la performance globale de l'administration départementale.

La conduite d'une telle démarche constitue un vecteur de progrès et de modernisation de notre organisation. Cette approche ne constitue pas l'occasion de bouleverser les fondamentaux de notre organisation par ce qui s'apparenterait à une posture de remise en cause radicale, mais plutôt le développement d'une action réfléchie d'adaptation de nos services.

En résumé, le projet d'administration, dans une démarche de progrès et de modernisation, traduira la volonté d'achever les réalisations engagées, de poursuivre le développement et la modernisation de nos services, et de mettre en place les axes appelés à guider les nouvelles étapes de la transformation.

Définir un cadre d'intervention pour l'administration

Le débat d'orientation en séance plénière le 4 juillet

2011 a donné lieu à la présentation du projet de mandat et à l'adoption d'une délibération qui finalise les priorités en matière de politiques publiques.

Le projet d'administration départementale intègre ces priorités. Il s'agit ensuite de disposer d'un outil autorisant la mise en cohérence des actions découlant de la mise en œuvre des politiques publiques. En poursuivant cet objectif de cohérence, le projet d'administration départementale permettra d'éviter une approche segmentée de l'action administrative et de replacer dans un cadre lisible d'ensemble la mise en œuvre de nos priorités.

Initier un projet d'administration, c'est aussi permettre la mise en cohérence de nos services à l'égard de nos politiques publiques. À titre d'exemple, le positionnement du département comme acteur à l'écoute des territoires et des citoyens induit nécessairement des évolutions opérationnelles en termes d'organigramme mais également une organisation renouvelant son approche et ses pratiques dans la perspective de rendre l'action départementale plus adaptée aux réalités sociales, géographiques et humaines des territoires.

2. Les principes et valeurs du service public départemental

Les agents du Département du Nord sont attachés au service public et à ses valeurs qui constituent un socle guidant leur action. Même si le rôle de l'administration change et ses méthodes de travail évoluent, ces valeurs permanentes demeurent.

Dans le Projet d'Administration, elles se traduisent par des démarches de progrès auxquelles les agents sont collectivement appelés à s'associer.

Trois principes constituent le socle du service public :

• **Le principe d'égalité** renvoie à l'égalité d'accès aux services, pour les usagers et entre agents. Certes, l'égalité des citoyens est garantie par la loi dès lors que ceux-ci sont placés dans une situation identique. Mais le principe de libre administration des collectivités territoriales interroge ce principe d'égalité alors même que les richesses sont inégalement réparties sur le territoire. Il s'agit de garantir l'égalité d'accès aux services quel que soit le lieu d'habitation. Faire la même chose partout reviendrait à ne pas tenir compte des inégalités de fait, des situations et des besoins différents des usagers et des territoires. L'égalité de résultats semble à ce titre préférable à l'égalité de moyens.

Pour ce faire, le PAD s'attachera à approfondir la thématique de la territorialisation, mais également explorera d'autres voies nouvelles telles que l'e-administration, favorisant l'égalité d'accès aux services publics.

• **Le principe de continuité** implique d'assurer un service constant au public par un fonctionnement régulier des services de la collectivité. C'est dans cette perspective que s'inscrit la préoccupation d'une administration modernisée dans ses pratiques et ses moyens. Continuités territoriales mais également continuités dans le temps, le Conseil général intervenant à tous les âges de la vie, et les politiques publiques nouvelles s'inscrivant nécessairement dans le long terme.

En d'autres termes, l'enjeu est de répondre à un Conseil général présent sur l'ensemble de son territoire et en « tout temps », présent également pour préparer l'avenir.

• **Le principe d'adaptabilité** trouve sa pleine concrétisation dans le cadre de ce nouveau mandat qui fait du service public de proximité le cœur de ses préoccupations. Principal acteur de la solidarité, le Département du Nord entend s'affirmer comme acteur majeur dans le développement des hommes et des territoires. Pour ce faire, les services publics départementaux doivent s'adapter aux besoins des habitants et des territoires, en s'illustrant comme une administration encore plus proche des citoyens et au service des politiques publiques décidées par les élus du Conseil général. L'action des services départementaux s'inscrit également dans une volonté d'innovation permanente dans leurs pratiques professionnelles.

Au-delà de ces principes, le

service public fait siennes des valeurs fondamentales :

- impératif de neutralité du service public dans son action notamment au regard du principe de laïcité ;
- exigence de solidarité et d'équité dans l'action des services départementaux.

3. Les objectifs de la démarche du Projet d'Administration Départementale

Le PAD doit venir définir, prioriser et coordonner l'action des services départementaux.

Son ambition est de :

– Doter l'administration départementale d'une culture commune

– Approfondir la territorialisation et la déconcentration de l'administration

– Développer le management par objectif et la culture de la qualité

– Rationaliser, optimiser et moderniser la gestion départementale

– Améliorer la capacité de l'administration à développer des projets complexes

– Définir les domaines sur lesquels les moyens dont on peut disposer devront être mobilisés en priorité

– Introduire et conforter le développement durable dans les pratiques des services

Les 3 axes du PAD

Le PAD, en phase avec les priorités du mandat, constitue une démarche globale couvrant l'ensemble des activités des services et fédérant les actions transversales en cours.

Il se veut à la fois un document de référence pour l'action de l'administration départementale, une démarche de progrès et de modernisation, un outil de cohérence vis-à-vis des politiques publiques et un acte de motivation et de mobilisation.

Il s'articule autour de trois axes. *[Voir schéma page suivante].*

4. La méthode d'élaboration du Projet d'Administration Départementale

Un processus largement participatif

Au-delà d'une démarche projet classique, le PAD s'inscrit dans une démarche fortement participative. Le PAD sollicite la participation de tous les agents, les organisations syndicales sont régulièrement informées et peuvent être entendues par les équipes si elles le souhaitent, enfin un dispositif de communication spécifique est mis en place. [...]

PAD
Conseil Général Département du Nord
Projet d'administration départementale

Une administration au service des politiques publiques

Confirmer que sa mission première est de préparer et mettre en œuvre les décisions de la collectivité dans le cadre des compétences qu'exerce cette dernière.

Une administration modernisée dans ses pratiques et ses moyens

Confirmer le souci qui doit être celui de toute organisation de s'adapter à la situation présente mais aussi d'anticiper les évolutions futures.

Une administration encore plus proche des citoyens

Viser à promouvoir la notion même de "service au public".

20 Démarches de progrès pour une administration en mouvement

Axe 1 : une administration au service des politiques publiques

1. Établir une feuille de route par direction
2. Adapter l'organigramme
3. Développer les actions sous mode projet
4. Finaliser les dispositifs de mesure de la performance de l'action
5. Mieux organiser le partenariat avec les organismes associés et les autres institutions publiques locales

Axe 2 : une administration modernisée dans ses pratiques et moyens

6. Développer l'autonomie professionnelle
7. Favoriser la mobilité interne
8. Élaborer le 2e schéma directeur des ressources humaines
9. Établir un cadre budgétaire pluriannuel maîtrisé
10. Mieux maîtriser les risques
11. Établir un plan "éco²"
12. Établir un schéma directeur immobilier des services
13. Élaborer un nouveau schéma directeur des systèmes d'information
14. Bâtir un plan e-administration

Axe 3 : une administration encore plus proche des citoyens

15. Organiser les services en privilégiant la territorialisation
16. Finaliser la charte des services publics départementaux
17. Aller vers une certification de l'accueil du public
18. Améliorer la lisibilité et l'accessibilité des procédures administratives simplifiées
19. Instaurer une fonction de médiateur départemental
20. Participer au développement d'outils associant mieux les citoyens à l'action publique

ÉNONCÉ

DOCUMENT 10

Projet d'administration (édito et avant-propos) – *Communauté urbaine de Bordeaux* – site consulté le 20/07/2016

Édito

La Communauté urbaine de Bordeaux, par ses compétences et missions de service public, occupe une place centrale dans l'évolution du territoire de l'agglomération bordelaise et son bon fonctionnement au quotidien. Chaque agent par son travail participe de ce rôle.

Notre établissement, fort de quarante années d'innovations au service de ses habitants, est résolument tourné vers l'avenir de notre territoire et les grands enjeux qui le traversent, le bousculent, le reconfigurent mais également nous traversent, nous bousculent et nous amènent à évoluer.

La Cub a réalisé et engagé de grands chantiers qui préfigurent ce que j'ai appelé la décennie bordelaise. Ce moment où, à la croisée de nouvelles opportunités, le nouveau visage de notre territoire va se dessiner. Un visage millionnaire, car les élus ont ensemble fixé l'objectif de faire à plus ou moins vingt ans de l'agglomération bordelaise une métropole millionnaire, avec des politiques prioritaires qui en découlent et peuvent être résumées par l'EHDN – à savoir l'Emploi, l'Habitat, les Déplacements et la Nature – et les nombreux défis qui y sont afférents.

Le projet d'administration n'est pas l'adaptation ou la déclinaison de cette feuille de route fixée par les élus. Il est, selon moi, bien plus. J'ai la conviction que nos façons de faire, nos règlements d'intervention, nos méthodes de travail, notre répartition territoriale sont des éléments moteur, sinon indispensables, à l'évolution de notre territoire. Ils permettent à certains projets d'émerger, à l'innovation de s'épanouir, à de nouvelles logiques de prendre vie, au service public rendu d'être garanti.

Nous organiser différemment, c'est impulser cette dynamique vis-à-vis de nos partenaires, qu'ils soient institutionnels, associatifs ou privés, et de nos usagers. Il s'agit également, à travers notre organisation, de continuer à garantir l'équité et la solidarité sur notre territoire.

J'ai confiance en vos capacités et en nos ressources internes. Votre rôle est central et la réussite de ce projet ne peut être que le fruit d'un engagement collectif.

Je suis aussi et surtout convaincu que construire un projet d'administration, c'est le moyen de poser à plat, ensemble, nos priorités internes, notamment en matière d'évolution des carrières et de mobilité interne, de parité et de politique sociale pour l'ensemble des agents. J'ai souhaité ces trois points forts, avec l'ambition de faire, avec vous, de notre administration, une administration exemplaire.

Vincent Feltesse,

président de la Communauté urbaine de Bordeaux

Avant-propos

Nous arrivons à une étape primordiale de concrétisation de la conduite du changement engagée il y a un an par le président Feltesse. Ce processus a mobilisé de nombreux agents de la communauté urbaine. Je les en remercie.

Le livre blanc qui a été rédigé fait place à l'expression des attentes des uns et des autres, dans le désir partagé d'un service public efficace. À la suite de ce livre blanc, des groupes de travail ont fait des propositions concrètes pour répondre à ces attentes.

Toute cette démarche qui a été portée par un comité de pilotage composé d'élus communautaires – qui en a régulièrement rendu compte au bureau – conduit aujourd'hui au Projet d'administration. Pourquoi un Projet d'administration ?

La Cub a des missions confiées par le législateur et mises en œuvre par le conseil communautaire. Elle conduit des politiques publiques adoptées par les élus communautaires, elle produit et gère au quotidien des services publics. Son efficacité et sa technicité sont reconnues. Alors, pourquoi un projet d'administration ?

Je perçois quatre raisons. En premier lieu, toute organisation a besoin de s'interroger sur ce qu'elle fait : pourquoi elle le fait, comment elle fait. Même si elle trouve dans son histoire tous les motifs de satisfaction de sa réussite, les évolutions de l'environnement et les nouveaux enjeux l'invitent à ces interrogations.

Les agents de La Cub peuvent être fiers de tout ce qui a été fait et bien fait, ils le seront encore plus en montrant leur capacité à s'adapter aux nouvelles attentes des communes et de leurs habitants ainsi qu'aux nouveaux enjeux du territoire.

Nous sommes tous attachés au service public. Et les valeurs du service public font référence à la communauté urbaine. Parce que le rôle de l'administration change et parce que ses méthodes de travail évoluent, ces valeurs ont besoin d'être constamment adaptées et actualisées. Dans le projet d'administration, cette relecture prend la forme d'ambitions auxquelles nous sommes collectivement appelés à répondre. C'est la deuxième raison.

La volonté politique de territorialiser l'action et l'administration communautaires constitue la troisième bonne raison du projet d'administration. Cette territorialisation n'est pas nouvelle à La Cub ; elle existe déjà. Mais elle doit prendre un nouvel essor et concerner l'ensemble des domaines d'intervention. Elle ne consiste pas seulement à créer des directions territoriales, mais aussi à développer de nouvelles manières de travailler mettant l'accent sur l'approche plus globale des problèmes et des solutions, mettant au cœur de nos pratiques le partenariat construit avec les communes. Le nouvel organigramme répond à cet objectif.

Le livre blanc est la quatrième raison : il fait un large écho aux attentes en matière de gestion des ressources humaines. Et le projet d'administration donne des orientations fortes : il reconnaît la place des hommes et des femmes comme une richesse que La Cub doit prendre soin de préserver et de développer. Avec ce projet, ce ne sont ni un catalogue d'actions, ni un mode d'emploi qui nous sont livrés. Nous nous donnons des axes de travail pour rejoindre les attentes exprimées et pour être aux rendez-vous des nouveaux enjeux du territoire.

Je sais pouvoir compter sur vous pour porter ces ambitions en lien avec notre mission de service public, car je crois en l'action de chacun au service de tous.

Eric Delzant,
directeur général des services

DOCUMENT 11

Projet d'administration – Document de synthèse des actions (extraits) – *Conseil départemental des Vosges* – site consulté le 23 mai 2016

Qu'est-ce que le **projet d'administration** ?

Une feuille de route commune pour construire l'administration départementale de demain

L'accompagnement du changement…

Aujourd'hui, plus de 2 000 agents, représentant plus de 100 métiers différents, font toute la richesse de notre collectivité.

Les réformes institutionnelles, le contexte financier et économique, la taille de notre administration et l'évolution des besoins des usagers ont rendu nécessaire la mise en place d'un projet d'administration pour accompagner les agents dans l'adaptation de nos manières de faire et de fonctionner face à l'évolution de notre collectivité.

Il s'agit d'un projet commun à l'ensemble des agents dont la finalité porte sur l'optimisation de notre organisation, notre fonctionnement et nos méthodes de travail. C'est un repère commun, dans la diversité de nos métiers et de nos fonctions.

Véritable trait d'union…

Le projet d'administration traduit le cap commun que l'ensemble des agents du Conseil général des Vosges se sont fixés et qu'ils souhaitent partager. Traduisant l'ADN de notre administration, il doit devenir le socle de notre organisation et de notre action future et sera, à ce titre, décliné dans chacun des pôles.

Dans cet esprit, il reste un projet vivant qui devra s'enrichir et nous permettre d'évoluer tout en conservant nos principes et notre identité. Ainsi, le projet d'administration sera le fil d'Ariane qui devra nous permettre collectivement de relever plusieurs grands défis à venir :

→ celui de l'exemplarité de notre administration et de ses agents dans le domaine du développement durable, au travers de l'élaboration d'un futur agenda 21 ;

→ celui de la modernisation et de l'optimisation des politiques départementales, pour un service public encore plus performant ;

→ celui de l'évolution de notre collectivité dans le cadre de l'acte 3 de la décentralisation qui nous amènera à refonder nos relations avec les autres collectivités vosgiennes.

Le fruit d'un travail transversal, collectif et participatif…

Piloté par le Directeur Général des Services et coordonné par la Direction de l'Organisation, du Conseil, de la Prospective et de l'Évaluation (DOCPE), le projet s'est appuyé sur une importante concertation du personnel au travers de :

– **l'implication des agents** :

• 2 000 agents ont construit les fondations du projet (ainsi que les représentants du personnel)

• 70 agents ont animé les rencontres avec le Directeur Général des Services

• 35 équipes projet, représentant ainsi plus de 150 agents mobilisés, ont travaillé sur la définition des modalités de mise en œuvre des actions

– **l'implication des cadres** :

194 cadres ont réfléchi aux grands enjeux de demain pour notre collectivité

– **l'implication des directions** :

Les directions et services se sont investis dans le bon déroulement de l'élaboration du projet d'administration notamment par la mise à disposition de moyens d'organisation et techniques.

Les idées fortes du projet d'administration…

Valeurs communes (respect, reconnaissance, service public, solidarité… pour donner un sens à notre engagement au quotidien)

Relation avec l'usager (accueil, orientation, satisfaction, proximité, communication… pour mieux répondre à l'usager)

Simplification (procédures, circuits administratifs, circuits de décision… pour l'efficacité de notre action)

Transversalité (rencontres entre agents, connaissance des directions/services, missions… pour mieux travailler ensemble)

Métiers (journées professionnelles, connaissance, communication… pour mieux valoriser notre savoir-faire)

Transparence (modes de travail, organisation, circulation de l'information… pour mieux comprendre nos processus)

Reconnaissance (objectifs de travail, écoute, dialogue, management… pour renforcer la motivation)

Participation (agents, assistants familiaux, usagers… pour être associés à la vie de notre administration)

Économies (mutualisation, équité, exemplarité… pour mieux gérer nos ressources)

Dématérialisation (accès à l'information, réactivité, flexibilité… pour la fluidité dans nos missions quotidiennes)

Quelques chiffres-clés sur l'élaboration du projet…

• **Les rencontres du DGS avec les agents :**

46 réunions organisées par service/direction

23 jours consacrés par le DGS à ces réunions

9 mois de rencontres et d'échanges

10 collèges mobilisés pour permettre les rencontres avec les agents travaillant dans les territoires

110 repas préparés par les cuisiniers de ces collèges

2 746 questions posées lors des réunions (une moyenne de près de 60 questions par réunion)

2 080 agents rencontrés

70 animateurs des ateliers de travail investis

***655** propositions formulées*

71% des agents ont trouvé importante, voire indispensable, la démarche du DGS

Les autres rencontres :

Le 19 juin 2012, avec les animateurs des ateliers du projet d'administration **(+ 16 propositions)**

Le 29 juin 2012, avec les représentants élus du personnel **(+ 64 propositions)**

Le 13 juillet 2012, avec les membres de « Opération Processus et Economies » **(+ 71 propositions)**

655 + 16 + 64 + 71 = 806 propositions au total

• **Le travail des groupes projet :**

Plus de 40 actions identifiées suite à l'étude de l'ensemble des propositions

35 équipes mobilisées dans la réflexion sur les moyens de mise en œuvre des actions

4 mois de travail et réunions de groupe

Zoom sur…

Une technique innovante de participation : le questionnaire interactif

Lors des rencontres entre le DGS et les agents, un sondage en temps réel a été mis en place. Muni d'un boîtier de vote électronique, chaque agent pouvait répondre, anonymement, aux questions. L'affichage immédiat des résultats leur permettait de visualiser les réponses de l'ensemble des participants et, le cas échéant, de réagir.

83 questions portaient sur la connaissance de l'administration, son fonctionnement, ses missions, son budget…

119 questions visaient à obtenir le ressenti et l'opinion des agents sur des sujets comme la réforme territoriale, les économies, le management, la motivation, les conditions de travail, l'ambiance, l'avenir…

Les grands enjeux de demain

Le Conseil général des Vosges et son administration sont à la veille de changements majeurs :

– des changements d'hommes à la tête de l'administration ;

– des changements liés au contexte financier et budgétaire qui devient de plus en plus contraignant ;

– des changements liés à un nouvel acte de la Décentralisation dont les contours se précisent.

Dans ce contexte en mouvement, il devient nécessaire de prioriser les actions du Département. Demain, la collectivité va continuer à jouer un rôle important au service du territoire et de ses habitants. Les cadres ont analysé les grands enjeux pour l'avenir. En lien avec les propositions des agents, ces enjeux, à découvrir ci-dessous, constituent aussi les fondements du projet d'administration.

→ La recherche permanente de la satisfaction des usagers

Le droit à l'accès au service public et à l'information, la rapidité des délais de traitement et la qualité du contact humain doivent être la préoccupation première de notre collectivité et son administration.

→ La valorisation de l'image du Conseil général

De nombreux vosgiens ne connaissent ni les compétences ni les missions du Conseil général, tout comme certains agents y travaillant. Il est donc indispensable d'informer et de valoriser nos dispositifs à travers une communication régulière et dynamique.

→ La modernisation de notre administration

Réactivité, fluidité, transparence dans le suivi et le traitement des données… Voici autant d'éléments à renforcer pour offrir aux usagers des services en ligne pertinents et, parallèlement, apporter des gains aux agents dans leur travail quotidien.

→ La crise comme opportunité de repenser les politiques départementales

Les contraintes obligent à s'interroger sur nos politiques, la manière de les conduire, leurs impacts sur le territoire et la population. Il s'agit d'un moment clé qui nécessite d'être inventif mais aussi de refonder notre action sur des bases innovantes, solides et efficaces. Le développement d'outils tels que les audits, les évaluations ou la prospective permettront ainsi de mieux anticiper et préparer l'avenir.

→ La transversalité pour affirmer la cohérence de nos actions

Face au contexte actuel, il devient nécessaire d'appréhender les politiques dans une vision globale, et non plus de raisonner de manière sectorielle et cloisonnée. C'est pourquoi, le travail en mode projet constitue un outil à valoriser et à pérenniser au sein de notre collectivité.

Le projet d'administration du Département des Vosges se structure actuellement autour de 4 grands axes, 13 enjeux et 44 actions.

Axe « Placer l'usager au cœur de notre action » **3 enjeux :** • Accueillir, orienter et satisfaire l'usager • Informer et communiquer vers l'usager • Gérer nos relations avec l'usager **10 actions** *À découvrir dans ce document à partir de la page 6*	**Axe « Adapter notre fonctionnement pour être encore plus efficace »** **4 enjeux :** • Simplifier les procédures, les circuits de décision et les strates hiérarchiques • Développer la transversalité • Impulser de nouvelles méthodes et organisations du travail • Favoriser les échanges avec les élus **14 actions** *À découvrir dans ce document à partir de la page 11*
Axe « Partager une culture commune » **2 enjeux :** • Fédérer l'ensemble des agents • Informer au quotidien **5 actions** *À découvrir dans ce document à partir de la page 17*	**Axe « Être acteur, à part entière, de la vie de la collectivité »** **4 enjeux :** • Mieux se repérer dans notre organisation • Développer les démarches participatives • Favoriser la reconnaissance de chacun • Développer la politique des métiers **15 actions** *À découvrir dans ce document à partir de la page 20*

DOCUMENT 12

Six virages à prendre pour une administration du 21e siècle – *Maxime Barbier – La Gazette des communes* – 28 octobre 2015

Six virages à prendre pour une administration du XXIe siècle

Pour que l'innovation publique s'amplifie et produise des changements concrets dans nos vies de citoyens, l'administration doit se doter d'une vision et se mettre en capacité de négocier au moins 6 virages, correspondant à 6 leviers de transformation.

Premier virage : le numérique

Portails en ligne, dématérialisation de procédures, nouveaux services numériques, ouverture des données publiques (open data), et demain big data : la France a clairement fait le choix de miser sur l'administration numérique.

Des initiatives notables ont vu le jour. Pour les entreprises, « Marché Public Simplifié » (MPS) permet aux entreprises de répondre à certains marchés publics en fournissant seulement leur numéro de Siret pour s'identifier. Pour les particuliers, le simulateur « Mes aides » permet à chacun de savoir en quelques minutes à quelles aides sociales il est éligible. Demain, France Connect offrira aux particuliers et aux entreprises un accès universel aux services publics en ligne à partir d'un système d'authentification unique. Le dispositif est d'ailleurs entré en phase d'expérimentation depuis début septembre.

Le défi consiste maintenant à réussir le déploiement de ces services numériques et le développement de leurs usages. Comment accompagne-t-on par exemple l'utilisation de « Mes aides » auprès des travailleurs sociaux ou comment mène-t-on des actions de proximité auprès des publics en situation de précarité pour réduire le non-recours aux prestations sociales ? Comment faire pour que ce service numérique ne traduise pas la déshumanisation du service public ? Pourra-t-on aller au-delà d'un simple simulateur et proposer une demande unique pour l'ensemble des prestations sociales ? Si personne ne prétend le contraire, le numérique ne résout pas tout. L'ambition d'innovation publique ne doit et ne peut se limiter à une ambition exclusivement numérique. Elle doit chercher à transformer en profondeur les façons de concevoir et piloter les politiques publiques et les relations entre l'administration et ses usagers.

Deuxième virage : la co-conception de l'action publique

Plusieurs nouvelles méthodes et disciplines ont fait leur intrusion dans l'administration ces derniers mois : le design de service (sous l'impulsion d'acteurs comme l'association la 27e Région), le prototypage, les « start-up d'État » inspirées des méthodes agiles…

Toutes ces méthodes ont un point en commun : elles promeuvent une conception innovante des politiques et des services publics et font de l'expérimentation une nouvelle ligne directrice.

Plusieurs labs et incubateurs ont vu le jour depuis 2 ans, avec un effet de mode certain : au sein de l'État avec Futurs Publics au SGMAP ou le Numerilab à l'Éducation nationale ainsi que dans plusieurs régions (PACA, Champagne-Ardenne, Pays-de-la-Loire…) et départements (Val d'Oise). Pôle emploi ou encore la CNAF ont également développé des politiques ambitieuses pour soutenir l'innovation.

Troisième virage : l'innovation managériale et collaborative

Il y a plus de 25 ans, un ministère pionnier, la Défense, faisait de « l'audace » une valeur fédératrice en créant un prix de l'innovation permettant à chaque personnel de défense de proposer des solutions pour améliorer le fonctionnement des forces. Le dispositif a été plusieurs fois copié et adapté (Intérieur, Justice, Éducation nationale, Sécurité sociale…).

À quand le grand bond vers les pratiques collaboratives ? Plusieurs initiatives intéressantes ont vu le jour, avec la vague des réseaux sociaux d'entreprise : « WiFiP » permet de conduire différemment des projets à la direction générale des finances publiques (DGFiP), « Diplomatie » est devenue une référence au ministère des Affaires étrangères (on parle même de l'étendre à l'ensemble des ministères).

Encore une fois, la réponse à plus de collaboration entre les agents n'est pas uniquement technique. C'est avant tout une question de gestion du changement, d'évolution des pratiques managériales, d'une nouvelle façon de partager l'information, d'exemplarité de la part des dirigeants publics. La collaboration représente alors clairement un levier de transformation interne. Il est aussi urgent de former les futurs managers publics aux nouvelles approches collaboratives. Les bataillons actuels et futurs d'étudiants de l'ENA, des IRAs et des autres écoles de service public gagneraient à passer « à la moulinette » de l'innovation publique. Non pas par contrainte, mais pour ouvrir le champ des possibles. Parallèlement, de nouvelles compétences doivent être intégrées au sein de la fonction publique, de manière temporaire ou durable : compétences de conception (design), gestion de projet d'innovation, data science, ethnographie, coaching, knowledge management…

En outre, il serait opportun de remettre en cause (re-questionner au moins) certaines pratiques séculaires ou dépassées : la note de service, la réunion administrative, la réunion interministérielle (formelle ou informelle), la circulaire, l'appel à projet. Proposition : et si on organisait un hackathon de deux jours pour « hacker » et moderniser toutes pratiques ? Cette session aurait eu sa place à coup sûr dans le programme de la Semaine de l'innovation publique !

De même, repenser l'espace de travail des fonctionnaires ne devrait pas entraîner de polémique. Obtenir une demi-journée de télétravail par semaine ne doit plus relever de l'exploit pour un agent public ni créer la méfiance de la part de ses collègues. Où sont les tiers-lieux accessibles aux agents publics ?

On ne peut plus se permettre de faire travailler 20 % de la population active avec les mêmes recettes. De là à vouloir transformer l'administration française en « administration libérée », le chemin à parcourir s'apparente à un grand saut dans le vide. Peut-être y a-t-il quelques enseignements à tirer de l'expérience du ministère belge de la Sécurité sociale qui a établi de nouvelles règles de vie commune et de fonctionnement autour de la recherche d'autonomie, de la mise en place d'un management du résultat, de la liberté dans l'organisation du travail au bureau et chez soi ? (voir ici le récit de cette expérience). C'est en tout cas l'un des nouveaux rôles que les équipes en charge des « ressources humaines » peuvent explorer.

En synthèse, les administrations (nationales et locales) doivent changer de posture pour se penser comme des « entrepreneurs publics », sans pour autant renier les valeurs du service public.

Quatrième virage : l'intelligence, la décision, l'action collective

La nouvelle quête semble être de trouver les « nouvelles formes de participation citoyenne ». Les think tank planchent furieusement sur le sujet, les intellectuels en font la condition essentielle du renouveau démocratique, les administrations tentent quelques expériences, les élus font preuve d'une relative frilosité.

L'actualité du moment, c'est la discussion ouverte auprès du grand public sur le projet de loi « République Numérique » porté par Axelle Lemaire. C'est la première fois en France qu'un projet de loi est soumis à consultation et avis du grand public après son élaboration par le gouvernement. Alors, coup de communication bien orchestré ou véritable pas en avant vers une démocratie directe ? Ce qui est notable, c'est qu'à l'issue de cette consultation, on peut dénombrer plus de 80 000 votes, près de 6 000 contributions et 10 000 participants. L'exercice a été mobilisateur. A-t-il pour autant été utile ? Seul l'avenir nous le dira.

En France, la ville de Paris fait figure de locomotive, et l'on est vite tenté de se référer à l'initiative de budget participatif. Les détracteurs rappelleront que dans les années 90, les villes de Porto Alegre (Brésil) et Montevideo (Uruguay) avait expérimenté ce type d'approche. En France, au début des années 2000, les communes d'Issy les Moulineaux et de Grigny (Rhône) réservaient déjà une partie de leur budget à la décision de ses administrés.

Et maintenant, comment aller plus loin ? Est-on dans la science-fiction si l'on parle d'intelligence, de gouvernance et d'action collective ? Est-on capable de concevoir à plusieurs centaines, voire plusieurs milliers de personnes des connaissances nouvelles ? Peut-on imaginer que certaines décisions d'intérêt général se prennent par la décision collective d'un grand nombre de personnes ? Est-il possible dans un futur proche que des communautés et mouvements spontanés se saisissent de sujets et soient outillés pour réaliser ensemble des transformations réelles ? Dans les entreprises, dans les collectivités, entre associations, entre particuliers.

Avec un angle de vue plus politique, on peut se référer au choix fait par nos voisins britanniques dès 2010 avec la Big Society. La Big Society est un projet de transformation sociale qui vise à modifier en profondeur les rapports entre l'État et la société civile. Il ne s'agit pas là de crier les bienfaits ni de pourfendre cette politique, qui a connu beaucoup d'inflexions depuis. Mais de se poser la question d'un « modèle à la française ». Que voudrait dire en France une participation plus forte des usagers à la gestion des services publics ? Par exemple dans la co-gestion d'une bibliothèque municipale, dans la sécurité d'un quartier, dans la gestion de la voirie, etc.

Cinquième virage : l'innovation ouverte (open innovation)

Et si l'on ouvrait l'administration ? Mais à quoi ? À quels acteurs ? Pour quelles finalités ? Deux mouvements pourraient utilement se combiner.

Le premier mouvement consiste à mieux ouvrir les administrations aux idées des usagers. C'est l'un des combats de la structure en charge de la réforme de l'État depuis 2009. Le choc de simplification pour les entreprises et les particuliers est en partie fondé sur une écoute de leurs expériences vis-à-vis du service public et de leurs propositions. Le site collaboratif Ensemble Simplifions a fait place à Faire Simple, à la faveur du changement de majorité en 2012 et permet de recueillir les idées d'amélioration et de simplification des usagers.

Saviez-vous également que le futur portail www.impôts.gouv.fr avait été en partie co-construit avec les usagers ? Le temps est révolu où l'administration pensait la mise en place de ses services sans recueillir l'avis de ses bénéficiaires. Cette approche d'écoute et de participation structurée (via des études, la mise en place de panels, la mesure de la satisfaction) gagnerait à être systématisée dans l'ensemble des ministères, opérateurs et collectivités. Pour rappel, l'un des 4 piliers du programme de modernisation de l'action publique en 2012 s'intitulait bien « partir des besoins des usagers et des citoyens »... Il y a encore un peu de chemin à parcourir.

Le second consiste à soutenir de manière plus volontaire l'innovation ouverte dans l'économie et la société. La ministre en charge du numérique Axelle Lemaire l'a martelé récemment : « il faut créer l'écosystème idéal pour stimuler une innovation ouverte ». Les lieux de rencontre manquent pour rassembler grands groupes, start-ups, acteurs publics et financeurs.

Et pourquoi ne pas dupliquer le concept à d'autres écosystèmes ? Par exemple aux acteurs de la recherche et aux acteurs de l'économie sociale et solidaire. L'État peut faire mieux pour stimuler l'open innovation sur le territoire. Au niveau national comme local.

Les marchés publics sont également un levier intéressant, à l'image des partenariats d'innovation.

Avec ce nouveau dispositif, les acheteurs publics ont la capacité de mettre en place un partenariat structuré de long terme avec une entreprise, couvrant à la fois la recherche et développement (R&D) et surtout l'achat des produits, services ou travaux innovants sans qu'il soit nécessaire de procéder à une nouvelle mise en concurrence. Rappelons que la commande publique représente près de 90 milliards d'euros et que l'État s'est donné pour objectif de réaliser 2% d'achats innovants d'ici 2020 et d'encourager les collectivités à suivre la même voie. Cela pourrait représenter une aubaine pour bon nombre de PME dans les prochaines années... et pour les administrations !

Sixième virage : l'innovation territoriale

« L'innovation au pouvoir ! Pour une action publique réinventée au services des Territoires. » Tel est l'intitulé du rapport remis au printemps dernier à la ministre en charge de la décentralisation et de la fonction publique sur l'innovation territoriale. Cet exercice a le mérite d'apporter une définition du concept : « L'innovation territoriale peut se définir comme une réponse nouvelle (ou transférée dans un contexte nouveau) à une problématique et/ou à un besoin identifiés collectivement dans un territoire, en vue d'apporter une amélioration du bien-être et un développement local durable. » 18 propositions ont été recensées pour « faire de l'innovation territoriale un élément de dynamique économique et démocratique », à l'image de la création de « fonds de garantie » sur les territoires pour aider la réalisation de projets d'innovation territoriale, sociale ou citoyenne.

CORRIGÉ

Sujet | Session 2016

Comment aborder le sujet

1. Lecture et interrogation de la commande, perspective de plan

Depuis quelques années, de plus en plus de collectivités mettent en place des projets d'administration. Cela répond-il à un besoin avéré ? Cela présente-t-il une utilité réelle ? Qu'est-ce-que cela traduit de l'évolution des collectivités territoriales ? Est-ce un effet de mode ou ce type d'outil est-il voué à s'installer durablement dans le paysage des collectivités ?

Il s'agira pour les candidats d'aborder les questions suivantes :

– Dans quel contexte ces projets d'administration s'inscrivent-ils et sont-ils mis en œuvre (notion de performance, de management par objectifs, de contractualisation interne, etc.) ?

– Que recouvre la notion de « projet d'administration » (en quoi, par exemple, ces outils se distinguent d'un plan de mandat) ?

– À quels enjeux ces projets répondent-ils : accompagner des mutations, donner le sens de l'action, faciliter la création d'une culture commune entre des agents issus de collectivités différentes, contribuer à forger un sentiment d'appartenance, faciliter la compréhension du projet d'ensemble et de la place qui est attribuée aux agents, motiver les troupes, etc. ?

Le sujet doit aussi permettre aux candidats de faire preuve de sens critique en soulignant les limites possibles de ce type de document. En effet, le risque est que les projets d'administration relèvent avant tout de la « posture », de la communication sans réelle volonté de porter un projet de transformation ambitieux et cachent, sous un langage managérial, un manque de réflexion de fonds.

Le risque est également que ces projets se résument à présenter sous un angle résolument favorable des politiques de réduction drastiques des moyens d'agir du fait de la raréfaction des ressources financières des collectivités.

– Quel est le contenu de ces documents (notion de valeurs partagées, rappel du sens de l'action avec la mise en scène des usagers, mise en place d'une politique managériale) ?

– Comment ces projets d'administration sont-ils fabriqués (dans une dimension plus ou moins participative, avec une implication plus ou moins importante des élus, en fonction de la taille des collectivités et de la posture adoptée par ces derniers) ?

– Comment ces projets sont-ils communiqués aux agents et par quels biais les fait-on vivre, et fait-on en sorte qu'ils deviennent familiers et soient appropriés par les agents (outils d'accompagnement au changement et de communication interne) ?

– Comment ces projets sont-ils animés et vivent-ils dans le temps ? Quelles sont les difficultés pour faire vivre les projets ?

2. Analyse de la mise en situation et du dossier documentaire

La mise en situation contient plusieurs éléments devant être pris en compte par les candidats :

– En tant que « chargé de mission auprès de la DGS », le candidat doit saisir le caractère stratégique et transversal d'un tel poste et, en même temps, ses limites potentielles (Quid de la position du président de l'exécutif ? Comment prendre en compte la nécessité d'une position à partager avec les autres membres de la Direction générale de la collectivité ?).

– La collectivité : une communauté d'agglomération, collectivité du « bloc communal » qui gère surtout des missions de développement (économique, urbain) et moins des services à la population, et qui est une collectivité de « second degré » sans rapport direct avec les administrés/usagers.

– Une collectivité « nouvelle » ou du moins avec de nouvelles frontières, qui doit donc enclencher un cycle et dont le « corps social » est issu de différents collectivités, avec ce que cela suppose de transformations à engager (et tout l'accompagnement qui doit être mis en œuvre).

Les documents contenus dans le dossier sont de trois ordres :

– Des articles généralistes sur la dynamique managériale, les défis internes des collectivités et les limites de certaines démarches dites innovantes.

– Des articles de la presse territoriale sur les projets d'administration : les objectifs poursuivis, la manière dont ils sont mis en œuvre, la limite de ce type de document, etc.

– Des extraits de projets d'administration mis en œuvre dans différentes collectivités (avec des focus sur différents enjeux : la question des valeurs, la méthodologie pour mettre en place des projets, les champs investigués en priorité, etc.).

Le dossier ne comporte pas de documents liés à des aspects juridiques et institutionnels car il n'y a pas d'obligation pour les collectivités de mettre en place des projets d'administration (ce qui n'est pas le cas, par exemple, pour les structures hospitalières ou médico-sociales qui doivent impérativement mettre en place des projets d'établissement répondant à certains critères précis) et qu'il n'existe pas de cadre juridique spécifique à ce sujet, ce que le candidat devra souligner.

3. Lecture des documents et mise en fiches de lecture

Document 1

Cet article permet de situer le développement des « projets d'administration » dans le cadre historique et politique plus large du développement, depuis la fin des années 1980, du « management par projet », qui s'est diffusé d'abord dans l'industrie et les entreprises privées avant d'être mis en œuvre dans le secteur public. L'article précise les caractéristiques de ce type de management et la nature des changements qu'il véhicule dans les organisations.

Il souligne également les risques, ou le « côté sombre », du management de projet : risques individuels liés à l'excès d'implication et d'engagement (acteurs acculés, épuisement professionnel, souffrance psychoaffective), risques de déstabilisation des identités professionnelles, risques de précarisation du parcours professionnel.

Il conclut que si le projet peut être un mode très efficace de l'action collective, il suppose des moyens, des ressources, des compétences, des outils, une reconnaissance et non un mode incantatoire qui se contente d'invoquer le « management de projet » pour gérer et changer les organisations.

Document 2

Le document porte sur la mise en place de projets d'administration, plus précisément dans la dimension participative de la méthodologie à mettre en œuvre.

L'article apporte un certain nombre d'idées générales sur les projets d'administration, utiles dans la première partie du sujet :

– notion de service aux usagers et de besoins des agents dans leur cadre de travail quotidien ;

– notion de pérennité de l'administration par rapport aux changements politiques inhérents aux collectivités ;

– question du recours ou non à un cabinet extérieur pour la mise en place du projet ;

– lien entre projet politique et projet d'administration (simple déclinaison ou identité et sens particuliers du projet d'administration) ;

– notion de projet collectif transcendant la question de chaque métier/univers professionnel ;

– notion de performance (objectifs et résultats attendus) ;

– question de faire vivre le document dans la durée ;

– rôle central et stratégique du comité de Direction générale dans ce type de démarches (exemplarité, incarnation des valeurs…).

Document 3

Le document présente une expérience de mise en place d'un projet d'administration dans le cadre d'un projet de mutualisation d'une ville, d'une agglomération et d'un centre intercommunal d'action social. Cela illustre donc l'intérêt de la mise en place d'un projet d'administration pour accompagner ce type de démarches de réorganisation de services, qui permet d'aller au-delà d'une seule logique administrative.

L'article met l'accent sur le rôle pivot de la Direction générale, ainsi que sur le rôle de courroie de transmission que les cadres doivent jouer pour permettre l'appropriation la plus large possible.

L'article aborde aussi la question de la dynamique qui naît d'une forme de co-construction à tous les niveaux du projet. Cette dimension collaborative ne se décrète pas : il est nécessaire de mettre en place une méthodologie précise permettant que chaque agent se sente à la fois concerné et partie prenante de la démarche. Pour autant, ce type de démarche fonctionne bien si on arrive à identifier des sponsors qui servent de relais et d'ambassadeurs (exemple du réseau des assistantes mentionné à la fin de l'article).

L'article évoque également la question du calendrier de réalisation d'un tel projet : pour mettre en tension positive le corps social de la collectivité, il est important de scander la démarche par des rencontres (production de matériau, consolidation et compte-rendu du travail effectué).

Document 4

L'article met en avant le rôle central de la communication interne dans la construction et la mise en œuvre d'un projet d'administration. Le document met en exergue l'importance d'un rattachement des missions de communication interne au Directeur général des services pour ancrer ses missions dans l'organisation, et donner au service toute la légitimité nécessaire pour agir et délivrer des messages à tous les agents.

C'est encore un contexte de réorganisation d'ampleur au sein des services (et la prégnance d'une contrainte financière forte) qui a engendré la démarche de mise en place d'un projet d'administration. Une telle démarche permet de donner du sens aux changements institutionnels et de placer les agents au cœur de la transformation des organisations, en les rendant acteurs des évolutions. Dans l'interview du Directeur général des services apparaît l'idée de valeurs, qui est souvent un des substrats des projets d'administration. Cela renvoie à toutes les notions que l'on peut regrouper sous le vocable « responsabilité sociale et environnementale des entreprises » (RSEE).

Document 5

L'article donne un certain nombre d'éclairages, d'options ou d'exemples sur la manière de faire vivre un projet d'administration. Les informations contenues dans le document sont donc prioritairement à utiliser dans la seconde partie du devoir. L'article insiste sur la dimension de culture commune transversale qui doit dépasser les cultures métiers de chaque direction ou de chaque service.

Dans l'exemple qui est décrit dans l'article, on perçoit assez clairement que le cœur de la cible de la démarche « projet managérial », ce sont les 380 encadrants de la collectivité, encadrants qui sont censés représenter la culture de l'organisation et diffuser les pratiques managériales contenues dans le projet d'administration.

Document 6

Le document traite de la question de la mise en place d'un projet de service, avec une présentation de ce que l'auteur considère comme les conditions de réussite d'une telle démarche. Le document permet donc de donner des éléments de réflexion sur les enjeux d'une démarche managériale, dont les tenants et les aboutissants ont des parentés avec un projet d'administration, si ce n'est que l'échelle est différente.

Document 7

Ce document permet aux candidats de mettre le sujet en perspective, avec un propos critique vis-à-vis des démarches managériales visant la modernisation de l'action publique locale. Le propos de l'auteur de la tribune est de pointer les dérives d'une gestion publique qui définit ses priorités au regard du niveau de satisfaction de l'usager-client-électeur. Or, on sait que de nombreux projets d'administration mettent l'usager (et sa satisfaction par rapport au service rendu par la collectivité) au cœur des enjeux, dans une notion de performance.

L'auteur insiste notamment sur la notion de « perception de qualité de service rendu » qui, selon lui, contribuerait à dévoyer l'action publique de ses objectifs intrinsèques. Objectif : mener des politiques publiques ambitieuses, novatrices, viables à long terme et intégratrices ou satisfaire les attentes des citoyens comme on satisfait les désirs des consommateurs mesurés à travers des études marketing. Cette logique d'individualisation des services conduirait, selon l'auteur de l'article, à aggraver le déficit de sens collectif de nos sociétés et la défiance dans le système démocratique.

L'auteur s'attarde sur la notion de performance publique, qui ne peut être simplement une forme de « copier-coller » des méthodes et des objectifs de l'entreprise privée. Pour lui, l'horizon des responsables publics est de poser les bases d'un « véritable management de l'intérêt général » pour retrouver le sens de l'action publique.

Au-delà de ces questions strictes de performance, cet article doit amener les candidats à pointer les limites et les risques de toutes les démarches qui promeuvent la modernisation de l'action publique, en s'inspirant des méthodes de l'entreprise (jusque dans les termes employés) et qui sont, parfois, des coquilles vides de sens et de contenu.

Document 8

Ce document est utile pour identifier les enjeux de management que soulèvent les évolutions institutionnelles touchant les collectivités territoriales, comme c'est le cas dans la mise en situation proposée par le sujet. Les recompositions institutionnelles, comme les processus de fusions d'EPCI et de mutualisation, génèrent des interrogations et des préoccupations légitimes de la part des agents, que les directions générales doivent écouter et auxquelles elles doivent répondre.

L'article identifie trois leviers de management dans un contexte de changement et d'incertitudes institutionnelles : l'écoute des préoccupations des agents, la production de sens autour des compétences territoriales et des métiers de service, le partage des valeurs du service public sur les territoires. Les PAD (sans que cela soit dit dans l'article) peuvent être un outil pour activer ces différents leviers.

■ **Document 9**

Le document est une partie du projet d'administration du Département du Nord (le préambule).

Les finalités du projet reposent sur trois piliers :

– un outil de cohésion interne (sens commun et culture partagée des agents) ;

– un outil lié à la performance de l'administration (progrès et modernisation de l'organisation) ;

– un outil pour définir le rôle et les missions dévolues à l'administration, dans leur traduction des grandes orientations politiques prises par l'exécutif (adapter l'organisation pour répondre aux grands enjeux du territoire par exemple).

Ce projet d'administration montre bien que ces démarches sont souvent tournées à la fois vers l'interne et vers l'usager, dans une logique vertueuse. Le projet est aussi mené dans une logique largement participative (y compris avec les organisations syndicales, qui sont, selon les termes du document, a minima informées des actions entreprises et de l'avancée du travail). La méthode d'élaboration du projet, telle que présentée dans le document, tend à prouver que la participation ne se décrète pas mais qu'elle est permise par la mise en place d'une ingénierie précise et structurée, dans laquelle la communication interne joue un rôle central.

Le document montre également la gouvernance mise en place pour structurer et suivre le projet, garante de la bonne avancée des chantiers. En creux, les candidats pourront trouver des arguments pour indiquer qu'un des risques de ce type de projet est de confiner à l'effet d'annonce si les chantiers ne sont pas portés et suivis.

■ **Document 10**

Ce document est l'éditorial du Directeur général des services du projet d'administration de la Communauté urbaine de Bordeaux, qui détaille les quatre raisons principales qui, selon lui, conduisent à forger un tel projet (au-delà de la mise en œuvre des politiques publiques dont la collectivité a la charge) :

– une forme d'introspection collective qui permet de donner du sens, au-delà de la production quotidienne de politiques et de services. Ces interrogations sont d'autant plus légitimes que l'action des collectivités s'inscrit dans un contexte qui évolue de plus en plus rapidement et dont les contraintes de différents ordres se multiplient ;

– l'adaptation permanente des valeurs du service public pour répondre aux enjeux du moment ;

– la volonté et la nécessité de territorialiser l'action et l'administration communautaires, dans une logique de partenariat étroit avec tous les acteurs du territoire, en particulier les communes ;

– une gestion des ressources humaines renouvelée.

■ **Document 11**

Le document est l'introduction du projet d'administration du Conseil départemental des Vosges. Le projet se place sous la bannière de l'accompagnement du changement, c'est-à-dire l'adaptation de l'organisation interne aux évolutions externes (contexte institutionnel, financier, économique, sociétal, etc.). On retrouve donc la dialectique : prendre en compte des facteurs externes pour adapter et améliorer notre fonctionnement, pour le bénéfice de l'usager.

On retrouve également la notion de projet commun qui dépasse les logiques métiers et qui fédère tous les collaborateurs autour de valeurs propres à la collectivité. Ce projet énonce les grands enjeux, donne le cadre et fixe le cap, et les projets de Direction et de Service le traduisent concrètement. Sur le portage du projet, on retrouve l'idée que le projet doit être construit de manière participative, avec un relais spécifique par les cadres. Ici, le projet est suivi et mené à bien par une Direction spécifique (Direction de l'Organisation, du Conseil, de la Prospective et de l'Évaluation), avec un pilotage du Directeur général des Services.

Le document montre également qu'il est important d'établir un calendrier, si possible resserré, pour bâtir le projet. Il est aussi nécessaire de produire des livrables écrits tout au long de la démarche pour montrer à tous tant l'état d'avancement que le fait que les propositions et suggestions des agents sont bien prises en compte dans le projet (avec une restitution finale).

■ **Document 12**

Ce document fixe un cadre général qui permet à la fois de contextualiser le sujet, de montrer les évolutions exogènes qui peuvent donner lieu à la mise en place de démarches type « projet d'administration » et d'inspirer les candidats sur les sujets pouvant être traités prioritairement dans le cadre d'un projet d'administration.

Le document liste ce que l'auteur considère comme les six virages que toute administration doit prendre pour actionner tous les leviers de l'innovation, à savoir :

– le numérique et le changement des pratiques que cela implique, à la fois pour l'administration et pour les administrés ;

– la co-conception des services et les outils du design avec l'expérimentation comme nouvelle ligne directrice, notion qui est à rebours de la logique habituelle des administrations ;

– l'innovation managériale et collaborative. L'idée est de permettre à tous les agents publics de proposer de nouvelles manières de faire (mise en œuvre de la logique « bottom-up » dans le management). Il s'agit là d'une évolution culturelle majeure qui doit être accompagnée car les logiques « application des notes de service » seront encore très prégnantes dans de nombreuses administrations. Ces modes de collaboration sont inspirés des logiques de « l'entreprise libérée » même si tout n'est pas transposable aux collectivités ;

– la co-construction des politiques publiques avec les citoyens et les acteurs de l'action publique locale. Les logiques de participation citoyenne sur projet doivent être dépassées pour aller réellement vers une construction voire, dans certains cas, une gestion communes de certains services publics ;

– l'innovation ouverte. Cette notion est étroitement liée à la question de l'accès aux données numériques (open data). Les collectivités se placent alors dans la position de permettre aux acteurs privés de réaliser des innovations en proposant de nouveaux services, en utilisant les données produites par les administrations. Cela implique que les acteurs publics ne se placent plus dans la position de ceux qui administrent, mais se vivent comme partie prenante d'un écosystème au sein duquel ils jouent un rôle central mais pas exclusif ;

– l'innovation territoriale. Cette approche peut être une des réponses aux nombreuses contraintes auxquelles les collectivités sont confrontées.

Au total, il est attendu des candidats non pas qu'ils réutilisent forcément tous les éléments d'information contenus dans le document mais qu'ils puissent s'en servir comme une contextualisation du sujet et une matière à exemples pour illustrer le propos dans la seconde partie du sujet.

4. Les solutions opérationnelles

Le candidat devra d'abord se reporter à la fiche 9 « Les solutions opérationnelles » (page 66). Elles n'ont pas la prétention d'être exhaustives et elles sont formulées sans être absolument développées, laissant ainsi au candidat la possibilité de produire ce développement par un travail d'approfondissement. Évidemment, elles font appel à la culture professionnelle, à la maîtrise de l'environnement institutionnel, aux veilles documentaires produites antérieurement par le candidat, mais également au bon positionnement, en lien avec la commande du rapport en termes d'aide à la décision, de force de propositions.

Le dossier propose un grand nombre de solutions. L'important, entre les solutions données par le dossier et celles amenées par le candidat, c'est de faire le lien entre les documents, les solutions opérationnelles et la collectivité dans laquelle le sujet situe le candidat. Le corrigé est assez ample pour vérifier un certain nombre d'items apportés par le dossier lui-même et d'autres qui peuvent intervenir dans le cadre des solutions opérationnelles.

Proposition de corrigé

Communauté d'agglomération d'Alpha

Rapport à l'attention de
Madame la Directrice générale des services

Objet : La mise en place d'un projet d'administration.

Éléments pouvant être abordés en introduction :

– Le contexte général qui oblige les collectivités à s'adapter : environnement institutionnel mouvant, crise des finances publiques et nécessité de trouver des marges de manœuvre, situation économique globalement compliquée, attentes des usagers de plus en plus fortes et exigeantes.

– Les évolutions sont globalement de plus en plus rapides et nécessitent d'être décryptées et analysées, ainsi que leurs conséquences, pour la conduite des politiques publiques.

– La notion de service public et les turbulences qu'elle traverse depuis quelques années (on peut même mentionner les annonces faites récemment par la plupart des candidats à la primaire « Les Républicains » visant à faire disparaître à terme le statut de fonctionnaire).

– La dernière réforme territoriale qui vise notamment (comme d'autres avant elle) à permettre la fusion de certaines collectivités.

– La propension des collectivités, et du secteur public en général, à s'inspirer des méthodes pratiquées dans les entreprises privées (avec plus ou moins de bonheur et de réussite, et avec les questions de fond que cela pose sur le sens du service public) dont les projets d'administration sont en partie issus.

– Donner quelques éléments de définition généralistes de ce qu'est un projet d'administration (et de ce que ce n'est pas), notamment en regard du projet politique et du plan de mandat.

Plan détaillé

À noter : Le plan qui suit comporte deux parties, divisées chacune en trois sous-parties, afin de proposer un maximum de thèmes à aborder pour les candidats. Un découpage plus classique (deux parties / deux sous-parties) regroupant différemment les idées essentielles est bien sûr possible voire préférable.

I. Les enjeux essentiels de la mise en place d'un projet d'administration

A. Un contexte propice à des innovations managériales

– **Des recompositions institutionnelles (le cas donné dans l'intitulé du sujet en est un bon exemple), même si c'est une tendance qui existe depuis de longues années désormais.** Comme c'est le cas dans de nombreuses entreprises (pour des raisons économiques ou financières, on a en effet vu se développer fortement les processus de fusion), on s'oriente vers une concentration et une réduction du nombre des collectivités, que ce soit au niveau des communes (processus de fusion favorisé par des incitations financières de l'État sur la dotation globale de fonctionnement), des métropoles (l'exemple lyonnais sera peut-être suivi par d'autres territoires comme la loi le permet sous certaines conditions), ou plus récemment des régions avec la recomposition de la carte (passage de 22 à 13 régions métropolitaines). Les nouvelles collectivités ainsi créées doivent non seulement se forger une nouvelle identité et s'accorder sur des valeurs communes, mais aussi créer des collectifs de travail unis et partageant les mêmes visions et les mêmes méthodes de travail.

– **La situation des finances publiques.** Cet élément de contexte affleure dans la plupart des documents du dossier. C'est par ailleurs un des enjeux majeurs des collectivités depuis quelques années, et qui risque de s'installer durablement dans le paysage. Au-delà des grands chiffres largement connus sur les dotations aux collectivités et les chantiers visant à retrouver des marges de manœuvre financière, ce contexte très prégnant interroge les collectivités à plusieurs égards : Quelles sont les priorités sur lesquelles faire porter l'effort collectif ? Quel est le sens du service public dans un contexte où les plus précaires sont encore fragilisés par les évolutions socio-économiques en cours ? Comment s'organiser pour rendre le meilleur service possible, avec des moyens tendanciellement en baisse, sans tomber dans les formules plus proches de la prestidigitation que de l'approche sérieuse, lucide et honnête avec tous les acteurs comme : « faire mieux avec moins » ?

– **Le sens de l'action publique et la crise du politique.** On assiste à une forme de recomposition des acteurs de l'action publique locale. Les collectivités ne sont plus dans une position d'omnipotence ; elles se placent plutôt dans une position d'animateur de territoire, de facilitateur. Cela vient interroger le sens du travail réalisé par les agents publics. Par ailleurs, la légitimité de l'intervention des pouvoirs publics est de plus en plus contestée par les citoyens qui mettent en doute son efficacité et sa pertinence. Pour lutter contre ces tendances bien réelles, il est utile à la fois de réaffirmer le sens et les valeurs du service public mais également de faire une place à tous les acteurs des territoires pour tendre vers une véritable co-construction des réponses. L'usager peut alors passer de la situation de consommateur à celle de co-producteur de l'action publique. Pour autant, ces évolutions importantes affectent fortement le positionnement des agents publics et la mise en place de projets d'administration peut les aider dans ce nécessaire accompagnement au changement.

– **Les avancées technologiques questionnent les usages et modifient les attentes des citoyens-usagers.** Les technologies numériques modifient à la fois les pratiques, les attentes et les rapports à l'administration des citoyens. Ces évolutions, qui se sont produites en peu de temps (au regard des précédentes révolutions techniques qui ont jalonné l'histoire), bousculent les administrations qui doivent s'adapter et s'adapter de plus en plus vite car les bouleversements induits par les technologies numériques vont en s'accélérant. Comme beaucoup de facteurs de ce type, les technologies numériques représentent un défi, une contrainte mais offrent aussi de nombreuses opportunités pour les collectivités. Encore faut-il qu'elles se mettent en ordre de bataille pour être à la hauteur de ces évolutions (les comprendre, les connaître, en tirer le meilleur profit en termes d'usages).

B. Les projets d'administration, un outil répondant à plusieurs finalités de management

– **Affirmer des valeurs et donner le sens de l'action.** Les projets d'administration se donnent souvent pour objectif de réaffirmer, dans un univers mouvant et dans lequel les valeurs du service public sont parfois chahutées, les valeurs communes de l'institution. C'est sur ce socle commun (qui reprend souvent, sous forme d'engagements, les valeurs fondatrices et spécifiques de l'action publique) que l'action de tous les collaborateurs peut se déployer. Au-delà des valeurs, le projet d'administration a pour vocation de fixer un cap général aux activités des collectivités. Ce cap s'inscrit soit dans la droite ligne des grandes options politiques définies par l'exécutif de la collectivité, soit dans une forme d'autonomie par rapport au politique (qui accrédite l'idée que l'administration a parfois sa vie propre, par-delà les vicissitudes des alternances politiques).

– **Créer un collectif de travail qui transcende les logiques métiers.** Un des fondements des projets d'administration est de façonner un collectif de travail, un corps social qui puisse se reconnaître dans des valeurs, des emblèmes, des modes de faire communs. De nombreux documents du dossier abondent en ce sens. Faire son métier est souvent mobilisateur mais ne permet pas toujours de se sentir partie prenante d'une aventure partagée, de concourir à une même ambition, de faire avancer un projet commun. Les projets d'administration mettent souvent en avant cet enjeu dans les démarches qu'ils initient. Cela renvoie à la fable dite du casseur de pierre attribuée à l'écrivain Péguy. Le narrateur rencontre une personne au bord de la route, maillet en mains et qui, à la question « que faites-vous, Monsieur ? », répond « je casse des cailloux ». Au 2e homme rencontré, ce dernier répond « je suis casseur de pierres, c'est mon métier ». Le 3e homme croisé, qui fait le même geste que les deux autres, répond : « je bâtis une cathédrale ». Cette fable illustre bien un des objectifs des projets d'administration qui est de donner à voir à tous les collaborateurs d'une collectivité, quel que soit leur métier et, le cas échéant, le caractère répétitif et fastidieux de leur tâche, la cathédrale qu'ils sont en train de bâtir ensemble.

– **Un levier de motivation et une démarche managériale.** Dans la plupart des cas, le projet d'administration est en réalité le projet managérial de la collectivité. C'est pourquoi les projets d'administration se construisent à la fois avec et pour les cadres (quel que soit le niveau retenu). Parfois, les projets d'administration promeuvent des chartes de l'encadrement qui sont censées donner une forme de doctrine (une forme de norme qui peut varier en fonction du projet de la collectivité) pour l'exercice de son métier de cadre : Quel que soit mon métier, ma position dans la ligne hiérarchique, mon domaine d'intervention, qu'attend-on de moi en tant qu'encadrant de cette collectivité ? Quelles valeurs suis-je censé véhiculer et partager avec mes équipes ? Quelles méthodes de travail dois-je adopter et faire adopter par mes collaborateurs ? Quels objectifs communs à tous les cadres de la collectivité dois-je poursuivre ?

– **Poursuivre un objectif de performance.** Dans la plupart des cas, les projets d'administration mettent au cœur des démarches engagées la notion de performance, très souvent liée à la question de la modernisation. Cette notion de performance, souvent protéiforme et parfois utilisée de manière un peu éculée, recouvre en général des dimensions plus concrètes : cela concerne alors tout le champ du pilotage de l'activité, du management par les objectifs, de tous les types de mesures de l'activité et de l'efficience de l'action, des différentes formes d'évaluation des politiques publiques, de toutes les démarches visant à mettre l'innovation au cœur de l'action publique. Au fond, il s'agit souvent de répondre à une question simple (qui découle souvent de la contrainte financière même si cela n'est pas toujours le cas) : Comment puis-je m'organiser pour délivrer un meilleur service à moindre coût ?

C. Les limites à dépasser

Les démarches de type « projet d'administration » présentent certains écueils dont il faut avoir conscience pour s'efforcer de les dépasser.

– **Satisfaire l'usager comme on satisfait un client ou un consommateur.** La plupart des projets d'administration placent les usagers-citoyens-administrés au cœur des enjeux et des démarches à lancer. Passant d'une logique de moyens à une logique de résultats mesurables et objectivables, il s'agit désormais de se placer non seulement au service des usagers mais en position de satisfaire leurs besoins, leurs attentes, leurs envies, par rapport à leurs modes de vie actuels. Et il s'agit de se mettre en capacité de répondre à ces attentes de manière individualisée, comme on le ferait pour le client d'un service privé. Cette logique est potentiellement dangereuse car elle peut amener les agents publics à s'éloigner des valeurs qu'ils sont censés porter et défendre. Dans cette perspective de satisfaction individuelle des usagers-citoyens, quid de l'équité de traitement ? Quid aussi du projet politique qui sous-tend cette manière d'agir mettant de côté toute notion de projet collectif ? Agir de la sorte, n'est-ce-pas ouvrir la porte à une forme de privatisation rampante du service public puisque le citoyen serait un consommateur comme un autre, dont on pourrait mesurer le niveau de satisfaction à l'aune exclusive de la réponse à ses attentes ?

– **Le culte de la performance appliqué à l'action publique.** On voit bien que les notions de performance, de modernisation, d'efficience peuvent parfois entrer en contradiction avec certaines valeurs intrinsèques à l'action publique. À ce titre, on peut considérer que les projets d'administration et les thématiques qu'ils portent sont parfois de mauvaises adaptations des méthodes propres aux entreprises privées, qui ont leur logique dans le cadre de l'entreprise mais qui, importées de toute pièce et sans analyse critique au sein des collectivités, peuvent s'avérer inopérantes voire dangereuses. En effet, comment mesurer l'efficience d'une action visant à réinsérer les bénéficiaires du RSA sans prendre en compte à la fois les facteurs externes à l'action des collectivités et la dimension humaine de ces politiques ?

– **Un discours managérial parfois vide de sens et de contenu.** Ce que l'on peut parfois observer dans les démarches visant à mettre en place des outils comme les projets d'administration, c'est un décalage flagrant (et contre-productif pour les agents) entre les objectifs annoncés et les faits réalisés ou constatés sur le terrain. On assisterait alors à de véritables effets d'annonce qui ne sont, à proprement parler, que de la communication puisque adossés à aucune démarche concrète et opérationnelle. On noie ainsi les agents derrière un écran de fumée de verbiage managérial, avec des mots valises comme « modernisation », « innovation », « co-construction », etc., sans mener réellement aucun projet qui réponde à ces enjeux. Cela peut alors créer une forme de défiance des agents envers les promoteurs de ce type de projets (en général la Direction des services) et tendre à décrédibiliser la parole de la Direction générale.

II. La mise en place d'un projet d'administration dans la collectivité d'Alpha

A. Les préalables indispensables à la mise en place du projet

– **Un contexte particulier.** Une nouvelle collectivité vient d'être créée, dans le cadre de la loi MAPTAM, issue de la fusion de cinq intercommunalités préexistantes. Au-delà des chantiers sur les fonctions ressources à mettre en place, d'une grande complexité (ressources humaines, bâtiments, finances, fonctions juridiques, etc.), il est nécessaire d'engager un projet spécifique pour créer une culture commune à tous les agents. En effet, le corps social de la nouvelle collectivité sera constitué de cinq communautés de travail différentes, avec des cultures, des modes de faire, des méthodologies de travail, des référentiels, des histoires et des expertises variées.

Une culture commune ne se décrète pas. Il est nécessaire de mettre en place un dispositif spécifique permettant d'accélérer le processus de création d'une nouvelle identité professionnelle. L'objectif est que, le plus rapidement possible, même si une période de latence ne peut être évitée, les agents se définissent comme agents de la nouvelle collectivité à part entière, tournés vers l'avenir et non pas « ex-agent » de leur collectivité d'origine, tournés vers une forme de nostalgie ou d'âge d'or et cultivant une identité passée.

– **Le lien avec le projet du territoire.** Il s'agit de déterminer si le projet d'administration, dans ses principaux objectifs et enjeux, est une forme de déclinaison du projet politique du territoire ou se construit de manière relativement autonome par rapport à ce projet. En fonction de la réponse apportée à cette question (qui tient à l'histoire et la culture de la collectivité, au profil des élus, à la volonté plus ou moins forte de l'exécutif de s'engager et de soutenir un tel projet, à la proximité des élus avec l'administration), le portage de la démarche sera relativement différent. Il est à noter que la réponse à cette question n'est jamais manichéenne et qu'un projet d'administration ne se confond jamais avec le projet de mandat politique, ni ne peut exister totalement en dehors de ce projet.

– **Qui pilote ?** Pour lancer le chantier dans de bonnes conditions, il est nécessaire de savoir rapidement qui est le pilote de la démarche. Souvent, c'est la Direction générale qui constitue le comité de pilotage de la démarche car c'est une des conditions à la fois d'un portage au plus haut niveau et de la transversalité nécessaire d'un tel projet. Selon l'ambition du projet, il peut être utile qu'une personne soit responsable de l'ensemble de la démarche, tout en s'appuyant sur l'ensemble des compétences présentes dans la collectivité.

Par ailleurs, il est utile de se poser la question du recours ou non à une assistance à maîtrise d'ouvrage. Cela peut apporter un appui méthodologique précieux et l'avantage d'un regard extérieur, mais cela peut aussi être mal vécu par certains collaborateurs, comme un mauvais signal envoyé (par rapport à une démarche « faite maison » qui, pour autant, comporte aussi ses limites et ses risques).

– **S'interroger sur les grands enjeux.** Avant d'engager la démarche de construction d'un projet d'administration, compte-tenu du contexte particulier posé par le sujet, il est nécessaire de d'interroger sur les besoins prioritaires de l'organisation. Les grands défis sont-ils plutôt liés à des enjeux du territoire, avec en ligne de mire les usagers, ou plutôt des chantiers internes ? Cette première réflexion permettra d'orienter le travail dans telle ou telle direction, de colorer le projet de manière différente. Par ailleurs, il est important de prioriser les chantiers en fonction des besoins prioritaires de l'organisation : le corps social, au moment où l'on engage le chantier a-t-il plus besoin de perspectives, de règles communes, de cohésion, etc. ?

B. L'élaboration et la réussite du projet d'administration

– **Une participation la plus large possible.** Même si cela peut apparaître comme une banalité, ce type de projet nécessite d'être le plus largement approprié par les principaux concernés, à savoir les agents de la collectivité. En effet, ce sont souvent eux qui connaissent le mieux à la fois les besoins et les modalités de résolution des problèmes rencontrés.

Par ailleurs, ce sont souvent eux qui seront chargés de mettre en œuvre les orientations et les actions décidées. Aussi, il est primordial que les agents soient associés dès la phase de conception. Divers moyens sont à la disposition des instigateurs du projet, les outils numériques étant, par leur facilité d'utilisation, leur réactivité et leurs fonctionnalités, très adaptés à ce type de démarches. Il est désormais possible de réaliser des votes en direct (avec boîtiers) dans le cadre de réunions plénières par exemple.

– **Un calendrier resserré et un engagement fort de l'encadrement supérieur et de la ligne managériale.** La mise en place de projets d'administration nécessite souvent une organisation et une ingénierie importantes. À ce titre, il semble essentiel, pour que le chantier ne traîne pas en longueur, de se donner comme objectif de finaliser le projet dans des délais relativement courts.

Par ailleurs, dans la mesure où le projet s'appuie sur un certain nombre de valeurs fondatrices, la notion d'exemplarité est primordiale. L'engagement personnel du Directeur général des services et de l'équipe de Direction générale est décisif pour la réussite de l'entreprise. De la même manière, la dynamique impulsée au plus haut niveau doit redescendre tout au long de la ligne managériale et irriguer tous les projets de service. Ainsi entendus, les projets de service sont des déclinaisons du projet d'administration d'ensemble, traduisant dans des dimensions opérationnelles et des objectifs concrets les grands enjeux travaillés au niveau de toute l'organisation.

– **Informer et communiquer pour faire adhérer et pour mobiliser.** La question du partage et de la circulation de l'information est un enjeu crucial pour que les projets d'administration, quel que soit leur contenu, soient connus, appropriés et investis par les agents. A contrario, un projet qui ne prendrait pas en compte cette dimension serait voué à n'avoir qu'une audience limitée et à apparaître comme un effet d'annonce, sans véritable prise sur les réalités vécues par les agents. En la matière, les choses ne s'improvisent pas et doivent se mettre en place en regard de la culture de l'organisation. La mise en place d'une nouvelle collectivité, comme c'est le cas, peut permettre d'innover et d'explorer de nouvelles voies.

En tout état de cause, si les newsletters, lettres-projet et autres publications sont toujours utiles pour faire état des options retenues, de l'avancement des chantiers, rien ne remplace le contact direct et l'information transmise de vive-voix. Que cela soit par le biais de conventions et séminaires de cadres (ou rassemblant tous les agents) ou par des dispositifs plus modestes (cafés du projet par exemple), le fait d'organiser des rencontres permet une meilleure appropriation des enjeux et à chacun de se sentir plus concerné.

C. Faire vivre le projet dans la durée et le pérenniser

– **Qui pilote la démarche de manière pérenne ?** Si le lancement de démarches de type « projets d'administration » donne généralement lieu à une mobilisation de la Direction générale et, plus largement, de tous les cadres, il est nécessaire de structurer la gouvernance du projet dans la durée, pour éviter que la dynamique ne retombe. Deux logiques sont possibles, en fonction des ressources que l'on peut mobiliser, des messages que la Direction générale souhaite envoyer et de la culture de l'organisation : mettre en place une petite équipe-projet dédiée à la cohérence d'ensemble de la démarche et au suivi de tous les chantiers (se pose alors la question du rattachement de cette mission) ou rattacher chaque chantier à une Direction (ressources humaines, performance et modernisation, secrétariat général, etc.).

– **Évaluer et savoir faire évoluer.** Comme toute démarche liée à une politique publique, il est important d'évaluer l'avancement et l'efficacité des projets ouverts, au regard des objectifs que l'on s'est fixés initialement. Si cette démarche commence à entrer dans les mœurs pour les politiques publiques en général, on constate, et cela peut être paradoxal, qu'il n'existe pas toujours de dispositif d'évaluation pour ce type de démarches internes à l'administration. Comme les chantiers dépendent beaucoup du contexte et que ce dernier a tendance à évoluer rapidement (sous le poids des changements institutionnels, économiques, sociétaux, d'usages et de pratiques des citoyens, etc.), cette évaluation in itinere (effectuée tout au long de l'action) permet de faire évoluer le projet à la marge ou de manière significative sur tel ou tel chantier.

Conclusion

À noter : La conclusion est facultative. Elle peut toutefois utilement souligner l'essentiel sans jamais valoriser des informations oubliées dans le développement.

– Il n'y a pas de modèle de projet d'administration ou de recette toute prête à appliquer.

– Le rôle du contexte, de la culture d'origine de l'administration, des spécificités de la collectivité en question, des enjeux du moment sont essentiels pour décider des choix à réaliser et décider des grandes orientations à prendre.

– Ce qui compte, c'est autant le chemin que l'objectif, la manière dont le chantier est conduit que les résultats obtenus.

CHAPITRE 4
Entretien avec le jury

Sujet 1 inédit (externe)

Sujet 2 inédit (interne)

Sujet 1 | Inédit

20 min

ÉNONCÉ

Concours d'attaché territorial (externe)

Exemple d'exposé

Il vous est proposé ici un exemple de présentation orale d'un candidat au concours externe d'attaché territorial.

Il ne s'agit en aucune manière d'une présentation modèle, uniquement d'un exemple de présentation fictive d'un candidat vous permettant de mieux appréhender ce qui est attendu de la part du jury, de vous guider dans la structuration de votre exposé et de vous aider à identifier les erreurs à éviter.

En l'espèce le candidat fictif, Pierre Martin, a le profil suivant :

Il est âgé de 25 ans, est titulaire d'un master 2 en droit des contrats publics et dispose d'une expérience professionnelle en tant que contractuel.

CORRIGÉ

Sujet 1 | Inédit

Exemple de mise en situation

Bonjour,

Introduction

Je m'appelle Pierre Martin, je suis âgé de 25 ans. Après avoir obtenu un bac ES, je me suis orienté vers des études de droit. Je suis titulaire d'un master 2 en droit des contrats publics. Actuellement je suis à la recherche d'un emploi stable dans le secteur de l'administration et c'est la raison pour laquelle je me présente devant vous aujourd'hui.

Je souhaiterais durant cet exposé vous présenter tout d'abord mon parcours universitaire et mes différentes expériences professionnelles, puis vous expliquer en quoi la réussite au concours d'attaché territorial s'inscrit pleinement dans mon projet professionnel.

Parcours universitaire

Comme je vous l'ai indiqué précédemment j'ai fait des études en droit public. Ce cursus universitaire m'a permis de développer de solides connaissances juridiques, je me suis spécialisé dans le droit des contrats publics à savoir les marchés publics, les délégations de service public, etc. Je connais donc bien le secteur public et en particulier les collectivités territoriales. J'ai d'ailleurs été amené à effectuer un stage d'un mois au sein de la direction des affaires juridiques d'une région où j'ai travaillé sur une question précise, à savoir les critères environnementaux dans les marchés publics.

Expérience professionnelle

Actuellement je travaille en qualité de contractuel dans une mairie de 10 000 habitants où je suis en charge des marchés publics. Il s'agit d'une vacation suite à un congé parental. Dans le cadre de ces fonctions je suis en charge de la rédaction des marchés, du suivi de la procédure depuis le lancement des avis d'appel public à la concurrence jusqu'à l'attribution des marchés par la commission d'appel d'offres, mais aussi de l'analyse des offres en lien avec les services opérationnels et de l'exécution des marchés. Je traite également de quelques contentieux relatifs aux marchés publics. Ces fonctions me plaisent tout comme le contexte des collectivités territoriales.

Voilà pour ma formation et mon expérience.

Projet et motivation

Le secteur de l'administration ne m'est donc pas étranger et c'est en connaissance de cause que je présente ce concours aujourd'hui.

J'ai choisi de m'orienter vers l'administration car cela correspond parfaitement à mes aspirations. En effet, en choisissant mes études de droit, j'avais initialement comme objectif de devenir avocat mais mes études, mon stage ainsi que mon emploi actuel m'ont permis de me rendre compte de l'intérêt que représentait le secteur public et notamment celui des collectivités territoriales.

Je me suis donc intéressé aux emplois qui étaient accessibles au sein de la fonction publique territoriale et en ai discuté avec des personnes de mon entourage qui m'ont convaincu définitivement. Ce qui m'attire plus particulièrement est tout d'abord la diversité des emplois proposés dans la fonction publique territoriale. Certes les marchés publics m'intéressent mais je serais tout à fait disposé à m'investir dans d'autres domaines tels l'urbanisme ou les affaires générales par exemple.

Ensuite les possibilités d'évolution de la fonction publique sont une source de motivation. Par l'intermédiaire des concours et examens professionnels je souhaiterais à terme encadrer une équipe et pourquoi pas occuper un poste de direction, ce que permet le cadre d'emplois des attachés.

Enfin la fonction publique territoriale permet beaucoup de mobilité entre des structures très différentes qu'il s'agisse de communes, de départements, de régions ou d'établissements publics. Avec les évolutions récentes de la décentralisation et notamment l'acte III de la décentralisation, de nouveaux enjeux territoriaux apparaissent et font des collectivités territoriales des administrations très évolutives et dynamiques, ce qui me semble être un atout.

Je n'ai certes pas beaucoup d'expérience professionnelle, mais je pense que mes connaissances et mes qualités personnelles pourraient être utilement mises au service d'une collectivité.

Je suis en premier lieu très motivé, je pense avoir une bonne capacité à apprendre et à m'adapter à de nouvelles missions. La meilleure preuve en est la présentation de ce concours d'attaché territorial que j'ai préparé seul depuis de nombreux mois et qui a nécessité de ma part un investissement important et un approfondissement et une mise à jour de nombreuses connaissances autres que celles relatives aux marchés publics et des contrats.

Je pense disposer d'une capacité d'adaptation importante et je sais qu'une fois en poste, je serai en capacité de mettre en œuvre les moyens nécessaires pour remplir au mieux les missions qui me seront confiées.

Enfin, j'aime le contact avec les autres, je suis une personne assez communicante et j'apprécierai de travailler en équipe. Je pense que ces différentes qualités me permettront d'être efficace rapidement.

Conclusion

Pour conclure, bien que mon expérience professionnelle soit assez courte, je pense pouvoir mettre à profit d'une collectivité territoriale les qualités que je viens de vous énumérer. Travailler dans une collectivité territoriale est pour moi un objectif qui s'inscrit dans un projet professionnel que j'ai élaboré de manière réfléchi.

Je vous remercie de votre attention et suis disposé à répondre à vos questions.

Commentaires

Il s'agit là d'un exposé de bonne tenue d'un candidat au profil assez répandu en externe avec une formation universitaire en droit et une expérience professionnelle limitée.

Les points positifs :

– La présentation est assez bien structurée.

– La présentation de l'expérience professionnelle est franche, le candidat n'a pas cherché à « gonfler » ses petites expériences professionnelles.

– Le candidat a bien su mettre en avant ses motivations pour intégrer la fonction publique territoriale et la cohérence de la présentation de ce concours au regard de ses compétences et objectifs.

Les points négatifs :

– Quelques points restent flous : le candidat indique qu'il serait disposé à travailler dans un autre secteur que celui des marchés publics mais ne détaille pas les exemples qu'il cite (urbanisme, affaires générales).

– Le candidat a beaucoup développé sur ses connaissances mais insuffisamment sur ses savoir-faire et ses aptitudes à mener un projet, à travailler en équipe, à encadrer, à communiquer, etc.

Sujet 2 | Inédit

25 min

ÉNONCÉ

Concours d'attaché territorial (interne)

Exemple d'exposé

Il vous est proposé ici un exemple de présentation orale d'un candidat au concours interne d'attaché territorial.

Il ne s'agit en aucune manière d'une présentation modèle mais uniquement d'un exemple de présentation fictive d'un candidat vous permettant de mieux appréhender ce qui est attendu de la part du jury, de vous guider dans la structuration de votre exposé et de vous aider à identifier les erreurs à éviter.

En l'espèce la candidate fictive, Hélène Zoé, a le profil suivant :

Elle est âgée de 38 ans, est titulaire d'un DEUG d'AES et travaille depuis 14 années dans la fonction publique territoriale en qualité d'adjoint administratif puis de rédacteur. Elle a successivement occupé les postes suivants :

– adjoint administratif au service RH d'une mairie pendant 6 ans ;

– rédacteur territorial (instructeur du droit des sols) dans une mairie pendant 4 ans ;

– rédacteur territorial (gestionnaire des marchés publics) au sein d'une communauté d'agglomération pendant 4 ans.

CORRIGÉ

Sujet 2 | Inédit

Exemple de mise en situation

Bonjour,

Introduction

Je m'appelle Hélène Zoé, j'ai 38 ans. Je travaille depuis quatorze ans dans la fonction publique territoriale. Après un DEUG d'AES, j'ai été recrutée en qualité d'adjoint administratif au sein des services de la mairie de XXX, commune de 12 000 habitants où j'ai occupé un poste de gestionnaire au sein du service des ressources humaines. Six ans plus tard, j'ai suivi une formation en interne pour préparer le concours de rédacteur territorial que j'ai obtenu, ce qui m'a permis de changer de poste. J'ai cette fois été recrutée en qualité de rédacteur au sein de la même collectivité, comme instructeur du droit des sols. N'ayant aucune connaissance en la matière, j'ai suivi de nombreuses formations par l'intermédiaire du CNFPT. Ma mission consistait à accueillir le public, à le renseigner et à instruire en lien avec mon responsable de service les demandes de permis de construire, de démolir, les certificats d'urbanisme, etc. Enfin, il y a quatre ans, j'ai cherché à diversifier mon expérience en postulant sur un emploi de gestionnaire des marchés publics au sein de la communauté d'agglomération à laquelle appartenait la commune où j'étais en poste. Aujourd'hui, forte de la diversité de mon expérience, je souhaiterais évoluer vers de nouvelles fonctions. Un poste de chef de service m'intéresserait particulièrement, voire un poste de directeur général des services dans une commune modeste. Deux aspects m'attirent particulièrement : le management d'une équipe et la transversalité des missions qu'impliquent ces fonctions. C'est la raison pour laquelle je passe ce concours aujourd'hui.

Compétences

Je vais dans un premier temps vous parler des compétences professionnelles que j'ai acquises, puis dans un second temps de mes aptitudes pour exercer les missions d'un attaché territorial.

Le parcours que je viens de vous retracer m'a conduite, dans des collectivités de nature et de taille différentes, à exercer des tâches variées qui m'ont permis d'élargir progressivement le champ de mes compétences.

J'ai tout d'abord une expérience en matière de ressources humaines. Je connais bien le statut de la fonction publique territoriale. J'ai su développer des compétences juridiques par la mise en œuvre au quotidien du statut (positions statutaires des agents, rémunération, sanctions, fonctionnement des organismes paritaires, etc.).

Au sein du service urbanisme, j'ai surtout acquis de solides connaissances en droit de l'urbanisme. J'ai développé aussi mes compétences rédactionnelles puisque c'est moi qui formalisais un certain nombre de notes et documents à destination des élus, les convocations aux commissions d'urbanisme, les ordres du jour de réunions, voire certains projets de délibération pour le conseil municipal. Au-delà des connaissances, j'ai particulièrement apprécié le contact quotidien avec les administrés.

Enfin, sur mon poste actuel, j'ai su développer une expertise dans le secteur des marchés publics puisque je me suis familiarisée avec les différentes procédures de passation et avec les modalités d'exécution des marchés. Les marchés publics constituent un moyen d'action des collectivités qui nécessite une grande rigueur et des connaissances juridiques pointues. Il s'agit d'un domaine riche en termes juridiques et intéressant du fait des évolutions permanentes de la réglementation et de la jurisprudence.

Mon champ de compétences est par conséquent assez varié.

Aptitudes

Au-delà de ces compétences professionnelles strictes, mon expérience m'a permis d'appréhender le fonctionnement général des collectivités territoriales. J'ai effectivement travaillé dans trois secteurs très différents et dans deux types de structures, à savoir une commune et un EPCI.

Aujourd'hui, je souhaiterais revenir à l'échelon communal car j'y ai particulièrement apprécié le fait de travailler dans une structure administrative réduite et davantage en prise avec le terrain, les élus et les citoyens.

Je suis désireuse de mettre à profit mes compétences auprès d'une collectivité sur des missions qui laisseraient davantage place à mon esprit d'initiative, au travail transversal. Comme je vous l'ai dit précédemment, je suis très intéressée aussi par le management.

Mes capacités d'adaptation, mon sens relationnel et la diversité de mon parcours, me permettraient d'envisager, si j'obtenais le concours d'attaché territorial, une évolution professionnelle vers un poste à responsabilité.

Commentaires

Les points positifs :

– Bonne valorisation de l'expérience variée de la candidate.

– Plan intéressant : connaissances et savoir-faire puis qualités personnelles. La candidate évite une énumération strictement chronologique et donne ainsi du dynamisme à sa présentation.

– La motivation de la candidate transparaît bien dans sa présentation.

Les points négatifs :

– Présentation trop courte. En interne, il faut impérativement que la présentation dure au minimum 10 minutes. La candidate aurait dû détailler davantage ses différentes expériences, notamment les compétences acquises (évoquer le travail en équipe, son sens de l'organisation, quelques dossiers précis dont elle est particulièrement fière…).

– La candidate ne définit pas suffisamment son projet professionnel. Elle souhaite encadrer, mais elle ne dit pas dans quel secteur précis elle voudrait exercer ses compétences.

PARTIE 2

Sujets corrigés

CHAPITRE 5
Langue vivante

Exemple de sujet (sans corrigé)

Sujet | Inédit

15 min

ÉNONCÉ

Concours d'attaché territorial (externe, interne et 3e concours)

TEXTE

Addicted to the Internet? There's a Hospital-based Treatment for That

America's first hospital-based "internet addiction" rehab program opened over Labor Day weekend at Bradford Regional Medical Center in Pennsylvania, and while that debut highlights the pervasiveness of the net in our everyday lives, experts are still debating whether the lure of social media or online gaming actually constitutes addiction. The latest version of psychiatry's diagnostic manual, the DSM 5, failed to include internet addiction as a disorder, although it did acknowledge that it deserved additional study for potential inclusion.

While it's not clear whether excessive internet use actually is an addiction, what is becoming more obvious to experts is the fact that addictions of any kind aren't helped much by inpatient treatment, except in the most life-threatening cases. And for the most part, the pull of the internet doesn't qualify for such measures. Who hasn't stopped a conversation cold to respond to a text, or ignored friends to scroll through their Twitter feed? That may not require a stay in the hospital, but could benefit from these tips from addiction experts who help people moderate addictive behavior.

What's your weakness — email, gaming or Facebook?

Nearly everyone uses the internet, so to start, figure out the types of technology and the activities that are the most problematic for you. "Really analyze what components of your technology use are tied to the functional part of your life and which ones are so habitual that they don't play much role other than habit," says Adi Jaffe, executor director of Alternatives Addiction Treatment, a private treatment center that offers moderation-based approaches to treat all types of addictions. Try to be objective about whether online activities are getting out of hand— if they take disproportional precedence over work, friends and family, for example — and examine when this occurs most frequently.

Once you've discovered that your problem is mainly late nights of Candy Crush, incessant email checking whenever you have a free minute or early afternoon cat-video surfing, set specific goals to change your patterns. And track your progress in achieving those goals, says Reid Hester, director of the research division of Behavior Therapy Associates and the developer of Moderatedrinking.com.

"My initial recommendation is to build specific tech-free times or zones [into your life] that will become your new habits," Jaffe says. But, he warns, it won't be easy: "It's going to cause some discomfort early on."

Make small changes

Hester suggests setting small, achievable goals to start. "If, for instance, your goal is not to check email on weekends, then write down on your calendar every weekend day you did not check it. Maybe on Sunday even give yourself a reward for making it through."

Another option is setting a timer for a certain period of internet-free focus — and then closing your browser and removing all auditory or visual signals of new mail. Mac users can use a program called Freedom that actually limits access to the web for a specific period of time. Once you can achieve short breaks, longer ones get easier.

Maia Szalavitz, *The Guardian*, 5 September 2013.

Traduction et conversation

1. Can you please read the text from the beginning, including the title?

2. Please give us your translation of the text, including the title.

3. Could you give us a summary of the text please?

4. Questions

a. What do Americans doctor say about the reality of the threat?

b. Can you really heal from an Internet addiction?

c. Would you say that you are addicted to new technologies?

d. Can you tell us the reasons why you are taking this competitive exam?

Dépôt légal : février 2018
N° éditeur : 2017_0838
Achevé d'imprimer en février 2018 par l'Imprimerie de Champagne en France

IMPRIM'VERT

PEFC
10-31-2009
Certifié PEFC
pefc-france.org